BACHELOR BASICS

W0342974

WORKBOOK BGB

Band 3: Besonderes Schuldrecht

Von

Prof. (i. R.) Dr. iur. Werner Unger
HS Kehl - Hochschule für öffentliche Verwaltung

und

Prof. Dr. iur. Marc Eckebrecht
HWR Berlin - Hochschule für Wirtschaft und Recht

Redaktion/ Editing: **Mandy Wegner, LL.M.**

Verlag BoD 2011

Workbook BGB – Band 3 Besonderes Schuldrecht, 2. Auflage
Von Werner Unger, Marc Eckebrecht
BoD, 2011
ISBN: 9783842329041
Bibliographische Information der Deutschen Nationalbibliothek:
Die Deutsche Nationalbibliothek verzeichnet diese Publikation in der Deutschen Nationalbibliographie; detaillierte bibliographische Daten sind im Internet über http://dnb.d-nb.de abrufbar.

Herstellung und Verlag: Books on Demand GmbH, Norderstedt
Bezug durch den Buchhandel oder direkt über BoD www.bod.de

Vorwort zur 2. Auflage

Die vorliegende Auflage bietet Anpassungen und notwendig gewordene Aktualisierungen etwa an das erneut im Juli 2011 geänderte Verbraucherschutzrecht. Konzeptionell sind keine Änderungen an der bewährten Didaktik vorgenommen worden.

Der Name WORKBOOK ist Programm. Design und Inhalt sind darauf angelegt, den Leser zum eigenständigen Arbeiten anzuregen. In dreizehn Lerneinheiten können die Grundzüge des Besonderen Schuldrechts anhand von Schaubildern, Fragen, kleinen Fällen und Lückentexten aktiv erarbeitet werden. Prüfschemata und Definitionen runden das WORKBOOK BGB ab und machen es zur idealen Ergänzung zu Vorlesung, Skript oder Lehrbuch. Das Arbeiten mit einem Lehrbuch wird dadurch erst richtig effizient.

Die zentralen Elemente des WORKBOOK BGB sind Schaubilder, in denen die Materie in einzelne Informationsblöcke aufgelöst und diese sinnvoll miteinander verbunden werden. Dabei haben die Verbindungslinien zwischen den einzelnen Elementen und die Textumrahmungen mehr als nur grafisch-optische Funktion: Sie zeigen die inhaltlichen Beziehungen zwischen den Einzelinformationen und damit die Struktur der jeweiligen Materie auf. Es handelt sich um die bislang einzige Anwendung des Concept Mapping in der juristischen Didaktik (siehe Stary & Unger: CM in der juristischen Ausbildung. In: Handbuch Hochschullehre 2009). Dadurch können semantische Netze und logische Zusammenhänge visualisiert werden. Um diese leicht nachvollziehen zu können, wurde eine einfache Grammatik der verwendeten Formen und Zeichen entwickelt (siehe Legende).

Aus rechtsdidaktischer Sicht bringen Schaubilder gerade auch im BGB viele Vorzüge. Vier seien schlagwortartig angeführt:

- Der Lernstoff ist vorstrukturiert
- Komplexe Zusammenhänge sind auf einen Blick erkennbar
- Die Inhalte lassen sich leichter erinnern
- Die Inhalte lassen sich schnell und vernetzt zur Prüfungsvorbereitung wiederholen

In Anlehnung an die Inhalte des WORKBOOK BGB wurde im Internet unter www.juralink.de ein interaktives Lern- und Trainingsprogramm entwickelt. Der juralink BGB-Trainer wird derzeit an der Hochschule für Wirtschaft und Recht (HWR) in Berlin aktualisiert und programmtechnisch überarbeitet. Im Internet steht die alte Version bis auf weiteres zur Verfügung.
Die Workbooks BGB finden Sie auch im Web: www.workbook-bgb.de. Für die Bestellung anderer Bände der WORKBOOK-Reihe nutzen Sie bitte: bestellung@bachelor-basics.com.

Kritik und Verbesserungsvorschläge sind per Mail als Rückmeldung stets willkommen und werden in die laufende Überarbeitung mit einbezogen: info@workbook-bgb.de.

Anregendes Arbeiten – und viel Erfolg!

Berlin / Kehl, im September 2011

Die Konzeption des WORKBOOK BGB folgt der in der Pädagogik herrschenden SQ3R-Methode („Survey – Question – Read – Recite – Review") des amerikanischen Lernforschers FRANCIS ROBINSON (Effective Study. New York 1961 - rev. Edition).

Schaubilder & Fragen

Wenn Sie sich einarbeiten wollen, gehen Sie in folgenden Schritten vor:

- Verschaffen Sie sich zunächst einen ersten Überblick *(„Survey")* über das Schaubild, ohne sich schon Details einprägen zu wollen. Versuchen Sie vielmehr, die Anordnung und Aufteilung der Informationsblöcke zu erfassen. Sie entwickeln dadurch eine vorläufige Vorstellung über den Themenbereich.
- Neuen Wissensstoff prägt man sich besser ein, wenn man mit gezielten Fragen *(„Question")* an ihn herangeht. Lesen Sie deshalb die den Übersichten vorangestellten Fragen durch.
- Lassen Sie sich beim Lesen *(„Read")* der im Schaubild enthaltenen Informationen von den Fragen leiten. Versuchen Sie also, im Text des Schaubildes die Antwort auf die jeweilige Frage zu finden und lesen Sie dabei auch die zitierten Paragraphen im Gesetz nach. Arbeiten Sie sich auf diese Weise durch die gesamte Übersicht durch.
- Decken Sie das Schaubild zu und wenden Sie sich erneut den Fragen zu: Versuchen Sie, Antworten selber zu formulieren *(„Recite").* Wenn Sie sich Ihrer Antwort nicht sicher sind, können Sie ausformulierte Antworten im Lösungsbuch des WORKBOOK BGB nachlesen.
- Wenn Sie wiederholen wollen, etwa vor Klausuren und Prüfungen *(„Review"),* nehmen Sie sich zum jeweiligen Themenbereich die Fragen vor und versuchen Sie, diese "aus dem Kopf" zu beantworten. Wenn Ihnen die Beantwortung vollständig gelingt, verfügen Sie über das erforderliche Grundwissen. Wenn Sie Lücken in Ihrem Wissen feststellen, nehmen Sie die Übersicht zu Hilfe und lesen die betreffenden Textstellen noch einmal durch. Kontrollieren Sie danach, ob Sie die Fragen jetzt beantworten können.

Übungsfälle

Die Übungsbeispiele im WORKBOOK sind als zusätzliche Studienhilfen gedacht. Die Gestaltung der Lösungen in Form von Lückentexten soll zu aktivem Mitdenken zwingen, ohne dass andererseits der Bearbeiter alleingelassen wird; im Lösungsheft kann zur Kontrolle der vollständige Text nachgelesen werden. Die ausformulierten Textteile enthalten größtenteils Standardformulierungen, die sich bei häufigem Lesen am besten einprägen. Auf diese Weise werden Studierende mit dem ihnen anfangs künstlich erscheinenden Klausurstil am leichtesten vertraut.
Ergänzend können größere Klausuren bearbeitet werden, die auf *www.juralink.de* zur Verfügung stehen.

Prüfschemata

Anspruchsarten und Anspruchsgrundlagen sind für die zivilrechtliche Klausurarbeit von zentraler Bedeutung, wobei die Prüfung aller Tatbestandsmerkmale in der richtigen Reihenfolge im Vordergrund steht. Das WORKBOOK bietet ihnen im Anhang tabellarische Prüfschemata mit kurzen Erläuterungen der einzelnen Prüfungspunkte.

Definitionen

Auf den letzten Seiten listet das WORKBOOK ausgewählte Fachbegriffe und ihre Definition auf. Ein vollständiges Glossar von über 500 Definitionen finden Sie unter *www.juralink.de* im Terminologietrainer.

Zeichen	Logische Bedeutung	Verbale Aussage
	Strukturell besonders wichtige Informationen: - Oberbegriffe, Gliederungspunkte - Tatbestandsvoraussetzungen - Ausgangspunkt oder Endergebnis eines Entscheidungsprozesses	- *"Gegenstand ist ..."* - *"Voraussetzung ist ..."* - *"Auszugehen ist von ..."* - *"Das führt im Ergebnis zu ..."*
	Sachinformationen, meist Wiedergabe oder Erläuterung gesetzlicher Vorschriften	
 	Inhaltliche Zugehörigkeit (gestrichelt: ergänzende Information, geringere Bedeutung)	- *"Das bedeutet im einzelnen ..."* - *"Dazu gehört ..."*
	Begriffliche Aufgliederung	- *"Hierbei ist zu unterscheiden ..."*
	Prüfungsschritte, logische Folge (auch Rechtsfolge)	- *"Nächster Schritt ist ..."* - *"Daraus folgt ..."*
	- Sonderfall - Konkrete Anwendung - Zusätzliche Erläuterung	- *"Dabei ist zu beachten ..."* - *"zum Beispiel ..."* - *"Ferner ist zu berücksichtigen ..."* - *"In diesem Zusammenhang ist zu erwähnen ..."*
	- Ausschließlichkeitsverhältnis - Interessenkollision	- *"Entweder - oder"* - *"Hier muss im Einzelfall abgewogen werden ..."* - *"Im Gegensatz dazu steht ..."*
	Ausnahme, Abgrenzung	- *"Eine Ausnahme dazu bildet ..."* - *"Anders ..."* - *"Dabei ist abzugrenzen gegenüber ..."*
	Wichtige Spezialfrage	- *"Bei der Fallbearbeitung kann es entscheidend darauf ankommen ..."* - *"Bei der Bearbeitung darf nicht übersehen werden ..."* - *"Diese Frage kann klausurrelevant sein ..."*

Inhaltsverzeichnis

Einheit 1

Einheit 2

Einheit 3

Inhaltsverzeichnis

Einheit 7

Einheit 8

Einheit 9

Einheit 10

Einheit 11

Einheit 1 Die wichtigsten Vertragstypen des Schuldrechts

1. Der Automatenaufstellungsvertrag ist im BGB nicht geregelt. Ist ein solcher Vertrag deshalb unzulässig?

2. Der Beherbergungsvertrag ist ein gemischter Vertrag. Überlegen Sie, welche Vertragstypen des BGB hauptsächlich in ihm enthalten sind!

3. Wo vor allem gibt es Ausnahmen vom Grundsatz, dass schuldrechtliche Regelungen von den Parteien geändert werden können (abdingbar sind)?

4. Im Sachenrecht hat sich neben dem Pfandrecht (§§ 1204 ff. BGB) gewohnheitsrechtlich die Sicherungsübereignung als wirtschaftlich wichtigste Sicherungsform an beweglichen Sachen herausgebildet. Welche prinzipiellen rechtlichen Bedenken können dagegen erhoben werden?

5. In welchen großen Bereichen stellt das BGB im Schuldrecht spezielle Vertragstypen zur Verfügung?

6. Welche Arten von Finanzierungsgeschäften sind im BGB geregelt?

7. Finden auf den Arbeitsvertrag Vorschriften des Besonderen Schuldrechts Anwendung?

8. Worin liegt der Unterschied zwischen Auftrag und Geschäftsbesorgungsvertrag?

9. Welches ist der wichtigste Fall einer Bruchteilsgemeinschaft?

Die wichtigsten Vertragstypen des BGB

Grundsatz: **Gestaltungsfreiheit**

Die Parteien können ihre Rechtsbeziehungen inhaltlich frei gestalten. Sie können eigene Vertragstypen "erfinden" (sog. **atypische Verträge**, z.B. Leasing, Franchising), oder sie können aus Teilen verschiedener Vertragstypen eigene **gemischte Verträge** schaffen (z.B. Beherbungsvertrag). Das BGB stellt im Besonderen Schuldrecht (§§ 433 ff.) den Parteien nur vorgefertigte Muster, sozusagen als "Konfektion" zur Verfügung.

Aus der Gestaltungsfreiheit folgt, dass **die meisten Vorschriften abdingbar** sind. Doch gibt es auch **Ausnahmen,** vor allem **bei Verbraucherverträgen** (z.B. §§ 475, 506) oder **im Mietrecht** (z.B. §§ 557 IV, 569 V, 573 IV, 574-574c IV).

Anders liegt es im **Sachenrecht**. Dort herrscht **Typenzwang,** ein "numerus clausus" der in Buch 3 genannten Rechte (Ausnahme: Sicherungsübereignung). Vorschriften des Sachenrechts sind daher i.d.R. **zwingend,** d.h. nicht vertraglich abdingbar.

Güterzuwendung Güteraustausch

- §§ 433 ff. – **Kauf / Tausch**
- §§ 516 ff. – **Schenkung**

Finanzierungsgeschäfte

- §§ 499 ff. – **Finanzierungshilfen**
- §§ 505 ff. – **Ratenlieferungsverträge**
- §§ 488 ff. / §§ 607 ff. – **Darlehen**
- §§ 676a ff. – **Bankgeschäfte** (Überweisungs-, Zahlungs-, Girovertrag)

Gebrauchsüberlassung

- §§ 535 ff. – **Miete** (entgeltliche Gebrauchsüberlassung)
- § 598 – **Leihe** (unentgeltliche Gebrauchsüberlassung)
- §§ 581 ff. – **Pacht** (Gebrauch und Nutzung/Fruchtgenuß)

Dienstleistung

- §§ 611 ff. – **Dienstvertrag** (selbständiger DienstV oder im Abhängigkeitsverhältnis = Arbeitsvertrag)
- §§ 631 ff. – **Werkvertrag** (einschl. Reisevertrag: §§ 651 a - k)
- §§ 662 ff. – **Auftrag** (unentgeltl. Geschäftsbesorgung)
- § 675 – **Geschäftsbesorgungsvertrag** (entgeltlich)
- §§ 652 ff. – **Maklervertrag**
- §§ 688 ff. – **Verwahrungsvertrag**

Interessengemeinschaft

- §§ 705 ff. – **Gesellschaft** (GbR)
- §§ 741 ff. – **Bruchteilsgemeinschaft** (Hauptfall: Miteigentum, vgl. §§ 1008 ff.)

Klärung, Sicherung, Verstärkung von Ansprüchen

- §§ 765 ff. – **Bürgschaft**
- § 779 – **Vergleich**
- §§ 780, 781 – **Schuldanerkenntnis, Schuldversprechen**

Einheit 2 Kaufvertrag

A. Notwendige und übliche Regelungsbereiche eines Kaufvertrags

1. Könnten die Außenstände einer Firma (Kaufpreisforderungen) Gegenstand eines Kaufvertrags sein?

2. Ist der Vertrag mit dem Elektrizitätswerk ein Kaufvertrag? (Elektrizität ist keine Sache im Sinne von § 90 BGB!)

3. Über welche drei Punkte muss mindestens Klarheit bestehen, damit überhaupt von einem Kaufvertrag gesprochen werden kann?

4. Beim Heizölhändler werden 3.000 l Öl bestellt, ohne dass über den Preis gesprochen wird. Dennoch ist ein Kaufvertrag zustande gekommen. Warum? Zu welchem Preis?

5. In welchen Bereichen werden - bei größeren Verträgen - üblicherweise Nebenabreden getroffen?

6. In einem umfangreichen Maschinenlieferungsvertrag haben die Parteien detaillierte Regelungen getroffen, die komplizierte Frage der Sachmängelhaftung aber (bewusst) nicht geregelt. Wie ist die Rechtslage, wenn die gelieferten Maschinen Mängel aufweisen? Liegt ein Dissens*) vor?

*) Zum Dissens siehe Band 1, Einheit 5 C

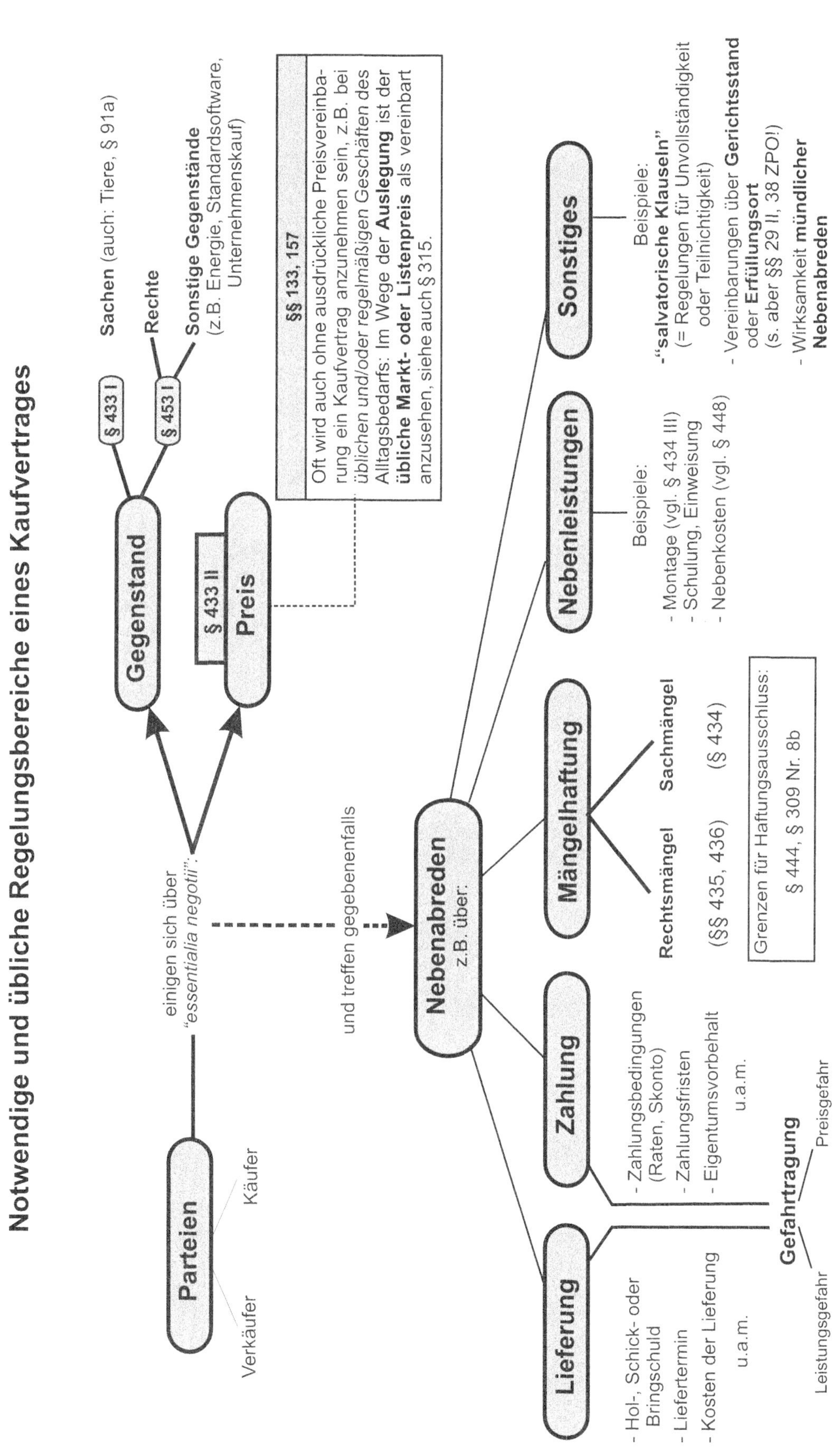
Notwendige und übliche Regelungsbereiche eines Kaufvertrages
Parteien
Verkäufer
Käufer
einigen sich über "essentialia negotii":
Gegenstand
§ 433 I
Sachen (auch: Tiere, § 91a)
§ 453 I
Rechte
Sonstige Gegenstände (z.B. Energie, Standardsoftware, Unternehmenskauf)
§ 433 II
Preis
§§ 133, 157
Oft wird auch ohne ausdrückliche Preisvereinbarung ein Kaufvertrag anzunehmen sein, z.B. bei üblichen und/oder regelmäßigen Geschäften des Alltagsbedarfs: Im Wege der Auslegung ist der übliche Markt- oder Listenpreis als vereinbart anzusehen, siehe auch § 315.
und treffen gegebenenfalls
Nebenabreden
z.B. über:
Lieferung
- Hol-, Schick- oder Bringschuld
- Liefertermin
- Kosten der Lieferung
u.a.m.
Zahlung
- Zahlungsbedingungen (Raten, Skonto)
- Zahlungsfristen
- Eigentumsvorbehalt
u.a.m.
Gefahrtragung
Leistungsgefahr
Preisgefahr
Mängelhaftung
Rechtsmängel
(§§ 435, 436)
Sachmängel
(§ 434)
Grenzen für Haftungsausschluss:
§ 444, § 309 Nr. 8b
Nebenleistungen
Beispiele:
- Montage (vgl. § 434 III)
- Schulung, Einweisung
- Nebenkosten (vgl. § 448)
Sonstiges
Beispiele:
- "salvatorische Klauseln" (= Regelungen für Unvollständigkeit oder Teilnichtigkeit)
- Vereinbarungen über Gerichtsstand oder Erfüllungsort (s. aber §§ 29 II, 38 ZPO!)
- Wirksamkeit mündlicher Nebenabreden

Im Gegensatz zur Anfertigung von Klausuren (Gutachtenstil) geht es bei der Vertragsgestaltung um eine grundsätzlich andere Tätigkeit: Im Gutachten ist nach festen Regeln die Lösung möglichst genau und schrittweise aus dem Gesetz abzuleiten, bei der Vertragsgestaltung geht es darum, die rechtlichen Regelungen anstelle des Gesetzes für sich selbst sozusagen maßzuschneidern. Dabei handelt es sich um eine ausgesprochen kreative Tätigkeit, bei der weitgehender Entscheidungsspielraum im Rahmen der Vertragsfreiheit (§ 311 Abs. 1 BGB) besteht. Daher kann es hierfür keine allgemeingültigen Regeln geben. Doch lassen sich aus den Grundregeln der Entscheidungslehre nützliche Hinweise für die richtige Strategie entnehmen.

1. ZIELE FESTLEGEN

Klarheit über die angestrebten Ziele ist Grundvoraussetzung jeder sachgemäßen Entscheidung. Natürlich genügt nicht das allgemeine Ziel, einen Vertrag abzuschließen. Es genügt auch nicht eine Regelung nur der wichtigsten Punkte; denn ein individueller, schriftlich ausgearbeiteter Vertrag ist nur dann sinnvoll, wenn alle Punkte geklärt werden, die für die Parteien von Belang sind. Daher stellt sich zuerst die Frage:

Welche Bereiche sollen geregelt werden?
Hier geht es darum, die Punkte zusammenzustellen, über die man eine Einigung erzielen will, d. h. also gewissermaßen eine Tagesordnung für die Vertragsverhandlungen festzulegen. Gewisse Anhaltspunkte können die Regelungen für Allgemeine Geschäftsbedingungen in §§ 308, 309 BGB geben.

Im übrigen hilft nur die eigene Phantasie weiter: Je nachdem, was geregelt werden soll, und je nachdem, auf welcher Seite man sich befindet, sind zwei Arten von Zielen zu unterscheiden:

- positive Ziele = Sachziele
= Was will ich erreichen?
Was will ich bekommen?
Hier geht man gewissermaßen mit der rosaroten Brille an die Sache heran und fragt sich optimistisch, was eigentlich die Wunschvorstellungen bezüglich der gegnerischen Leistungen sind.

- negative Ziele: Risikovermeidungsziele
= Was will ich vermeiden?
Was will ich (nicht) geben?
Hier sieht man eher das Ganze von seiner schwarzen Seite und fragt, welche Gefahren und Risiken in der Vertragsabwicklung liegen könnten. Am besten ist es, sich ganz plastisch vorzustellen, mit welchen Eventualitäten man bei Abwicklung des Vertrages möglicherweise zu rechnen hat. Also: Je destruktiver Ihre Phantasie ist, desto wasserdichter wird Ihr Vertrag!

2. LÖSUNGSALTERNATIVEN ENTWICKELN

In diesem zweiten Schritt geht es darum, für die einzelnen Bereiche jeweils getrennt Einzelregelungen im Detail zu erarbeiten. Auch hier helfen die oben genannten Zielvorstellungen: **Je nach Interessenlage wird die Regelung (und auch die Formulierung) im Einzelnen verschieden ausfallen,** je nachdem ob Sie positiv etwas erreichen wollen, also gewissermaßen in der Offensive sind, oder ob Sie negativ Risiken vermeiden oder möglichst wenige Verpflichtungen eingehen wollen, sich also in der Defensive befinden.

Ein Beispiel:
Beim Kauf einer Computeranlage wird sicher der Bereich von Nebenleistungen und Nebenpflichten eine wichtige Rolle spielen. Hier haben die Parteien grundsätzlich verschiedene Interessen:

- Der **Käufer** wird sich **positiv** fragen, wie viele Nebenleistungen er erreichen kann. Er möchte also möglichst viel bekommen. In diesem Fall sollte er die entsprechende Klausel **weit formulieren,** also den Pflichtenkreis des Verkäufers in einer Art Generalklausel umschreiben, um einzelne Pflichten nur beispielshalber („insbesondere") herauszugreifen.

  Beispiel Käufer:
  „Der Verkäufer ist verpflichtet, dem Käufer umfassende Unterstützung für den Betrieb der Anlage zu geben, insbesondere Hilfe bei Installation,

Vor-Ort-Service bei Funktionsstörungen und ggf. Zurverfügungstellung von Ersatzgeräten."

- Der **Verkäufer** befindet sich in diesem Punkt eher **in der Defensive.** Sein Interesse geht dahin, zusätzliche Risiken zu vermeiden, Nebenpflichten nur in begrenztem Umfang (mehr oder weniger nur im Rahmen einer eventuellen Kulanzregelung) zu übernehmen, also möglichst wenig zu geben. Hier ist empfehlenswert, die entsprechende Klausel **eng zu formulieren,** d. h. die Pflichten möglichst präzise zu umreißen und in einem abschließenden Katalog (*„ausschließlich")* zu präsentieren.

  Beispiel Verkäufer:
  „Nach Abnahme der Anlage steht dem Käufer für Auskünfte betreffend Installation und Betrieb der Anlage die Hotline des Verkäufers zur Verfügung. Weitere Hilfestellungen sind im Rahmen eines gesonderten Servicevertrages möglich."

3. LÖSUNGEN ÜBERPRÜFEN

a) finanziell: zusätzliche Kosten?
Erfahrungsgemäß gibt es bei Vertragspartnern am ehesten Streit, wenn es ums Geld geht, wenn also zu entscheiden ist, wer welche Kosten zu übernehmen hat. Gerade hier sollte ein Vertrag besonders klare und lückenlose Regelungen enthalten. Dies erreicht man am besten dadurch, dass man sich bei jeder Einzelregelung nach Ausformulierung der jeweiligen Modalitäten fragt, ob diese Klauseln Kosten verursachen. Wenn dies der Fall ist, kann dann die Kostentragungspflicht in einem ergänzenden Absatz geregelt werden. Je nach Interessenlage wird man auch hier mehr oder weniger weit formulieren:

Beispiel Käufer:
„Alle für die Durchführung des vorliegenden Vertrages erforderlichen Kosten, einschließlich der Kosten für die o. a. Leistungen übernimmt der Verkäufer".

Beispiel Verkäufer:
„Soweit nichts anderes erwähnt, übernimmt der Käufer die Kosten für die in diesem Vertrag genannten Leistungen".

b) praktisch: Ist die Lösung praktikabel und flexibel?
Ein Vertrag lohnt sich nur dann wirklich, wenn die Parteien mit ihm auf Dauer zufrieden sind. Die Regelungen müssen also trotz detaillierter Klauseln für künftige Entwicklungen offen sein und eine Anpassung an neue Situationen erleichtern.

c) rechtlich: Sind alle Klauseln wirksam?
Abschließend empfiehlt sich eine Überprüfung der rechtlichen Zulässigkeit. Vor allem ist **bei Formularverträgen** auf die Vorschriften der **§§ 305c, 308, 309 BGB** zu achten. Daneben ergeben sich Einschränkungen der Vertragsfreiheit z. B. bei:

- **(Gerichtsstandsvereinbarungen:)** §§ 29 Abs. 2, 38 Abs.1 ZPO
- **(Miete:)** §§ 536 Abs. 4, 547 Abs. 2, 552 Abs. 2, 553 Abs. 3, 554 Abs. 5, 555, 563 Abs. 5, 569 Abs. 5, 571 Abs. 3, 572, 573 Abs. 4, 574 Abs. 4 BGB

Zu beachten ist, dass nach **§ 139 BGB** die Unwirksamkeit einer Klausel grundsätzlich zur Unwirksamkeit des gesamten Vertrags führt (Ausnahme bei Allgemeinen Geschäftsbedingungen: § 306 Abs. 1 BGB).

In der Praxis haben sich auf den verschiedensten Gebieten Musterverträge durchgesetzt. Deren äußerer Rahmen entspricht zumeist dem dargestellten Schema. Inhaltlich sind solche Verträge jeweils auf den speziellen Fall zugeschnitten. Wer einen Vertrag selbst entwerfen muss, kann sich darüber hinaus im Katalog der §§ 308, 309 BGB Anregungen holen.

KAUFVERTRAG

zwischen

Firma CDE GmbH ....(genaue Adresse)
vertreten durch (Vorstand, Geschäftsführer, Prokurist o. ä.)

- Verkäufer -

und

Gemeinde ....(genaue Adresse)
vertreten durch (Bürgermeister, Oberstadtdirektor, Amtsleiter o. ä.)

- Käufer[1]-

§ 1 (Gegenstand)

(1) **Gegenstand, Ausstattung, Zubehör** (vgl. § 311c BGB: Zubehör ist im Zweifel mit verkauft), **Eigenschaften** (wegen §§ 434, 437 BGB)[2]

(2) **Lieferbedingungen** (Zeit, Ort, Art und Weise)[3]

(3) **Gefahrtragung**
(„Die Gefahr geht sofort / bei Absendung / mit Übergabe auf den Käufer über")

§ 2 (Preis)

(1) **Zahlungsbedingungen:** Fristen, Raten, Zinsen, Skonti

(2) **Eigentumsvorbehalt** (§ 449 BGB)

§ 3 (Gewährleistung)

(1) **Rechtsmängel** (=frei von Rechten Dritter, vgl. § 435 BGB). Kann vertraglich ausgeschlossen werden, vgl. § 444 BGB (= Übernahme von Drittrechten durch den Käufer, z. B. bei einem Mietvertrag gem. § 566 BGB).
(„Das Grundstück wird verkauft rechtsmängelfrei, jedoch unter Übernahme des im Grundbuch Abteilung 2 aufgeführten Wegerechts und der Rechte und Pflichten aus dem Mietvertrag XYZ")

(2) **Sachmängel:** Möglich ist Haftungsausschluss oder Beschränkung, z. B. auf Nachbesserung (§ 444 BGB). Bei Formularverträgen ist § 309 Nr. 8b BGB zu beachten.
(„Der gebrauchte Wagen wird verkauft wie besichtigt und probegefahren und unter Ausschluss jeglicher Mängelhaftung")[4] (Sonderfall Verbrauchsgüterkauf: § 475 BGB)

§ 4 (Weitere Pflichten)

(1) **Nebenleistungen** (z. B. Montage, Bedienungs- oder Installationsanleitungen)
(2) **Nebenkosten** (z. B. nach § 448 BGB für Transport[5] oder für besondere Nebenleistungen, z. B. Installation)

§ 5 (Sonstiges)

(1)	**Aufrechnungsverbot**	(vgl. aber § 309 Nr. 3 BGB)
(2)	**Schadenspauschalierungen**	(vgl. aber § 309 Nr. 5 BGB)
(3)	**Rücktrittsrechte**	(vgl. aber § 308 Nr. 3 oder § 309 Nr. 8a BGB)
(4)	**Vertragsstrafen**	(vgl. aber § 309 Nr. 6 BGB)

§ 6 (Schlussbestimmungen)

(1) **„Salvatorische Klausel“** (= Regelung über Teilnichtigkeit)
("Sollte eine Bestimmung dieses Vertrages unwirksam sein, so berührt das nicht die Wirksamkeit des Vertrages im übrigen")[6]
(2) **Umdeutung** (vgl. § 140 BGB)
("An Stelle der unwirksamen Klausel werden die Parteien eine Regelung vereinbaren, die der unwirksamen Bestimmung wirtschaftlich am nächsten kommt")
(3) **Nebenabreden**
("Nebenabreden bedürfen der Schriftform. Mündliche Nebenabreden sind nicht getroffen worden")
(4) **Erfüllungsort, Gerichtsstand** (vgl. aber §§ 29 Abs. 2, 38 ZPO!)[7]

Für den Verkäufer:	Für den Käufer:
...(Ort)..., den ...(Datum)...	...(Ort)..., den ...(Datum)...
....	....
(Unterschrift)	(Unterschrift)[8]

[1] Diese Darstellung folgt dem Kopf einer Klage bzw. eines Urteils („Rubrum“) und empfiehlt sich, weil sie in dieser Form für die Klageschrift übernommen werden kann („Klage der Fa. CDE - Klägerin - gegen die Gemeinde XYZ - Beklagte -“).

[2] Ein Mangel liegt (siehe § 434 Abs. 1 BGB) vor allem dann vor, wenn der Kaufsache die vertraglich vereinbarte Beschaffenheit fehlt oder sie sich für die nach dem Vertrag vorausgesetzte Verwendung nicht eignet. Es ist daher sinnvoll, den vertraglichen Verwendungszweck der Kaufsache genauer zu umreißen. Bei umfangreicheren Verträgen geschieht dies oft im Rahmen einer vorangestellten Präambel. Diese gibt Anhaltspunkte für die Auslegung unklarer Passagen.

[3] Hauptsächlich: Hol-, Schick- oder Bringschuld.

[4] Eine solche Klausel fällt nicht unter § 309 Nr. 8b BGB (gebrauchte Sache!). Sie ist im Übrigen mit § 307 BGB vereinbar. Beim Verbrauchsgüterkauf ist ein Haftungsausschluss aber unwirksam: § 475 Abs. 1 BGB!

[5] Die Vereinbarung über Transportkosten könnte im Vertrag auch gleich am Anfang (hier: § 1 Abs. 2) erfolgen.

[6] Entgegen der gesetzlichen Vermutung des § 139 BGB.

[7] Zu beachten ist, dass solche Vereinbarungen gegenüber Privatpersonen unwirksam sind. Die Vereinbarung über Transportkosten könnte im Vertrag auch gleich am Anfang (hier: § 1 Abs. 2) erfolgen.

[8] In der Praxis wird meist nach § 126 Abs. 2 Satz 2 BGB verfahren: Eine Partei fertigt den Vertrag und schickt zwei gleichlautende, von ihr unterschriebene Exemplare an die Gegenseite, die eines davon behält und das andere unterschrieben wieder zurückschickt. Jede Partei hat jetzt eine Ausfertigung mit (zumindest) der Unterschrift des Partners.

1. Wodurch sind Hauptpflichten gekennzeichnet? Welche weiteren Leistungspflichten enthalten gegenseitige Verträge?

2. Was ist der Unterschied zwischen Nebenleistungspflichten und Nebenpflichten?

3. Welche ist die primäre Hauptpflicht des Verkäufers, welche die des Käufers?

4. Ist die Abnahme (§ 433 Abs. 2 BGB) Haupt- oder Nebenleistungspflicht des Käufers?

5. Das verkaufte und dem Käufer übergebene Grundstück ist mit einem Wegerecht (Dienstbarkeit) belastet. Kann der Käufer vom Verkäufer die Beseitigung dieses Rechts verlangen?

6. Wer trägt nach dem Gesetz die Beurkundungskosten eines Grundstückskaufes?

7. Wovon hängt es ab, wer die Versand-/Transportkosten trägt?

8. Könnte ein Verkäufer nach § 323 BGB vom Kaufvertrag zurücktreten, wenn der Käufer trotz Mahnung und Fristsetzung die Versandkosten nicht bezahlt?

9. Der Verkäufer eines Reinigungsmittels hat es unterlassen, den Käufer darauf aufmerksam zu machen, dass das Mittel unverdünnt Verätzungen der Haut hervorrufen kann. Der Käufer kommt zu Schaden. Kann er vom Verkäufer Ersatz verlangen?

Pflichten von Käufer und Verkäufer

	LEISTUNGSPFLICHTEN: HAUPTLEISTUNGSPFLICHTEN	LEISTUNGSPFLICHTEN: NEBENLEISTUNGSPFLICHTEN	NEBENPFLICHTEN: leistungsbezogene	NEBENPFLICHTEN: leistungsunabhängige
Wesen, Arten	Sie sind grundlegend für das vertragliche **Austauschverhältnis** und stehen in einem inhaltliches Wechselbezug (**"Synallagma"**): Der Verkäufer verpflichtet sich zur Übereignung, weil und damit sich der Käufer zur Zahlung verpflichtet, und umgekehrt (*"do ut des"*).	Sie sind auf eine bestimmte Leistung gerichtet und sollen die ordnungsgemäße Erfüllung der Hauptleistung sicherstellen **(="Leistungsinteresse").** (Seit der Schuldrechtsreform ist der Unterschied zu Hauptleistungspflichten kaum noch von Bedeutung)	Sie sind i.d.R. **nicht selbständig einklagbar** und sollen den Vertragspartner bei der Vertragsabwicklung nur **vor Schaden bewahren (="Integritätsinteresse").**	
Verkäufer	1. Verschaffung von **Eigentum** (§ 433 I) 2. Verschaffung von **Besitz** (§ 433 I) 3. Gegenstand **mangelfrei** (§ 433 I 2)	1. **Übergabekosten** (**§ 448 I**) 2. **Transportkosten** (bei Bringschuld) 3. Sonstige, z.B.: (**§ 242**) Aushändigung von Urkunden, Auskunft über Herkunft der Ware	Sie folgen aus dem Grundsatz von Treu und Glauben (**§ 242**). Beispiele: **- Auskunft** **- Informationspflichten** (Aufklärung, Mitteilung, Warnung) Sie können ggf. auch (Neben-) Leistungspflichten sein, z.B. bei Auskunft)	Gesetzliche Grundlage: **§ 241 II** **- Schutzpflichten** **- Obhutspflichten**
Käufer	**Zahlung des Kaufpreises: § 433 II** (**ausnahmsweise auch Abnahme**, wenn für Parteien von besonderer Bedeutung, z.B. bei verderblicher Ware oder großem Transportaufwand)	1. **Abnahme** (**§ 433 II**) 2. **Abnahmekosten** (**§ 448 I**) 3. **Versendungskosten** (**§ 448 I**) (bei Schickschuld) 4. **Beurkundungskosten** (**§ 448 II**) (einschl. Auflassung, Eintragung)	Je nach Fallgestaltung auch für den Käufer denkbar (z.B. Schutz der Monteure des Verkäufers oder Auskünfte über technische Details der zu reparierenden Sache)	
Rechtsfolgen bei Leistungsstörung	**§§ 320, 322** (Einrede des nicht erfüllten Vertrags) Die Leistungen werden Zug um Zug erbracht.	**Keine §§ 320, 322** (aber allgemeines Zurückbehaltungsrecht: §§ 273, 274)	**§ 280 I** (Allgemeiner Schadensersatz *"wegen Pflichtverletzung"*) Bei leistungsbezogenen Pflichten ist ggf. auch § 281 denkbar, z.B. bei Auskunft oder Anspruch auf Montageanleitung: Hier müsste eine Frist gesetzt werden, um Schadensersatz statt der Leistung zu verlangen.	
	§§ 281 ff. / § 323 Bei Schadensersatz *"statt der Leistung"* und bei Rücktritt wegen Pflichtverletzung gibt es keinen Unterschied mehr zwischen Haupt- und Nebenleistungen.			

Fall 1
K holt den gekauften Fisch zum vereinbarten Zeitpunkt nicht ab. Das stinkt dem V. Bevor der Fisch stinkt, kommt er (der Fisch) ins Kühlhaus.
V verlangt Ersatz der Lagerkosten und entgangenen Gewinn. Mit Recht?

Lösung

I. Anspruch auf Ersatz der Lagerkosten
Der Anspruch auf Ersatz der Lagerkosten könnte sich aus **§ ___ BGB** ergeben.
Voraussetzung ist, dass K in _____________verzug geraten ist.

(1) Leistungs___________
V war nicht nur verpflichtet, sondern zum fraglichen Zeitraum auch berechtigt, seine Leistung (= Lieferung des Fischs) zu erbringen. Fälligkeit liegt vor, Wäre aber nicht erforderlich, vgl. § 271 Abs. 2 BGB.

(2) Leistungs________
Nach § ___ BGB wäre ein Annahmeverzug bei Unmöglichkeit der Leistung ausgeschlossen. Ein solcher Fall liegt nicht vor.

(3) Leistungs_______
V hat seine Leistung vertragsgemäß angeboten. Normalerweise müsste das Angebot nach § ___ BGB _______lich erfolgen, bei einer ___schuld genügt aber ein ____liches Angebot: § ___ BGB)

(4) Nichtannahme
Dadurch, dass K die Ware nicht abgeholt hat, hat er sie (i. S. v. § 293 BGB) nicht angenommen.

(5) Mehraufwendungen
Nach § ___ BGB erhält V die effektiven Mehraufwendungen, d. h. Lagerkosten in nachgewiesener Höhe. Der Ersatz eines entgangenen Gewinns (z. B. wenn der Verkäufer wegen des eingelagerten Fisches ein lukratives Angebot zur Kühlhausvermietung ausschlagen musste) fällt nicht unter § 304 BGB; denn das wäre Sch_____________ (vgl. § 252 BGB).

II. Anspruch auf Ersatz des entgangenen Gewinns
Ein (Schadensersatz-)Anspruch auf Ersatz entgangenen Gewinns könnte sich aus **§ ___ Abs. 1 und __** BGB in Verbindung mit **§ ___ BGB** ergeben. Dies setzt voraus, dass K mit einer Sch____erpflicht in Verzug ist.

(1) Schuldverhältnis
Zwischen V und K besteht ein Kaufvertrag, also ein Schuldverhältnis (§ ___ Abs. 1 BGB) im Sinne von § 280 Abs. 1 Satz 1 BGB.

(2) Pflichtverletzung
Es könnte die Pflicht zur _______ im Sinne von § ___ Abs. _ BGB sein. Abnahme ist nicht nur bloße Gläubigerobliegenheit (= „Annahme" i. S. v. §§ 293 ff. BGB), sondern auch eine echte Sch______pflicht. Der Käufer hat eine Doppelrolle: Er ist Gläubiger („A__nahme") und zugleich Schuldner („A__nahme").
Die Abnahmepflicht hat K dadurch verletzt, dass er die Ware nicht rechtzeitig abgeholt hat.

(3) „zu vertreten"
Die Pflichtverletzung (= Verzögerung der Abholung) muss K zu vertreten haben i. S. v. §§ 276, 278 BGB. Dies wird nach § 280 Abs. 1 Satz 2 BGB vermutet.

(4) Schaden
Der Schaden ist durch die nicht termingerechte Abholung entstanden. Beim Anspruch des V handelt es sich somit um Schadensersatz *„wegen Verzögerung"* (= Verzugs- oder Verzögerungsschaden). Es müssen also die Voraussetzungen des Schuldnerverzuges (§ ___ BGB) vorliegen. Dies ist der Fall: Trotz Fälligkeit ist K seiner Abnahmepflicht gem. § 433 Abs. 2 BGB nicht nachgekommen. Eine Mahnung war nicht erforderlich, weil der Leistungszeitpunkt ________mäßig bestimmt war, (§ 286 Abs. 2 Nr. 1 BGB) und K die Verzögerung auch zu vertreten hat (§ 286 Abs. 4 BGB, siehe schon oben zu Punkt (3): § 280 Abs. 1 Satz 2 BGB). K ist somit in Schuldnerverzug geraten.

Ergebnis: Sofern V einen Gewinnausfall nachweisen kann, hat er Anspruch auf Ersatz des entgangenen Gewinns, der einen Ver____schaden darstellt: Er beruht kausal auf der Verzögerung und ist während des Verzugs entstanden.

Fall 2
(Abwandlung von Fall 1)
V setzt dem K eine Frist zum Abholen und droht an, er werde über den Fisch anderweitig verfügen, wenn K die Frist nicht einhalte. Nach Fristablauf tritt V vom Vertrag zurück. Ist das zulässig?

Lösung

Das Rücktrittsrecht könnte sich aus **§ ___ Abs. 1 BGB** ergeben.

(1) Gegenseitiger Vertrag
Der Kaufvertrag ist ein gegenseitiger Vertrag. Jede Vertragspartei verpflichtet sich um der jeweiligen Gegenleistung willen.

(2) Fällige Leistung
Die Leistungspflicht des K liegt in der Abnahmepflicht nach § 433 Abs. 2 BGB (hier: Abholpflicht) als Schuldnerpflicht. Diese Pflicht war fällig gemäß § ___ Abs. 1 BGB. K hat den vereinbarten Abholtermin nicht eingehalten.

(3) „nicht vertragsgemäß"
K ist mit seiner Abholpflicht (= § 433 Abs. 2 BGB) in Verzug, er hat also seine Leistung nicht vertragsgemäß erbracht.

(4) Fristsetzung
Die nach § 323 Abs. 1 BGB erforderliche Fristsetzung liegt vor.

(5) Erheblichkeit
Die nach § ___ Abs. 5 Satz 2 BGB für einen Rücktritt erforderliche Erheblichkeit der Pflichtverletzung kann angesichts der Verderblichkeit der Ware bejaht werden, weil diese Pflicht dadurch zur Hauptpflicht wird.

Ergebnis: V konnte nach § ___ Abs. 1 BGB vom Vertrag zurücktreten.

1. Worum geht es bei dem juristischen Schlagwort „Gefahrtragung"?

2. Zwischen welchen beiden Arten von Gefahrtragung wird unterschieden? Welche Frage ist zweckmäßigerweise zuerst zu prüfen?

3. Wann bleibt der Verkäufer auch bei zufälligem Untergang einer Kaufsache zur Lieferung verpflichtet? Wie steht es hier mit der Zahlungspflicht des Käufers?

4. Wozu führt bei einem Gattungskauf die sogenannte Konkretisierung (§ 243 Abs. 2 BGB)?

5. Welcher Grundsatz entspricht bei der Preisgefahr der Regelung des § 275 Abs. 1 BGB?

6. Der Verkäufer hat versucht, dem Käufer zum vereinbarten Zeitpunkt die Ware ins Haus zu bringen. Auf dem Rückweg werden Auto und Ware von einem Dritten zu Schrott gefahren.
a) Muss der Verkäufer neue Ware gleicher Art, Güte und Menge liefern?
b) Muss der Käufer auch dann bezahlen, wenn er keine Ware mehr bekommen kann?

7. Der unter Eigentumsvorbehalt gelieferte Schrank wird im Haus des Käufers bei einem Brand zerstört. Der Käufer geht (mit Recht) davon aus, dass der Verkäufer (mangels Eigentumsverschaffung) noch nicht endgültig erfüllt hat und weigert sich nach § 326 Abs. 1 BGB, die noch ausstehenden Raten zu bezahlen. Wird er damit durchdringen?

8. In einem Grundstückskaufvertrag heißt es, die Gefahr gehe „sofort" über. Bevor das Grundstück übergeben werden kann, brennt das Haus ab.
a) Muss der Verkäufer das Haus neu aufbauen?
b) Muss der Käufer den vollen Preis zahlen, auch wenn er nur das abgebrannte Haus bekommt?

9. Welche Gefahrtragungsart regelt § 447 BGB?

10. K hat im Internet privat einen DVD-Player ersteigert, der ihm vom (ebenfalls privaten) Verkäufer per Nachnahme zugeschickt werden soll. Durch ein Versehen der Post ging das Paket verloren. Muss der Käufer den Kaufpreis bezahlen?

11. Wäre die Rechtslage anders, wenn der Player bei einem Versandhandelshaus gekauft wurde?

Kaufvertrag: Gefahrtragung (§§ 446, 447 BGB)

Begriff:

Bei der Gefahrtragung geht es um die Frage, wer das **Risiko eines zufälligen Untergangs oder einer zufälligen Verschlechterung** trägt, und zwar unter zwei Aspekten:

1. Leistungsgefahr
(= Muss der Verkäufer (erneut) liefern?

Grundsatz:

§ 275 I

Der Verkäufer wird frei.

Sonderfall Gattungsschuld:

§ 243 I

Solange die Gattung noch vorhanden ist, besteht für den Verkäufer auch dann eine **Beschaffungspflicht**, wenn er schuldlos die Ware aus seinem Lager verloren hat; denn er schuldet kein bestimmtes Stück, sondern nur irgendeines von mittlerer Art und Güte.

Gelingt es dem Verkäufer nicht, sich die Kaufsache zu beschaffen, trifft ihn das **Beschaffungsrisiko**:
Nach **§ 276 I** hat er sein Unvermögen zur Leistung zu vertreten und muss u.U. Schadensersatz nach §§ 280, 283 leisten.

⚠

Konkretisierung: § 243 II

Eine **Gattungsschuld wird zur Stückschuld**, wenn der Verkäufer das "*seinerseits Erforderliche*" getan hat, z.B. bei Schickschuld Übergabe der Ware an den Transporteur.

(Ohne Konkretisierung bleibt es bei der Lieferpflicht des Verkäufers. Natürlich muss dann nach § 433 II der Käufer auch zahlen. Die Frage der Preisgefahr stellt sich hier nicht.)

2. Preisgefahr
(= Muss der Käufer zahlen?)

§ 326 I

Auch der Käufer wird frei.

Allgemeine Ausnahme **§ 326 II**:
Im **Annahmeverzug** muss Käufer zahlen.

speziell beim Kauf:

§ 446

Käufer muss ab Übergabe zahlen.

§ 446 bringt in der Regel dasselbe Ergebnis wie § 326 I, weil der Verkäufer mit der Übergabe meist schon erfüllt hat und die Frage der Gefahrtragung sich dann erübrigt. **Ausnahme: Kauf unter Eigentumsvorbehalt (§ 449).**

Ausnahme: § 447

Beim **Versendungskauf** trägt der Käufer die Preisgefahr schon bei Übergabe an die Transportperson:
Das Transportrisiko trägt der Käufer.

(Die **Vertragsfreiheit** gestattet es, den Zeitpunkt des Gefahrübergangs auch vorzuverlegen, z.B. auf den Tag des Vertragsschlusses)

⚠

Sonderfall § 474 II

Beim **Verbrauchsgüterkauf** ist im Falle des Versendungskaufs § 447 nicht anwendbar. Es bleibt also **(zwingend:** § 475 I!) bei der Regel des § 446:
Das Transportrisiko trägt der Verkäufer.

(Zum Verbrauchsgüterkauf siehe gesonderte Übersicht)

Das Problem der Drittschadensliquidation beim Versendungskauf

Ausgangssituation:
Der Verkäufer, privater Anbieter in einer Internet-Auktion, hat das gekaufte Teeservice wie vereinbart ordnungsgemäß verpackt an den in der Nachbarstadt wohnenden Käufer abgesandt. Den Transport (auf Kosten des Käufers) besorgte ein Bekannter des Verkäufers, der nur vormittags arbeitete und an den Nachmittagen sein schmales Gehalt durch gelegentliche Transportfahrten aufbesserte. Leider hatte er das Paket nur lose in den Kofferraum seines Transporters gelegt, so dass bei einem plötzlichen Bremsmanöver die empfindliche Fracht zerstört wurde. Der Verkäufer verlangt vom Käufer Zahlung des Kaufpreises. Der Käufer lehnt ab und droht im Gegenzug Schadensersatzansprüche gegen den Verkäufer an.

1. Der Käufer macht zur Begründung seines Schadensersatzanspruchs geltend, dass der Transporteur ja Hilfsperson (Erfüllungsgehilfe) des Verkäufers sei und daher dessen Verschulden zu vertreten habe. Wird er mit seinem Anspruch durchdringen?

2. Worauf könnte der Verkäufer einen Schadensersatzanspruch gegen den Spediteur stützen?

3. Warum hat der Verkäufer keinen Schaden, obwohl doch sein Eigentum zerstört wurde?

4. Worin liegt der Schaden des Käufers?

5. Warum hat der Käufer keinen Anspruch gegen den Spediteur aus § 823 Abs. 1 BGB?

6. Wozu führt die von Rechtsprechung und Lehre entwickelte Rechtsfigur der sogenannten Drittschadensliquidation? Worin liegt deren Grundgedanke?

7. Wie kann der Käufer erreichen, dass er seinen Schaden beim Transporteur selbst geltend machen kann?

8. Warum hat im Zuge der Schuldrechtsreform die Rechtsfigur der Drittschadensliquidation erheblich an Bedeutung verloren?

Das Problem der Drittschadensliquidation beim Versendungskauf

Die früher so bedeutsame Rechtsfigur der Drittschadensliquidation hat durch die Transportrechtsreform von 1998 (§ 421 I 2 HGB) und durch die Schuldrechtsreform 2002 (§ 474 II) weitgehend an Bedeutung verloren. Praktisch ist sie nur noch bei Versandgeschäften zwischen Privatleuten relevant.

Wichtige Ausnahme: § 474 II

Beim **Verbrauchsgüterkauf** ist **§ 447 nicht anwendbar**. Das Transportrisiko trägt also der Verkäufer, so dass eine Schadensverlagerung und die Situation der Drittschadensliquidation nicht eintreten kann.

§ 433 II, § 447 I

Nach Übergabe an die Transportperson ist die **Preisgefahr** auf den **Käufer** übergegangen, der Verkäufer erhält also den Kaufpreis auch dann, wenn die Ware auf dem Transport zerstört oder gestohlen wurde.

§ 275 I, § 243 II

Wird die Ware auf dem Transport zerstört oder gestohlen, so ist der Lieferanspruch erloschen. Der Verkäufer ist frei geworden gemäß § 275, und zwar auch bei Gattungsschulden; denn **mit Übergabe an die Transportperson ist konkretisiert** (Schickschuld).

Keine §§ 280, 283, 278: **Der Spediteur ist kein Erfüllungsgehilfe des Verkäufers.** Dieser hat mit Absendung der Ware seine Leistungstätigkeit beendet.

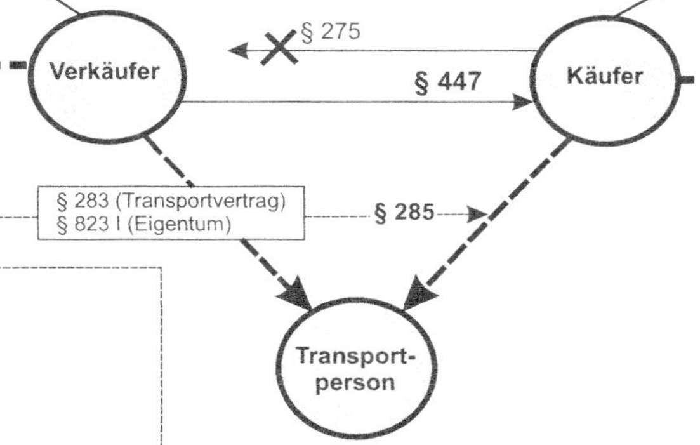

Anspruch ohne Schaden:

Der Transporteur verletzt sowohl den Transportvertrag (also § 283) als auch das Eigentum des Verkäufers (also § 823). Der hat aber keinen Schaden: Er braucht nicht mehr zu liefern (wegen § 275) und bekommt dennoch den Kaufpreis (**wegen § 447**).

Schaden ohne Anspruch:

Der Käufer erleidet einen Schaden. Er bekommt die Ware nicht (wegen § 275), muss aber dennoch den Kaufpreis bezahlen (**wegen § 447**). Da er aber weder Vertragspartner des Transporteurs ist noch Eigentümer der Ware wurde (mangels Übergabe), fehlt ihm die entsprechende Anspruchsgrundlage.

Lösung: **"Drittschadensliquidation"**

Es handelt sich um die Situation einer **Schadensverlagerung:** Derjenige, der einen Anspruch hätte, hat keinen Schaden und umgekehrt. Das beruht auf der Regelung über die Gefahrtragung, einer Regelung, die nur das Verhältnis zwischen Verkäufer und Käufer betrifft, aber nicht einen Dritten (den Transporteur) begünstigen soll. Nach den -inzwischen gewohnheitsrechtlich geltenden- Grundsätzen der Drittschadensliquidation gibt es **zwei Lösungswege**:

Entweder: Der **Verkäufer** kann den Schaden des Käufers (= im Verhältnis zum Transporteur ein "Drittschaden") beim Spediteur geltend machen ("liquidieren") und muss dann das erlangte Geld nach § 285 an K weiterleiten.

Oder: Der **Käufer** lässt sich vom Verkäufer dessen "Anspruch" (= Anspruchsgrundlage ohne Schaden) entsprechend § 285 abtreten und kann den kompletten Anspruch dann selber beim Spediteur geltend machen.

Ist der Transporteur ein **Frachtführer** im Sinne des HGB, so enthält **§ 421 I 2 HGB** eine gesetzliche Regelung der Drittschadensliquidation.

Fall 1
Eine Gemeinde kauft bei Firma CDE einen Server-Computer, der laut Vertrag auf Kosten des Käufers versandt werden sollte, aber wegen der Empfindlichkeit der Ware nicht durch die Post , sondern durch einen mit CDE vertraglich verbundenen Elektrohändler, der sich bereit erklärte, den PC zu einem günstigen Preis in die Stadt mitzunehmen, wenn er dort einen Auftrag habe. Auf dem Transport wird das (ordnungsgemäß verpackte) Gerät durch ein Verschulden des Fahrers zerstört.
Die Gemeinde verlangt Lieferung eines neuen Geräts. CDE weigert sich und verlangt im Gegenzug den Kaufpreis. Wer hat Recht?

Lösung

1. Anspruch auf Lieferung

(1) Anspruch entstanden
Auf Grund des Kaufvertrages war Firma CDE nach § ___ Abs. 1 BGB verpflichtet, den gekauften Computer der Gemeinde zu übersenden und ihr zu übereignen.

(2) Anspruch untergegangen
Der Anspruch auf Lieferung ist untergegangen nach § **275** Abs. 1 (_________gefahr). Die Lieferung ist unmöglich geworden (kein § 243 Abs. 1 BGB: Bei ______schuld erfolgt die Konkretisierung bereits durch Übergabe an die Transportperson, § 243 Abs. 2 BGB). Danach wird nur dieses eine Gerät geschuldet.

2. Anspruch auf Zahlung

Der Anspruch auf Zahlung des Kaufpreises könnte untergegangen sein nach § ___ Abs. 1 BGB.

(1) Gegenseitiger Vertrag
Kaufverträge sind gegenseitige Verträge: Jeder Teil verpflichtet sich um der jeweiligen Gegenleistung willen.

(2) Keine Leistungspflicht
Wie oben dargelegt, ist die Leistungspflicht des Verkäufers nach § 275 Abs. 1 BGB entfallen.
Somit wäre nach § ___ Abs. 1 BGB auch die Gemeinde von der Zahlungspflicht freigeworden, es sei denn, es lägen Ausnahmen vor.

(a) Ausnahme § 447 BGB?
Nach § **447** BGB geht die (______-) Gefahr auf den Käufer über, sobald die Sache der Transportperson übergeben wird. Voraussetzung ist das Vorliegen einer Sch_______uld, d. h. vereinbarte Versendung „nach einem anderen Ort als dem Erfüllungsort". Erfüllungsort ist (auch bei ______schuld!) nach § 269 Abs. 1, 3 BGB der Wohnsitz des Schuldners (Verkäufers). Die Voraussetzungen des § 447 BGB liegen also vor, es sei denn, es bestehen weitere Ausnahmen.

(b) Ausnahme § 474 Abs. 2 BGB?
Im Fall eines ______________kaufs ist nach § 474 Abs. 2 BGB die Gefahrtragungsregel des § 447 BGB nicht anwendbar. Ein Verbrauchsgüterkauf i. S. v. § 474 Abs. 1 BGB liegt aber nicht vor; denn die Gemeinde ist als __________ Person nicht __________ im Sinne von § 13 BGB.

(c) Ausnahme § 421 HGB?
Die für Frachtleute geltende Spezialregelung des § 421 HGB kann keine Anwendung finden, weil der für den Transport zuständige Elektrohändler kein Frachtführer im Sinne des HGB ist.

Ergebnis: Nach § 447 BGB ist die Preisgefahr auf die Gemeinde übergegangen. Sie muss den Kaufpreis bezahlen.

Fall 2
(Abwandlung von Fall 1)
Der Käufer, der den Kaufpreis ohne Gegenleistung zahlen muss, fragt sich, auf welchem Wege der Transporteur als der Schuldige haftbar gemacht werden kann.

Lösung

1. Schadensersatzanspruch des Verkäufers

Der Verkäufer steht zum Transporteur in einem Vertragsverhältnis, könnte also einen vertraglichen Anspruch wegen schuldhaft verursachter Unmöglichkeit der Leistung nach § ___ i. V. m. § ___ BGB geltend machen. Er könnte sich auch auf einen gesetzlichen Anspruch nach § 823 Abs. 1 BGB stützen, weil sein Eigentum, also ein R______ut, verletzt wurde. Der Verkäufer hat aber keinen

Schaden, weil er ja wegen § ___ BGB den Kaufpreis erhält. Daher scheiden sowohl vertragliche als auch gesetzliche Schadensersatzansprüche aus.

2. Schadensersatzanspruch des Käufers

(1) Schaden? Anspruchsgrundlage?

Die Zahlungspflicht ohne Gegenleistung (§ 433 Abs. 2, § ___ BGB) ist ein Schaden des Käufers. Der Käufer kann aber (weil er mit dem Transporteur keinen Vertrag hat) keine vertraglichen Ansprüche geltend machen. Auch deliktische Ansprüche (§ 823 Abs. 1 BGB) scheiden aus, weil es an einer _________verletzung fehlt: Der Käufer ist mangels Übergabe nicht Eigentümer geworden. Ein Anwartschaftsrecht (§ 449 BGB) als sonstiges Recht würde ebenfalls Besitzerlangung des Käufers voraussetzen. Vermögen kommt als sonstiges Recht nicht in Betracht, weil es sich nicht um ein eigentumsähnliches, auf bestimmte Sachen bezogenes Recht handelt.

(2) D_______________________on

Da somit der Verkäufer einen Anspruch (= Anspruchsgrundlage) aber keinen Schaden hat, und umgekehrt der Käufer einen _______, aber keinen ________, wäre der Transporteur der lachende Dritte. Um dies zu vermeiden, hat die h. M. das Rechtsinstitut der sogenannten **„Drittschadensliquidation“** entwickelt. Es basiert auf einer Schadensver_____ung, die hier durch § ___ BGB bewirkt wird. Diese Regelung betrifft aber nur das Innenverhältnis Käufer-Verkäufer und soll nicht den Schuldigen begünstigen. Um den Transporteur haftbar zu machen, gibt es zwei Wege:

Entweder der Verkäufer kümmert sich um die Sache. Ihm wird erlaubt, den Schaden des Käufers im Rahmen seiner Anspruchsgrundlagen (§§ 280, 283 BGB bzw. § 823 Abs. 1 BGB) als „Drittschaden“ geltend zu machen (zu „___________“). Den Schadensersatz, den er auf diese Weise erhält (z. B. eine Zahlung der Haftpflichtversicherung des Spediteurs), muss er nach § ___ Abs. 1 BGB dem Käufer erstatten.

Oder (praktisch wichtigere Möglichkeit): Der Käufer kann vom Verkäufer verlangen, dass dieser die ihm zustehenden „Ansprüche“ (genauer: die Anspruchsgrundlagen aus Vertrag und aus Delikt) entsprechend § ___ Abs. 1 BGB an den Käufer abtritt. Dann vereinigen sich Anspruchsgrundlage und Schaden in einer Hand und der Käufer kann aus den abgetretenen Ansprüchen gegen den Transporteur vorgehen.

Mängelhaftung (1): Allgemeine Voraussetzungen (§§ 434 - 436 BGB)

1. Welche drei Punkte sind bei Mängelhaftungsrechten immer zu prüfen?

2. Der Käufer entdeckt erst nach Ablauf der Gewährleistungsfrist (§ 438 Abs. 1 Nr. 3 BGB), dass die gekaufte Schlagbohrmaschine selbst für eine normale Wand zu schwach ist, weil das Schlagwerk nicht richtig funktioniert. Er argumentiert, es fehle eine verkehrswesentliche Eigenschaft, die ihn auch jetzt noch (unverzüglich nach Entdeckung: § 121 BGB) zur Anfechtung nach § 119 Abs. 2 BGB berechtige. Hat er damit recht?

3. Der Käufer eines Grundstücks beharrt beim Notar darauf, dass die für eine Bank im Grundbuch noch eingetragene Hypothek gelöscht wird. Der Verkäufer meint, es genüge doch die schriftliche Bestätigung der Bank, dass der Kredit seit langem getilgt sei und die Hypothek daher nicht mehr bestehe. Worauf wird der Notar die Parteien hinweisen?

4. Nach welchen drei Hauptkriterien bestimmt sich ein Sachmangel?

5. Worin liegen die Besonderheiten einer Garantie?

6. Ein Arzt kauft eine EDV-Software. Dem Verkäufer erklärt er, er wolle damit nicht nur Daten intern verwalten, sondern auch online mit der AOK abrechnen, um unnötigen Papierkrieg zu vermeiden. Die AOK kann die Daten mit ihren Programmen aber nicht lesen. Kann der Arzt die gekaufte Software zurückgeben, obwohl sie bei ihm einwandfrei funktioniert?

7. Als sparsamer Schwabe kauft Herr Karle einen Wagen, der in der Werbung als der erste Dreiliter-Turbo-PKW angepriesen wird. Schon im ersten Monat stellt er fest, dass der Wagen auch bei sparsamstem Fahrstil 3,4 l/100 km verbraucht. Die Werkstatt kann daran nichts ändern: Die Computeranalyse zeigt, dass kein Produktionsfehler vorliegt und der Wagen alle Serieneigenschaften besitzt. Kann Herr Karle dennoch vom Vertrag zurücktreten?

8. Statt der bestellten Stühle Modell „Rimini" werden Stühle Modell „Ravenna" geliefert.
Bestehen Rechte aus Mängelhaftung, obwohl die Stühle als solche fehlerfrei sind?

9. Wie wäre die Lage, wenn statt 12 Stühlen nur 11 Stühle geliefert worden sind?

10. Der gekaufte Elektroboiler sollte vom Verkäufer im Bad montiert werden. Durch ein Versehen des Monteurs wurde er nicht rechts, sondern links an der Wand angebracht. Kann der Kunde ein kostenloses Ummontieren verlangen?

11. In welchen Fällen ist die Haftung für Sachmängel von Gesetzes wegen ausgeschlossen?

12. Aufgrund eines Druckfehlers im Handbuch hatte der Käufer an seinem PC einzelne Parameter falsch eingestellt, so dass das System zusammenbrach, was zu erheblichen Datenverlusten führte. Kann der Käufer Schadensersatz verlangen?

13. Können die Parteien bei einem privaten Gebrauchtwagenkauf die Haftung für Sachmängel vollkommen ausschließen? Geht das auch in Allgemeinen Geschäftsbedingungen eines Händlers?

Mängelhaftung Kauf (1): Allgemeine Voraussetzungen (§§ 434-436)

Bei Sachmängeln fehlen i.d.R. verkehrswesentliche Eigenschaften. Gegenüber § 119 II gehen die §§ 434 ff. als Spezialregelungen vor (ab Gefahrübergang).

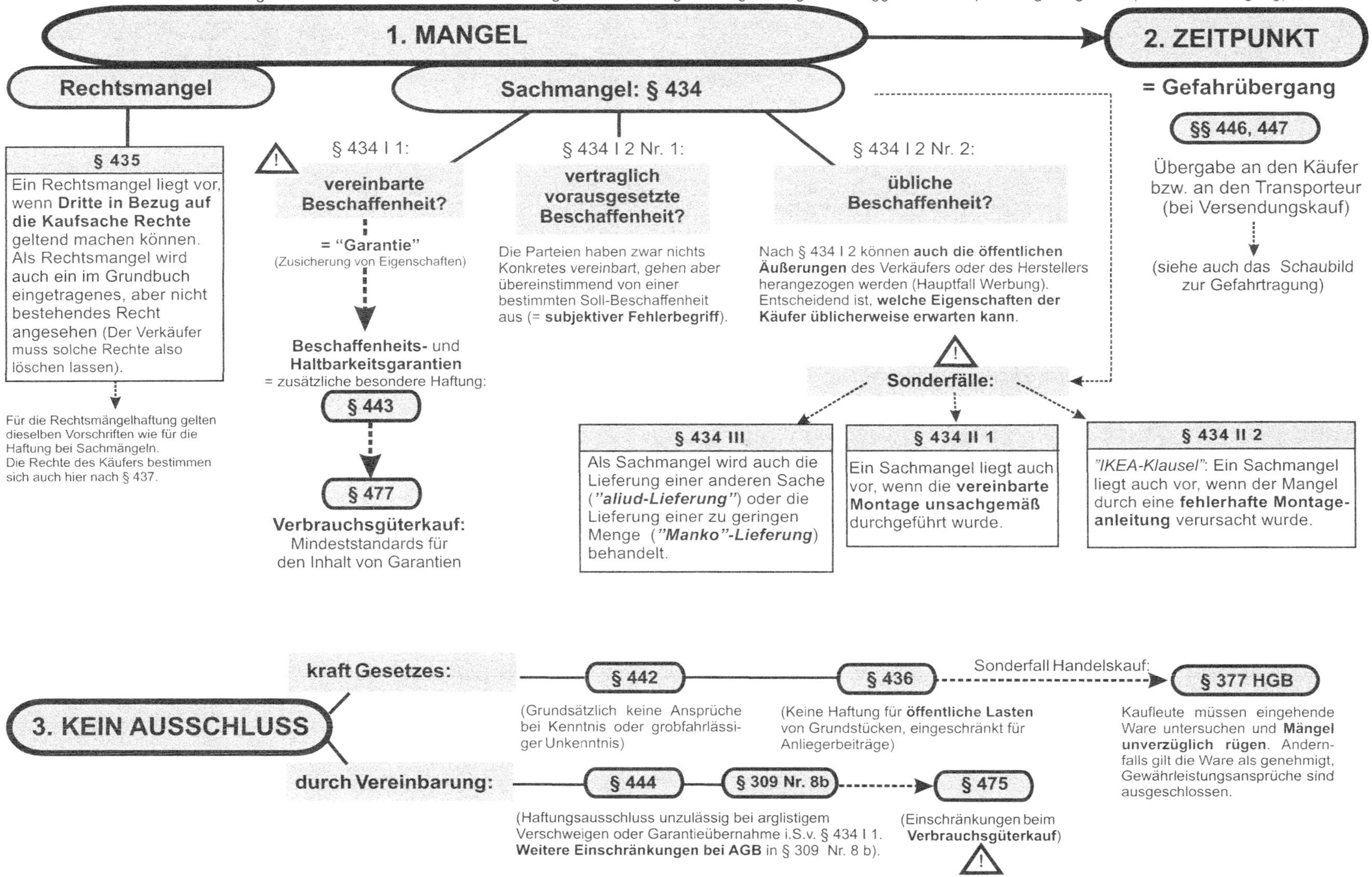

1. Das Kaufrecht geht, dem allgemeinen Leistungsstörungsrecht folgend (vgl. §§ 280, 281 Abs. 1 BGB), vom Begriff der Pflichtverletzung aus. Welche Pflicht ist bei Sachmängeln verletzt?

2. Ebenso wie beim Werkvertrag ist die Mängelhaftung beim Kauf zweistufig konzipiert. Worum geht es in der ersten Stufe?

3. Die Tür des neuen Schranks klemmt. Der Verkäufer bietet an, eine neue Tür einzusetzen. Der Käufer besteht auf Lieferung eines neuen Schranks. Mit Recht?

4. Beim gekauften Receiver ist das Anzeigendisplay defekt. Der Verkäufer bietet ein neues Gerät an, weil eine Reparatur für ihn zu kostenaufwendig sei. Der Käufer besteht auf Reparatur, weil er nicht noch einmal alle Sender neu programmieren will. Wer hat Recht?

5. Am neu gekauften Auto zeigen sich schon bald lästige kleine Mängel (Türschloss blockiert manchmal, ein Lautsprecher ist ausgefallen, Kofferraumdeckel klappert). Hat der Käufer die Wahl zwischen Minderung und Rücktritt, wenn der Verkäufer trotz Fristsetzung nichts unternimmt?

6. Ein Käufer hat wegen eines Mangels den Rücktritt erklärt. Kann er jetzt auch noch Schadensersatz für entgangenen Gewinn verlangen?

7. Kurt Kuhl kaufte ein Grundstück, dessen vertraglich vorgesehener Gebrauch der Betrieb einer Diskothek sein sollte. Entgegen der beiderseitigen Annahme erwies sich dies aber als undurchführbar, so dass Kuhl vom Vertrag zurücktrat. Im Vertrauen auf den Diskobetrieb hatte er schon erhebliche Gelder eingesetzt. Diese Investitionen erweisen sich jetzt als nutzlos. Kann er dafür Ersatz verlangen?

8. Wie lange ist im Regelfall die Verjährung von Gewährleistungsansprüchen? Können die Parteien eine kürzere Frist vereinbaren?

9. Kunstfreund Kleemann erwarb von einer Galerie ein wertvolles Gemälde, das sich drei Jahre nach dem Kauf als Diebesgut herausstellt und das er (wegen § 935 BGB) an den Eigentümer zurückgeben muss. Kann er jetzt von der Galerie den Kaufpreis zurückfordern?

10. Ein Hauseigentümer, der sein Dach in Eigenarbeit neu decken will, kauft Dachziegel, die nach vier Jahren so porös werden, dass sie stellenweise durchnässen und vom Dach abrutschen. Der Verkäufer verweist auf die zweijährige Verjährungsfrist für Mängel beim Kauf. Mit Recht?

Mängelhaftung Kauf (2): Rechte des Käufers, Systematik der §§ 437 ff. BGB

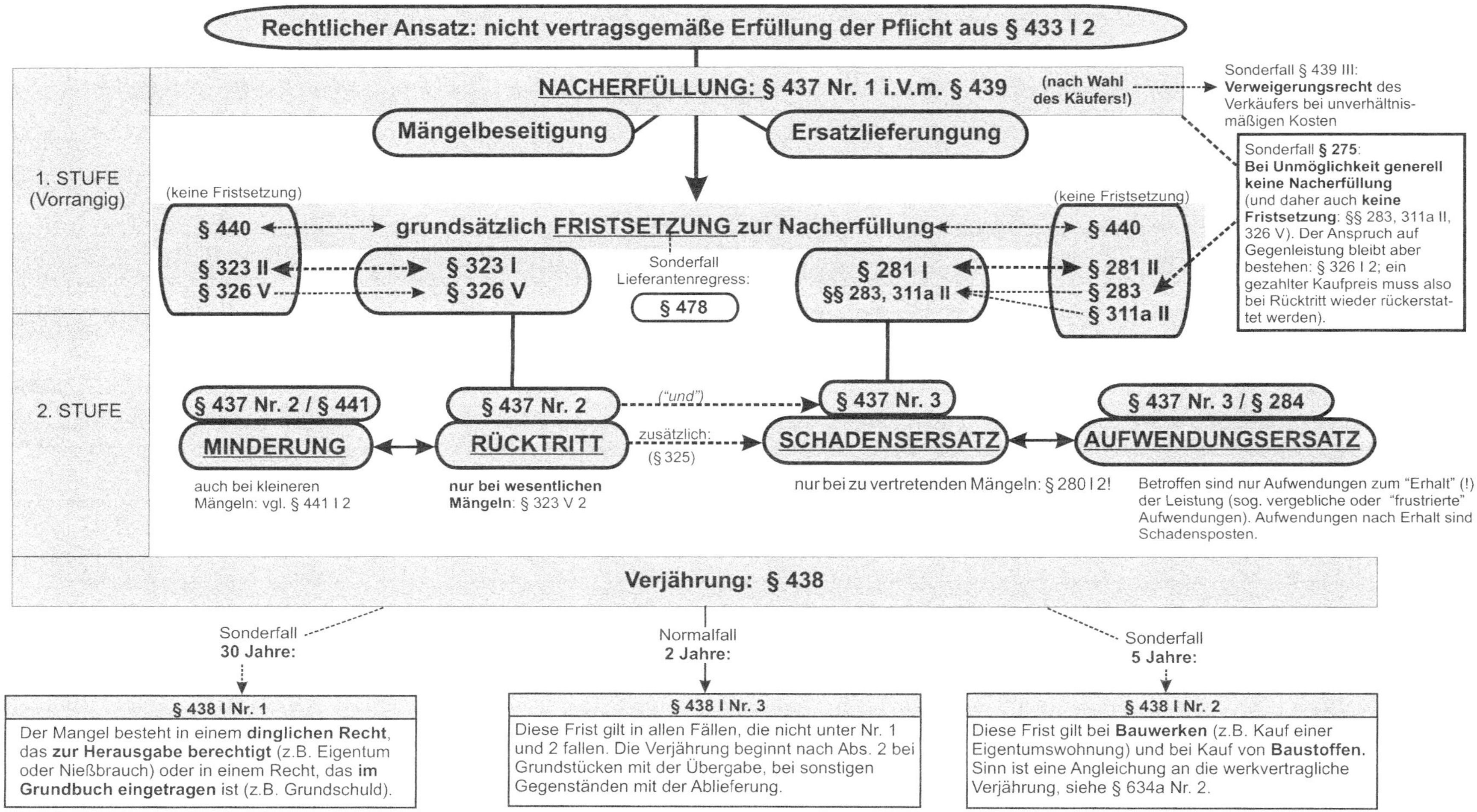

Einheit 2 I
Mängelhaftung (3): Nacherfüllung (§§ 437 Nr. 1, 439 BGB)

1. Worin liegt der Sinn des Anspruchs auf Nacherfüllung?

2. Wer kann bestimmen, ob eine mangelhafte Sache repariert oder umgetauscht wird?

3. Ein Vertrag enthält folgende Klausel: „Bei Mängeln hat der Käuferin in erster Linie ein Recht zur Mängelbeseitigung. Transport- und Materialkosten gehen zu ihren Lasten". Ist diese Klausel zulässig?

4. Welche beiden Vorschriften bieten dem Verkäufer die Möglichkeit, eine Nacherfüllung abzulehnen?

5. Der Käufer verlangt Ausbesserung am Lack des gekauften Tisches. Der Verkäufer weist darauf hin, dass er als Händler keine eigene Werkstatt habe und ihm eine Reparatur daher nicht möglich sei. Eine Ausbesserung beim Restaurator wäre im Verhältnis zum Kaufpreis zu teuer. Ist der Einwand zutreffend?

6. Der Käufer eines japanischen Notebooks verlangt vom Verkäufer Beseitigung eines kleineren Mangels. Kann der Verkäufer (ein Elektrohändler) sich darauf berufen, dass ihm hierzu die nötige Fachkenntnis fehle und er sich erst langwierig einarbeiten müsse. Er bietet dem Käufer einen Preisnachlass an. Muss sich der Käufer darauf einlassen?

7. Der Käufer lehnt den Preisnachlass ab und verlangt Lieferung eines neuen, mangelfreien Geräts. Der Verkäufer macht geltend, der Mangel sei doch so geringfügig, dass die Benutzung des Geräts für den Käufer so gut wie überhaupt nicht eingeschränkt sei. Abgesehen davon handele es sich um ein Sondermodell, das jetzt nicht mehr kurzfristig zu beschaffen sei. Die Beschaffung eines neuen Geräts sei ihm daher nicht zuzumuten. Hat er recht?

8. Worin liegt der Unterschied zwischen der Einrede aus § 275 Abs. 2 BGB und dem Verweigerungsrecht nach § 439 Abs. 3 BGB? Mit welcher Norm hat es der Verkäufer leichter?

Mängelhaftung Kauf (3): Nacherfüllung (§ 437 Nr. 1 / § 439 BGB)

In § 437 Nr. 1 wird an erster Stelle das Recht auf Nacherfüllung genannt. Durch die Übergabe einer mangelhaften Sache hat der Verkäufer seine Pflicht aus § 433 I 2 verletzt, seine Hauptpflicht also nicht voll erfüllt. Ihm soll daher zunächst Gelegenheit gegeben werden, die Mängelfreiheitherzustellen. Das kann auf zweierlei Weise geschehen:

§ 439 I

Mängelbeseitigung | **Ersatzlieferung**

nach Wahl des Käufers

auf Kosten des Verkäufers: § 439 II
abdingbar (§ 444),
aber nicht in AGB: § 309 Nr. 8 b) cc)

Ausnahmen
(Keine Mängelbeseitigung)

Ausnahmen
(Keine Ersatzlieferung)

§ 275 I

Nacherfüllung ausgeschlossen ("*ipso iure*")
bei Unmöglichkeit (nur der jeweiligen Art der Nacherfüllung!)

Verweigerungsrechte des Verkäufers
(Einrede)

allgemein:

§ 275 II, III

Wie bei allen anderen Leistungen auch kann der Verkäufer die Nacherfüllung aus subjektiven Gründen verweigern:
- wenn der Aufwand zur Mängelbeseitigung/Nachlieferung in einem **groben Missverhältnis zum Leistungsinteresse** des Käufers steht (Abs. 2: sog. **"faktische"** Unmöglichkeit)
- wenn Mängelbeseitigung/Nachlieferung ihm **persönlich unzumutbar** sind (Abs. 3: sog. **"psychische"** Unmöglichkeit)

speziell:

§ 439 III

Hier werden die Kriterien von § 275 II gelockert: Der Verkäufer kann die Nacherfüllung schon dann verweigern, wenn sie **nur mit unverhältnismäßigen Kosten** möglich wäre. Nach Satz 2 sind bei der Abwägung zu berücksichtigen:
- der Wert der Sache
- die Bedeutung des Mangels
- dem Käufer zumutbare Alternativlösungen.

Das Verweigerungsrecht ist **nur für die vom Käufer gewählte Art der Nacherfüllung** zu prüfen! Der Käufer kann ggfs. auf die andere Art der Nacherfüllung zurückgreifen. Hier wären eventuelle Verweigerungsgründe erneut zu untersuchen, vgl. § 439 III 3.

Einheit 2 J
Mängelhaftung (4): Rücktritt (§§ 437 Nr. 2, 323 BGB)

1. § 437 Nr. 2 BGB verweist auf § 323 und § 326 Abs. 5 BGB. Müssen die Voraussetzungen dieser Normen des Allgemeinen Schuldrechts im Einzelnen geprüft werden?

2. Welche acht Voraussetzungen hat ein Rücktrittsrecht wegen eines Mangels der Kaufsache?

3. Was bedeutet die „nicht vertragsgemäße" Leistung in § 323 Abs. 1 BGB?

4. Was ist Sinn der in § 323 Abs. 1 BGB vorgesehenen Fristsetzung? Worauf bezieht sich die Frist?

5. Es gibt Fälle, in denen eine Fristsetzung entfällt. Zwischen welchen zwei Arten von Mängeln ist in diesem Zusammenhang in erster Linie zu unterscheiden?

6. Wie ist die Rechtslage, wenn ein Mangel nicht behebbar ist? Kommt es darauf an, ob das von Anfang an so war oder ob sich der Mangel erst später als unbehebbar erwiesen hat?

7. In welchen Fällen ist eine Fristsetzung entbehrlich, obwohl der Mangel an sich behebbar ist?

8. Der Verkäufer hat sich bisher zweimal vergeblich bemüht, die Ursache für den Tonausfall beim Fernseher zu finden. Jetzt schlägt er vor, das Gerät zum Hersteller zu schicken, damit es dort repariert wird. Muss sich der Käufer darauf einlassen?

9. Der Rücktritt wird gelegentlich als „großes" Recht bezeichnet. Was ist damit gemeint?

10. Wann ist, abgesehen von den Fällen eines generellen Gewährleistungsausschlusses (z. B. §§ 442, 444 BGB), speziell der Rücktritt ausgeschlossen?

Mängelhaftung Kauf (4): Rücktritt (§ 437 Nr. 2 / § 323 BGB)

Mit der Regelung in § 437 hat der Gesetzgeber die Mängelgewährleistung an das allgemeine Leistungsstörungsrecht angebunden. Beim Rücktritt nach § 323 handelt sich um ein **einseitiges Rechtsgeschäft**: Der Rücktritt kommt durch Erklärung des Käufers zustande (**§ 349**). Die Voraussetzungen ergeben sich aus § 437 und aus § 323: **§ 437 Nr. 2** enthält eine sogenannte **Rechtsgrundverweisung**.

§ 437 Nr. 2

1. MANGEL: §§ 434, 435

§ 323

2. LEISTUNG NICHT VERTRAGSGEMÄSS = Verletzung der Pflicht zu mangelfreier Lieferung gemäß § 433 I 2

3. FRISTSETZUNG: § 323 I = Dem Verkäufer ist Gelegenheit zu geben, die Mangelfreiheit durch **Nacherfüllung (§ 439)** herzustellen.

Mangel nicht behebbar: keine Fristsetzung ⚠

Keine Leistungspflicht wegen § 275.

§ 326 V

Mangel behebbar: Fristsetzung entbehrlich? (= keine Nacherfüllung)

allgemein: **§ 323 II**

- Nr. 1: bei endgültiger **Leistungsverweigerung**
- Nr. 2: bei festem Leistungstermin (relatives **Fixgeschäft**)
- Nr. 3: bei **besonderen Umständen** (Auffangtatbestand)

speziell: ⚠ **§ 440**

Spezielle Gründe

Über § 323 II hinaus ist eine Fristsetzung entbehrlich:

- bei **Verweigerung beider Arten der Nacherfüllung**: § 439 III 1
- bei **Fehlschlagen der vom Käufer gewählten Art der Nacherfüllung** (bei Nachbesserung: nach erfolglosem zweitem Versuch, vgl. § 440 S. 2)
- bei **Unzumutbarkeit**

4. MANGEL NICHT UNERHEBLICH §§ 323 V 2 ⚠

Rücktritt = "großes Recht"

Wie beim Schadensersatz (§ 281 I 3) ist erforderlich, dass die Pflichtverletzung (=der Mangel) erheblich ist. Wegen eines **nur unerheblichen Mangels** gibt es keine Rückabwicklung. In diesem Fall bleibt dem Käufer nur noch das Recht der **Minderung.** (Dort entfällt das Kriterium der Erheblichkeit, siehe § 441 I 2.)

5. KEIN AUSSCHLUSS DES RÜCKTRITTS § 323 VI

- **Käufer** ist für den Mangel **verantwortlich** (i.S.v. § 276)
- Käufer ist im **Annahmeverzug** (§§ 293 ff.)

6. KEIN AUSSCHLUSS DER MÄNGELHAFTUNG

- **gesetzlich:** §§ 442, 436
- **vertraglich:** §§ 444, 309 Nr. 8b

1. Früher war wegen der extrem unterschiedlichen Verjährungsfristen die Unterscheidung zwischen Mangel- und Mangelfolgeschäden von besonderer Bedeutung. Wofür ist dieser Unterschied auch nach der Schuldrechtsreform 2002 noch relevant?

2. § 437 Nr. 3 BGB spricht nur von Schadensersatz. Bezieht sich das sowohl auf Mangel- wie auf Mangelfolgeschäden?

3. Worin liegt von den tatbestandsmäßigen Voraussetzungen her der Unterschied zwischen Ersatz für Mangelschäden und Ersatz für Mangelfolgeschäden?

4. Wodurch sind Mangelschäden gekennzeichnet?

5. Was sind Mangelfolgeschäden?

6. Der Käufer ist nach viel Ärger wegen eines irreparablen Mangels an der gekauften Maschine vom Vertrag zurückgetreten (§§ 437 Nr. 3, 326 Abs. 5 BGB). Jetzt muss er für eine Maschine gleichen Typs bei einem anderen Händler 10% mehr bezahlen. Handelt es sich um einen Mangelschaden oder um einen Mangelfolgeschaden?

7. Der Bauherr besorgt sich vom Baustofflieferanten vorsorglich Material, das mit der von Firma V gekauften Maschine verarbeitet werden soll. Die Maschine ist mangelhaft und kann erst nach längerer Zeit repariert werden. Die Verarbeitung mit dem dafür vorgesehenen Material ist nicht mehr möglich, weil das Material mittlerweile nicht mehr brauchbar ist. Kann der Käufer Ersatz der nutzlosen Kosten für das Material verlangen? Warum handelt es sich nicht um einen Fall von Aufwendungsersatz im Sinne von § 284 BGB?

8. Muss den Verkäufer ein Verschulden treffen, wenn er Schadensersatz wegen eines Mangels leisten muss? Gibt es Unterschiede in den subjektiven Voraussetzungen zwischen Mangel- und Mangelfolgeschäden?

9. Was bedeutet Schadensersatz „statt der Leistung"? Wie wird der Besteller gestellt?

10. Wie wird der allgemeine Schadensersatz („wegen Pflichtverletzung") berechnet?

11. Kommt es hinsichtlich der Verjährung darauf an, ob Ersatz für Mangelschäden oder für Mangelfolgeschäden verlangt wird?

Mängelhaftung Kauf (5): Mangel- und Mangelfolgeschäden

Die früher so bedeutsame Unterscheidung zwischen Mangel- und Mangelfolgeschäden findet sich in den §§ 434 ff. zwar nicht explizit, ist aber von der Rechtsfolge her von Bedeutung: Der Gesetzgeber unterscheidet (abgesehen vom Schadensersatz wegen Verzögerung) zwischen Schadensersatz "*statt der Leistung*" und dem allgemeinen Schadensersatz ("*wegen Pflichtverletzung*").

§ 437 Nr. 3

"LEISTUNGSINTERESSE"

MANGELSCHADEN

= **Schäden an der mangelhaften Sache einschließlich direkt damit verbundener Vermögensschäden**

Zu den Mangelschäden zählen alle leistungsbezogenen Schäden: Der Käufer wird vermögensmäßig so gestellt, wie wenn mangelfrei geleistet worden wäre. Es handelt sich um Schadensposten, die den **mangelbedingten Minderwert ausgleichen** sollen. Dazu gehören vor allem:

- **Nutzungsausfall, Reparaturkosten**
- **Mehrkosten für einen Deckungskauf** (wenn die mangelhafte Sache zurückgegeben wird)
- **Entgangener Gewinn**

i.d.R. Fristsetzung!

§ 280 I 2: **zu vertretender Mangel**

- **§§ 280 I/III, 281**
- **§§ 280 I/III, 283**
- **§ 311a II**

(siehe nächste Schaubilder)

Schadensersatz "*statt der Leistung*"

"INTEGRITÄTSINTERESSE"

MANGELFOLGESCHADEN

= **Schäden an anderen Rechtsgütern als Folge des Sachmangels**

Es handelt sich um **Begleitschäden,** die dadurch entstanden sind, dass der Käufer **im Vertrauen auf die Mangelfreiheit** die gekaufte Sache in Benutzung genommen hat.

Beispiele:

- **Verletzungen** im Umgang mit der gekauften Sache
- **Beschädigung anderer Sachen** (Beispiel: Die gekauften Korken verderben den mit ihnen verkorkten Wein)
- **Vermögensaufwendungen** (Beispiel: Käufer besorgt Material, das mit der mangelhaften Maschine nicht verarbeitet werden kann)

keine Fristsetzung!

§ 280 I

§ 280 I 2: **zu vertretender Mangel**

Einfacher Schadensersatz
(*"wegen Pflichtverletzung"*)

Verjährung: § 438

Mängelhaftung (6): Schadensersatz statt der Leistung (behebbare Mängel)

1. Man unterscheidet zwischen Rechtsfolgenverweisungen und Rechtsgrundverweisungen. Um welche Art von Verweisungen handelt es sich in 437 Nr. 3 BGB?

2. Bei Schadensersatz statt der Leistung wegen Mängel der Kaufsache müssen neben dem Vorliegen eines Mangels (§§ 434, 435 BGB) noch weitere Voraussetzungen geprüft werden. Welche Vorschriften kommen für eine solche Prüfung generell in Frage? Welche Vorschrift steht bei behebbaren Mängeln im Vordergrund?

3. Welche Voraussetzungen sind bei Ansprüchen auf Ersatz mangelbedingter Schäden aus § 280 Abs. 1 BGB zu entnehmen?

4. Welches ist der wichtigste Punkt bei Prüfung des § 281 BGB?

5. Der Käufer reklamiert einen Mangel. Der Verkäufer meint, die Sache sei vollkommen in Ordnung, da gebe es nichts auszusetzen. Muss der Käufer eine Frist zur Nacherfüllung setzen?

6. Der Verkäufer hat sowohl Mängelbeseitigung als auch Ersatzlieferung abgelehnt, weil ihm das einfach zu teuer und daher nicht zuzumuten sei. Kann der Käufer jetzt ohne weiteres den ihm durch den Mangel entgangenen Nutzen der gekauften Maschine als Schadensersatz geltend machen?

7. Der Verkäufer hat vergeblich versucht, die mangelhafte Spülmaschine zu reparieren. Muss der Käufer noch weitere Nachbesserungsversuche akzeptieren?

8. Ist ein vertraglicher Ausschluss von Schadensersatzansprüchen wegen Mängel zulässig? Macht es einen Unterschied, ob der Haftungsausschluss („Freizeichnung") individuell ausgehandelt wird oder sich in Allgemeinen Geschäftsbedingungen befindet?

9. Wann kommt es beim Schadensersatz statt der Leistung darauf an, ob es sich um einen wesentlichen oder um einen unwesentlichen Mangel handelt?

10. Was bedeutet der sogenannte „kleine" Schadensersatz? Inwiefern ähnelt er der Minderung?

11. Was versteht man unter dem „großen" Schadensersatz? Was geschieht hier mit der Kaufsache? Wie wird der Käufer vermögensmäßig gestellt?

12. Gibt es großen und kleinen Schadensersatz nur bei Mangelschäden oder auch bei Mangelfolgeschäden?

Mängelgewährleistung Kauf (6): Schadensersatz statt der Leistung (behebbare Mängel)

Mit der Regelung in § 437 hat der Gesetzgeber die Mängelgewährleistung an das allgemeine Leistungsstörungsrecht angebunden. Für den Schadensersatz müssen die Voraussetzungen der §§ 280-283 oder des § 311a II vorliegen. **§ 437 Nr. 3** enthält eine **Rechtsgrundverweisung**. Für den Normalfall der **behebbaren Mängel** ist **§ 281** einschlägig.

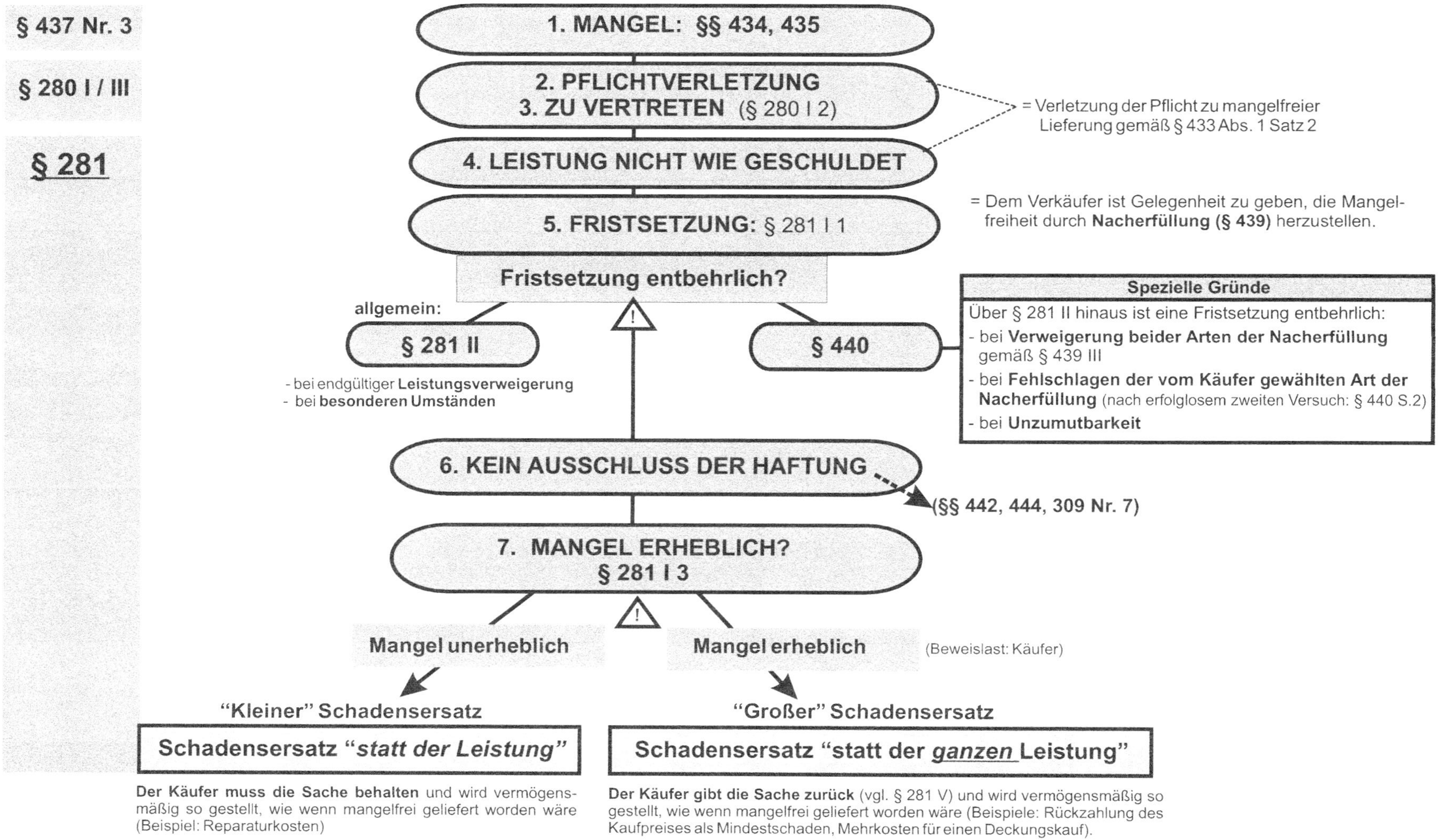

Einheit 2 M

Mängelhaftung (7): Schadensersatz statt der Leistung (Gesamtüberblick)

1. Worin liegt im Rahmen des § 437 Nr. 3 BGB der grundsätzliche Unterschied zwischen behebbaren und nicht behebbaren Mängeln?

2. Wie wird der sogenannte „große" Schadensersatz im Gesetz bezeichnet? Worauf kommt es für diese Art von Schadensersatz entscheidend an?

3. Kann ein Käufer Schadensersatz verlangen, wenn der gekaufte Hund panische Angst vor Knallgeräuschen hatte? Besteht ein Unterschied, ob der Hund von einem Privatmann als „Luxustier" oder von einem Jäger als Jagdhund gekauft wird?

4. Worin liegt der Unterschied beim Schadensersatz für Mängel, die von Anfang unbehebbar waren und solchen, die sich erst später als unbehebbar erwiesen haben?

5. Führt eine Lieferung in zu geringer Menge zu Gewährleistungsansprüchen?

6. Worauf kommt es beim Schadensersatz an, wenn nur ein Teil der bestellten Menge geliefert wird? Spielt es hier eine Rolle, ob die volle Lieferung (noch) möglich ist oder nicht?

7. Der Verkäufer hat statt des 12teiligen Geschirrs nur 9 Teile liefern können. Der Rest ist nach Abschluss des Kaufvertrages beim Umlagern zerstört worden und jetzt nicht mehr lieferbar. Kann der Käufer die Lieferung zurückgehen lassen und Schadensersatz verlangen?

Mängelhaftung Kauf (7): Schadensersatz statt der Leistung (Zusammenfassender Überblick)

Ausgangspunkt: § 437 Nr. 3

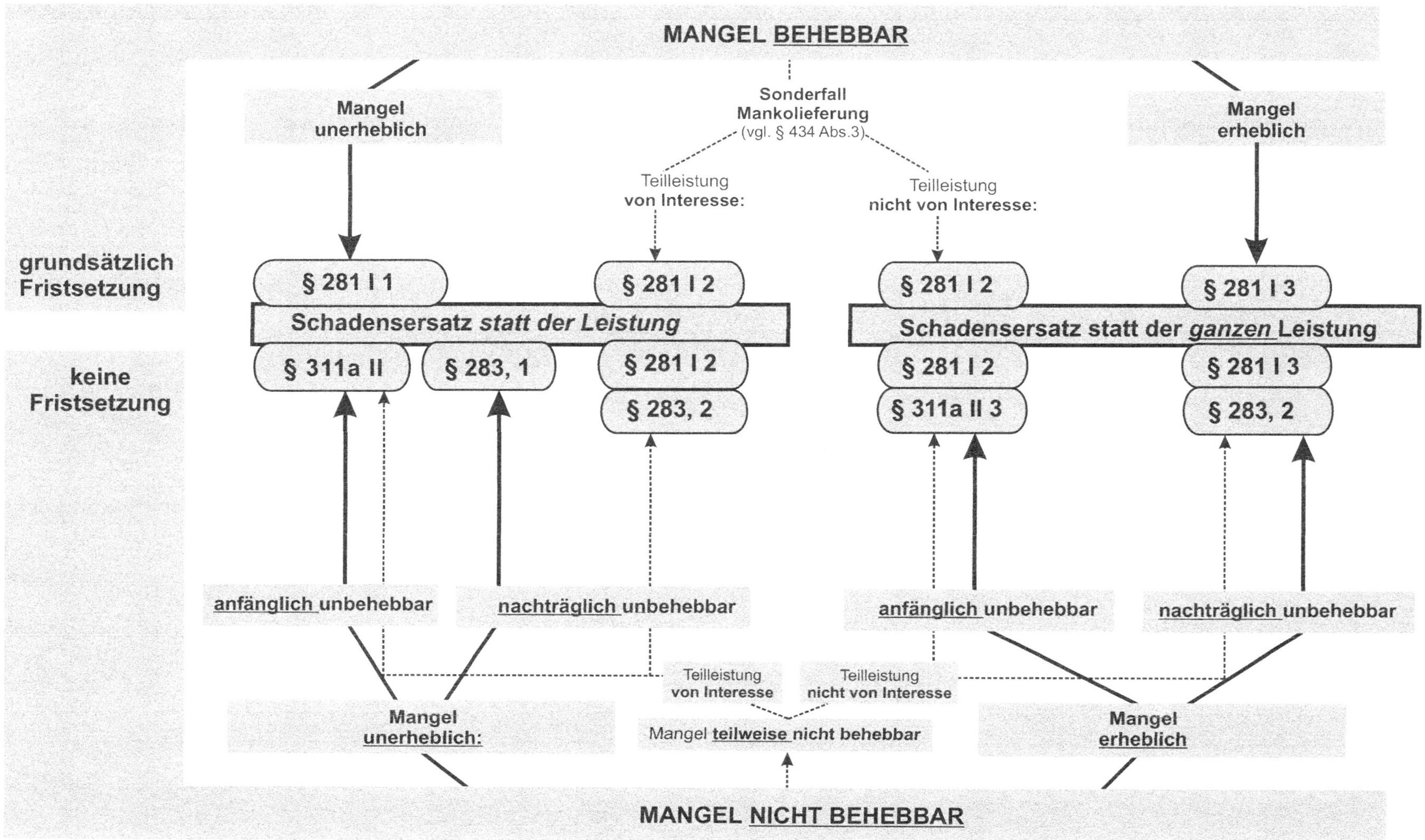

= Nacherfüllungsanspruch ausgeschlossen nach § 275

1. Das vom Versandhaus per Post geschickte Service kam beim Käufer trotz ordnungsgemäßer Verpackung als Scherbenhaufen an. Unter Berufung auf § 447 BGB verlangt der Verkäufer Bezahlung. Der Käufer verweist darauf, dass der Zahlungsanspruch nach § 326 Abs. 1 Satz 1 BGB untergegangen sei. Wer hat recht?

___

___

___

2. Eine Stadt kauft zu einem äußerst günstigen Preis eine große Menge Kopierpapier, das sich aber als ungeeignet erweist und permanent Papierstaus verursacht. Die Stadt tritt daher vom Vertrag zurück, worauf der Verkäufer auf den in § 6 des schriftlichen Vertrags enthaltenen Gewährleistungsausschluss verweist, der nach Kaufrecht zulässig sei. Die Stadt hält dem entgegen, ein solcher Ausschluss sei hier nicht wirksam; denn bei Kopierpapier handele es sich um ein Verbrauchsgut, es liege also ein Verbrauchsgüterkauf vor. Wer hat recht?

___

___

___

3. Frau K kauft Anfang Januar 2008 beim Gebrauchtwagenhändler ein Auto, das Ende Januar 2009 erhebliche Mängel zeigt, so dass sie sich zum Rücktritt veranlasst sieht. Der Verkäufer weist darauf hin, dass laut seinen Allgemeinen Geschäftsbedingungen die Verjährungsfrist nur ein Jahr betrage. Frau K entgegnet, die Gewährleistungsfrist betrage doch zwei Jahre. So habe sie es in der Zeitung gelesen und so hätten es ihr auch juristisch bewanderte Freunde bestätigt. Wie ist die Rechtslage?

___

___

___

___

4. Dr. med. Kaufmann kauft für sich privat ein neues Auto. Fünf Monate nach Übergabe streikt der Motor. Der Verkäufer stellt einen Lagerschaden fest, den er sich aber nicht erklären kann, da noch bei der letzten Inspektion vor einigen Wochen nichts festgestellt wurde. Es sei Sache des Käufers, nachzuweisen, dass der Mangel bereits bei Übergabe vorhanden war; denn schließlich will er ja Rechte daraus ableiten. Ist der Einwand zutreffend?

___

___

___

___

5. Der Händler hatte den Kunden mit einer Garantieurkunde zum Kauf bewegt. Diese Urkunde enthielt aber äußerst verklausulierte und dem Kunden kaum verständliche Formulierungen, so dass sich der Händler permanent den Forderungen des Kunden entzog. Als sich ein Jurist einschaltete und darauf hinwies, dass diese unklaren Formulierungen nicht zulässig seien, meinte der Händler, dann sei eben die ganze Garantie unwirksam und man brauche sich erst recht nicht mehr zu streiten. Hat er recht?

___

___

___

6. Ein Einzelhändler musste seinem Kunden nach zwei Monaten für ein defektes Elektrogerät, das er drei Monate vorher vom Großhändler gekauft hatte, einen Preisnachlass von 30% wegen Minderung einräumen. Jetzt macht er als Käufer beim Großhändler gleichfalls Minderung geltend. Dieser weigert sich: Erstens müsse ihm Gelegenheit zur Mängelbeseitigung gegeben werden, und zweitens müsse der Händler als Käufer überhaupt erst einmal nachweisen, dass das Gerät wirklich defekt war. Wird er mit diesen Einwänden durchdringen?

___

___

___

___

7. Der Händler hatte das gekaufte Gerät auf seine Kosten repariert und verlangt jetzt vom Großhändler Erstattung seiner Aufwendungen. Dieser erwidert, dafür gebe es keine Rechtsgrundlage, weil die Sache nicht mehr mangelhaft sei. Dafür habe der Händler ja auch Gewinn gemacht, und davon könne er diese Ausgaben locker aufbringen. Der Händler ist empört. Wie ist die Rechtslage?

___

___

___

Besonderheiten des Verbrauchsgüterkaufs (§§ 474 ff. BGB)

Begriff. Verhältnis zu §§ 433 ff.

Der Name ist trügerisch: Gemeint ist nicht der Kauf von Verbrauchsgütern, sondern **jeder Kaufvertrag über bewegliche Sachen zwischen einem Unternehmer als Verkäufer und einem Verbraucher** (§ 13: nur natürliche Person. Der Unternehmer kann nach § 14 auch eine juristische Person oder ein Freiberufler sein). Für diese Verträge gelten **Modifizierungen des allgemeinen Kaufrechts**: Zum Teil bringen §§ 474 ff. nur Ergänzungen, in wesentlichen Punkten aber gibt es Abweichungen von den §§ 433 ff. BGB.

Gefahrtragung

§ 474 II

Kein § 447

Nach allgemeinem Kaufrecht würde nach § 447 der Käufer bei das Transportrisiko tragen. § 474 II erklärt § 447 für nicht anwendbar. Das bedeutet, dass es beim Gefahrübergang nach § 446 bleibt: Die (Preis-)Gefahr geht erst über, wenn der Käufer die Ware in die Hand bekommt. Erst dann muss er zahlen. **Das Transportrisiko trägt also der Verkäufer**. Er kann sich (nach §§ 280 ff.) an die Transportperson halten, wenn diese ihre Pflichtverletzung zu vertreten hat, vgl. § 280 I 2.

Durch die Aufbürdung des Transportrisikos auf den Verkäufer hat das bisher so wichtige Thema der Drittschadensliquidation erheblich an Bedeutung verloren. (siehe das dortige Schaubild)

Gewährleistung

§ 475 ⚠

Gesetzliche Gewährleistung bindend

§ 475 Abs.1 verbietet dem Unternehmer, durch Vereinbarungen "vor Mitteilung eines Mangels" (i.d.R. also bei Vertragsschluss) die gesetzlichen Gewährleistungsrechte (hauptsächlich § 437 Nr.1,2) auszuschließen, obwohl dies nach § 444 eigentlich (bis zur Grenze der Arglist) zulässig wäre. **Ausnahme § 475 Abs.3**: **Schadensersatzansprüche** können im Rahmen der allgemeinen Vorschriften (**§§ 444, 309 Nr. 7**) ausgeschlossen werden.

Sonderfall Verjährungsfristen: ⚠

Verkürzung beschränkt: § 475 II

Aus der allgemeinen Regelung des § 202 ergibt sich, dass Abkürzungen der Verjährungsfrist im Rahmen der Vertragsfreiheit grundsätzlich zulässig sind. Nach § 475 II sind aber die **Verjährungsfristen des § 438** prinzipiell **bindend**.

Ausnahme bei gebrauchten Sachen:
Hier ist eine **Verkürzung der Verjährungsfrist bis auf ein Jahr zulässig** (worauf Gebrauchtwagenhändler üblicherweise bestehen werden).

Problem: Wann ist beispielsweise ein Hund "neu", wann "gebraucht"?

Beweislastumkehr

§ 476

6 Monate Beweiserleichterung

Grundsätzlich (vgl. § 363) muss der Käufer nachweisen, dass der Verkäufer nicht ordnungsgemäß erfüllt hat (=Mangel bei Übergabe: §§ 434, 446). § 476 bringt zugunsten des Verbrauchers eine **Beweislastumkehr**: In den ersten 6 Monaten wird vermutet, dass der Mangel bereits bei Übergabe vorlag. **Anders aber**, wenn diese Vermutung **mit der Art des Mangels unvereinbar** ist (meist bei gebrauchten Sachen, bei denen auch kurz nach der Übergabe Mängel entstehen können).

Inhalt von Garantien

§ 477

Vorgeschriebener Inhalt

Über § 443 hinaus werden an Garantien besondere Anforderungen gestellt: Sie müssen **einfach und verständlich abgefasst** sein. In § 477 werden bestimmte Mindestangaben festgelegt (deren Fehlen aber die Garantie nicht unwirksam macht: Abs. 3)

Regress beim Lieferanten

§§ 478, 479

Der gewerbliche Verkäufer wird seinem Lieferanten gegenüber ähnlich wie ein Verbraucher behandelt: ⚠

Keine Fristsetzung: § 478 I

Muss der Verkäufer (§ 14, i.d.R. der **Einzelhändler**) eine **neue Sache** von seinem Privatkunden (§ 13) **zurücknehmen oder** eine **Minderung** akzeptieren, kann er seinerseits **Mängelgewährleistungsansprüche gegen seinen Lieferanten ohne Fristsetzung** (vgl. §§ 437, 281, 323) durchsetzen. Nach § 478 IV ist diese Regelung **unabdingbar,** es sei denn, ihm wird vom Lieferanten ein gleichwertiger Ausgleich eingeräumt.

Beweislastumkehr: § 478 III

Wie ein Verbraucher kann sich der Händler gegenüber seinem Lieferanten auf die Beweislastumkehr des **§ 476** berufen. Bis sechs Monate nach Ablieferung (an den Händler!) muss der Lieferant beweisen, dass die Sache nicht mangelhaft war.

Aufwendungsersatz: § 478 II

Der Verkäufer erhält eventuelle Aufwendungen **im Falle einer Nachbesserung** (§ 439 II) vom Lieferanten ersetzt (auch hier gem. § 478 III mit der Vermutung des § 476).

Fall 1
Firma Kofler GmbH kauft bei Fa. Computer Data Equipment (CDE) einen PC, der vor allem für die Buchführung eingesetzt, aber auch für selbständige Programmierungen geeignet sein soll.
Statt des bestellten PC 2 wird das kleinere Modell PC 1 geliefert. Der Mangel wird aber erst nach über einem halben Jahr bemerkt. Firma Kofler verlangt Rückzahlung des Kaufpreises. CDE lehnt ab und beruft sich auf Verjährung. Mit Recht?

Lösung
1. Der Anspruch auf Rückzahlung des Kaufpreises könnte sich aus einem ________ gemäß § ___ Nr. 2 BGB i.V.m. § ___ BGB und § ___ BGB ergeben.
Grundvoraussetzung ist ein ______ der gekauften Sache. Dann müsste das gelieferte kleinere Modell gegenüber dem größeren Modell als mangelhaft anzusehen sein.
Das in § 434 Abs. 1 Satz _ BGB vorgesehene Kriterium der „vereinbarten Beschaffenheit" passt dafür ebenso wenig wie die in Satz 2 erwähnte Eignung zur vertragsmäßig vor_________ten (Nr. 1) oder zur ge___nlichen Verwendung (Nr. 2).

Das gelieferte Gerät ist ein anderes Modell, also eine andere Sache, ein „aliud" gegenüber der gekauften Sache. Nach § ___ Abs. _ BGB steht aber die Lieferung einer solchen aliud-Sache (sogenannte ______lieferung) einem Sachmangel gleich.

2. Für das Rücktrittsrecht des Käufers sind nach § ___ Nr. 2 BGB die Voraussetzungen des § 323 Abs. 1 BGB maßgeblich:
(1) Zwischen den Parteien besteht ein Kaufvertrag, also ein _____________ Vertrag. Beide Seiten verpflichten sich um der jeweiligen Gegenleistung willen.

(2) Die dem Verkäufer nach § 433 Abs. 1 Satz _ BGB obliegende Leistung (Übereignung einer ______freien Sache) war ______ gemäß § 271 Abs. 1 BGB.

(3) V hat die Lieferung nicht ________gemäß erbracht und statt des gekauften Modells das kleinere Modell geliefert.

(4) Vor einem Rücktritt müsste Kofler dem V eine angemessene Frist zur Nach_________ setzen. Dabei kann Firma Kofler gemäß § ___ BGB nach ihrer Wahl entweder Mangelbeseitigung (was hier wegen _____________ nach § 275 Abs. 1 BGB ausscheidet) oder Lieferung einer mangelfreien Sache verlangen.

Ergebnis: Firma Kofler ist vorläufig auf ihren Nach___________spruch angewiesen, d.h. auf Lieferung des gekauften größeren Modells. Nach § 439 Abs. _ BGB i.V.m. §§ 346, 348 BGB müsste sie dann ___ um ___ das gelieferte kleinere Modell zurückgeben.

Der Anspruch auf Nacherfüllung ist noch nicht verjährt. Die Frist beträgt gemäß § ___ Abs. 1 Nr. _ BGB zwei Jahre und beginnt nach § 438 Abs. 2 BGB mit der Ablieferung.
Der Nacherfüllungsanspruch hat (wegen der Fristsetzung) gegenüber einem Rücktritt Vorrang: Erst wenn CDE innerhalb einer nach § 323 Abs. 1 BGB gesetzten Frist das gekaufte größere Modell nicht liefert, könnte Firma Kofler den Rücktritt erklären. In diesem Fall würde sie nach § 346 Abs. 1 BGB den Kaufpreis zurückerhalten (gemäß § 348 BGB Zug um Zug gegen Rück___________ des gelieferten nicht vertragsgemäßen kleineren Modells).
Zusätzlich müsste Firma Kofler dann aber nach § 346 Abs. 1 BGB auch die gezogenen Nu____gen, d.h. nach § 100 BGB die _________vorteile herausgeben. Da deren Herausgabe nach der Natur des Erlangten nicht möglich ist, würde Kofler nach § 346 Abs. 2 Nr. 1 BGB ____ersatz für die gehabte Nutzung während des halben Jahres schulden.
Die Frist des § 438 Abs. 1 Nr. 3 BGB würde über § 438 Abs. _ Satz 1 BGB i.V.m. § ___ BGB auch für das Rücktrittsrecht gelten. Auch hier ist also Verjährung nicht eingetreten.

Fall 2
Die Speicherkapazität des PC 2 erweist sich für größere Programmierungen als zu gering. Der Vertrag enthielt einen allgemeinen Hinweis, dass Programmierungen möglich seien.
Firma Kofler verlangt Rückzahlung des Kaufpreises. Worauf kommt es an?

Lösung

Der Anspruch auf Rückzahlung des Kaufpreises könnte sich aus einem R_____itt gemäß § ___ Nr. 2 BGB i.V. m. § ___ BGB und § ___ BGB ergeben. Grundvoraussetzung ist ein M______el.

Nach § ___ Abs. _ BGB kommt es in erster Linie darauf an, ob die Parteien über die Beschaffenheit eine Ver_________ getroffen haben (Satz _). Da eine solche konkrete Beschaffenheitsvereinbarung nicht vorlag, kommt es nach § 434 Abs. 1 Satz _ Nr. _ BGB darauf an, ob sich der PC 2 für die „nach dem Vertrag v________etzte Verwendung" eignet. Dazu müsste sich der Verwendungszweck näher konkretisieren lassen, die Parteien müssten also bei den Vertragsverhandlungen näher darüber gesprochen haben. Das könnte Firma Kofler ggf. durch Zeugenaussage eines der an den Verhandlungen Beteiligten beweisen.

Lässt sich ein solcher Nachweis nicht führen, kommt es lediglich darauf an, ob sich der gekaufte PC für die ge___nliche Verwendung eignet, § 434 Abs. _ Satz _ Nr. _ BGB. Dies wird hier wohl der Fall sein; denn kleinere Programmierungen (die offenbar möglich sind) würden für eine gewöhnliche Verwendung ausreichen. Dann läge also kein Sachmangel vor.

Fall 3 (Variante zu Fall 2)

Vorausgesetzt, die eingeschränkte Programmierbarkeit wäre ein Mangel, der aber erst zwei Jahre nach der Lieferung entdeckt wurde. Könnte Firma Kofler jetzt noch nach § 119 Abs. 2 BGB anfechten?

Lösung

Eine Anfechtung wäre nach § ___ BGB auch jetzt (unverzüglich nach Entdeckung des Mangels) noch möglich. Die Voraussetzungen des § 119 Abs. 2 BGB liegen tatbestandsmäßig vor (eingeschränkte Programmierbarkeit ist nicht nur ein Mangel i. S. v. § 434 BGB, sondern zugleich auch das Fehlen einer verk_______entlichen Eigenschaft) i. S. v. § 119 Abs. 2 BGB, aber nach h. M. bilden die §§ 434 ff. BGB für den Zeitpunkt nach ______übergang (= Übergabe: § ___ BGB) eine ausschließliche Spezialregelung. Parallel zur Sachmängelhaftung bliebe eine Anfechtung nur nach § 119 Abs. 1 BGB (Inhalts- oder Erklärungsirrtum) oder (praktisch wichtiger) nach § 123 BGB wegen arglistiger Täuschung zulässig. Diese könnte auch durch Unt______en begangen werden, wenn nach Treu und Glauben eine Rechtspflicht zur Aufklärung bestand (Hauptfall: Verschweigen eines Unfalls bei Verkauf eines Gebrauchtwagens).

Fall 4

Firma Kofler GmbH kauft bei Fa. Computer Data Equipment (CDE) auch eine PC-Anlage, die im Datenverbund mit dem externen Rechenzentrum der Käuferin eingesetzt werden soll.

Bei der Arbeit zeigen sich Anpassungsschwierigkeiten im Rahmen des Datenverbundes. Die Benutzung der gekauften CDE-Anlage führt zu Problemen mit den Siemens-Maschinen im Rechenzentrum.

Die Vertragsverhandlungen mit CDE hatte der EDV-Berater der Firma Kofler geführt und dabei die drohenden Kompatibilitätsprobleme total übersehen. Er hätte sie als Fachmann aber unbedingt in Betracht ziehen müssen. Kann Firma Kofler den Kauf rückgängig machen?

Lösung

Firma Kofler könnte nach § ___ Nr. _ BGB i. V. m. § ___ BGB ein Rücktrittsrecht zustehen.

Die mangelnde Kompatibilität ist ein Sachmangel im Sinne von § ___ BGB, weil der Einsatz im DV-Verbund nach § 434 Abs. 1 Satz 2 Nr. 1 BGB zu der nach dem Vertrag vorausgesetzten Ver___dung gehört. Dieser Sachmangel bestand bereits bei ______übergang (________: § 446 BGB).

Mängelhaftungsrechte aus § 437 BGB kann Firma Kofler dennoch nicht geltend machen; denn nach § ___ Abs. 1 Satz 2 BGB ist die Haftung von Gesetzes wegen ausgeschlossen: Dem Käufer waren die Probleme ____fahrlässig unbekannt geblieben; die Unkenntnis des EDV-Beraters ist der Gemeinde nach § 166 Abs. 1 BGB zuzurechnen. Keiner der in § 442 BGB genannten Ausnahmefälle liegt vor: Weder hatte der Verkäufer den Mangel ar____tig verschwiegen noch eine besondere ________ übernommen.

Fall 5 (Variante zu Fall 4)
Den Kaufvertrag hatte der Geschäftsführer der Kofler GmbH abgeschlossen. Als er danach das externe Rechenzentrum informierte, wurde er auf mögliche Kompatibilitätsprobleme aufmerksam gemacht. Der Geschäftsführer (Betriebswirt) meint, die Lösung solcher Probleme sei die richtige Aufgabe für den neu eingestellten EDV-Organisator. Jedenfalls will er auf das gute Geschäft mit CDE nicht verzichten und nimmt die Lieferung entgegen. Dem EDV-Organisator gelingt es nicht, den Mangel zu beheben.
Besteht jetzt noch die Möglichkeit, den Vertrag rückgängig zu machen?

Lösung
Im Gegensatz zum vorigen Fall ist die Haftung nicht von Gesetzes wegen nach § ___ BGB ausgeschlossen, da dem Geschäftsführer als Nichtfachmann keine _____ Fahrlässigkeit zur Last gelegt werden kann.
Ein Rücktritt ist nach § 323 Abs. 1 BGB erst dann möglich, wenn der Verkäuferin erfolglos eine Frist zur ____erfüllung (= Mängel________ung gesetzt hat.
Sofern eine Mangelbeseitigung (§ ___ Abs. 1 BGB) aber auch der Verkäuferin CDE nicht möglich ist und sie daher eine Nach_______ung nach § ___ Abs. 1 BGB nicht zu leisten braucht, könnte Firma Kofler nach § ___ Nr. 2 BGB i.V.m. § ___ Abs. 5 BGB auch ohne Fristsetzung vom Vertrag zurücktreten. Voraussetzung wäre allerdings nach § 323 Abs. _ Satz 2 BGB (anwendbar über § ___ Abs. 5 Halbsatz 2 BGB), dass die Pflichtverletzung (=der Mangel) er__blich ist.

Fall 6
Der Server-PC der gekauften Anlage arbeitet nicht zuverlässig. Firma Kofler GmbH verlangt ein neues Gerät. CDE beruft sich auf § 3 des schirftlichen Vertrages. Darin heißt es:
„Die Ware ist vom Umtausch ausgeschlossen. Der Käufer hat lediglich ein Recht zur Nachbesserung. Er trägt die Material- und Transportkosten."
Wie ist die Rechtslage?

Der Anspruch auf Lieferung eines neuen PC ergibt sich aus § ___ Abs. 1 BGB. Zum Zeitpunkt des Gefahrübergangs (=Übergabe: § 446 BGB) bestand ein Sachmangel: Der gelieferte Server-PC war für die nach dem ______ vorausgesetzte Ver___dung nicht geeignet (§ ___ Abs. 1 Satz 2 Nr. _ BGB).
Der Anspruch könnte aber durch die Klausel im Vertrag ausgeschlossen sein.
Nach § ___ BGB könnte - außer bei ar____tigem Verschweigen oder bei Übernahme einer ________-die Gewährleistung ganz ausgeschlossen werden. Es ist daher auch zulässig, sie auf Nachbesserung zu beschränken. § 439 Abs. 2 BGB bestimmt zwar, dass der Verkäufer die Kosten „zu tragen hat". Das ist aber keine zwin____e Regel; denn im Schuldrecht gilt grundsätzlich _______freiheit, § 311 Abs. 1 BGB. § 439 BGB enthält so gesehen lediglich eine Aus_______regel für den Fall, dass die Parteien die Kosten für Nachbesserungen nicht geregelt haben.
Eine Ausnahme nach § ___ Abs. 1 BGB liegt nicht vor. Es handelt sich nicht um einen Verbrauchsgüterkauf i.S.v. § ___ Abs. 1 BGB: Verbraucher kann nach § __ BGB nur eine natürliche Person sein.
Die Klausel ist nach BGB also zulässig.

Fall 7 (Variante zu Fall 6)
CDE beruft sich auf Nr. 7 ihrer dem Vertrag beigefügten Allgemeinen Verkaufsbedingungen. Darin heißt es:
„Die Ware ist vom Umtausch ausgeschlossen. Der Käufer hat lediglich ein Recht zur Nachbesserung. Er trägt die Material- und Transportkosten."
Wie ist die Rechtslage?

Lösung
Für Allgemeine Geschäfsbedingungen (AGB) i.S.v. § 305 Abs. 1 BGB setzen die §§ ___ ff. BGB strengere Maßstäbe. Die vorliegende Klausel würde unter § ___ Nr. _ b) __) und __) BGB fallen. Danach wäre eine Beschränkung auf Nachbesserung vom Ansatz her zwar zulässig, aber nur dann, wenn dem Käufer bei Fehlschlagen der Nachbesserung (i.d.R. nach ____ Versuchen, vgl. dazu § ___ Satz 2 BGB) das Recht auf Minderung oder Rücktritt ausdrücklich vor_____ten wird (Buchst. bb) und wenn der Verkäufer sämtliche ______ der Nacherfüllung übernimmt (Buchst. cc).
Diese Vorschriften sind allerdings gegenüber

Unt______ern und juristischen Personen des ____________ Rechts nicht anwendbar (§ ___ Abs. 1 Satz 1 BGB). Die Zulässigkeit bestimmt sich hier nach der Generalklausel des § ___ BGB. Die in § 307 Abs. 2 BGB genannten Kriterien sind zwar nicht erfüllt, doch kommt nach h. M. den Fällen des § ___ Nr. 8 eine sogenannte „_______funktion" bzw. „______wirkung" zu: Was gegenüber Privatkunden unzulässig ist, stellt grundsätzlich auch gegenüber Unternehmern eine _____________ Benachteiligung i. S. v. § 307 BGB dar. In diesem Sinn ist § ___ Abs. 1 Satz _ BGB zu verstehen.
Die Klausel ist hier also, anders als in Fall 6, unwirksam.

Fall 8
Die Anlage hatte zunächst einen, wenn auch kleinen Funktionsfehler. Fa. Kofler minderte daraufhin den Kaufpreis um 200,- Euro, was CDE akzeptierte. Sechs Monate nach Kaufabschluss entdeckt man, dass die Kapazität der gekauften Anlage für selbständige Programmierungen nicht ausreicht. Kann Firma Kofler ohne weiteres vom Vertrag zurücktreten?

Lösung
Die fehlende Programmierbarkeit ist ein _____ im Sinne von § 434 Abs. 1 Satz 2 Nr. _ BGB: Der PC ist für die nach dem Vertrag vor_________te Verwendung nicht geeignet.
Da der Programmiermangel nicht behebbar ist (die Kapazität des gekauften PC reicht nicht aus), scheidet eine Nach_____ung aus. Der Anspruch aus § 439 BGB ist nach § 275 Abs. 1 BGB entfallen. Daher kann nach § ___ Nr. 2 BGB i. V. m. § ___ Abs. 5 BGB Firma Kofler ohne vorherige Fristsetzung vom Vertrag zurücktreten. Voraussetzung ist allerdings nach § 323 Abs. _ Satz 2 BGB (anwendbar über § ___ Abs. 5 Halbsatz 2 BGB), dass die Pflichtverletzung (=der Mangel) erheblich ist. Das kann bei dem Programmiermangel angenommen werden.
Der Rücktritt ist ein ein______es Rechtsgeschäft, er erfolgt durch Erklärung gemäß § ___ BGB. Eine Zustimmung des Verkäufers ist also nicht erforderlich. CDE ist nach § 346 BGB verpflichtet, den Kaufpreis zurückzuzahlen (nach § ___ BGB Zug um Zug gegen Rückübereignung des ungeeigneten PC).
Verjährung (die über § ___ BGB auch für den Rücktritt zu beachten wäre) droht nicht: Die Frist beträgt nach § 438 Abs. 1 Nr. _ BGB ____ Jahre.

Fall 9 (Fortsetzung von Fall 8)
CDE akzeptiert die Rückgängigmachung des Vertrages, verlangt aber Ausgleich für die bisherige Nutzung der Anlage. Mit Recht?

Lösung
Der Anspruch auf Ausgleich für die bisherige Nutzung der Kaufsache ergibt sich aus § ___ Abs. 1 BGB und Abs. _ Satz 1 Nr. _ BGB.
(1) Nach § 346 Abs. 1 BGB hat der Käufer die gezogenen Nut____en (§ 99 BGB) herauszugeben. Dazu gehören auch die Vorteile, die der Gebrauch einer Sache bietet, § 100 BGB.

(2) Da die Herausgabe gehabter Ge__________teile ihrer Natur nach ausgeschlossen ist, hat der Verkäufer nach § 346 Abs. _ Satz 1 Nr. 1 BGB einen Anspruch auf ____ersatz. Dieser orientiert sich an einem prozentualen Abzug vom Kaufpreis (der nach § 346 Abs. 2 Satz 2 BGB der Berechnung *„zugrunde zu legen"* ist) und kann ggf. vom Gericht nach § 287 ZPO geschätzt werden (Beim Autokauf nehmen die Gerichte einen Abzug in Höhe von bis zu 1 % pro gefahrener 1.000 km vor).

(3) Ausschlussgründe für einen Wertersatz nach § 346 Abs. _ BGB liegen nicht vor. Anders wäre es aufgrund vorrangiger EU-Richtlinien im Rahmen von § 439 Abs. 4 BGB bei Ersatzlieferung: Insoweit ist § 439 Abs. 4 BGB i. V. m. § 346 Abs. _ Satz 1 Nr. 1 BGB einschränkend auszulegen und für den Ersatzlieferung nicht anzuwenden.

Fall 10
Der Server-PC der Anlage funktioniert nicht einwandfrei. Firma K GmbH verlangt ein neues Gerät. Mit Recht?

Lösung
Gemäß § ___ Abs. 1 BGB besteht nach Wahl des Käufers ein Recht auf Mangelbeseitigung oder

Lieferung einer mangelfreien Sache. Letzteres ist aber nur bei einem ________kauf (§ 243 Abs. 1 BGB) denkbar. Für die Frage, ob ein solcher Kauf vorliegt, kommt es hier ausschließlich auf Inhalt und Zeitpunkt des Vertragsschlusses an. Die Frage einer eventuellen späteren Kon______ierung stellt sich nicht. Der Anspruch auf Ersatzlieferung ist im Grunde der alte Erfüllungsanspruch aus § 433 Abs. 1 BGB, den der Gesetzgeber nach Gefahrübergang als Gewährleistungsanspruch weiterführt. Grund: Auch dieser Anspruch soll der kurzen Verjährung des § 438 BGB unterliegen.

Fall 11
Bei einer Dateneingabe versagt einer der gekauften PCs plötzlich und reagiert auf keinen Befehl. Die Ursache liegt in einem Materialfehler der Festplatte. Sämtliche eingegebenen Daten sind verloren. Ein Tag Arbeit war umsonst. Kann die Kofler GmbH hierfür Schadensersatz verlangen?

Lösung
Ansatz für den Anspruch ist § ___ Nr. _ BGB.
(1) Das plötzliche Versagen stellt einen _______ zumindest im Sinne von § 434 Abs. 1 Satz 2 Nr. _ BGB dar: Der Käufer kann erwarten, dass ein PC bei ge**wöhn**licher Verwendung nicht einfach hardwarebedingt abstürzt.

(2) Laut Sachverhalt lag dieser Mangel bereits bei Ge_________gang vor (Bei einem Verbrauchsgüterkauf könnte sich bei unklarer Beweislage der Käufer auf die Vermutung des § ___ BGB berufen. Normalerweise ist aber der Käufer voll beweispflichtig, so auch hier, weil eine GmbH keine natürliche Person und daher nicht Verb**ra**ucher im Sinne von § __ BGB ist).
Für den Schadensersatz bei Mängeln verweist § 437 Nr. 3 BGB auf verschiedene Vorschriften des allgemeinen Schuldrechts (abgesehen von § 440 BGB, der hier nicht einschlägig ist und im Übrigen seinerseits an die allgemeinen Vorschriften anknüpft).

(3) Ausgangspunkt für die Subsumtion ist - wie stets bei vertraglichen Schadensersatzansprüchen - § ___ Abs. 1 BGB.
(a) Der Verkäufer hat eine _______ verletzt, nämlich die ihm nach § ___ Abs. 1 Satz 2 BGB obliegende Pflicht zur Übereignung einer mangelfreien Sache.

(b) Die Pflichtverletzung muss er zu _________ haben im Sinne von § 276 BGB. Nach dem Wortlaut des § ___ Abs. 1 Satz _ BGB wird das Vertretenmüssen vom Gesetz vermutet. Da im Sachverhalt nichts weiter gesagt ist, ist von dieser Vermutung auszugehen (Wenn der Verkäufer nachweisen kann, dass ihn kein Verschulden trifft, hätte er den Mangel nur dann zu vertreten, wenn er eine besondere ________ übernommen hätte, vgl. § 276 Abs. 1 BGB).

(c) Der Datenverlust ist ein Schaden am Vermögen. Er basiert auf einem Versagen der Festplatte, also auf einem Mangel i.S.v. § 434 BGB. Es handelt sich somit um einen sogenannten ___________ schaden, d.h. einen Schaden an anderen ______ gütern als Folge des Sachmangels. Dessen Ersatz ist kein Schadensersatz „_____ *der Leistung*" im Sinne von § 280 Abs. _ BGB, so dass die zusätzlichen Anforderungen der §§ 281 bis 283 BGB, insbesondere eine in § 281 BGB vorgesehene _________ung, nicht vorzuliegen brauchen. Bei Mangelfolgeschäden handelt es sich vielmehr um einen Schadensersatz „*neben*" der Leistung, bei der nicht das ________interesse, sondern das sogenannte ___________interesse geschützt ist (Das Gesetz spricht in der -jetzt amtlichen- Überschrift zu § 280 BGB allgemein von Schadensersatz „*wegen Pflichtverletzung*").

Ergebnis: Firma Kofler kann also nach § 437 Nr. 3 i.V.m. § 280 Abs. 1 BGB Ersatz für die verlorenen Daten verlangen. Dieser Ersatz umfasst gemäß § 249 Abs. 2 BGB die Kosten für die erneute Dateneingabe.

Fall 12
Firma Kofler GmbH kauft bei Fa. Computer Data Equipment (CDE) einen neuen Server-PC. CDE hatte bei den Verhandlungen auf Nachfrage ausdrücklich bestätigt, der neue PC sei mit dem bei Firma Kofler bereits installierten Netzwerk voll kompatibel und habe keinerlei Auswirkungen auf das Funktionieren des Netzwerkes. Beim Anschließen kommt die ganze Konfiguration durcheinan-

der. Ein Fachmann ist tagelang damit beschäftigt, das Netz wieder zum Laufen zu bringen. Außerdem entstand ein Defekt am gekauften Server-PC. Kann die Kofler GmbH Schadensersatz verlangen?

Lösung

I. Schaden am Netz

Ein Schadensersatzanspruch könnte sich ergeben aus **§ ___ Nr. _ BGB** i. V. m. **§ __ Abs. 1 BGB.**

(1) Es besteht ein Kaufvertrag, also ein **Schuldverhältnis.**

(2) Der gekaufte Server-PC ist ______**haft.** Ihm fehlt die ___________ Beschaffenheit § 434 Abs. _ Satz _ BGB), nämlich die Eignung des Geräts zum Einsatz im Netzverbund. Da sich am Gerät seit Übergabe an den Käufer nichts geändert hat, bestand der Mangel bereits bei Gef________ang (§ 446 BGB).

(3) Der Verkäufer hat im Sinne von § ___ Abs. 1 BGB eine _______ **verletzt,** nämlich die ihm nach § 433 Abs. 1 Satz _ BGB obliegende Pflicht zur Übereignung einer ______freien Sache, d. h. eines netzwerkfähigen Server-PC.

(4) Die Pflichtverletzung muss er **zu** _________ haben im Sinne von **§ ___ BGB.** Die von CDE zugesicherte Eignung ist als eine ________ zu werten. Nach § 276 Abs. 1 BGB trifft demnach den Verkäufer eine Haftung auch ohne Ve_____lden.

(5) Der **Schaden** basiert darauf, dass die Garantie nicht eingehalten wurde, die Leistung des Verkäufers also nicht _________gemäß war. Beim Schaden am Netz handelt es sich um einen Schaden am Eigentum als Folge der nicht eingehaltenen Zusage, also um einen ___________schaden. Der auf Ersatz dieses Schadens gerichtete Anspruch betrifft nicht das Lei________teresse, weil er nicht am Leistungsobjekt entstanden ist. Es handelt sich daher nicht um Schadensersatz „_____ *der Leistung*" im Sinne von § ___ Abs. _ BGB, so dass die zusätzlichen Voraussetzungen des § ___ BGB nicht vorliegen müssen. Die Voraussetzungen für einen Anspruch aus § 437 Nr. 3 i. V. m. § 280 Abs. 1 BGB liegen demnach vor.

(6) Die Mängelhaftung ist **nicht ausgeschlossen,** weder von Gesetzes wegen nach § ___ BGB noch vertraglich.

Ergebnis: Die Kofler GmbH kann Schadensersatz nach § ___ Nr. 3 i. V. m. § 280 Abs. _ BGB verlangen. Sie erhält nach § ___ Abs. 2 BGB den zur Wiederherstellung des Netzverbundes erforderlichen Geldbetrag, d. h. die durch Beauftragung eines Fachmanns entstandenen Kosten.

II. Schaden am PC

Ein Schadensersatz könnte sich ergeben aus **§ ___ Nr. 3** i. V. m. **§§ 280, ___ BGB.**

(1) Es besteht ein Kaufvertrag, also ein **Schu_______ltnis.**

(2) Der gekaufte Server-PC ist ______**haft.** Hier fehlt die ___________ Beschaffenheit (§ 434 Abs. 1 Satz 1 BGB), nämlich die Eignung des Geräts zum Einsatz im Netzverbund.

(3) Der Verkäufer hat im Sinne von § 280 Abs. 1 BGB eine _______ verletzt, nämlich die ihm nach § 433 Abs. 1 Satz 2 BGB obliegende Pflicht zur Übereignung einer ______freien Sache, d. h. eines netzwerkfähigen Server-PC.

(4) Die Pflichtverletzung muss er nach § 280 Abs. 1 Satz _ BGB **zu vertreten** haben im Sinne von § 276 BGB. Die von CDE zugesicherte Eignung ist als eine ________ zu werten. Nach § 276 Abs. 1 BGB trifft demnach den Verkäufer eine Haftung auch ohne Ver_______en.

(5) Der Schaden basiert darauf, dass die Garantie nicht eingehalten wurde, die Leistung des Verkäufers also nicht _________gemäß war. Beim Schaden am PC handelt es sich um einen Schaden an der gekauften Sache, also um einen ______schaden. Der auf Ersatz dieses Schadens gerichtete Anspruch ist Schadensersatz „_____ *der Leistung*" im Sinne von § 280 Abs. _ BGB, so dass die zusätzlichen Voraussetzungen des § ___ BGB vorliegen müssen.

(6) Die Leistung des Verkäufers war ______, und zwar nach § 271 Abs. 1 BGB bereits bei Abschluss des Kaufvertrages.

(7) CDE hat die Leistung nicht wie ________ erbracht, d. h. ohne Einhaltung der gegebenen ________ (Beschaffenheitsvereinbarung i. S. v. § ___ Abs. 1 Satz 1 BGB).

(8) Dem Verkäufer müsste zunächst nach § ___ Abs. 1 BGB eine _____ zur Nacherfüllung gesetzt werden, da Ausnahmetatbestände § ___ Abs. 2 BGB oder § ___ BGB nicht vorliegen. Handelt es sich um einen nicht behebbaren Mangel, so wäre eine Fristsetzung nicht erforderlich (bei anfänglich unbehebbaren Mängeln nach § ____ Abs. 2 BGB und bei nachträglich unbehebbaren Mängeln nach § ___ BGB).

(9) Die Gewährleistung **ist nicht ausgeschlossen,** weder von Gesetzes wegen nach § 442 BGB noch vertraglich.

Ergebnis: Die Kofler GmbH kann hinsichtlich des mangelhaften PC Schadensersatz statt der Leistung verlangen. Dies kann zweierlei bedeuten:

- „________" **Schadensersatz:** Firma Kofler behält den PC und erhält die durch den Mangel bedingte ____minderung nach § 251 BGB ersetzt.
- „______" **Schadensersatz:** Firma Kofler gibt den PC wieder zurück und erhält den durch die komplette Nichtleistung erlittenen Schaden: Rückzahlung des Kaufpreises als _______schaden, darüber hinaus eventuelle Mehrkosten für einen sogenannten De____gskauf. Dieser Schadensersatz *„statt der _____ Leistung"* ist nach § 281 Abs. 1 Satz 3 BGB nur möglich, wenn die Pflichtverletzung (= der Mangel) _________ war. Davon kann hier ausgegangen werden, schon deshalb, weil es sich um den Server-PC handelte. Da dies den Anforderungen des **§ 323 Abs. 5 Satz 2 BGB** entspricht, könnte Firma Kofler **auch vom Vertrag zurücktreten,** was beispielsweise dann nahe läge, wenn ein gleichwertiger Server-PC bei einem anderen Händler weniger kosten würde. Firma Kofler bekäme dann den vollen Kaufpreis zurück und könnte daneben noch den Schaden am Netz nach § 280 Abs. 1 BGB geltend machen, weil gemäß § ___ BGB ein Schadensersatzanspruch den Rücktritt nicht ausschließt.

Fall 13
Im Vertrag war zugesichert worden, der gekaufte PC sei für das Statistikprogramm SPSS geeignet. Dies stellt sich als unzutreffend heraus. Ein Nachrüsten ist nicht möglich.
Firma Kofler will vom Vertrag zurücktreten, weil der gekaufte PC ohne SPSS für sie nicht von Interesse ist und sie kein Vertrauen zum Verkäufer mehr hat. Da ein adäquater PC 200,- Euro mehr kostet, verlangt sie zusätzlich Schadensersatz.
Wie ist die Rechtslage?

Lösung

Ansatz für den Anspruch auf Schadensersatz ebenso wie für ein Rücktrittsrecht ist **§ 437 BGB** mit folgenden allgemeinen Voraussetzungen:

(1) Zwischen den Parteien besteht ein Kaufvertrag.

(2) Der gekaufte PC hatte nicht die vertraglich vereinbarte (im Sinne einer ________ zugesicherte) Beschaffenheit und war somit mangelhaft gemäß § ___ Abs. 1 Satz 1 BGB.

(3) Der Mangel bestand von Anfang an, war also nach § 434 BGB bei ______übergang (§ ___ BGB) vorhanden.

(4) Die Gewährleistung ist nicht nach § 442 BGB oder § 444 BGB ausgeschlossen.

Für Rücktritt und Schadensersatz bestehen zusätzliche Besonderheiten:

I. Rücktritt
Das Rücktrittsrecht ergibt sich aus **§ ___ Nr. _ BGB** i. V. m. **§ ___ Abs. _ BGB.**
(1) Wegen des von Anfang an bestehenden, nicht behebbaren Mangels entfällt nach § 275 Abs. 1 BGB eine Pflicht des Verkäufers zur Nach______ung. Also braucht keine Frist gesetzt zu werden.

(2) Nach § ___ Abs. 5 Satz 2 BGB (gemäß §___ Abs. 5 Halbsatz 2 BGB anwendbar) setzt ein __________recht immer voraus, dass die Pflichtverletzung (hier: der Mangel) er__blich ist. Das ist hier anzunehmen, weil die zugesicherte SPSS-

Tauglichkeit für die Kofler GmbH besonders wichtig war.

II. Schadensersatz

Da es sich um einen von Anfang an nicht __________ Mangel handelt, kommt für den Schadensersatzanspruch als Anspruchsgrundlage **§ ___ Nr. 3 BGB** in Verbindung mit der Spezialregelung des **§ ____ Abs. 2 BGB** in Betracht.

(1) Voraussetzung ist nach § 311a Abs. _, dass ein ________hindernis schon bei Vertragsschluss besteht. Dieses Hindernis besteht in der von Anfang an unzureichenden Kapazität des PC für das Programm SPSS. Der Verkäufer braucht also nach § ___ Abs. 1 wegen Unmöglichkeit keine Nach______ung zu leisten.

(2) Nach § ____ Abs. 2 Satz _ BGB muss der Schuldner (CDE) nachweisen, dass er das Leistungshindernis bei Vertragsabschluss nicht ______ und seine __________ auch nicht zu _________ hat. Da die Zusicherung als ________ anzusehen ist, hat CDE eine Unkenntnis nach § ___ Abs. 1 BGB auch ohne Verschulden zu vertreten.

(3) Weitere Voraussetzungen sind nach § ____ Abs. 2 BGB nicht erforderlich, insbesondere nicht wie bei § ___ BGB eine Fristsetzung.

Ergebnis: Somit besteht ein Anspruch auf Schadensersatz _____ *der* _______. Dabei hat der Käufer allgemein die Wahl:

- Entweder behält er die mangelhafte Sache und bekommt Schadensersatz für den durch den Mangel geminderten Wert (sogenannter „________“ Schadensersatz). Im vorliegenden Fall scheidet dies aber aus, weil dieser PC für die Kofler GmbH nicht mehr von Interesse ist.

- Oder der Käufer gibt die Kaufsache zurück und verlangt den sogenannten „______“ Schadensersatz (=Schadensersatz *„statt der ______ Leistung“*). In diesem Fall ist nach § 281 Abs. 1 Satz 3 BGB weiter erforderlich, dass die Pflichtverletzung (hier: der Mangel) erheblich ist. § 281 Abs. 1 Satz 3 BGB findet nach § ____ Abs. 2 Satz 2 BGB auch bei von Anfang nicht behebbaren Mängeln entsprechende Anwendung.

- Da die SPSS-Tauglichkeit für die Kofler GmbH von wesentlicher Bedeutung ist, kann sie Schadensersatz statt der ganzen Leistung verlangen. Firma Kofler muss wertmäßig so gestellt werden, wie wenn ein für Statistiken geeigneter PC geliefert worden wäre. Sie bekommt als Mindestschaden den vereinbarten Kaufpreis zurück (also dasselbe wie beim Rücktritt) und erhält darüber hinaus die Mehrkosten für einen anderweitigen ________kauf ersetzt.

- Der Schadensersatzanspruch besteht neben dem Rücktrittsrecht, vgl. § ___ BGB.

Einheit 2 O
Vorkaufsrecht (§§ 463 ff. BGB)

1. Wie wird ein Vorkaufsrecht in Bezug auf ein Grundstück bestellt?

2. Wann tritt der Vorkaufsfall ein? Was muss der Verkäufer dann tun?

3. Wie wird das Vorkaufsrecht ausgeübt? Wie lange hat der Berechtigte dafür Zeit?

4. Der Berechtigte hat sein Vorkaufsrecht ausgeübt. Verliert dadurch der ursprüngliche Käufer seine vertraglichen Ansprüche gegen den Verkäufer?

5. Was kann der Verpflichtete tun, um nach Ausübung des Vorkaufsrechts Schadensersatzansprüche des Dritten zu vermeiden? (Der Verpflichtete hat dem Vorkaufsberechtigten das Grundstück übertragen.)

6. Der Verpflichtete tritt nach Ausübung des Vorkaufsrechts durch Erklärung gegenüber dem Dritten vom Vertrag zurück. Dieser Vertrag wird also hinfällig. Verliert damit auch der Vorkaufsberechtigte seine Ansprüche auf Übereignung?

Vorkaufsrecht (§§ 463 ff. BGB)

Ausgangssituation: Ein Grundstückseigentümer (VkPfl) gewährt seinem Nachbarn (VkBer) ein Vorkaufsrecht, das dieser ausüben kann, sobald VkPfl sein Grundstück an einen Dritten verkauft.

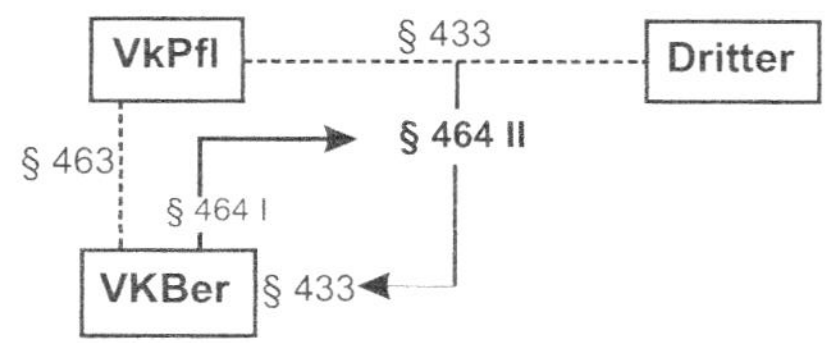

Voraussetzungen:

1. Entstehung des Vorkaufsrechts

§ 463

Das VorkaufsR wird bestellt **durch Vertrag** zwischen dem Verpflichteten (VkPfl) und dem Berechtigten (VkBer). Rechtlich ist dies ein **doppelt bedingter Kauf** (1. Bedingung = Kaufvertrag VkPfl - Dritter, 2. Bedingung = Ausübung des VorkaufsR). Die Bestellung des VorkaufsR ist also **ggf. formbedürftig**, z.B. nach § 311b I.

2. Vorkaufsfall

Unter dem sog. Vorkaufsfall versteht man den **Kaufvertrag zwischen VkPfl und einem Dritten**.

§ 469 I

Der VkPfl muss dem VkBer vom Vertrag mit dem Dritten **Mitteilung** machen (unverzüglich: § 121).

3. Ausübung des Vorkaufsrechts

§ 464 I, § 469 II

Das VorkaufsR wird durch **formlose Willenserklärung** ausgeübt.

Frist: 2 Monate bei Grundstücken (sonst 1 Woche)

Rechtsfolge:

Es bestehen nebeneinander zwei Kaufverträge:

⚠

VkPfl - Dritter

Übereignet der VkPfl an den VkBer, macht er sich dem Dritten gegenüber schadensersatzpflichtig (§§ 435, 437, 280, 283). Um dies zu vermeiden, bieten sich für den VkPfl zwei **Möglichkeiten**:

- **Rücktrittsvorbehalt** für den Fall der Ausübung des Vorkaufsrechts
- **Auflösende Bedingung**

VkPfl - VkBer (§ 464 II)

Durch Ausübung des Vorkaufsrechts entsteht zwischen dem bisherigen Eigentümer (=Verkäufer = VkPfl) und dem Vorkaufsberechtigten ein **zusätzlicher Kaufvertrag zu gleichen Konditionen** wie der Vertrag mit dem Dritten.

⚠

§ 465

Ein Rücktrittsvorbehalt oder eine auflösende Bedingung im Vertrag VkPfl-Dritter sind dem VkBer gegenüber unwirksam: **Die beiden Kaufverträge sind rechtlich voneinander unabhängig**, sobald der Vorkaufsfall eingetreten ist.

Fall 1:

Bauherr B hat auf seinem relativ kleinen Grundstück ein großzügiges Haus erstellt und ist daran interessiert, sein Areal um das Gartengrundstück seines Nachbarn E zu erweitern. Dieser hat zur Zeit aber keine Verkaufsambitionen. B und E einigen sich, dass dem B ein Vorkaufsrecht zustehen soll. So wird es in einem schriftlichen Vertrag festgelegt.
Fünf Jahre später verkauft E sein Grundstück an K zum Preis von 100.000,- Euro. Als B davon erfährt, ruft er entrüstet bei E an und macht sein Vorkaufsrecht geltend. E erwidert, ihm sei gesagt worden, das Vorkaufsrecht sei wegen eines Formmangels unwirksam. Dem widerspricht B unter Berufung auf § 464 Abs. 1 Satz 2 BGB.
Wer hat recht?

Lösung

Ein Vorkaufsrecht entsteht durch V______ zwischen dem Grundstückseigentümer und dem Vorkaufsberechtigten. Dieser Vertrag ist ein doppelt be_______ Kauf (§§ 433 ff., 158 Abs. 1 BGB): Wenn E das Grundstück an einen Dritten verkauft (sog. V______fall: 1. Bedingung) und der Vorkaufsberechtigte daraufhin sein Vorkaufsrecht ______ (2. Bedingung), entsteht nach § ___ Abs. _ BGB ein Kaufvertrag zwischen dem Verpflichteten (= Verkäufer) und dem Vorkaufsberechtigten. Unter den zwei genannten Bedingungen verpflichtet sich E schon bei Bestellung des Vorkaufsrechts zur - eventuellen - Übereignung des Grundstücks. Der Vertrag bedarf also der n_______len Beurkundung, § ____ Abs. 1 BGB. Die nur schriftliche Vereinbarung des Vorkaufsrechts ist form_______ gem. § 125 Satz 1 BGB.

Der Hinweis des B auf § 464 Abs. 1 Satz 2 BGB geht fehl. Diese Vorschrift betrifft nur die A____ung des Vorkaufsrechts, nicht aber seine B______ung.

Fall 2

Angenommen, dem B wäre das Vorkaufsrecht durch notariellen Vertrag eingeräumt worden und er hätte es sechs Wochen, nachdem er von E über den Verkauf an K informiert worden war, ausgeübt. Angenommen auch, B wäre ins Grundbuch als neuer Eigentümer eingetragen worden: Könnte jetzt K von E Schadensersatz verlangen?

Lösung

Der durch die Ausübung des Vorkaufsrechts entstandene Kaufvertrag zwischen E und B ersetzt nicht den Vertrag zwischen E und K sondern tritt ergänzend hinzu. Es bestehen jetzt also zwei Verträge. Von Rechts wegen ist E sowohl dem B als auch dem K gegenüber zur Ü_________ des Grundstücks (§§ 873, 925 BGB) verpflichtet. Einem von ihnen müsste er also auf jeden Fall ________ersatz _____ der Leistung (§§ 280 Abs. 1 und 3, 283 BGB) leisten. Dies wird in der Praxis dadurch vermieden, dass E sich im Vertrag mit K ein Recht zum R________ (§§ 346 ff. BGB) vorbehält, und zwar für den Fall, dass B sein ________recht ausübt. Der Rücktritt gegenüber K berührt nicht die Wirksamkeit des Vertrages mit B, vgl. § ___ BGB.

ARTEN VON VORKAUFSRECHTEN

Vorkaufsrechte gibt es in drei verschiedenen Formen:

- einfaches Vorkaufsrecht gem. §§ 463 ff. BGB
- dingliches Vorkaufsrecht gem. §§ 1094 ff. BGB
- gesetzliches Vorkaufsrecht, z. B. § 577 BGB, §§ 24 ff. BauGB

I. Vorkaufsrecht gem. §§ 463 ff. BGB

Voraussetzungen (in chronologischer Reihenfolge):

§ 463 BGB:	Entstehung des Vorkaufsrechts durch vertragliche **Vereinbarung** (formbedürftig, wichtig vor allem bei Grundstücken: § 311b Abs. 1!)
§ 463 BGB:	**Vorkaufsfall** (Kaufvertrag zwischen dem vorkaufsverpflichteten Verkäufer und einem dritten Käufer)
§ 469 Abs. 1:	**Mitteilung** vom Vorkaufsfall an den Vorkaufsberechtigten
§ 469 Abs. 2:	**Frist** bei Grundstücken zwei Monate, sonst eine Woche nach Empfang der Mitteilung
§ 464 Abs. 1:	**Ausübung** des Vorkaufsrechts (formlos möglich)

Rechtsfolge: (§ 464 Abs. 2 BGB)

Neben dem Kaufvertrag mit dem Dritten (Vorkaufsfall) entsteht **zusätzlich ein Kaufvertrag** mit dem Vorkaufsberechtigten, und zwar **zu gleichen Konditionen.**

II. Dingliches Vorkaufsrecht, §§ 1094 ff. BGB

Im Unterschied zum Vorkaufsrecht nach §§ 463 ff. BGB wird dieses Vorkaufsrecht im Grundbuch eingetragen, hat also für den Berechtigten dingliche Wirkung. Praktischer Vorteil: Ein dingliches Vorkaufsrecht kann auch in späteren Verkaufsfällen geltend gemacht werden. (Das Vorkaufsrecht nach §§ 463 ff. BGB gilt nur gegenüber dem Vertragspartner, also nur einmal, nämlich dann, wenn dieser sein Grundstück an einen Dritten verkauft.)

III. Gemeindliches Vorkaufsrecht nach §§ 24 ff. BauGB

Voraussetzungen:

§ 24 Abs. 1 BauGB:	Bestehen eines Vorkaufsrechts (kraft Gesetzes)
§ 463 BGB:	Vorkaufsfall (anwendbar gem. § 28 Abs. 2 Satz 2 BauGB).
§ 28 Abs. 1 S. 1 BauGB:	Mitteilung vom Verkauf.
§ 28 Abs. 2 S. 1 BauGB:	**Ausübung durch Verwaltungsakt.** Frist: 2 Monate.
§ 24 Abs. 3 BauGB:	Ausübung **zulässig nur zum Wohl der Allgemeinheit.**

Rechtsfolge: (§ 28 Abs. 2 Satz 2 BauGB):

Grundsätzlich wie BGB, also **zwei Kaufverträge** (§ 464 Abs. 2 BGB), aber zugunsten der vorkaufsberechtigten Gemeinde besteht **Grundbuchsperre:** § 28 Abs. 1 Satz 2 BauGB. Um unnötige Wartezeiten zu vermeiden, ist ein so genanntes **Negativattest** vorgesehen: § 28 Abs. 1 Satz 3 BauGB.

Einheit 3 Werkvertrag

A. Vertragsgegenstand. Abgrenzung zu anderen Vertragstypen

1. Kann Gegenstand eines Werkvertrages auch die Erbringung von (Dienst-)Leistungen sein?

2. Wodurch unterscheidet sich der Werkvertrag vom Auftrag?

3. Was ist der Unterschied zwischen Auftrag und Geschäftsbesorgungsvertrag?

4. Wo ist der Reisevertrag geregelt? Welches ist seine Rechtsnatur?

5. Geschuldet ist die Erbringung von Leistungen. Wann liegt Dienstvertrag, wann Werkvertrag vor?

6. Ist ein Vertrag über eine ärztliche Behandlung Dienst- oder Werkvertrag?

7. Was zeichnet den sogenannten Werklieferungsvertrag aus? Wozu ist der Unternehmer verpflichtet?

8. Ein Schreiner stellt ein Regal her
- nach seinen eigenen Standardmaßen laut Katalog
- nach Maßangaben des Kunden.

Wodurch unterscheiden sich rechtlich die beiden Fälle?

Gegenstand des Werkvertrags, Abgrenzung zu anderen Vertragstypen

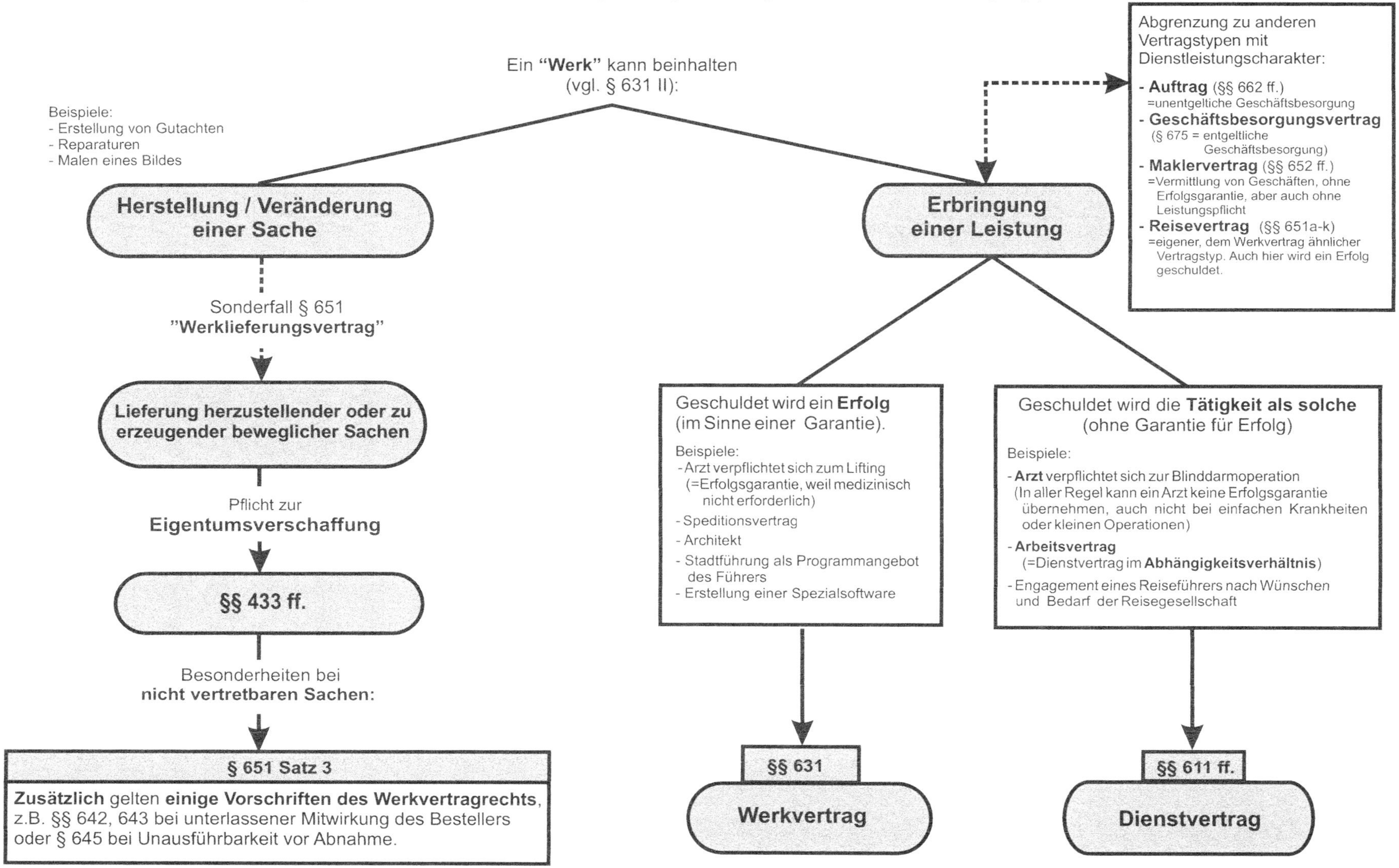

1. Welche Hauptpflichten treffen den Unternehmer?

2. Woraus ergeben sich für den Unternehmer Nebenpflichten?

3. Ein Bauunternehmer gibt dem Bauherrn einen fachlich unzutreffenden Rat. Welche Rechte hat der Bauherr?

4. Welche beiden rechtlichen Aspekte hat die Pflicht des Unternehmers zur Herstellung des versprochenen Werkes?

5. Welche Rechte hat der Besteller ganz allgemein bei mangelhafter Werkherstellung?

6. Die Werkherstellung verzögert sich erheblich, allerdings ohne Verschulden des Unternehmers. Hat der Besteller irgendwelche Rechte?

7. Wie wäre die Lage bei schuldhafter Verzögerung?

8. Nach § 649 BGB hat der Besteller die Möglichkeit, den Werkvertrag jederzeit zu kündigen. Warum ist das für ihn nur in den seltensten Fällen von Vorteil?

Pflichten des Unternehmers

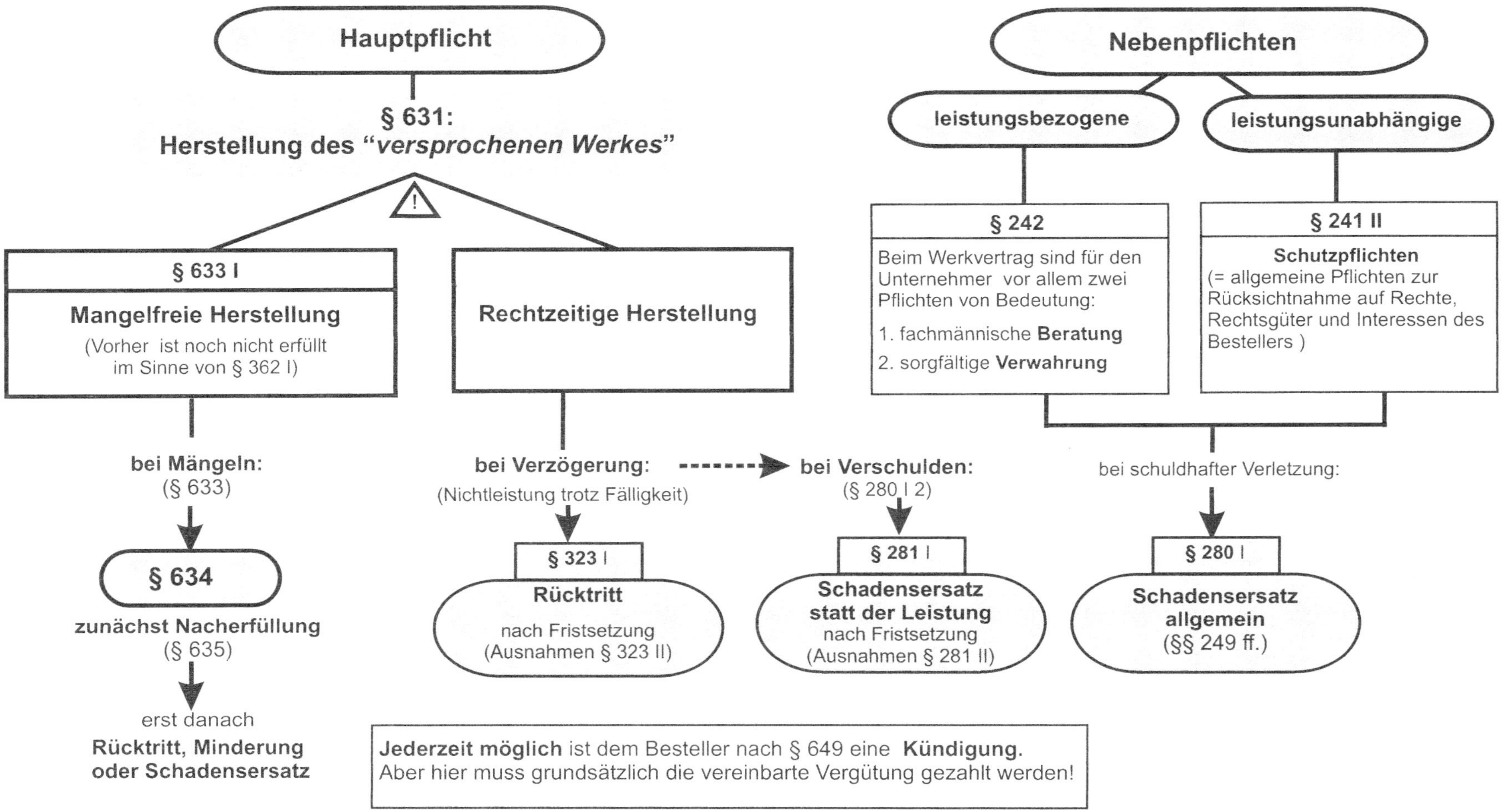

1. Welche Hauptpflichten treffen den Besteller?

2. Nach § 649 BGB hat der Besteller bis zur Vollendung des Werkes das Recht jederzeitiger Kündigung. Bedeutet das, dass er jetzt von seinen vertraglichen Verpflichtungen befreit ist?

3. Ein Politiker will sich von einem bekannten Maler porträtieren lassen. Nach einer ersten Sitzung erkrankt der Politiker, so dass das Projekt ganz aufgegeben werden muss. Kann der Maler ein Honorar verlangen, obwohl das Werk gescheitert ist und nicht zu Ende geführt werden kann?

4. Was bedeutet rechtlich die Abnahme des Werkes? Welche Folgen hat sie für die Mängelhaftung?

5. Welche sonstigen Rechtswirkungen sind an die Abnahme geknüpft?

6. (Variante zu Fall 3) Dem Modellsitzen zieht der Politiker die Teilnahme an einer Fernsehdiskussion vor und erscheint daher nicht im Atelier des Malers. Was sind die Rechtsfolgen?

7. Wie wäre die Rechtslage, wenn der Maler dem Politiker einen zweiten Termin genannt, der Politiker diesen Termin aber nicht eingehalten hätte? Müsste der Maler weiter warten, oder könnte er sich vom Vertrag lösen?

Pflichten des Bestellers

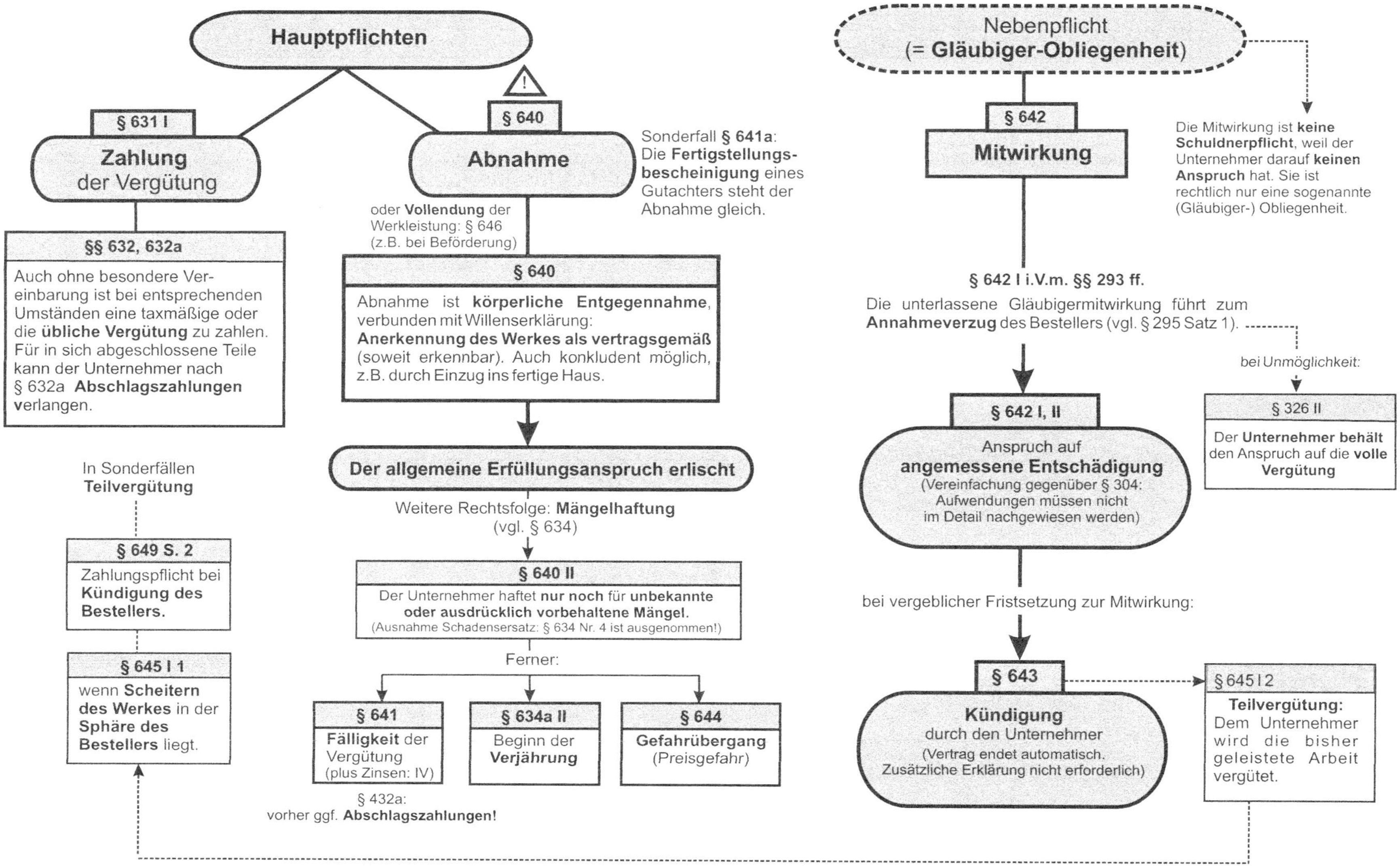

Mängelhaftung (1): Rechte des Bestellers (Überblick)

1. Der Putz an der Wand beginnt nach einem Jahr zu bröckeln. Der Handwerker erklärt sich bereit, die schadhaften Stellen auszubessern. Der Kunde besteht auf Anbringen eines völlig neuen Putzes. Schließlich habe er ja für mangelfreie Arbeit bezahlt. Hat er recht?

2. Der Bauherr hat sich über den Pfusch des Maurers so sehr geärgert, dass er sofort eine andere Firma mit der Mängelbeseitigung beauftragen will. Außerdem möchte er einen Vorschuss für die Kosten dieser Nachbesserung. Geht das ohne weiteres?

3. Der Heizungsinstallateur hat bei einer ersten Kontrolle vergeblich versucht, die Geräusche im Rohrleitungssystem ausfindig zu machen und zu beseitigen. Wie oft muss ihm der Bauherr noch Gelegenheit geben, die Ursache zu finden und den Mangel zu beseitigen?

4. In welchen Fällen ist bei Rücktritt und Schadensersatz eine Fristsetzung entbehrlich?

5. Wie verhält es sich mit Nacherfüllung und Fristsetzung, wenn sich herausstellt, dass der Mangel nicht behebbar ist?

6. Der Bauherr rügt einen Mangel, den der Handwerker nicht anerkennen will und sich daher weigert, irgendetwas zu unternehmen. Daraufhin erklärt der Bauherr sofort den Rücktritt vom Vertrag. Mit Recht?

7. Der Bauherr hat beim Schreiner für eine Ecke im Keller laut Plan des Bauunternehmers passgenau ein Regal bauen lassen. Es stellt sich heraus, dass der Platz für unvorhergesehene Leitungsrohre freigehalten werden musste. Der Bauunternehmer hatte aber vergessen, die Rohre in den Plan einzuzeichnen.
Kann der Bauherr vom Bauunternehmer die Kosten für das jetzt nutzlose Regal verlangen?

8. Bei der in einen Altbau eingebauten Zentralheizung treten nach vier Jahren erhebliche Mängel auf. Mit welcher Begründung kann der Bauherr auch nach so langer Zeit noch Gewährleistungsansprüche geltend machen?

9. Nach wie viel Jahren verjähren Ansprüche wegen fehlerhafter Baugrundgutachten?

10. Der Maler hat die Türen neu lackiert. Nach 2 1/2 Jahren beginnt der Lack aufzuplatzen. Sind Ansprüche gegen den Maler inzwischen verjährt?

11. Ein Arzt hat sich die Software DOCexpert installieren lassen. Wie lange könnte er Mängelhaftungsansprüche geltend machen? Worauf wird es ankommen?

Mängelhaftung Werkvertrag (1): Rechte des Bestellers im Überblick

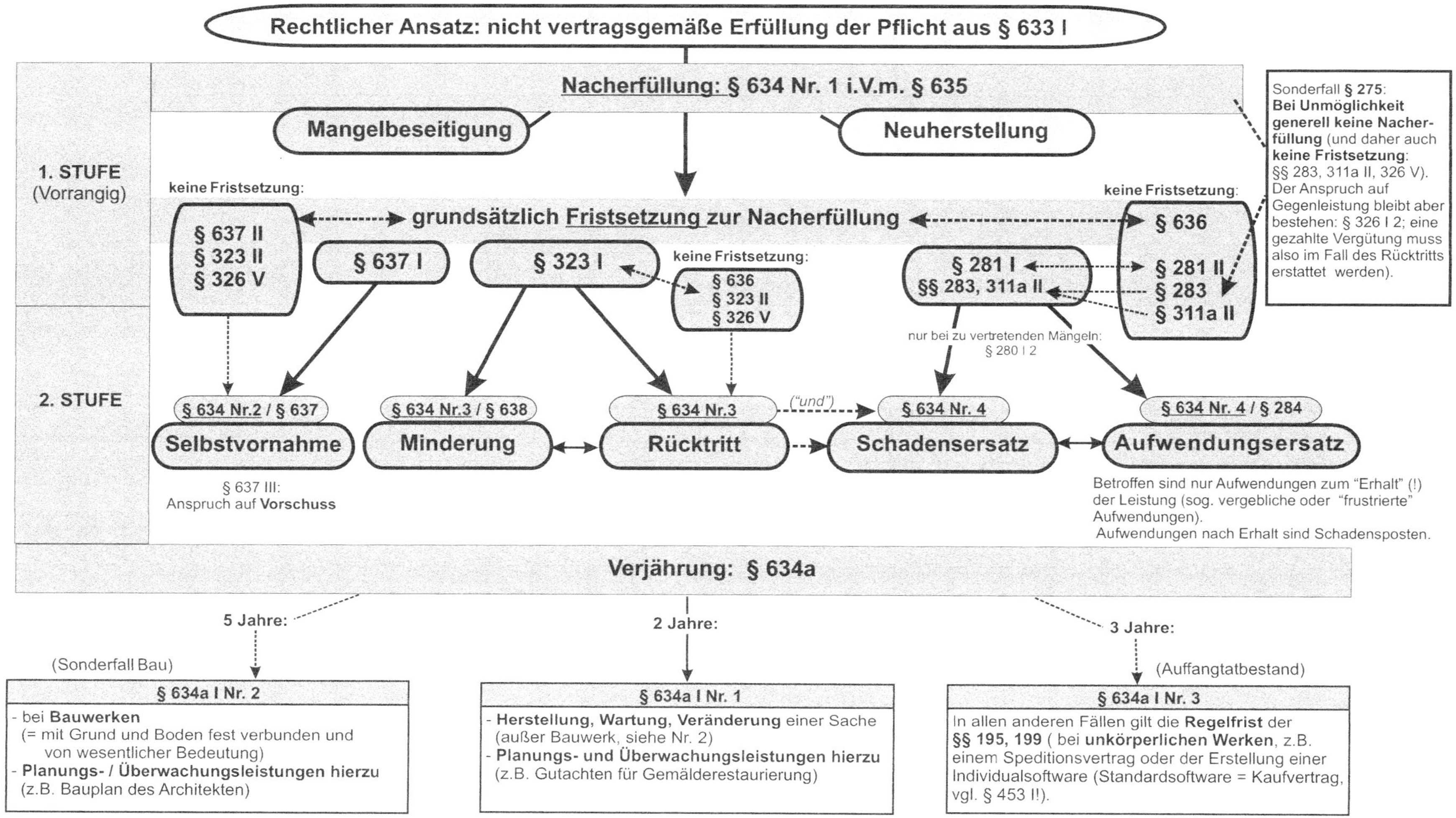

Mängelhaftung (2): Mangel- und Mangelfolgeschäden

1. Früher war gerade im Werkvertragsrecht wegen der extrem unterschiedlichen Verjährungsfristen die Unterscheidung zwischen Mangel- und Mangelfolgeschäden von besonderer Bedeutung. Wofür ist dieser Unterschied auch nach der Schuldrechtsreform 2002 noch relevant?

2. § 634 Nr. 4 BGB spricht nur von Schadensersatz. Bezieht sich das sowohl auf Mangel- wie auf Mangelfolgeschäden?

3. Worin liegt von den tatbestandsmäßigen Voraussetzungen her der Unterschied zwischen Ersatz für Mangelschäden und Ersatz für Mangelfolgeschäden?

4. Wodurch sind Mangelschäden gekennzeichnet?

5. Was sind Mangelfolgeschäden?

6. Der Besteller hat das Angebot eines „Spezialisten“ angenommen, seinen VW Golf sportlicher zu machen (Fahrwerk tiefer gelegt, breite Reifen, Motortuning, Rallyestreifen etc.). Nach viel Ärger mit dem schlecht „getunten“ Auto ist der Besteller vom Vertrag zurückgetreten und muss jetzt für das Zurückrüsten auf „Normal“ in der VW-Werkstatt hohe Kosten aufwenden. Handelt es sich um einen Mangelschaden oder um einen Mangelfolgeschaden?

7. Eine Chemiefirma besorgt vorsorglich Rohstoff, der mit einer frisch reparierten Maschine sogleich verarbeitet werden soll. Die Maschine ist mangelhaft repariert und die Verarbeitung später nicht mehr möglich, weil der Rohstoff nicht mehr brauchbar ist. Kann die Chemiefirma Ersatz der nutzlosen Kosten für den Rohstoff verlangen? Warum handelt es sich nicht um einen Fall von Aufwendungsersatz im Sinne von § 284 BGB?

8. Muss den Unternehmer ein Verschulden treffen, wenn er Schadensersatz wegen eines Mangels leisten muss? Gibt es Unterschiede in den subjektiven Voraussetzungen zwischen Mangel- und Mangelfolgeschäden?

9. Was bedeutet Schadensersatz „statt der Leistung“? Wie wird der Besteller gestellt?

10. Wie wird der allgemeine Schadensersatz („wegen Pflichtverletzung“) berechnet?

11. Kommt es hinsichtlich der Verjährung darauf an, ob Ersatz für Mangelschäden oder für Mangelfolgeschäden verlangt wird?

Mängelhaftung Werkvertrag (2): Mangel- und Mangelfolgeschäden

Die früher gerade beim Werkvertrag so bedeutsame (und umstrittene) Unterscheidung zwischen Mangel- und Mangelfolgeschäden findet sich nach wie vor nicht im Gesetz, ist aber von der Rechtsfolge her von Bedeutung. Durch den Verweis auf das allgemeine Schuldrecht wurde eine Regelung erzielt, die nunmehr parallel zum Kaufvertrag läuft und Verjährungsprobleme nicht mehr entstehen lässt.

§ 634 Nr. 4

LEISTUNGSINTERESSE

MANGELSCHÄDEN

= **Schäden an der mangelhaften Sache einschließlich direkt damit verbundener Vermögensschäden**

Zu den Mangelschäden zählen alle leistungsbezogenen Schäden: Der Besteller wird vermögensmäßig so gestellt, wie wenn mangelfrei geleistet worden wäre. Es handelt sich um Schadensposten, die den **mangelbedingten Minderwert ausgleichen** sollen. Dazu gehören vor allem:

- **entgangener Gewinn**
- **Nutzungsausfall, Reparaturkosten**
- **Mehrkosten für eine Neuherstellung** (wenn das mangelhafte Werk zurückgegeben wird)

i.d.R. Fristsetzung: **§§ 280, 281**

ohne Fristsetzung: **§§ 280, 283**; **§ 311a II**

(siehe nächste Themen)

→ **Schadensersatz *statt der Leistung***

INTEGRITÄTSINTERESSE

MANGELFOLGESCHÄDEN

= **Schäden an anderen Rechtsgütern als Folge des Werkmangels**

Es handelt sich um **Begleitschäden,** die dadurch entstanden sind, dass der Besteller **im Vertrauen auf die Mangelfreiheit** das hergestellte Werk in Benutzung genommen hat. Beispiele:

- **Verletzungen** im Umgang mit dem hergestellten Werk
- **Beschädigungen von Eigentum des Bestellers** (Beispiel: Auslaufendes Öl aus der reparierten Abfüllanlage verdirbt den Wein)
- **Vermögensaufwendungen** (Beispiel: Besteller besorgt Material, das mit der reparierten Maschine verarbeitet werden sollte)

keine Fristsetzung! **§ 280 I**

→ **Einfacher Schadensersatz** ***("wegen Pflichtverletzung")***

Verjährung: § 634a

Einheit 3 F

Mängelhaftung (3): Schadensersatz statt der Leistung (behebbare Mängel)

1. Man unterscheidet zwischen Rechtsfolgenverweisungen und Rechtsgrundverweisungen. Um welche Art von Verweisung handelt es sich in § 634 Nr. 4 BGB?

2. Bei Schadensersatz statt der Leistung nach § 634 Nr. 4 BGB müssen neben einem Mangel (§ 633 Abs. 2 oder 3 BGB) noch weitere Voraussetzungen geprüft werden. Welche Vorschriften kommen für eine solche Prüfung generell in Frage? Welche Norm steht bei behebbaren Mängeln im Vordergrund?

3. Welche Voraussetzungen sind bei Ansprüchen auf Ersatz mangelbedingter Schäden der Grundnorm des § 280 Abs. 1 BGB zu entnehmen?

4. Welches ist der wichtigste Punkt bei Prüfung des § 281 BGB?

5. Der Besteller reklamiert einen Mangel. Der Unternehmer meint, sein Werk sei vollkommen in Ordnung, da gebe es nichts auszusetzen. Muss der Besteller eine Frist zur Nacherfüllung setzen?

6. Der Handwerker, der eine Maschine schlecht repariert hat, meint, eine weitergehende Mängelbeseitigung sei viel zu teuer und ihm daher nicht zuzumuten. Kann der Besteller jetzt sofort den ihm durch die vergebliche, mangelhafte Reparatur entgangenen Nutzen der Maschine als Schadensersatz geltend machen und die Maschine anderweitig reparieren lassen?

7. Der Elektriker hat vergeblich versucht, die bereits reparierte Spülmaschine nochmals in Gang zu bringen. Muss der Besteller noch weitere Nachbesserungsversuche akzeptieren?

8. Nach welcher Vorschrift beurteilt sich der vertragliche Ausschluss von Schadensersatzansprüchen bei Werkmängeln? Macht es einen Unterschied, ob der Haftungsausschluss („Freizeichnung") individuell ausgehandelt wird oder sich in Allgemeinen Geschäftsbedingungen befindet?

9. Der Besteller hat dummerweise die schlecht reparierte Waschmaschine in Benutzung genommen, obwohl er den Mangel kannte. Kann er später noch Mängelhaftungsrechte geltend machen? Der Unternehmer beruft sich auf § 640 Abs. 2 BGB.

10. Das vom Besteller in Auftrag gegebene EDV-Programm weist erhebliche Mängel auf, die der Unternehmer trotz mehrmaliger Nachbesserungsversuche nicht beheben kann. Welche beiden Möglichkeiten des Schadensersatzes kommen für den Besteller in Frage? Muss er nachweisen, dass der Unternehmer schuldhaft schlecht programmiert hat?

Mängelhaftung Werkvertrag (3): Schadensersatz statt der Leistung (behebbare Mängel)

Mit der Regelung in § 634 Nr. 4 hat der Gesetzgeber die Mängelgewährleistung -parallel zum Kaufrecht- an das allgemeine Leistungsstörungsrecht angebunden. Für den Schadensersatzmüssen die Voraussetzungen der §§ 280-283 oder des § 311a II vorliegen. **§ 634 Nr. 4** enthält eine **Rechtsgrundverweisung**. Für den Normalfall der **behebbaren Mängel** ist **§ 281** einschlägig.

§ 634 Nr. 4

1. MANGEL: § 633

§ 280 I, III

2. PFLICHTVERLETZUNG
3. ZU VERTRETEN: § 280 I 2

§ 281

4. LEISTUNG NICHT WIE GESCHULDET

= Verletzung der Pflicht zu mangelfreier Herstellung gemäß § 633 I

5. FRISTSETZUNG: § 281 I 1

= Dem Unternehmer ist Gelegenheit zu geben, die Mangelfreiheit durch **Nacherfüllung (§ 635)** herzustellen.

Fristsetzung entbehrlich?

allgemein: **§ 281 II**
- bei endgültiger **Leistungsverweigerung**
- bei **besonderen Umständen**

§ 636

§ 636: spezielle Gründe
Über § 281 II hinaus ist eine Fristsetzung entbehrlich: - bei **Verweigerung beider Arten der Nacherfüllung** gemäß § 635 III - bei **Fehlschlagen der Nacherfüllung** (hier keine festen Kriterien wie in § 440 S. 2 beim Kauf) - bei **Unzumutbarkeit** für den Besteller

6. KEIN AUSSCHLUSS DER HAFTUNG: §§ 639, 309 Nr. 7

7. MANGEL ERHEBLICH? § 281 I 3

Mangel unerheblich → "Kleiner" Schadensersatz

Schadensersatz "*statt der Leistung*"

Der Besteller muss das Werk behalten und wird vermögensmäßig so gestellt, wie wenn mangelfrei geleistet worden wäre (Beispiel: Kosten für eine Modifikationen an Individualsoftware)

Mangel erheblich (Beweislast: Besteller) → "Großer" Schadensersatz

Schadensersatz "statt der *ganzen* Leistung"

Der Besteller gibt das Werk zurück (§ 281 V: Zug um Zug) und wird vermögensmäßig so gestellt, wie wenn mangelfrei geleistet worden wäre (Beispiel: Mehrkosten für eine neue Software).

Mängelhaftung (4): Schadensersatz statt der Leistung (Gesamtüberblick)

1. Worin liegt im Rahmen des § 634 Nr. 4 BGB der grundsätzliche Unterschied zwischen behebbaren und nicht behebbaren Mängeln?

2. Worin liegt der Unterschied zwischen dem Schadensersatz für Mängel, die von Anfang unbehebbar sind und dem Ersatz für Mängel, die sich erst später als unbehebbar erwiesen haben?

3. Wie wird der sogenannte „große" Schadensersatz im Gesetz bezeichnet? Worauf kommt es für diese Art von Schadensersatz entscheidend an?

4. Führt auch eine sogenannte Mankoherstellung (=Herstellung in zu geringen Mengen) zu Gewährleistungsansprüchen?

5. Worauf kommt es beim Schadensersatz an, wenn nur ein Teil der vereinbarten Menge hergestellt wird? Spielt es eine Rolle, ob die volle Herstellung (noch) möglich ist oder nicht?

6. Der Schreiner hat statt der bestellten zwölf nur neun Fenster herstellen können. Die fehlenden drei Fenster kann er nicht mehr herstellen, weil ihm dafür das Material nicht ausreicht (Es handelte sich um Spezialanfertigungen für die Renovierung eines Altbaus). Kann der Bauherr die 9 Fenster ablehnen und Schadensersatz verlangen?

Mängelhaftung Werkvertrag (4): Schadensersatz statt der Leistung (Gesamtüberblick)

Ausgangspunkt: § 634 Nr. 4

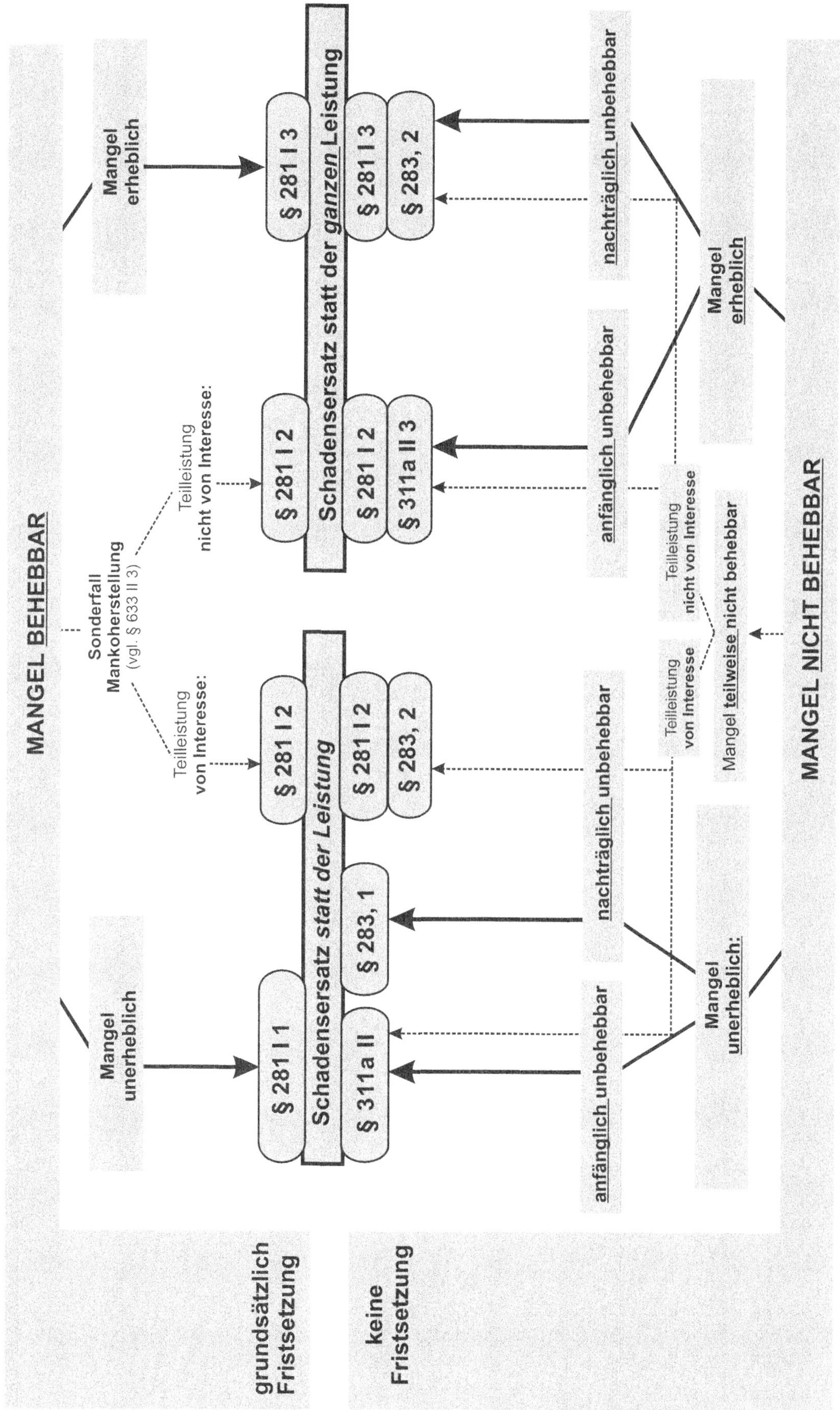

Ausgangsfall:
Firma Ulrich (U) erhält von der Stadthallen-GmbH den Auftrag zu Renovierungsmaßnahmen: Verputzen, Verlegen von Teppichfußböden, Tapezieren, Streichen.
(Hinweis: Wenn die Stadt Vertragspartner wäre, müsste die VOB zugrunde gelegt werden. Es sollen hier aber nur die §§ 631 ff. BGB zur Anwendung kommen)

Fall 1
U sollte am 01.03. mit den Arbeiten beginnen. Als am 15.03. immer noch niemand erscheint, „kündigt" die GmbH kurzerhand den Vertrag. U hält das für ungerechtfertigt, da ihn an der Verzögerung kein Verschulden treffe (schlechtes Wetter, Autounfall, kranke Arbeiter). Ist die Kündigung trotzdem wirksam?

Lösung

Eine Kündigung wäre nach § 649 BGB ohne weitere Voraussetzungen möglich. Doch brächte das eine Ver_______pflicht der GmbH mit sich, was wohl nicht gewollt war. Die „Kündigung" müsste also im Wege der Au______g (§§ 133, 157 BGB) als R_____itt (§§ 346 ff. BGB) gedeutet werden, wenn sich dafür eine Möglichkeit ergäbe. Ein Rücktritt wäre denkbar nach § ___ Abs. 1 BGB.

(1) Es besteht ein _____________ Vertrag.

(2) Die Firma U hat trotz __________ ihre Leistung nicht erbracht. Auf ein Ver_____den (§§ 276, 278 BGB) kommt es nicht an. Der Rücktritt nach § 323 BGB ist verschuldensunabhängig.

(3) Nach 323 Abs. 1 BGB wäre eine Fri_______ng erforderlich. Ein Ausnahmefall des § 323 Abs. 2 BGB oder des § ___ Abs. 5 BGB liegt nicht vor.

Ergebnis: Ein Rücktrittsrecht bestünde (noch) nicht. Erst nach erfolglosem Fristablauf hätte die GmbH vom Vertrag zurücktreten können. Die GmbH muss also damit rechnen, dass sie an ihrer „Kündigung" gemäß § ___ BGB festgehalten wird mit der Folge, dass sie zur Zahlung des Werklohns verpflichtet ist. U muss sich nur ersparte Aufwendungen (z.B. Materialkosten) und anderweitige Verdienstmöglichkeiten anrechnen lassen (§ ___ Satz _ BGB).

Fall 2
Bei Auswahl des Teppichbodens verlangt die GmbH eine besonders dekorative Ware, um das unansehnliche Treppenhaus optisch aufzuwerten. U rät zu einem bestimmten Material, das großartig zum Ambiente passt und als solches auch einwandfrei ist, das aber unter Fachleuten als besonders trittempfindlich gilt. Der Teppich verschleißt bereits nach einem Jahr. Die GmbH verlangt Verlegung eines neuen, besser geeigneten Teppichbodens. Zu Recht?

Lösung

1. Der Anspruch könnte sich als Nach__________ anspruch aus § ___ Nr. _ i.V.m. § ___ BGB ergeben.
Das Werk müsste mangelhaft sein. In Frage käme ein Fehlen der vereinbarten __________heit i.S.v. § ___ Abs. 2 Satz _ Nr. _ BGB. Daran fehlt es aber, weil der Teppichboden als solcher in Ordnung ist und den Vorgaben der GmbH (optischer Blickfang) entspricht. Der Teppich hat also die vertraglich ___________ Beschaffenheit. Ein Mangel liegt nicht vor.

2. Der Anspruch könnte als ______________anspruch anzusehen sein und sich aus § ___ Abs. 1 BGB ergeben.

(1) Zwischen der GmbH und Fa. U besteht ein Werkvertrag, also ein Schuldverhältnis.

(2) U müsste eine Pflicht verletzt haben. Nach § ___ Abs. _ BGB ergibt sich für einen Werkunternehmer als Experten über die fehlerfreie Herstellung hinaus die N_______icht zu fachmännischer Be____ng. Diese Pflicht hat U verletzt, indem er dem Kunden den Teppichboden empfahl, ohne auf die Nachteile aufmerksam zu machen.

(3) Die Pflichtverletzung hat U nach § 280 Abs. 1 Satz 2 BGB zu _________. Er hat ___lässig (§ ___ Abs. 2 BGB) gehandelt: Von ihm als Fachmann

muss man erwarten, dass er seine Kunden auch auf Nachteile der von ihnen gewünschten Lösungen hinweist. U hätte also nur verschleißfestes Material empfehlen dürfen oder zumindest auf die Empfindlichkeit des gewählten Bodens aufmerksam machen müssen.

(4) Da der Schaden weder ein Ver__________schaden ist noch als Schadensersatz statt der Leistung angesehen werden kann, sind zusätzliche Voraussetzungen (§ ___ Abs. 2 oder 3 BGB) nicht zu prüfen. Es handelt sich um einen allgemeinen Schadensersatz wegen Pflichtverletzung („neben" der Leistung), der sich nach §§ ___ ff. BGB bemisst.

Problematisch ist hier die Berechnung des Schadensumfangs: Der Schaden der GmbH liegt nicht im Materialwert, sondern nur darin, dass sie vorzeitig Kapital für die Verlegung eines neuen Teppichbodens aufbringen muss. Daneben wäre an ein Mitverschulden der GmbH zu denken (§ ___ Abs. 1 BGB). Der Geschäftsführer hätte vielleicht von sich aus erkennen und darauf hinweisen müssen, dass der Teppichboden nicht übermäßig empfindlich sein dürfe. Im Ergebnis wird die GmbH also nur eine verhältnismäßig geringe Summe verlangen können. Keinesfalls hat sie Anspruch auf kostenlose Verlegung eines neuen Teppichbodens.

Fall 3

U hat den ersten Stock fertig gestrichen und verlangt dafür den Werklohn zum üblichen Quadratmeterpreis. Mit Recht?

Lösung

Einem Anspruch aus § 631 Abs. 1 BGB steht entgegen, dass ein Werklohn nicht __________ worden war. Nach § ___ Abs. 1 BGB gilt jedoch im vorliegenden Fall eine Vergütung als vereinbart; denn Handwerker erbringen ja ihre Leistungen nicht unentgeltlich.

Die Höhe des Anspruchs ergibt sich aus § ___ Abs. _ BGB. Da eine taxmäßige Vergütung bei Handwerkern nicht besteht (wie z.B. bei Architekten und Ingenieuren: HOAI), schuldet der Besteller die ______ Vergütung.

Der Anspruch des U wäre nach § ___ Abs. 1 Satz 1 BGB bei ________ fällig. Nach § 640 Abs. 1 BGB ist der Besteller nur zur Abnahme des „vertragsmäßig hergestellten" Werkes verpflichtet, d.h. des gesamten Werkes. Eine Teilabnahme und somit eine Teilvergütung kann nur verlangt werden, wenn sie __________ war (§ ___ Abs. 1 Satz 2 BGB). Ein fälliger Anspruch auf Teilvergütung gemäß § 631 Abs. 1 BGB besteht daher noch nicht.

Hier ist aber der Spezialfall des § ____ BGB zu beachten: Auch ohne Teilabnahme hat der Unternehmer Anspruch auf __________zahlungen, wenn -wie hier- in sich abge__________ Teile des Werkes fertiggestellt sind.

Fall 4

Das Erdgeschoss wird gleich zu Beginn der Arbeiten nach sintflutartigen Regenfällen durch Überschwemmung für mehrere Tage unter Wasser gesetzt, was zu Dauerschäden führt. Die Renovierung muss unterbleiben. U verlangt den vollen Werklohn laut Kostenvoranschlag.
Mit Recht?

Lösung

Durch den Werkvertrag ist ein Anspruch aus § ___ Abs. 1 BGB entstanden (vereinbarter Werklohn: laut Kostenvoranschlag).
Da wegen der Überschwemmung die Fertigstellung unmöglich geworden ist, hätte U nach § ___ Abs. 1 BGB seinen Werklohnanspruch eigentlich verloren (Der Werkvertrag ist ein ge________iger Vertrag. Die Leistung des Unternehmers ist __________ geworden. Ein Ausnahmefall des § 326 Abs. 2 BGB liegt nicht vor.

Aus der Spezialvorschrift des § ___ BGB ergibt sich kein anderes Ergebnis, da das Werk ja noch nicht abgenommen wurde. Doch sieht § ___ Abs. 1 BGB einen _____vergütungsanspruch vor, wenn das Werk des Unternehmers un________bar geworden ist.

Die Unausführbarkeit muss ihre Ursache in einem Mangel des vom _________ gelieferten _______

haben. Auf ein Ver_______ kommt es dabei nicht an, vgl. § 645 Abs. 2 BGB. Sinn dieser Regelung ist es, dem Besteller einen Teil des Risikos aufzubürden, weil ja die Ursache (Überschwemmung) mehr in seiner Sphäre liegt als beim Unternehmer. Vom Sinn und Zweck der Norm her ist nach §§ 133, 157 BGB im vorliegenden Fall das ______ als der „vom Besteller gelieferte _____" anzusehen.
U erhält also eine Vergütung für die bisher geleistete Arbeit (Renovierung des 1. Stocks).
Würde die Unausführbarkeit auf einem __________ des Bestellers (=Gläubiger) beruhen, so könnte der Unternehmer über § 645 Abs. 2 BGB nach § ___ Abs. 2 BGB die volle Vergütung verlangen, also einschließlich des unausführbar gewordenen Teils).

Fall 5
Die GmbH wollte die Farben von sich aus beschaffen. Als die Leute der Firma U am vereinbarten Tag anrücken, ist das Material noch nicht da. Was kann Firma U tun?

Lösung

Die unterlassene Materialbeschaffung seitens der GmbH führt gemäß § ___ BGB i.V.m. §§ 293 ff. BGB zum An________zug. Firma U kann

1. gemäß § 642 Abs. _ BGB eine angemessene ____________ verlangen. Deren Höhe bemisst sich nach § 642 Abs. _ BGB. Im Unterschied zu § ___ BGB müssen die Mehraufwendungen nicht genau nachgewiesen werden.
2. der GmbH gemäß § ___ BGB zur Beschaffung des Materials eine angemessene Frist setzen und gleichzeitig die ________ androhen. Bei fruchtlosem Fristablauf gilt der Vertrag automatisch als ________. Einer besonderen Kündigungserklärung bedarf es also nicht mehr.

Fall 6
Beim Einräumen entdecken die Arbeiter der GmbH dunkle Flecken an der Wand. Der Geschäftsführer unternimmt einstweilen noch nichts im Vertrauen darauf, dass man ja später noch Nachbesserung verlangen könne.
Warum ist diese Ansicht bedenklich?

Lösung

Das Einräumen ist eine kon________ Abnahme (= körperliche Ent_____nahme, verbunden mit Willenserklärung: Anerkennung als _______gemäß). Die GmbH hätte sich sofort, d.h. „bei" Abnahme (vgl. § ___ Abs. 2 BGB), ihre Rechte vorbehalten müssen.

Fall 7
Die dunklen Flecken treten erst nach vier Wochen auf. Kann die GmbH kurzerhand einen anderen Handwerker mit der Mängelbeseitigung beauftragen? Welches Vorgehen würden Sie empfehlen?

Lösung

Nach § 634 Nr. _ BGB kann die GmbH gemäß § ___ BGB den Mangel selbst beseitigen und Ersatz der erforderlichen Au_______gen verlangen.

Voraussetzung für ein solches Selbst__________recht ist nach § 437 Abs. 1 BGB der Ablauf einer vom Besteller gesetzten an_______nen Frist. Die GmbH müsste also auf jeden Fall zuerst einmal eine solche Frist setzen, um dem Unternehmer Gelegenheit zur Na______llung zu geben („Recht der ersten Andienung"). Nach ergebnislosem Fristablauf könnte sie einen anderen Handwerker mit der Behebung der Mängel auf Kosten des Unternehmers beauftragen. Ein Vers_____en des Unternehmers (wie beispielsweise beim Verzug, vgl. § ___ Abs. 4 BGB) wäre hier nicht erforderlich.

Ratsam ist die Beauftragung eines anderen Unternehmers aber nur bei leicht zu beseitigenden Mängeln. Bei komplizierteren Arbeiten besteht die Gefahr, dass der neue Handwerker seinerseits Mängel verursacht (Er hat ja das ursprüngliche

Werk nicht hergestellt, kennt sich also nicht so gut aus), wodurch die ______lage erheblich erschwert werden würde. Abgesehen davon trägt der Besteller als Vertragspartner beider Unternehmer das volle ______risiko.

Besser ist es, nach Fristablauf entweder zu _______ (§ 634 Nr. 3 BGB) oder (bei Verschulden des Unternehmers) _____________ statt der Leistung nach § ___ Nr. _ i.V.m. § ___ BGB zu verlangen. Dann ist nach § ___ Abs. _ BGB der Leistungsanspruch gegen den alten Unternehmer erloschen und mit dem als Schadensersatz erhaltenen Geld kann der Besteller einen anderen Handwerker beauftragen.

Fall 8
Firma U lehnt schon bei der Abnahme jede Verantwortung für die Flecken an der Wand ab und weigert sich, irgendetwas zu unternehmen. Welche Rechte hat die GmbH?

Lösung

Der Unternehmer hat nur in den Fällen des § ___ Abs. 3 BGB ein Recht, die Nachbesserung zu verweigern. Ein solcher Fall ist hier nicht ersichtlich.

Bei unbegründeter Weigerung des Unternehmers entfällt die ansonsten für die Gewährleistungsrechte erforderliche Fri____tzung (bei Rücktritt: § ___ Abs. _ BGB, bei Schadensersatz § ___ Abs. 2 BGB, sowie generell in den Fällen des § ___ BGB, hauptsächlich dann, wenn die Nacherfüllung dem Besteller un_____bar ist).

Die GmbH könnte hier wegen der unbegründeten, endgültigen Weigerung der Firma U sofort zurücktreten (§ ___ Abs. 2 Nr. 1 BGB) bzw. mindern (§ ___ BGB) oder Schadensersatz statt der Leistung verlangen (§ ___ Abs. 2 BGB).

Fall 9
Drei Jahre nach der Renovierung lösen sich die Platten des Fußbodenbelags, weil ein falscher Klebstoff verwendet wurde. Firma U beruft sich auf Verjährung. Zu Recht?

Lösung

Es kommt nach § ____ Abs. 1 BGB darauf an, ob es sich um ein „_______" handelt (Nr. 2). Hier beträgt die Verjährungsfrist ____ Jahre gegenüber ____ Jahren im Fall von Nr. 1 oder der ____jährigen Regelfrist in den sonstigen Fällen (§ 634a Abs. _ Nr. 3 i.V.m. §§ ___, ___ BGB).

Unter einem Bauwerk versteht man Arbeiten, die ge_______zogen sind, eine feste __________ mit Grund und Boden mit sich bringen und von we_____icher Bedeutung sind. Das wird man im vorliegenden Fall annehmen können. Der Grund liegt letzten Endes in der typischen Späterkennbarkeit von Schäden dieser Art.

Gewährleistungsansprüche sind also noch nicht verjährt. Die Frist beträgt ____ Jahre und beginnt nach § ____ Abs. 2 BGB mit der _______.

Einheit 4 VOB

A. VOB (1): Allgemeiner Überbick

1. Was bedeutet das Kürzel „VOB“?

2. Ist die VOB eine (Rechts-) Verordnung (VO)?

3. Wäre die VOB in ihrer Gesamtheit auch bei einem Architektenvertrag anwendbar?

4. Warum liegt allen größeren Bauvorhaben der öffentlichen Hand die VOB zugrunde?

5. Lassen sich einzelne Klauseln der VOB/B nach §§ 307 ff. BGB überprüfen?

6. Was beinhaltet Teil A der VOB?

7. Welche Bedeutung hat der Zuschlag?

8. In welchem Verhältnis steht die VOB/B zum Werkvertragsrecht (§§ 631 ff. BGB)?

9. Was regelt Teil B der VOB? Nennen Sie vier Schwerpunktbereiche!

10. Welche Bedeutung hat die VOB/C?

VOB (1): Allgemeiner Überblick

Die VOB (*"Vergabe- und Vertragsordnung für Bauleistungen"*) ist kein Gesetz. Sie gilt nur, wenn sie **vertraglich vereinbart** wird. Die VOB ist also sozusagen das "Kleingedruckte" der öffentlichen Hand für Bauverträge. Die VOB/B wird oft aber auch in privaten Bauverträgen vereinbart.

Geltungsbereich

Die VOB kann nur bei **Bauleistungen** vereinbart werden (§ 1 VOB/A). Darunter fallen z.B. **nicht** die Leistungen der **Architekten**. Hierfür gilt die VOF (freiberufliche Leistungen).

Behörden sind **haushaltsrechtlich verpflichtet**, bei Bauverträgen die VOB zugrundezulegen:

Bund: § 55 II BHO
Länder: § 55 II LHO (Bln/BaWü/Brdbg)
Kommunen: § 31 II GemHVO (BaWü)/ § 25a GemHVO (Brdbg)

Verhältnis zu §§ 307 ff. BGB

Materiellrechtlich enthält die VOB/B als "Vertragsordnung" Allgemeine Geschäftsbedingungen. Bei Verträgen zwischen **Unternehmern** besteht eine **Privilegierung der VOB/B**; sie unterliegen keiner Inhaltskontrolle nach §§ 307 ff. BGB. Anders gegenüber Verbrauchern: Bei ihnen können VOB-Klauseln ja nach Interessenlage im Einzelfall unwirksam sein.

3 Teile:

VOB/A ("Vergabeordnung")

Formalisiertes Verfahren zum Vertragsabschluss:

Angebot:

§§ 8, 13
Das Angebot des Bieters enthält bereits zwingend die **Einbeziehung der VOB/B.**

Annahme:

§ 18
Nach **Eröffnung und Prüfung** der Angebote (§§ 14 ff.) erfolgt der **Zuschlag** für das Angebot. Dies bedeutet **Zustandekommen eines Bauvertrages**.

Nach **§ 16 III Nr. 3 S. 2** ist der **Zuschlag dem wirtschaftlichsten Angebot** zu erteilen. Wird dagegen verstoßen, kann der übergangene (günstigste) Bieter Schadensersatz nach § 280 I i.V.m. § 311 II (**"culpa in contrahendo"**) verlangen.

VOB/B ("Vertragsordnung")

(§ 1 I VOB/B) → VOB/C

Sonderregelungen gegenüber BGB-Werkvertrag

Wichtigste Bereiche:

- **§ 12** – Abnahme
- **§ 4 VII, § 13** – Mängelhaftung
- **§§ 5, 6** – **Fristen**: Verzögerungen, Unterbrechungen der Bauausführung
- **§ 16** – **Zahlung**: insbesondere Schlusszahlung und Schlussrechnung: § 16 III

VOB/C

Technische Vorschriften
(Von Bedeutung für Vertragsauslegung)

1. Nach § 12 VOB/B ist die Abnahme des Bauwerks in dreierlei Form möglich. Welche Formen sind das?

2. Welche der drei VOB-Abnahmeformen entspricht der Regelung des § 640 BGB? Was bedeutet hier die Abnahme?

3. Was kennzeichnet die förmliche Abnahme? Wann wird sie durchgeführt?

4. Was bedeutet die sog. fiktive Abnahme? Wodurch unterscheidet sie sich von der Abnahme nach § 640 BGB?

5. Sofern bei der Abnahme noch Mängel erkennbar sind, muss sie sich der Auftraggeber vorbehalten. Dies ergibt sich bei allen Abnahmeformen der VOB/B schon aus § 640 Abs. 2 BGB. Nach der VOB hat er in bestimmten Fällen ein Abnahmeverweigerungsrecht. Wann ist dieses Recht gegeben? Gilt das auch bei fiktiver Abnahme im Sinne von § 12 Abs. 5 VOB/B?

6. Welche Möglichkeit hat der Bauunternehmer, um eine fiktive Bauabnahme herbeizuführen?

7. Die Mitteilung über die Fertigstellung des Bauwerks geht dem Bauherrn am Samstag, 12.07. zu. Wann ist abgenommen? (Für die Fristenberechnung vgl. §§ 188 Abs. 1, 187 Abs. 1 BGB)

8. In welchem Fall führt der Auftraggeber selbst die fiktive Abnahme herbei? (Die Abnahme erfolgt dann auch gegen seinen Willen.)

9. Drei Tage nach Mitteilung über die Fertigstellung entdeckt der Bauherr Feuchtigkeit im Keller. Was kann er tun, um seine Gewährleistungsrechte zu erhalten? Könnte er die fiktive Abnahme verhindern?

VOB (2): Abnahme

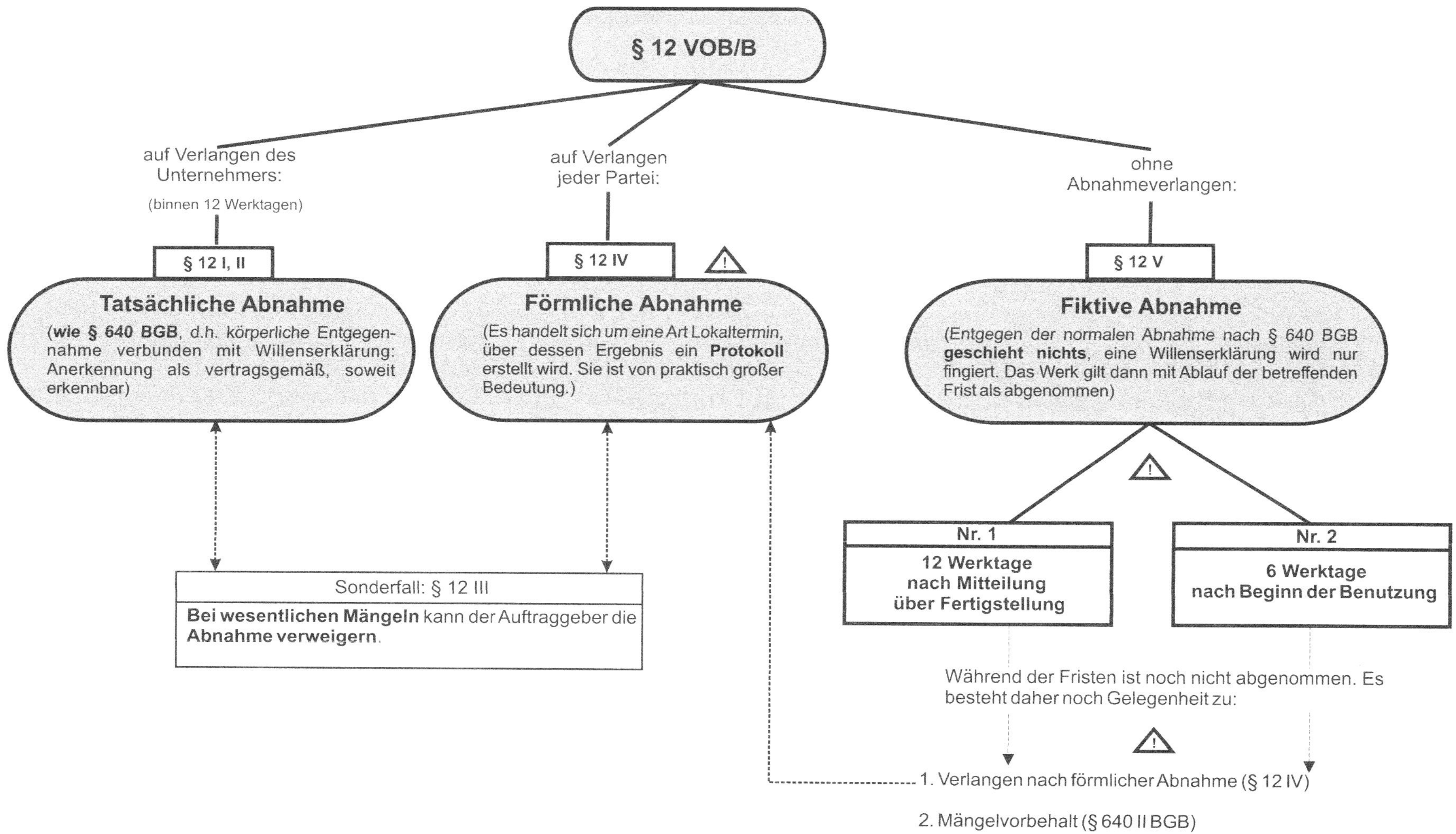

1. Inwiefern spielt auch bei der VOB die Abnahme für die Sachmängelhaftung eine entscheidende Rolle?

2. Welches ist sowohl vor als auch nach der Abnahme das primäre Recht des Bauherrn?

3. Kann der Bauherr schon vor der Fertigstellung außer Mängelbeseitigung auch Schadensersatz wegen Sachmängeln verlangen?

4. Welche Rechte hat der Bauherr, wenn sich während des Baus (also vor Abnahme) die Beseitigung aufgetretener Mängel verzögert?

5. Welche Rechte hat der Bauherr, wenn sich die Mängelbeseitigung nach Abnahme verzögert?

6. Was ist, wenn sich (nach Abnahme) die Mängelbeseitigung als zu aufwendig erweist und dem Unternehmer daher nicht zuzumuten ist?

7. Wovon hängt es ab, wann der Bauherr nach der Abnahme Schadensersatz verlangen kann?

8. Unter welchen Voraussetzungen kann der VOB-Bauherr Schadensersatz verlangen, wenn durch mangelhafte Abdichtung des Daches Einrichtungsgegenstände beschädigt worden sind?

9. Worauf hat der VOB-Bauherr nach der Abnahme besonders zu achten?
Kann er sich mit der Geltendmachung seiner Ansprüche viel Zeit lassen?

10. Der Bauherr hat einen Monat vor Ablauf der Verjährungsfrist (§ 13 Abs. 4 VOB/B) einen Mangel erkannt und die Beseitigung vom Bauunternehmer verlangt. Dieser reagiert zunächst nicht und beruft sich sechs Wochen später auf Verjährung. Er meint, der Bauherr hätte die Verjährung durch Klage nach § 204 Abs. 1 Nr. 1 BGB hemmen müssen. Ist diese Ansicht zutreffend?

VOB (3): Mängelhaftung

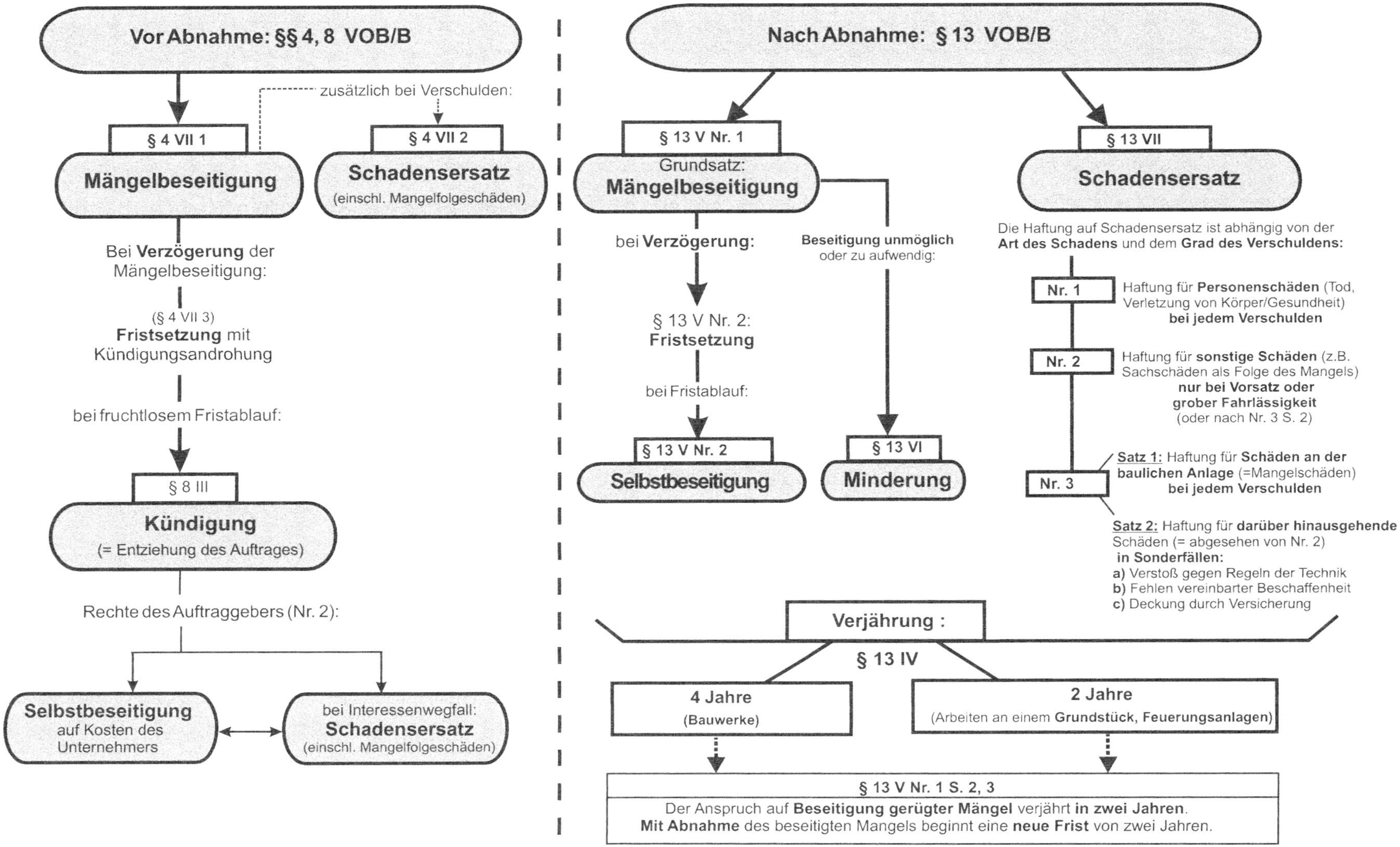

Einheit 5 Mietvertrag (§§ 535 ff. BGB)

A. Form. Rechte und Pflichten

1. Bedarf ein normaler Wohnungsmietvertrag mit gesetzlicher Kündigungsfrist der Schriftform? Kommt es darauf an, wie lange der Mieter in der Wohnung bleiben will?

2. Eine Garage wird fest auf zwei Jahre vermietet. Der Vermieter beruft sich auf § 125 BGB und verlangt nach § 985 BGB sofortige Räumung. Mit Recht?

3. Welche Hauptpflicht trifft den Vermieter?

4. Welche Rechte hat der Mieter, wenn die ihm überlassene Mietsache nicht in gebrauchsfähigem Zustand ist?

5. Entspricht der Überlassungspflicht des Vermieters als Hauptpflicht des Mieters eine Gebrauchs- und Rückgabepflicht?

6. Welche Rechte hat der Vermieter, wenn der Mieter gegen die Hausordnung verstößt?

7. Was ist eine Abmahnung? Wofür ist sie rechtlich von Bedeutung?

8. Der Mieter erkrankt kurz vor dem geplanten Auszugstermin. Er zieht daher erst nach seiner Genesung zwei Monate später aus. Der Vermieter verlangt für diese zwei Monate eine erhöhte (aber ortsübliche) Miete. Der Mieter beruft sich auf seinen Mietvertrag und ist nur bereit, die dort vereinbarte -niedrigere- Miete zu zahlen. Wer hat recht?

9. Im Räumungsprozess hat der Mieter vom Gericht Räumungsschutz erhalten und zieht erst am Ende der ihm eingeräumten Frist aus. Der Vermieter verlangt jetzt vom Mieter Schadensersatz wegen Verletzung seiner vertraglichen Rückgabepflicht. Mit Recht?

10. Wann verjähren folgende Ansprüche:

a) der Schadensersatzanspruch des Vermieters wegen Verletzung der Obhutspflicht?

b) der Unterlassungsanspruch des Vermieters wegen vertragswidriger Untervermietung?

c) der Schadensersatzanspruch des Mieters wegen Verletzung der Fürsorgepflicht des Vermieters?

Mietvertrag (1): Form. Rechte und Pflichten

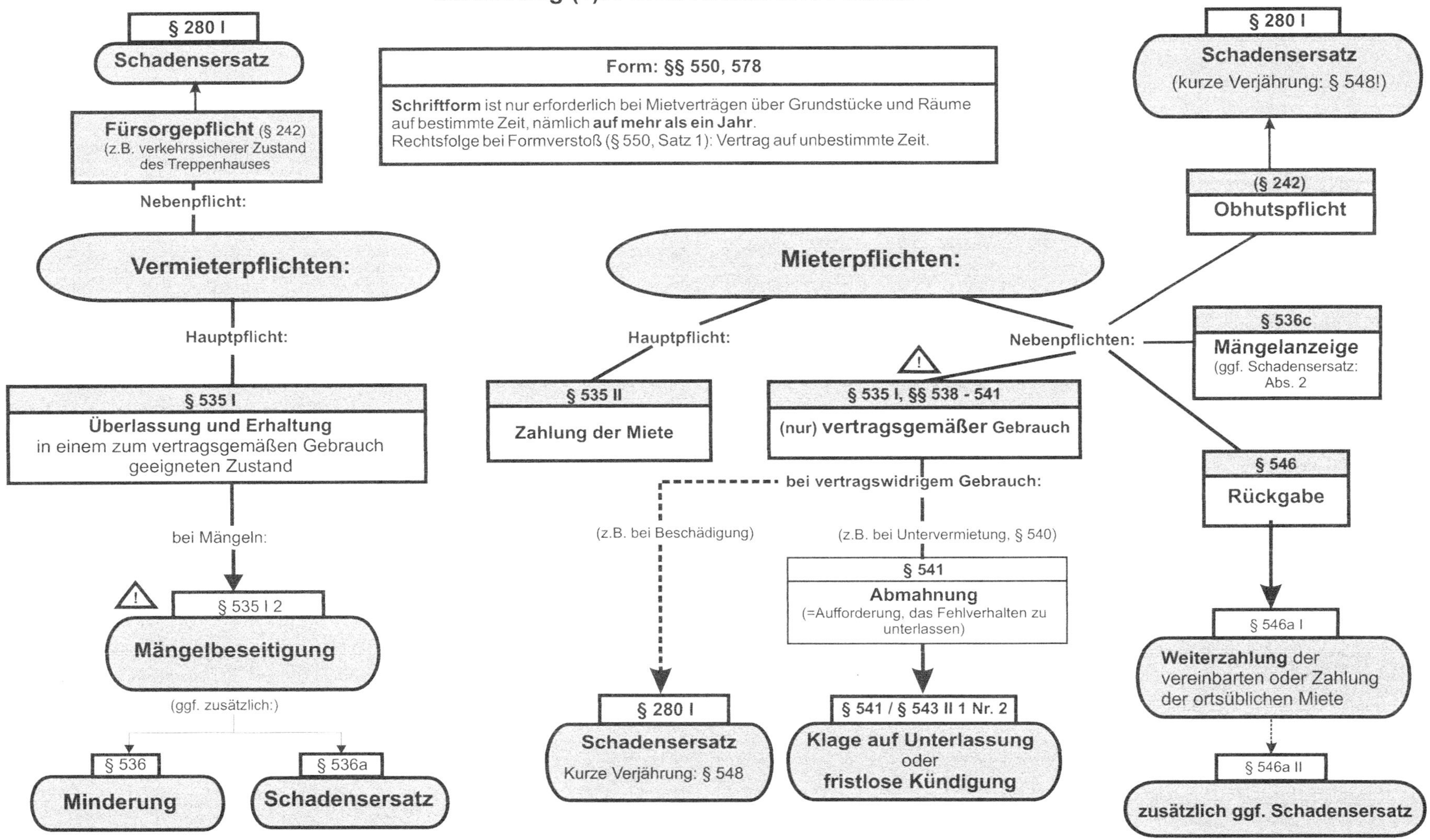

1. Für welche Sachmängel muss der Vermieter einstehen?

2. Haftet der Vermieter für die Mangelfreiheit auch nach Überlassung der Mietsache an den Mieter?

3. In welchen Fällen ist die Mängelhaftung ausgeschlossen?

4. Einige Zeit nach seinem Einzug entdeckt der Mieter Feuchtigkeit im Keller des gemieteten Hauses. Er vergisst es, den Vermieter zu informieren. Drei Monate später ist der Schaden irreparabel geworden. Ist der Mieter für diesen Schaden haftbar?

5. Welches ist das primäre Recht des Mieters bei Sachmängeln?

6. Mitten im Winter fällt die Heizung aus. Der Vermieter ist nicht zu erreichen. Kann der Mieter von sich aus die Reparatur vornehmen lassen und vom Vermieter den verauslagten Betrag verlangen?

7. Bis zur Beseitigung eines Wasserschadens im Bad vergehen zwei Wochen. Die Familie des Mieters muss sich in der Küche waschen. Kann der Mieter für diese Gebrauchsminderung einen Ausgleich verlangen?

8. Welche Rechte hat der Mieter, wenn der Vermieter mit der Beseitigung eines Mangels in Verzug kommt?

9. In der Wohnung des Mieters platzt ein Rohr. Die Ursache lag in einer schon beim Einzug vorhandenen Korrosion. Der Mieter verlangt vom Vermieter Ersatz für seine zum Teil schwer beschädigten Möbel. Der Vermieter wendet ein, ihn treffe kein Verschulden, da er die Korrosion ja nicht habe erkennen können. Muss er trotzdem zahlen?

Mietvertrag (2): Mängelhaftung

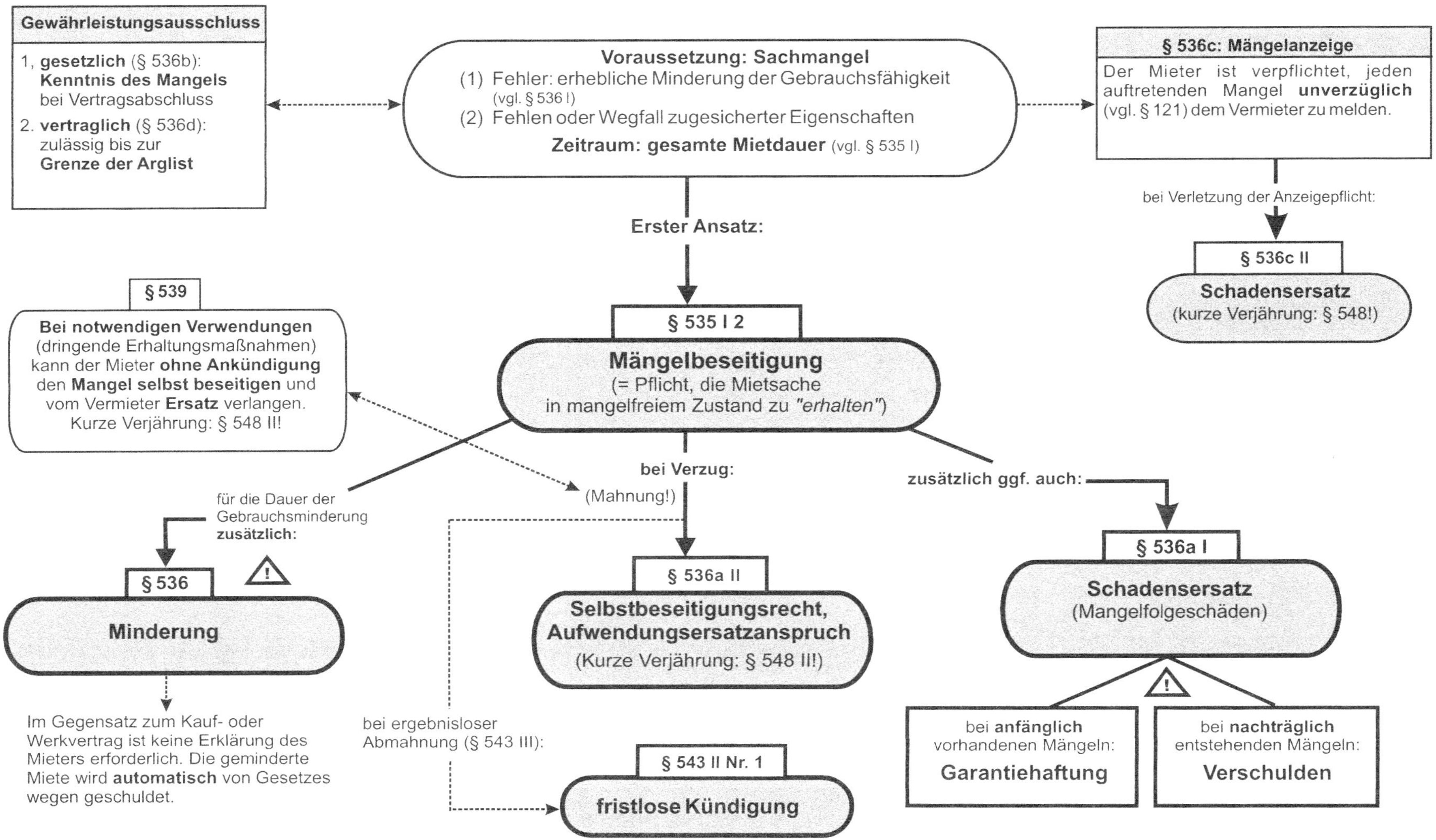

1. Gelten die Vorschriften über eine ordentliche Kündigung, d.h. die Kündigung unter Einhaltung der gesetzlichen Fristen, für alle Mietverträge?

2. Kann ein Mietvertrag über ein Einzelhandelsgeschäft ohne Angabe von Gründen fristgemäß gekündigt werden?

3. Was muss der Vermieter als Kündigungsgrund bei der Wohnraummiete nachweisen?

4. Muss der kündigende Mieter, dem die Wohnung nicht mehr gefällt, irgendwelche Gründe anführen?

5. In welchem Fall können sowohl Vermieter als auch Mieter fristlos kündigen?

6. Welche gesetzlichen Gründe für eine fristlose Kündigung kann der Vermieter geltend machen?

7. Die in der vermieteten Wohnung vorhandenen Mängel hat der Vermieter trotz Abmahnung und Fristsetzung nicht beseitigt. Der Mieter hat keine Lust, die Mängel selbst beheben zu lassen (vgl. § 536a Abs. 2 BGB), sondern will am liebsten fristlos kündigen. Kann er das?

8. Die Mietwohnung liegt direkt an einer belebten Kreuzung der Innenstadt. Lärm und Abgase sind so unerträglich, dass sie auf Dauer die Gesundheit der Bewohner ernsthaft gefährden. Kann der Mieter fristlos kündigen?

9. Ein Beamter wird in einen anderen Landesteil versetzt. Als er den Mietvertrag seiner Garage kündigen will, verweist der Vermieter darauf, dass die Garage fest auf 10 Jahre gemietet ist und das Mietverhältnis demzufolge nach § 542 Abs. 2 BGB erst nach Ablauf dieser Zeit endet. Hat der Mieter dennoch eine Möglichkeit, sich vorzeitig vom Vertrag zu lösen?

Mietvertrag (3): Kündigungsarten

	Ordentliche Kündigung	Außerordentliche Kündigung: fristlos	Außerordentliche Kündigung: befristet
	Eine ordentliche Kündigung gibt es **nur bei Mietverträgen auf unbestimmte Zeit**: Mietverträge auf bestimmte Zeit enden automatisch mit Ablauf der vereinbarten Mietzeit, vgl. § 542 II.	Fristlose Kündigungen gibt es bei allen Arten von Mietverträgen. **Die allgemeinen Voraussetzungen enthält § 543** (nach Abs.1 und 2: **wichtiger Grund**, nach Abs.3 i.d.R. **Abmahnung**)	Bei Vorliegen bestimmter Gründe ist die **vorzeitige Beendigung von Mietverträgen auf bestimmte Zeit** erlaubt.
Vermieter:	**§ 542 I / § 573 I** Prinzipiell sind keine Kündigungsgründe erforderlich (so etwa bei Geschäftsräumen), **bei Wohnraummiete** muss aber der Vermieter ein **berechtigtes Interesse** i.S.v. § 573 nachweisen.	**§ 543 I** **§ 543 II 1 Nr.2** bei **vertragswidrigem Gebrauch** (z.B. unerlaubte Untervermietung, § 540) **§ 543 II 1 Nr.3** **§ 569 III** bei **Zahlungsverzug** mit zwei aufeinanderfolgenden Mietzinsraten **§ 569 II** Für beide Parteien gibt es ein Kündigungsrecht bei **Unzumutbarkeit,** insbesondere persönlichen Übergriffen oder Störung des Hausfriedens.	**§ 580** bei **Tod des Mieters** (Familienangehörige haben aber das Recht, das Mietverhältnis weiterzuführen, vgl. § 564 i.V.m. § 563) **§ 544** Bei Verträgen über mehr als 30 Jahre ist für beide Parteien eine **Kündigung nach 30 Jahren möglich**.
Mieter:	**§ 542 I** (Gründe braucht der Mieter nicht anzugeben)	**§ 569 II** **§ 543 II 1 Nr.1** bei **Vorenthaltung des (vertragsgemäßen!) Gebrauchs**, z.B. bei trotz Abmahnung nicht behobenen gravierenden Mängeln **§ 569 I** bei **Gesundheitsgefährdung** (selbst wenn der Mieter die Lage kannte!)	**§ 544** **§ 580** Bei Tod des Mieters besteht ein **Kündigungsrecht des Erben**. (Das früher nach § 570 vorgesehene Kündigungsrecht eines Beamten bei Versetzung ist weggefallen)
Fristen (siehe nächstes Schaubild)	**§ 573c** **Normalfall** bei Raummiete: **3 Monate minus 3 Werktage**	Hier ist **keine Frist erforderlich.** Es steht aber im Belieben des Kündigenden, eine Frist zu bestimmen.	**§ 573c** (Es gelten dieselben Fristen wie bei der ordentlichen Kündigung)

1. Für welche Arten von Wohnraum gelten jeweils unterschiedliche Kündigungsfristen?

2. Wie lang ist die Kündigungsfrist im Normalfall bei Wohnungen?

3. Der Mieter hat eine neue schönere Wohnung gefunden und will den Mietvertrag seiner bisherigen Wohnung kündigen, in der er seit neun Jahren lebt. Welche Frist ist einzuhalten?

4. Welches ist für Wohnungen in einem Mietshaus die äußerste, längstmögliche Kündigungsfrist? Wann ist sie gegeben?

5. Der Vermieter hat die Dachwohnung seines Einfamilienhauses vermietet. Er selbst bewohnt das übrige Haus. Nach acht Jahren kommt es zu Spannungen zwischen den Parteien. Welche Frist muss der Vermieter für eine ordentliche Kündigung einhalten, wenn er einem Streit über Kündigungsgründe aus dem Weg gehen und ohne Angabe von Gründen kündigen will?

6. Ein Student, der bisher ein möbliertes Zimmer bewohnte, hat zum 1. März eine Zweizimmerwohnung gefunden. Wann spätestens muss er seiner bisherigen Wirtin kündigen? Worauf kommt es an?

7. Der Hauseigentümer hat für die Gaststätte im Erdgeschoss ab 1. August einen neuen Pächter gefunden. Wann spätestens muss er dem bisherigen Pächter kündigen?

8. Wie wäre die Lage in Fall 7, wenn es um die Miete von Räumen einer Arztpraxis ginge?

Der Begriff „Geschäftsraum" ist weit auszulegen: Auch Büro- und Praxisräume von Freiberuflern fallen darunter. Daher ist hier die Kündigungsfrist ebenso zu beurteilen wie im Fall 7.

9. Der Mieter mietet bei Firma V einen PKW. Der Mietpreis wird nach Tagen berechnet. Wie lang ist die Kündigungsfrist?

Mietvertrag (4): Kündigungsfristen

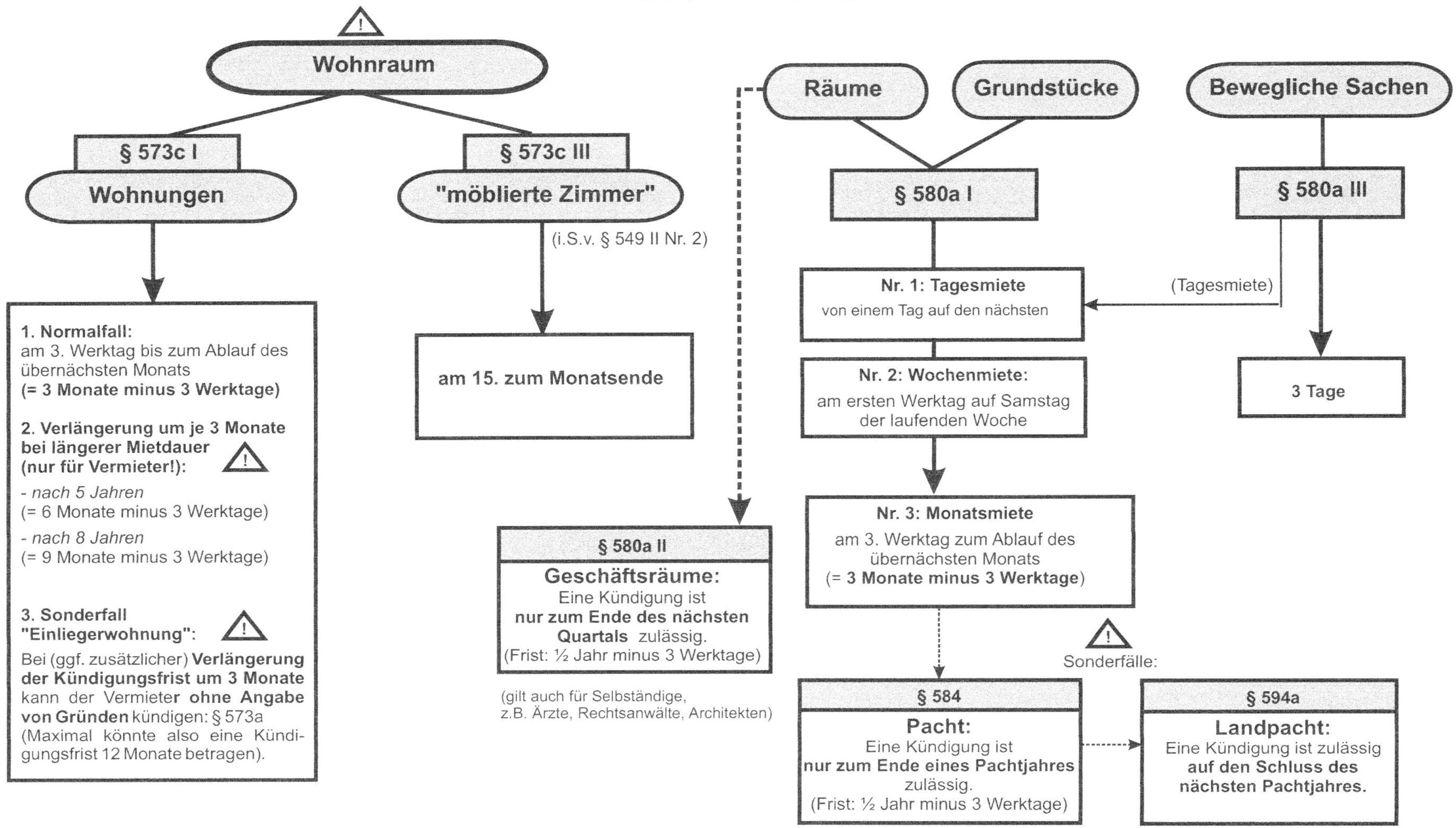

1. Was muss ein Vermieter von Wohnraum bei der Kündigung bezüglich Form und Inhalt beachten?

2. Muss jede Wohnraumkündigung schriftlich erfolgen?

3. Welche Berechtigung muss der Vermieter bei seiner Kündigung nachweisen? Welches sind konkret die drei wichtigsten Kündigungsgründe?

4. Der Vermieter hat die Dachwohnung seines Zweifamilienhauses als sogenannte „Einliegerwohnung" vermietet. Schon nach kurzer Zeit ergeben sich Differenzen, die den Vermieter zur Kündigung veranlassen. Der Mieter wendet ein, die Kündigung sei mangels eines berechtigten Interesses nicht wirksam. Wird er damit durchdringen?

5. Das Studentenwerk kündigt dem Studenten S seine Bude im Wohnheim, weil S die Regelstudienzeit überschritten hat. S meint, das sei kein Kündigungsgrund und weigert sich auszuziehen. Mit Recht?

6. Wie kann sich der Mieter auch gegen eine mit triftigen Gründen versehene Kündigung wehren? Unter welchen Bedingungen kann er eine Fortsetzung des Mietverhältnisses verlangen?

7. Der Mieter war mit der Mietzahlung so sehr im Rückstand, dass der Vermieter sich zur Kündigung veranlasst sah. Obwohl er an sich hätte fristlos kündigen können (vgl. § 543 Abs. 2 Nr. 3 BGB), begnügt er sich mit einer ordentlichen Kündigung unter Einhaltung der gesetzlichen Frist. Der Mieter, der sich in einer persönlich schwierigen Lage befindet, beruft sich auf die Sozialklausel des § 574 BGB und widerspricht der Kündigung. Mit Recht?

8. Hat der Mieter beim Widerspruch gegen eine Kündigung irgendwelche Formalien oder Fristen zu beachten? Spielt es eine Rolle, wenn er im Kündigungsschreiben auf sein Widerspruchsrecht nicht hingewiesen wurde?

9. Wie läuft das Kündigungsverfahren normalerweise weiter, wenn der Mieter der Kündigung widersprochen hat?

Mietvertrag (5): Kündigungsschutz bei Wohnraum

Form

§ 568

Die Kündigungserklärung bedarf der **Schriftform** und soll enthalten:

- **Angabe der Kündigungsgründe**
- **Hinweis auf das Widerspruchsrecht** des Mieters

Ausnahmen: § 549 II

Hier sind § 568 II und § 573 nicht anwendbar. Daher **keine Angabe von Gründen** und **kein Hinweis auf ein Widerspruchsrecht** bei:

- Wohnraum zu **nur vorübergehendem Gebrauch** (Nr. 1)
- **"möbliertem Zimmer"** (Nr. 2)

§ 574 III:
Nur die angegebenen Gründe werden berücksichtigt!

⚠ Kündigungsgründe

§ 573

Der Vermieter muss ein **berechtigtes Interesse** nachweisen. Beispiele (Abs. 2):

- **Pflichtverletzungen** des Mieters (Nr. 1)
- **Eigenbedarf** (Nr. 2)
- **Verwertungsnachteile** (Nr. 3).

Darunter zählt aber nicht die Möglichkeit zu höheren Mieteinnahmen. Für **Mieterhöhungen** gilt das (Vergleichsmieten-) Verfahren nach **§§ 558 - 560.**

Ausnahmen: § 549 II, III / § 573a

Hier ist § 573 nicht anwendbar. Keine Kündigungsgründe sind daher in folgenden Fällen erforderlich:

- Wohnraum zu **nur vorübergehendem Gebrauch** (§ 549 II Nr.1)
- **"möblierte Zimmer"** (innerhalb der Vermieterwohnung: § 549 II Nr.2)
- bei Anmietung durch **Sozialleistungsträger** (§ 549 II Nr.3)
- Zimmer in **Studenten- oder Jugendwohnheimen**, (§ 549 III)

- **Sonderfall "Einliegerwohnungen"** (§ 573a):
  Hier genügt eine um 3 Monate verlängerte Kündigungsfrist.
  Kündigungsgründe brauchen dann nicht vorzuliegen.

⚠ Widerspruchsrecht

Sozialklausel: § 574

Wenn die Kündigung für ihn oder seine Familie eine **Härte** bedeuten würde **(Interessenabwägung)**, kann der Mieter der Kündigung widersprechen und hat einen **Anspruch auf Fortsetzung des Mietverhältnisses.**

Ausnahmen: § 549 II / § 574 I 2

Hier sind §§ 574 ff. nicht anwendbar. Es besteht also **kein Widerspruchsrecht**

- bei Wohnraum zu **nur vorübergehendem Gebrauch** (§ 549 II Nr.1)
- bei **"möblierten Zimmern"** (§ 549 II Nr.2)
- bei Anmietung durch **Sozialleistungsträger** (§ 549 II Nr.3)
- bei Gründen für eine **fristlose Kündigung** (§ 574 I 2)

Verfahrensablauf:

1. Erklärung des Widerspruchs → **2. Einigungsversuch** → **3. Gerichtliche Entscheidung**

1. Erklärung des Widerspruchs

Form (§ 574b I):
schriftlich, auf Verlangen mit Gründen

Frist (§ 574b II):
spätestens **2 Monate vor Ablauf** der Kündigungsfrist

2. Einigungsversuch

Härte für den Mieter und berechtigtes Interesse des Vermieters müssen zum Ausgleich gebracht werden. Das Gesetz geht davon aus, dass dies zuerst durch direkte Verhandlungen zwischen den Parteien versucht wird, vgl. § 574a II.

3. Gerichtliche Entscheidung

Wenn die Parteien sich nicht einigen, nimmt das (Amts-) Gericht den Interessenausgleich im Räumungsprozess vor, § 574a II.

Fall 1
M hat von V mündlich eine Garage gemietet, und zwar ab 01.10. auf drei Jahre. Als M am 01.10. die Garagenschlüssel von V verlangt, verweigert V die Überlassung der Garage mit der Begründung, mangels schriftlicher Form sei kein gültiger Mietvertrag zustande gekommen.
Kann M die Herausgabe der Schlüssel verlangen?
Der Herausgabeanspruch könnte sich aus § ___ Abs. 1 Satz 1 BGB ergeben. Voraussetzung ist ein wirksamer Mietvertrag.

Lösung
Der zwischen V und M mündlich geschlossene Vertrag könnte nach § ___ Satz 1 BGB wegen Verletzung einer gesetzlich vorgeschriebenen Form nichtig sein.
§ ___ Satz 1 BGB verlangt Schriftform bei Mietverträgen, die für längere Zeit als ein Jahr abgeschlossen werden. Diese Norm gilt zwar unmittelbar nur für die Wohnraummiete, nach § ___ BGB ist sie aber auch auf die allgemeine ____miete anzuwenden.
Nach der Spezialregelung des § 550 Satz _ BGB hat die Nichteinhaltung der Schriftform im Gegensatz zu § 125 Satz 1 BGB nicht die __________ des Vertrages zur Folge, sondern der (auf bestimmte Zeit abgeschlossene) gilt von Gesetzes wegen als auf __________ Zeit abgeschlossen, bedarf also der _________ (§ 542 Abs. 1 BGB). Dabei bestimmt § ___ Satz 2 BGB, dass eine Kündigung frühestens zum Schluss des ______ Jahres wirksam werden kann. Der Mieter hat also wenigstens die Sicherheit, ein Jahr lang die gemietete Sache gebrauchen zu können.
M hat somit einen Anspruch auf Herausgabe der Garagenschlüssel.

Fall 2a
Verstößt eine Wohnungsmieterin bei unentgeltlicher Beherbergung von Verwandten gegen ihre Pflicht, den vertragsgemäßen Gebrauch der Mietsache nicht zu überschreiten?

Lösung
Beherbergung von Verwandten ist ___________ i. S. v. §§ 535 Abs. 1 Satz 2, 538 BGB, und zwar auch auf Dauer. Gleiches gilt für Hauspersonal. Gäste dagegen dürfen nur für eine __________ Zeit beherbergt werden. Grenze (in jedem Fall): Über__legung der Wohnung (vgl. dazu auch § 553 Abs. 1 Satz 2 BGB).

Fall 2b
Verstößt ein Wohnungsmieter bei Betreuung von Kindern als Tagesmutter in der Mietwohnung gegen seine Pflicht, den vertragsgemäßen Gebrauch der Mietsache nicht zu überschreiten?

Lösung
Die Betreuung von Kindern durch eine Tagesmutter fügt sich grundsätzlich in den Sachverhalt des „Wohnens" ein ebenso wie der regelmäßige Besuch von Freunden. Obwohl die Tagesmutter Geld bekommt, handelt es sich nicht um ge____liche Tätigkeit. Doch hört der private Wohncharakter auf, wenn durch Betreuung vieler Kinder gewissermaßen ein Kindergartencharakter entstünde (Lärmbelästigung, Publikumsverkehr durch Angehörige). In der Regel kann dies bei mehr als ____ fremden Kindern angenommen werden.

Fall 2c
Verstößt ein Wohnungsmieter bei Aufnahme von Partner/Partnerin in die Mietwohnung gegen seine Pflicht, den vertragsgemäßen Gebrauch der Mietsache nicht zu überschreiten?

Lösung
Gebrauchsüberlassung an einen Dritten bedarf allgemein der Zu______ng des Vermieters, § ___ Abs. 1 Satz 1 BGB. Der Wunsch, mit einem Partner zu leben, ist für den Wohnungsmieter jedoch ein berechtigtes Interesse i. S. v. § ___ Abs. 1 BGB. In diesem Fall hat er einen Anspruch auf Zustimmung, es sei denn, überwiegende Interessen des Vermieters stehen dem entgegen, § 553 Abs. 1 Satz 2 BGB (Beispiel: Der Mieter hat dem Vermieter seine Frau ausgespannt und will jetzt mit ihr in der Mietwohnung zusammenleben).
Objektive Grenze ist in jedem Fall (auch bei ansonsten berechtigtem Interesse) die Üb_______ung der Wohnung.

Fall 2d
Verstößt ein Wohnungsmieter bei Halten eines Hundes gegen seine Pflicht, den vertragsgemäßen Gebrauch der Mietsache nicht zu überschreiten?

Lösung
Tierhaltung überschreitet - abgesehen von sog. ____tieren (Goldfisch, Kanarienvogel, Hamster) - die Grenzen des ______________ Gebrauchs einer Wohnung, bedarf also der Zustimmung des Vermieters. Wie im Fall des § 553 BGB darf der Vermieter jedoch nicht will____ich entscheiden (= sog. geb_____es Ermessen). Er muss also die Interessen des Mieters mit berücksichtigen und die Zustimmung erteilen, wenn seine eigenen Interessen nicht überwiegen. Ähnliches gilt auch bei der Anbringung von Schildern durch den Mieter.

Fall 3
Der Mieter M hat Gäste eingeladen. Einer von ihnen tritt einen Zigarettenstummel auf dem Parkettboden aus, so dass Brandflecke entstehen. Vermieter V verlangt Schadensersatz. M weigert sich und verweist auf die Haftung des Gastes. Ein halbes Jahr nach Auszug des M will V klagen. Mit Aussicht auf Erfolg?

Lösung
Spezielle Schadensersatzansprüche des Vermieters regelt das Gesetz in § ____ Abs. 2 BGB (unterlassene Mängelanzeige) und in § ___ BGB (verspätete Rückgabe). Beide Fälle liegen hier nicht vor. Daher kommt als Anspruchsgrundlage nur die allgemeine Vorschrift des § ___ Abs. 1 BGB in Frage. Den M trifft nach § ___ Abs. 2 BGB als vertragliche Nebenpflicht (_______pflicht) eine Obhutspflicht, die Mietsache schonend zu behandeln. Dies ist nicht geschehen. Somit liegt eine _______verletzung vor.
Die Obhutspflicht hat allerdings nicht M persönlich verletzt. Das - fahrlässige - Verhalten seines Gastes wird ihm jedoch über § ___ BGB zugerechnet: Der Gast ist mit W___en und W___en des Mieters in seinem _________kreis (Obhutspflicht) tätig. Er hat also die Funktion eines __________gehilfen. Genauso regelt es übrigens der Gesetzgeber in § ___ Abs. 2 BGB bei der Haftung des Mieters für seinen Untermieter. Die Pflichtverletzung hat M daher zu vertreten (was nach § 280 Abs. 1 Satz 2 BGB im Übrigen vermutet wird).
Der zu ersetzende Schaden berechnet sich nach §§ ___ ff. BGB. Im vorliegenden Fall wird V nach § 249 Abs. _ BGB den zur Herstellung (Reparatur) erforderlichen Betrag verlangen (am besten unter Vorlage eines Kostenanschlags). Sollte zur Behebung des Brandfleckes ein Abschleifen und Neuversiegeln des gesamten Fußbodens erforderlich sein, müsste sich V nach den Regeln über den ________ausgleich einen Abzug „___ für ___" gefallen lassen.
Dem Anspruch könnte die Einrede der Verjährung entgegenstehen. Nach der Spezialregelung des § ___ Abs. 1 BGB beträgt die Verjährungsfrist bei Beschädigungen der Mietsache _____ Monate. Die Frist beginnt mit _______ der Wohnung. V wird seinen Anspruch jetzt also nicht mehr durchsetzen können (Deliktische Ansprüche gegen M könnten sich nur aus § 831 BGB ergeben, scheiden aber aus, weil der Gast nicht vom Mieter weisungsabhängig ist). V könnte sich also nach § 823 Abs. 1 BGB nur an den Schädiger persönlich halten.

Fall 4
Aufgrund wirksamer Kündigung des Vermieters muss M seine Wohnung zum 31.10. räumen. Am 25.10. erkrankt er jedoch so schwer, dass er erst Ende November ausziehen kann. Der Vermieter hatte die Wohnung zum 01.11. aber schon gegen höhere Miete an D vermietet. V verlangt von M den Mietzins für November. Mit Recht?

Lösung
Aus § ___ Abs. 2 BGB kann der Anspruch nicht hergeleitet werden; denn aufgrund der Kündigung ist das Mietverhältnis mit Ablauf des 31.10. beendet. Weil M die Wohnung nicht rechtzeitig geräumt (=zurückgegeben) hat (wozu er nach § ___ BGB verpflichtet war), ergibt sich der Anspruch des V aus § ___Abs. 1 BGB. Dabei kann er statt der bisher vereinbarten Miete auch die (ggf. höhere) ____übliche Miete verlangen.

Fall 5 (Variante zu Fall 4)
Im Mietvertrag mit dem Dritten hatte sich der Vermieter V zur Zahlung einer Vertragsstrafe verpflichtet, falls der Einzugstermin nicht eingehalten werden kann. Kann V vom säumigen Mieter M Ersatz dieser geschuldeten Vertragsstrafe verlangen?

Lösung
Die Zahlung der Vertragsstrafe an den Nachmieter ist im Verhältnis zu M ein ______ des V. Als Anspruchsgrundlage käme § ___ Abs. 2 i. V. m. § ___ BGB (Verzugsschaden) in Frage. Dieser Anspruch bestünde neben dem Anspruch aus § 546a Abs. 1 BGB (Weiterzahlung der Miete), vgl. § ____ Abs. 2 BGB (ergänzende Sonderregelung bei Wohnraum: § ___ BGB).
Nach § ___ Abs. 1 Satz 2 BGB (ebenso § ___ Abs. 4 BGB) wäre aber für den Verzug ein Verschulden des Mieters erforderlich. Den M trifft aber kein Verschulden (plötzliche Erkrankung). Schadensersatzansprüche des Vermieters scheiden demnach aus. V kann lediglich nach § ____ BGB die Weiterzahlung der bisherigen Miete oder Zahlung einer ortsüblichen Miete verlangen.

Fall 6
Eine Universität hatte Personalcomputer gemietet. Die Geräte standen in einem jedermann zugänglichen Raum und wurden auch von Studierenden benutzt. Ein PC wurde nachts von Unbekannten gestohlen. Muss der Vermieter einen neuen PC zur Verfügung stellen? Wenn nicht, müsste die Universität die Miete weiter bezahlen?

Lösung
Die Pflicht des Vermieters zur Gebrauchsüberlassung ist unmöglich geworden. Dass es sich ursprünglich um eine ________schuld handelte, ist unerheblich, da spätestens mit der Übergabe an die Universität nur noch dieser bestimmte PC geschuldet wurde (§ 243 Abs. 2 BGB: sog. Ko__________rung). Nach § ___ Abs. 1 BGB wird der Vermieter von seiner Pflicht zur Gebrauchsüberlassung frei. Nach der allgemeinen Regelung des § ___ Abs. 1 BGB verliert er andererseits auch den Anspruch auf Zahlung des Mietzinses.

Fall 7 (Variante zu Fall 6)
Student S ließ aus Unachtsamkeit beim Umräumen einen PC fallen, so dass er unbrauchbar wurde. Hat der Vermieter (V) Anspruch auf Schadensersatz gegen die Universität?

Lösung
Nach § ___ BGB trifft den Mieter die Pflicht, die gemietete Sache nach Beendigung des Mietverhältnisses dem Vermieter zurückzugeben. Da die Rückgabe nunmehr unmöglich geworden ist, ergibt sich ein Anspruch aus § ___ Abs. 1 und Abs. 3 BGB i. V. m. § ___ BGB:
Die Unmöglichkeit der Rückgabe ist eine _______ verletzung i. S. v. § 280 Abs. 1 BGB, nämlich ein Zurückbleiben hinter dem „__________programm" des Schuldners.
Die Pflichtverletzung muss nach § 280 Abs. 1 Satz _ BGB zu _________ sein. Die Unachtsamkeit (=Fahrlässigkeit) des S wird der Universität nach § ___ BGB zugerechnet.
Der Anspruch richtet sich auf Schadensersatz _____ der Leistung. Über § 280 Abs. 3 BGB müssen die Voraussetzungen der §§ 281 ff. BGB vorliegen. Hier im Fall der (nachträglichen) Unmöglichkeit ist § ___ BGB heranzuziehen. Dessen Voraussetzungen sind gegeben, da die Universität den PC nicht mehr herausgeben kann und demzufolge § ___ Abs. 1 BGB von ihrer Rückgabepflicht befreit ist.

Fall 8
Der Vermieter stellt fest, dass sein Mieter im ersten Stock die Miete nicht mehr bezahlt hat. Von den anderen Mietern erfährt er, dass ab und zu Gegenstände aus der Wohnung entfernt werden. Was kann der Vermieter tun?

Lösung
V könnte sich auf sein Vermieter_____recht berufen. Nach § ___ BGB hat der Vermieter an den „einge________ Sachen des Mieters" ein ges________es Pfandrecht. Hierfür gelten über § 1257 BGB die Regeln über das rechtsgeschäftlich bestellte Pfand (§§ 1204 ff. BGB) entsprechend.
Die Verwertung des Pfandes erfolgt nach §§ 1228 ff. BGB durch sogenannten Pfand_______, der gemäß § 1233 BGB nach den Vorschriften der §§ 1234-1240 BGB zu bewirken ist. Der Pfandverkauf muss vorher angedroht werden (§ 1234 BGB), er erfolgt

dann nach §§ 1235 ff. BGB im Wege öffentlicher Ver__________. Zuständig ist nach § 383 Abs. 3 BGB der Ge_____________her, der hier nicht (wie bei der Pfändung nach §§ 808 ff. ZPO) hoheitlich, sondern privatrechtlich im Auftrag des Pfandgläubigers handelt.
Im vorliegenden Fall würde ein solch langwieriges Verfahren dem V nicht helfen. Er hätte aber nach § ____ Abs. 1 BGB die Möglichkeit, die Entfernung von Einrichtungsgegenständen im Wege der ______hilfe zu verhindern. Am einfachsten wäre dies durch ein Austauschen des Türschlosses zu bewerkstelligen.

Fall 9
Gärtner M mietet von V ein älteres Treibhaus. Bei besonders starkem Frost platzt gleich im ersten Winter ein Heizungsrohr. Die gesamten Pflanzen des M (Wert: 10.000,- Euro) erfrieren. Hierfür verlangt M Schadensersatz, den er sofort von der Miete abziehen möchte. Der Schaden entstand dadurch, dass die Heizleitung schon vor Vertragsbeginn stark angerostet war. V wendet ein, ihn treffe kein Verschulden, da er die Korrosion nicht gekannt habe. Hilfsweise verweist er auf ein im Formularvertrag enthaltenes Aufrechnungsverbot. Wie ist die Rechtslage?

Lösung
Der Anspruch könnte sich aus § ____ Abs. 1 BGB ergeben. Ohne Ver________ (§§ 276, 278 BGB) müsste V haften, wenn der Mangel bereits bei Vertragsschluss „_________" war. Zwar hatte die Heizung bei Vertragsbeginn noch funktioniert, doch war die Korrosion als Ursache bereits vorhanden. Der Mangel ist erst später sichtbar hervorgetreten, er „entsteht" also nicht neu. § 536a Abs. 1 BGB kann als Mieterschutzvorschrift zugunsten des Mieters ____ ausgelegt werden, so dass derartige Schäden mit unter die ________haftung des Vermieters fallen (Andererseits könnte -durchaus vertretbar- argumentiert werden, dass es sich bei der Garantiehaftung um eine Ausnahmeregelung vom Grundsatz der Verschuldenshaftung handele und dass Ausnahmevorschriften eng auszulegen seien).
Seinen Anspruch möchte M gegenüber der Mietforderung__________ (§§ 387 ff. BGB). Dem steht hier aber das vertragliche Aufrechnungsverbot entgegen: In Individualverträgen wäre dieses Verbot voll wirksam (§ ___ Abs. 1 BGB: Ver_________heit), M dürfte also nicht aufrechnen. Bei einem Aufrechnungsverbot in AGB ist zu differenzieren: Die Befugnis zur Aufrechnung darf nach § ___ Nr. 3 BGB nur dann nicht entzogen werden, wenn es sich um eine un_______tene Forderung handelt. Für den vorliegenden Fall trifft das aber nicht zu: Die Forderung ist bestritten, das Aufrechnungsverbot in AGB des Vermieters ist wirksam, M darf also nicht aufrechnen.
Anders wäre die Lage nur bei Wohnraum: Dort kann nach § ____ Abs. 2 BGB ein Mieter mit Schadensersatzansprüchen aus § 536a BGB gegenüber der Miete immer aufrechnen.
Seinen Schadensersatzanspruch muss M hier also gesondert geltend machen. Zuständig wäre nach § 71 Abs. 1 GVG i. V. m. § 23 Nr. 1 GVG das ____gericht (§ 23 Nr. 2a GVG gilt nur für ____raum!).

Fall 10
Im Hallenbad waren Räume für eine Cafeteria vermietet worden. Der vor einigen Jahren am 01.10. geschlossene Vertrag soll gekündigt werden. Die Gemeinde braucht die Räume für die Einrichtung einer Sauna. Mit den Umbauten soll in diesem Jahr am 1. Juli begonnen werden. Mitte März überlegt sich die Gemeinde, wann spätestens gekündigt werden muss.

Lösung
Nach § ____ Abs. 2 BGB (Geschäftsraummiete) muss die Kündigung spätestens am _______ Werktag zum Ablauf des nächsten (!) ________ erfolgen. Die Kündigung zum 30. 06. hätte also bereits am dritten Werktag des ______ erfolgen müssen.

Fall 11 (Variante zu Fall 10)
Wie wäre die Lage, wenn die Cafeteria verpachtet wäre?

Lösung
Die Pacht unterscheidet sich nach § 581 Abs. 1 BGB von der Miete dadurch, dass sie über ein bloßes Recht zum Gebrauch auch ein Recht zum „Genuss der Früchte" gewährt. Unter Früchten sind nach § __ BGB die Erzeugnisse einer Sache (z. B. Obst, Jungtiere) und Erträge eines Rechts (hier:

Einnahmen durch Cafeteriabetrieb) zu verstehen. Für die Kündigung von Pachtverträgen enthält § ___ Abs. 1 BGB eine Sonderregelung. Danach wäre eine Kündigung nur auf den ______ des _____jahres zulässig, und zwar mit einer Frist von einem ______ Jahr (minus drei Werktage). Die Gemeinde hätte danach also bereits auf den 30.09. des Vorjahres (=Ende des Pachtjahres!) kündigen müssen, und zwar spätestens am 3. Werktag des April.
§ 584 Abs. 1 BGB gilt aber nur für die Pacht von ____________ und Rechten, nicht aber für die Pacht von Räumen. Daher ist bei der Pacht von Geschäftsräumen über § 581 Abs. _ BGB die mietrechtliche Kündigungsfrist des § ____ Abs. 2 BGB anzuwenden.

Fall 12
Die Gemeinde hat an die Familie M eine Vierzimmerwohnung vermietet. Der vor sechs Jahren geschlossene Mietvertrag läuft auf unbestimmte Zeit. M soll fristgemäß gekündigt werden. Wann muss das geschehen, wenn M zu Ende Juni ausziehen soll?

Lösung
Normalerweise beträgt nach § ____ Abs. 1 Satz 1 BGB die Kündigungsfrist bei Wohnraum ____ Monate minus drei ____tage. Bei ____jähriger Mietdauer verlängert sich diese Frist für den Vermieter um ____ Monate, § 673c Abs. _ Satz _ BGB. Die Kündigung zum 30.06. müsste also spätestens am dritten Werktag des ______ erfolgen.

Fall 13 (Variante zu Fall 12)
M will so schnell wie möglich seinen Untermieter loswerden (möbliertes Zimmer für 150,-Euro monatlich). Welche Frist besteht hierfür, wenn es sich um eine ordentliche Kündigung handelt?

Lösung
Hier handelt es sich um besonderen Wohnraum im Sinne von § ___ Abs. _ Nr. _ BGB. Dem Untermieter kann danach am Fünfzehnten eines Monats zum Monatsende gekündigt werden (§ ____ Abs. _ BGB).

Fall 14
Die Gemeinde will ihrem Mieter M ordnungsgemäß kündigen. Was muss bei der Kündigung beachtet werden?

Lösung
Bei der ordentlichen Kündigung von Wohnraum ist neben der _____ des § ____ BGB die ___________ nach § 568 Abs. 1 BGB zu beachten. Der Vermieter muss einen besonderen _____ zur Kündigung haben, ein ____________ Interesse i. S. v. § ___ Abs. 2 BGB. Dieser Grund ist nach § 573 Abs. _ Satz 1 BGB in der Kündigung anzugeben; denn nur der angegebene Grund wird beachtet, vgl. § ___ Abs. 3 Satz 2 BGB. Ferner „soll" er nach § ___ Abs. 2 BGB den Mieter auf sein Widerspruchsrecht nach § ___ BGB hinweisen. Fehlt ein solcher Hinweis, so kann der Mieter noch im ________prozess den Widerspruch erheben: § ____ Abs. 2 Satz 2 BGB

Fall 15
Die Gemeinde will ihrem Mieter M ordnungsgemäß kündigen. Was passiert, wenn M Widerspruch gegen die Kündigung einlegt? Wie gehen die Parteien am besten vor?

Lösung
Ist der Widerspruch des Mieters berechtigt, so führt dies nach § ____ Abs. 1 BGB zur Fortsetzung des Mietverhältnisses auf ___________ Zeit, gegebenenfalls zu neuen, angemessenen ___________.
Dabei ist es am zweckmäßigsten, wenn sich die Parteien einigen. Kommt keine Einigung zustande, entscheidet das _______ (§ 574a Abs. 2 BGB) im Rahmen des ________prozesses.

Fall 16
Die Gemeinde will ihrem Mieter M ordnungsgemäß kündigen.
Mit welchen Argumenten kann sich M gegen die Kündigung wehren?

Lösung
M kann sich mit drei verschiedenen Argumenten verteidigen, die hintereinander geltend gemacht werden können (Jedes folgende Argument gilt „hilfsweise", d. h. wenn das vorhergehende nicht zieht):

- M kann einmal geltend machen, dass kein ___________ Interesse des Vermieters vorliegt. Dessen Vorliegen muss der Vermieter voll beweisen.
- M kann sich auf die sogenannte ______klausel des § 574 BGB berufen und der Kündigung ____________.
- Wenn auch der Widerspruch erfolglos ist, weil das Interesse des Vermieters auch unter Berücksichtigung der sozialen Belange des Mieters überwiegt, kommt als letzte Möglichkeit noch ein gerichtlicher ________schutz in Betracht (§§ 721, 794a ZPO).

Fall 17
Die Gemeinde will dem Mieter M fristlos kündigen. Was muss die Gemeinde bei der Kündigung beachten?

Lösung
Auch bei der fristlosen Kündigung von Wohnraum ist die ____vorschrift des § ___ Abs. 1 BGB zu beachten. Da die fristlose Kündigung eine sehr einschneidende Maßnahme ist, verlangt § ___ Abs. 3 BGB als Warnung an den Mieter generell eine vorhergehende A___hnung, wenn der wichtige Grund in einer _______verletzung des Mieters liegt.

Fall 18
Die Gemeinde will dem Mieter M fristlos kündigen. Wie kann sich M gegen diese Kündigung wehren?

Lösung
Gegen die fristlose Kündigung kann M nur einwenden, dass keine Gründe hierfür vorliegen. Auf die Sozialklausel kann er sich nicht berufen (§ ___ Abs. 1 Satz 2 BGB).

Fall 19
Die Gemeinde will dem Mieter M fristlos kündigen.
Wie wäre die Rechtslage, wenn sich im Lauf des Räumungsprozesses herausstellt, dass die Gründe für eine fristlose Kündigung nicht ausreichen?

Lösung
Eigentlich müsste der Vermieter jetzt noch einmal unter Einhaltung der (unter Umständen recht langen: § 573c Abs. 1 Satz 2 BGB) Frist die Kündigung aussprechen. Hier hilft aber § ___ BGB: Die seinerzeit ausgesprochene, aber unwirksame fristlose Kündigung wird umge______ in eine wirksame ordentliche Kündigung. Der Vermieter braucht also nicht noch einmal zu kündigen. Die bisherige Prozessdauer wird auf die Frist mit angerechnet.

Fall 20
Die Gemeinde kündigt dem Mieter M fristgemäß, bietet ihm aber zugleich an, das Mietverhältnis fortzusetzen, wenn er sich zu einer um 10% erhöhten Miete bereit erkläre. Ist eine solche sogenannte Änderungskündigung zulässig?

Lösung
Nein. Die Möglichkeit, eine höhere Miete zu erzielen, ist bei Wohnraum kein ___________ Interesse des Vermieters: § 573 Abs. 1 Satz 2 BGB. Eine Mieterhöhung kann der Vermieter nur innerhalb der in §§ ___ ff. BGB vorgesehenen Verfahren durchsetzen. Er kann also - vor allem unter Bezugnahme auf sog. __________mieten: § 558 Abs. 1 und 2 BGB - die Z______ung des Mieters zur Mieterhöhung verlangen (Form und Begründung: § ____ BGB). Die Erhöhung ist nur innerhalb festgelegter sogenannter Kappungsgrenzen zulässig: § 558 Abs. 3 BGB. Stimmt der Mieter nicht zu, muss der Vermieter auf Zustimmung ______, § 558b Abs. 2 BGB. Die Miete wird (bei freiwilliger oder durch Urteil erzwungener Zustimmung) mit Beginn des _______ Kalendermonats nach ______ des Erhöhungsverlangens geschuldet, bei Klage also rückwirkend.

Fall 21 (Variante zu Fall 20)
Wie wäre die Rechtslage bei Kündigung von Büroräumen einer Anwaltskanzlei?

Lösung
Die §§ ___ ff. BGB gelten nur für Wohnraum. Bei der Geschäftsraummiete gilt volle ________freiheit (§ 311 Abs. 1 BGB). Der Vermieter kann also, wie im vorliegenden Fall geschehen, auch eine sogenannte _________kündigung aussprechen, d.h. die Kündigung dazu benutzen, einen höheren Mietzins zu erzielen.

Einheit 6 Finanzierungsgeschäfte

A. Leasing

1. Was sind die Gründe, die im Wirtschaftsleben zu einer weiten Verbreitung des Leasing geführt haben?

2. Wodurch unterscheidet sich ein Leasingvertrag rechtlich vom Mietvertrag?

3. Was ist der Hauptunterschied zwischen Leasing und Kauf?

4. Wer ist am Finanzierungsleasing (entgeltliche Finanzierungshilfe, § 506 BGB) beteiligt? Welche Rolle spielt dabei der Hersteller?

5. Ein Unternehmen steht vor der Wahl, eine komplette Computeranlage zu kaufen oder direkt vom Hersteller zu leasen. Man entschließt sich zum Abschluss eines Leasingvertrages. Um welche Art von Leasing handelt es sich? Welche gesetzlichen Vorschriften gelten für diesen Vertrag?

6. Welche Kosten des Leasinggebers werden beim Finanzierungsleasing durch die Leasingraten abgedeckt?

7. Kann ein privater Leasingnehmer einen Finanzierungsleasingvertrag widerrufen?

8. Muss der Leasingnehmer seine Raten weiterbezahlen, wenn das Leasingobjekt durch Zufall untergeht? Hat er einen Anspruch auf Überlassung eines Ersatzobjekts?

9. Beim Finanzierungsleasing kauft der Leasinggeber das Objekt vom Hersteller, bevor er es dem Leasingnehmer überlässt. Welche Konsequenzen hat das für Sachmängelansprüche des Leasingnehmers? An wen wendet er sich?

10. Nach welchen Vorschriften könnte der Leasingnehmer wegen eines unbehebbaren Mangels gegenüber dem Hersteller den Rücktritt erklären? Welche Auswirkungen hat das auf den Finanzierungsleasingvertrag?

11. Worin liegen die Besonderheiten des sogenannten Operating Leasing? Wie wird diese Art des Leasing rechtlich behandelt?

Leasing

Wirtschaftliche Vorteile:

Der Leasingnehmer kann eine Sache nutzen, ohne sie kaufen, d.h. voll vorfinanzieren zu müssen. Er behält **mehr Liquidität** und hat **mehr Flexibilität** (Anpassung an veränderte Umstände, kein Ärger mit Weiterverkauf). Schließlich bietet Leasing **steuerliche Vorteile** (aber nur für Unternehmer!): Während ein Kaufpreis nur über einen längeren Zeitraum abschreibungsfähig ist (AfA), können Leasingraten sofort in voller Höhe als Betriebsausgaben abgeschrieben werden.

Rechtliche Einordnung:

Der Leasingvertrag ist im BGB (abgesehen von § 506) nicht geregelt, sondern hat sich in der Praxis herausgebildet. **Rechtlicher Ausgangspunkt sind die Grundzüge des Mietrechts.** Leasing enthält aber - über entsprechend gestaltete AGB-Regelungen **- auch Elemente des Kaufvertrages.** Für den LN sind nicht unbedingt die Vorteile beider Vertragstypen kombiniert: Der **Leasinggeber bleibt (wie ein Vermieter) Eigentümer,** das **Risiko einer Beschädigung oder Zerstörung trägt (wie ein Käufer) der LN.**

Hersteller, Lieferant, Verkäufer – H

§§ 929 ff. (LG wird Eigentümer)

Kaufvertrag

LG – **Leasinggeber**

§§ 398 ff.

§ 437

Rechte aus dem Kauf

Der LG hat dem LN seine Rechte aus dem Kauf (**vor allem Gewährleistungsrechte**) **abgetreten** (wegen der zeitlich befristeten Gebrauchsüberlassung kein Verstoß gegen § 309 Nr. 8!). LN könnte also ggfs. nach § 437 Nr. 2 zurücktreten.

§ 437 / § 313

Kauf und Leasingvertrag bilden eine **wirtschaftliche Einheit**. Daher besteht ein **Einwendungsdurchgriff,** der bei Verbraucherfinanzierungsleasing aus §§ 359, 359a folgt. Im Übrigen gilt: Rechte des LN aus dem Kauf betreffen auch den Leasingvertrag. Daher entfällt bei Rücktritt nach § 437 Nr. 2 die **Geschäftsgrundlage** des Leasingvertrages (§ 313).

⚠

Leasingvertrag

Finanzierungshilfe (§ 506)

Die Leasingraten decken neben den Anschaffungskosten auch die Finanzierungskosten des LG ab. Weitere Besonderheiten:
- **Vertrag langfristig unkündbar** (siehe aber § 314)
- **Gefahrtragung durch LN** (wie § 446)
- **Wartung durch LN**
- **Keine Gewährleistung durch LG** (LG tritt Ansprüche aus Kauf an LN ab)
- **Widerrufsrecht nach § 355** (über §§ 506, 495 I)

Sonderfall:

Operating Leasing

Das Leasingobjekt soll nacheinander mehreren Leasingnehmern überlassen werden, die es **nur für kurze Zeit** (z.B. projektbezogen) brauchen. Rechtlich wird Operating Leasing als **Mietvertrag** behandelt.

LN – **Leasingnehmer**

Sonderfall:

Herstellerleasing

Hier fehlt es an einem Dreiecksverhältnis: Der Hersteller ist zugleich Leasinggeber. **Rechtlich handelt es sich um einen reinen Mietvertrag** oder (bei einer Kaufoption) um einen **Mietkauf** (=**Teilzahlungskauf**).

1. Das Verbraucherschutzrecht* ist im BGB an den verschiedensten Stellen geregelt. Auch Verträge mit Finanzierungsleistungen sind nicht einheitlich geregelt. Welche vier Typen behandelt der Gesetzgeber in den §§ 491 ff. BGB?

2. Welche formalen Besonderheiten sind bei Verbraucherdarlehensverträgen zu beachten?

3. In einem Verbraucherdarlehensvertrag fehlt die gesetzlich vorgeschriebene Angabe über den Gesamtbetrag. Der Darlehensgeber meint, dieser kleine Fehler lasse die Wirksamkeit des Vertrages unberührt, wie sich aus § 139 BGB ergebe. Der Darlehensnehmer erkennt jetzt, wie ungünstig die Konditionen sind und fühlt sich an nichts mehr gebunden. Wer hat recht?

4. Das von der Sparkasse gewährte Anschaffungsdarlehen hat der Kunde auf sein Tagesgeldkonto bei der Postbank überwiesen. Danach macht er fristgerecht von seinem Widerrufsrecht Gebrauch, lässt sich aber mit der Rückzahlung der Darlehenssumme an die Sparkasse einen Monat Zeit, um noch ein paar Zinsen mitzunehmen. Wie ist die Rechtslage?

*Zum Verbraucherschutzrecht allgemein siehe Band 2, Einheit 10

5. In einem Finanzierungsleasingvertrag fehlen Angaben über den effektiven Jahreszins und den Gesamtbetrag. Ist der Vertrag deswegen unwirksam?

6. Ein Student hat sich von einem Vertreter zu Hause ein Zeitschriftenabonnement andrehen lassen. Das Abonnement kann nicht vor Ablauf von 12 Monaten gekündigt werden und kostet 205,00 Euro im Jahr. Um welche Art von Verbrauchervertrag handelt es sich? Kann er, wenn nach 10 Tagen die erste Nummer kommt, diese einfach zurückschicken?

7. Familie Karl hat eine Sofagarnitur auf Raten gekauft und ist mit der Qualität sehr zufrieden, nicht aber mit der Höhe der Zinsbelastung. Ein Freund schaut sich die Verträge genauer an und stellt fest, dass der effektive Jahreszins nicht angegeben war und meint, der Vertrag sei null und nichtig. Auf jeden Fall bräuchten die Karls überhaupt keine Zinsen zu zahlen. Stimmt das?

8. Die 20jährige Karin möchte sich selbständig machen und nimmt bei der Sparkasse ein „Existenzaufbaudarlehen" über 50.000 Euro auf. Eine Woche später erfährt sie, dass es bei einer anderen Bank günstigere Darlehen gibt. Kann sie den Vertrag mit der Sparkasse widerrufen?

Verbraucherdarlehen. Finanzierungshilfen. Ratenlieferungsverträge (§§ 491 - 512 BGB)

Für die verschiedenen Formen von Finanzierungshilfen begründen die §§ 491 ff. einen **besonderen Verbraucherschutz** mit zusätzlichen Informationspflichten nach **Art. 247 EGBGB**. Modellfall sind Verbraucherdarlehensverträge. Auf deren Regelungen verweisen die übrigen Fälle von Finanzierungen, allerdings in unterschiedlichem Umfang und mit zum Teil sehr komplexen Ausnahmeregelungen.

⚠ Bei **besonderen Vertriebsformen** (§ 312b: Fernabsatzverträge, § 312g: elektronischer Geschäftsverkehr) sind **ergänzende Informationspflichten** nach **Art. 246 EGBGB** zu beachten.

Näheres zu besonderen Vertriebsformen siehe Band 2, Einheit 10 D und E

§§ 491 - 505 Verbraucherdarlehensverträge

= *entgeltliche Darlehensverträge zwischen einem Unternehmer als Darlehensgeber und einem Verbraucher*) als Darlehensnehmer.* Besonders wichtig sind neben der **Schriftform** das auf § 495 beruhende **Widerrufsrecht** sowie die **vorvertraglichen Informationspflichten** nach § 491a, verbunden mit zusätzlichen Informationspflichten in **Art. 247** §§ 1 - 11 **EGBGB.** ⚠

*) nach § 512 auch **Existenzgründer!**

Sonderform: §§ 655 a-e Darlehensvermittlungsverträge

= *Vertrag, mit dem ein Unternehmer einem Verbraucher einen Verbraucherdarlehensvertrag vermittelt.* Der Vermittler erhält die Vergütung nur dann, wenn der Darlehensvertrag zustande gekommen und ein Widerruf nicht mehr möglich ist (§ 655c). In Art. 247 § 13 EGBGB sind ergänzende Informationspflichten speziell für diesen Vertragstyp festgelegt.

⚠ Spezielle **Informationspflichten** in **Art. 247** §§ 1-11, 13-17 **EGBGB.**

§ 506 Finanzierungshilfen

Zahlungsaufschub

= *vertragliche Regelung der Zahlungsfrist bei Verbraucherverträgen.* Nach § 506 I gelten entsprechend die Vorschriften der §§ 358 ff. über **verbundene Verträge**. Die entsprechende Anwendung der §§ 491 ff. enthält Einschränkungen (§ 506 I, III, IV).

Finanzierungsleasing ⚠

Finanzierungsleasing ist der **wichtigste Fall einer Finanzierungshilfe** im Rahmen des § 506. Es handelt sich um einen in der Praxis entwickelten, im Gesetz nicht geregelten Vertragstyp, der Elemente von Miete, Kauf und Darlehen miteinander verbindet.
Näheres siehe Einheit 6 A.

⚠ Zusätzliche **Informationspflichten** in **Art. 247** § 12 **EGBGB!**

§§ 507 - 509 Teilzahlungsgeschäfte

= *Vertrag über die Lieferung einer Sache oder Erbringung einer Leistung gegen Teilzahlung (Raten)*. Es gelten die allgemeinen Vorschriften der §§ 491 ff., vor allem **§ 492** (Schriftform), und **§ 494** (Nichtigkeit), jedoch **mit Einschränkungen** in § 507 Abs. 1.
Zusätzlich sind die Informationspflichten in **Art. 247 EGBGB** zu beachten (vor allem §§ 6, 12, 13).

Sonderfall: § 510 Ratenlieferungsverträge

Sie beinhalten generell die **Lieferung mehrerer Sachen** in Raten, z. B. Zeitschriftenabonnement. Im Gegensatz zu Teilzahlungsgeschäften wird aber das **Entgelt nicht in Raten** gezahlt. Auch hier gilt aber **Schriftform** (§ 510 II), ebenso besteht ein **Widerrufsrecht** (§ 510 I).
Ratenlieferungsverträge sind **keine Finanzierungshilfen**. §§ 491-505 finden keine Anwendung.

§§ 495, 355 ⚠ – Widerruf

Durch den Widerruf kann der Verbraucher die Bindung an seine Willenserklärung aufheben.
Erklärung in **Textform** (§ 126b) oder durch Rücksendung, auch ohne Angabe von Gründen.
Frist: 14 Tage (§ 355 II). Sie beginnt mit Erhalt einer **Belehrung** mit vorgeschriebenen Angaben (§§ 355 III, 360 sowie Art. 247 Abs. 3 EGBGB).

Rechtsfolgen: §§ 357, 346 ff.

Die Rückgewähr der beiderseitigen Leistungen erfolgt **nach Rücktrittsrecht**, also Rückgewähr der empfangenen Leistungen. **Mit dem Widerruf** (§ 349 entspr.) ist der Verbraucher zur **Rückzahlung des Darlehens** verpflichtet.
Bis dahin sind die vereinbarten Zinsen zu zahlen.

Einheit 7 Kreditsicherung

A. Allgemeiner Überblick

1. Was versteht man unter Realsicherheiten? Welches ist der andere Typ der Kreditsicherung?

2. Von welchen ähnlichen Sicherungsformen ist die Bürgschaft abzugrenzen?

3. Wodurch unterscheidet sich die Bürgschaft von einer Garantie?

4. Was ist ein Schuldbeitritt?

5. Welche Rechte bilden den gesetzlich geregelten Typ der Realsicherung?

6. Was sind Grundpfandrechte? Worin besteht bei ihnen die Sicherung des Gläubigers?

7. Einer Bank wurde zu Sicherung eines Darlehens Schmuck verpfändet. Welche Sicherheit bietet das, wenn der Schuldner das Darlehen nicht zurückzahlt?

8. In welchen Fällen steht einem Vertragsgläubiger von Gesetzes wegen ein Pfandrecht zu?

9. Welche beiden Formen der Realsicherheit sind im Wirtschaftsleben weit verbreitet, obwohl eine gesetzliche Regelung fehlt?

10. Was ist der Vorteil einer Sicherungsübereignung gegenüber einem Pfandrecht?

Kreditsicherung (1): Überblick

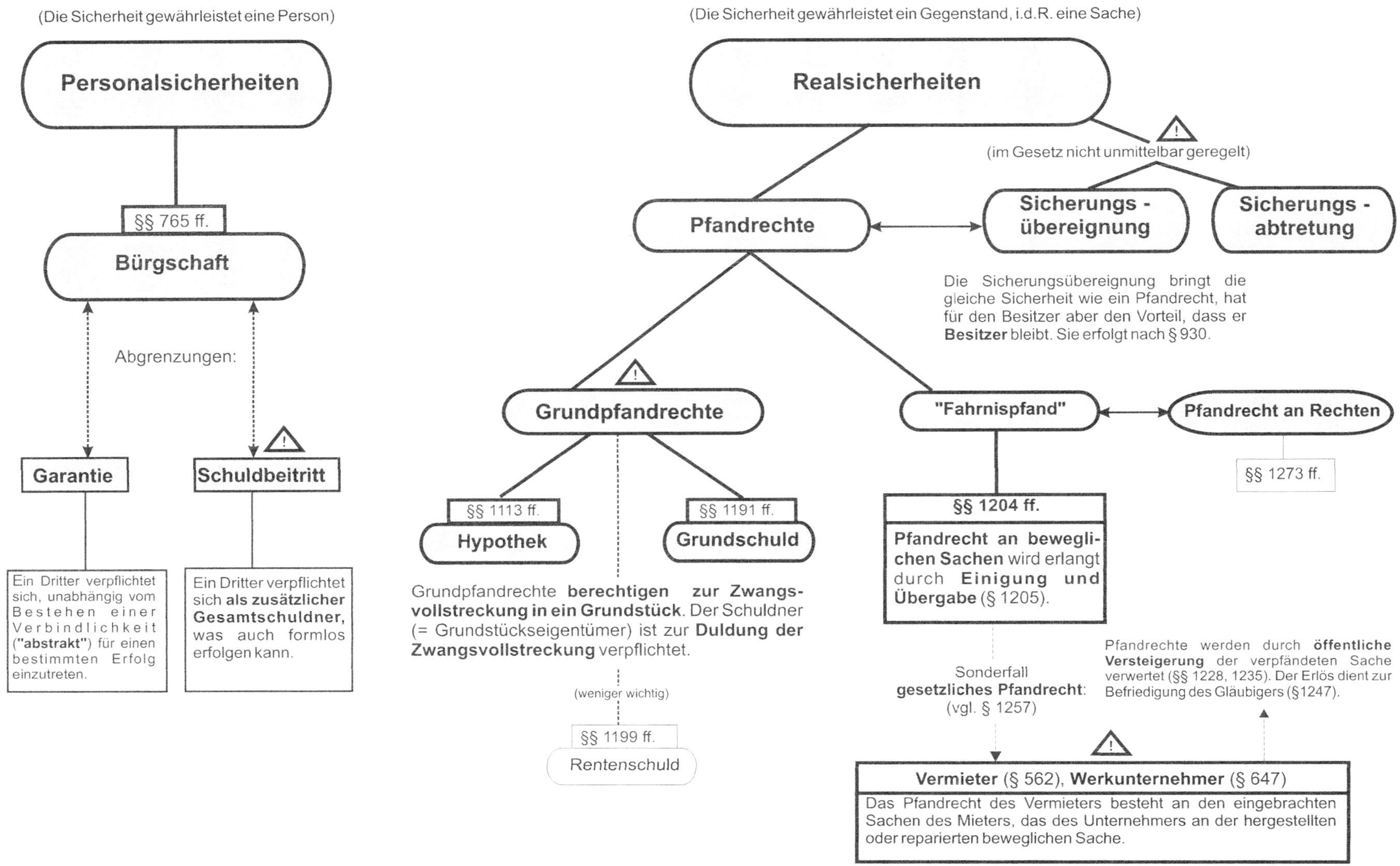

1. Was ist Gegenstand einer Bürgschaft?

2. Was bedeutet bei der Bürgschaft der Begriff „Akzessorietät"?

3. Der Käufer, auf Zahlung in Anspruch genommen, erhebt die Einrede des nicht erfüllten Vertrages (§ 320 BGB), weil der Verkäufer noch nicht vollständig geliefert hat. Kann der Verkäufer stattdessen Zahlung vom Bürgen verlangen? Kann der Bürge die Zahlung verweigern?

4. Der Bürge hat an den Gläubiger bezahlt. Wie kann er sein Geld beim Schuldner - für den er ja einstehen musste - wieder hereinholen? Worauf könnte er seinen Regressanspruch stützen?

5. Bedarf der Bürgschaftsvertrag der Schriftform?

6. Fehlt es an der Schriftform des Bürgschaftsversprechens, so bietet sich als Alternative ein Schuldbeitritt an. Wo liegen hierbei die Probleme?

7. Wodurch unterscheidet sich rechtlich der Garantievertrag von der Bürgschaft?

8. Was versteht man unter selbstschuldnerischer Bürgschaft?

9. Was ist Gegenstand einer Ausfallbürgschaft?

10. Wer ist Vertragspartner bei Nachbürgschaft und Rückbürgschaft? Worauf sind diese beiden Formen der Bürgschaft jeweils gerichtet?

Kreditsicherung (2): Bürgschaft, Garantievertrag, Schuldbeitritt

Bürgschaft: §§ 765 ff.

Die Bürgschaft ist ein Vertrag, durch den sich der Bürge dem Gläubiger gegenüber verpflichtet, für eine Schuld des Hauptschuldners zu haften.

Garantievertrag

Es wird eine **selbständige Haftung** in Bezug auf einen künftigen Erfolg übernommen. Besonderheiten:
- keine Akzessorietät (= abstrakt)
- nicht im Gesetz geregelt
- nicht formgebunden

Beispiel:
Baubetreuer gewährleistet künftige Vermietbarkeit.

Die Abgrenzung zu bloßer **Verlängerung der Gewährleistungsfrist** (z.B. § 438) ist Auslegungsfrage. Im Zweifel wird keine echte (abstrakte) Garantie übernommen, sondern nur die Gewährleistung verlängert (Beispiel Uhrenkauf: "Garantie" von vier Jahren).

§§ 414, 415 analog
Schuldbeitritt

Der Beitretende haftet **zusätzlich als Gesamtschuldner.** Eine Hauptschuld wird nur für die Entstehung vorausgesetzt. Nachher hat die Schuld des Beitretenden ein eigenes Schicksal (vgl. § 425). Sie ist nicht formgebunden. Abgrenzung zur Bürgschaft: Keine Haftung für fremde Schuld, sondern **Übernahme einer eigenen Verbindlichkeit**. Das wird in der Regel nur bei einem **eigenen wirtschaftlichen Interesse** des Beitretenden anzunehmen sein. Eine nur mündliche Bürgschaftsverpflichtung nach § 140 einfach nur in einen Schuldbeitritt umzudeuten, ist daher nicht möglich.

⚠ "Akzessorietät":

Voraussetzung für die Bürgschaft ist das **Bestehen einer Hauptschuld.** Maßgebend ist deren jeweiliger Bestand (§ 767 I).

§§ 767, 770

Auch der Bürge kann sich auf **Einreden und Gegenrechte** des Hauptschuldners berufen.

§§ 774, 412, 398 ff.

Soweit der Bürge leistet, geht die Hauptforderung auf ihn über.
(Er erhält somit von Gesetzes wegen eine Anspruchsgrundlage für den Regress gegenüber dem Hauptschuldner)

⚠ Form:

§ 766

Schriftform für das Bürgschaftsversprechen
(Ausnahme § 350 HGB:
Kaufleute können sich auch mündlich verbürgen.)

Arten:

⚠ § 773 I Nr. 1 / § 771
Selbstschuldnerische Bürgschaft

Im Gegensatz zur normalen Bürgschaft (vgl. § 771) braucht sich der Gläubiger nicht zuerst an den Hauptschuldner zu halten. Er kann statt dessen **sofort vom Bürgen die (volle) Leistung** verlangen (Die **Einrede der Vorausklage ist ausgeschlossen**).

Ausfallbürgschaft

Der Bürge haftet von vornherein **nur auf das, was der Gläubiger beim Hauptschuldner nicht beitreiben kann.**

Nachbürgschaft

Der Bürge bürgt **für einen anderen Bürgen**, nicht für den Hauptschuldner.

Rückbürgschaft

Der **Bürge haftet einem anderen Bürgen gegenüber** dafür, dass dieser vom Hauptschuldner **Regress** (§ 774) erhält.

Einheit 8 Geschäftsführung

A. Auftrag (§§ 662 ff. BGB)

1. Welche beiden Elemente kennzeichnen den Auftrag?

2. Was ist unter Geschäftsbesorgung zu verstehen?

3. Wodurch unterscheidet sich der Auftrag von einem sogenannten Gefälligkeitsverhältnis?

4. Oft steht ein Auftrag mit einer Vollmacht in Zusammenhang. Worin liegt der rechtliche Unterschied?

5. Bedarf die Auftragserteilung einer bestimmten Form?

6. Kann ein Auftrag einfach ohne Angabe von Gründen gekündigt werden? Wann erlischt ein Auftrag von Gesetzes wegen?

7. Kann der Auftraggeber dem Beauftragten bestimmte Weisungen erteilen? Welche Ansprüche hat der Auftraggeber nach Durchführung des Auftrags?

8. Der Beauftragte hat gegen den Auftraggeber einen Anspruch auf Ersatz seiner Aufwendungen. Was ist unter Aufwendungen zu verstehen?

9. Nach einem Verkehrsunfall erklärt sich A dem B gegenüber bereit, dessen verletzte Beifahrerin ins Krankenhaus zu transportieren. Kann er von B verlangen

a) Ersatz seiner Fahrtauslagen?

b) Ersatz für die Reinigungskosten der blutbefleckten Polster?

10. Im Fall 9 b) wendet A ein, es handele sich um Schadensersatz und nicht um Aufwendungsersatz i.S.v. § 670 BGB, so dass er dafür mangels Verschuldens nicht hafte. Hat er recht?

11. Bekommt der Beauftragte Vergütung für seinen eigenen Arbeitseinsatz?

Auftrag (§§ 662 ff. BGB)

§ 662

Geschäftsbesorgung

Geschäftsbesorgung ist **jedes Tätigwerden für den Auftraggeber** in dessen wirtschaftlicher Interessensphäre.

Unentgeltlichkeit

Bei entgeltlicher Tätigkeit für einen anderen liegt **Geschäftsbesorgungsvertrag** (§ 675) vor.
Beispiel: Rechtsanwalt, Steuerberater

Beendigung: §§ 671 - 673

§ 671: **Widerruf** bzw. **Kündigung** für beide Teile **jederzeit** möglich (ohne Gründe)

§ 673: Tod des Beauftragten

§ 672: Anders bei **Tod des Auftraggebers**: Hier **bleibt Auftrag bestehen** (wichtig für Vollmacht, vgl. § 168)

Der Auftrag als **Vertrag** unterscheidet sich vom bloßen **Gefälligkeitsverhältnis** (z.B. Mitnahme eines Freundes im Pkw), bei dem der rechtliche Bindungswille fehlt.
Häufig ist Auftrag die Rechtsform in einem **Innenverhältnis**, z.B. bei Bevollmächtigung (Die Vollmacht betrifft das Außenverhältnis, §§ 164 ff.).

Ansprüche des Auftraggebers:

§§ 662, 665

Anspruch auf **Tätigwerden** (= Besorgung des Geschäfts).
Der Anspruch beinhaltet ein **Weisungsrecht** (vgl. § 665).

§ 667

Anspruch auf **Herausgabe** des durch die Geschäftsbesorgung **Erlangten.**

Ansprüche des Beauftragten

§ 670

Anspruch auf Ersatz von Aufwendungen:
- generell alle **Vermögensopfer,** die entweder freiwillig erbracht werden oder sich sonst als Folge der Geschäftsbesorgung ergeben
- auch **Schäden** (§ 670 **analog**), soweit sie sich aus dem typischen Geschäftsbesorgungsrisiko ergeben.

Für **eigene Arbeit** gibt es grundsätzlich keinen Aufwendungsersatz (Auftrag ist unentgeltlich!)
Ausnahme: zusätzliche Leistungen, die zum Beruf oder Gewerbe des Beauftragten gehören (§ 1835 analog)

1. Welche drei Elemente kennzeichnen die Geschäftsführung ohne Auftrag (GoA)?

2. E, Eigentümer eines Reihenhauses, löscht den Brand im Nachbarhaus des N. Als er nach § 683 BGB Ersatz für seine zerrissene Kleidung verlangt, meint N, E hätte ja im eigenen Interesse gehandelt, weil sonst der Brand auf sein Haus übergegriffen hätte. Was halten Sie von diesem Einwand?

3. A hat den unfallverletzten, bewusstlosen B ins Krankenhaus gebracht. Als er Auslagenersatz aus GoA verlangt, meint der Anwalt des B, A habe nicht ohne „Auftrag" gehandelt, da er ja ohnehin von Gesetzes wegen (nach § 323 c StGB) verpflichtet gewesen sei, dem B Hilfe zu leisten. Ist der Einwand zutreffend?

4. Worauf kommt es bei einer Geschäftsbesorgung ohne Auftrag entscheidend an? In welchen drei Fällen ist die GoA berechtigt?

5. Welches sind die Rechtsfolgen der berechtigten GoA?

6. A hat sich den Arm verrenkt, als er angetrunken und im Übereifer die Tür seines Nachbarn aufbrach, um zu helfen, weil er Schreie hörte. Es waren aber nur die Töne eines Fernsehkrimis, was A unbedingt hätte erkennen müssen.

a) Kann A Ersatz für die Behandlungskosten an seinem Arm verlangen?
b) Kann B von A Ersatz für die Schäden an der aufgebrochenen Tür verlangen?

GoA: Geschäftsführung ohne Auftrag (§§ 677 ff. BGB)

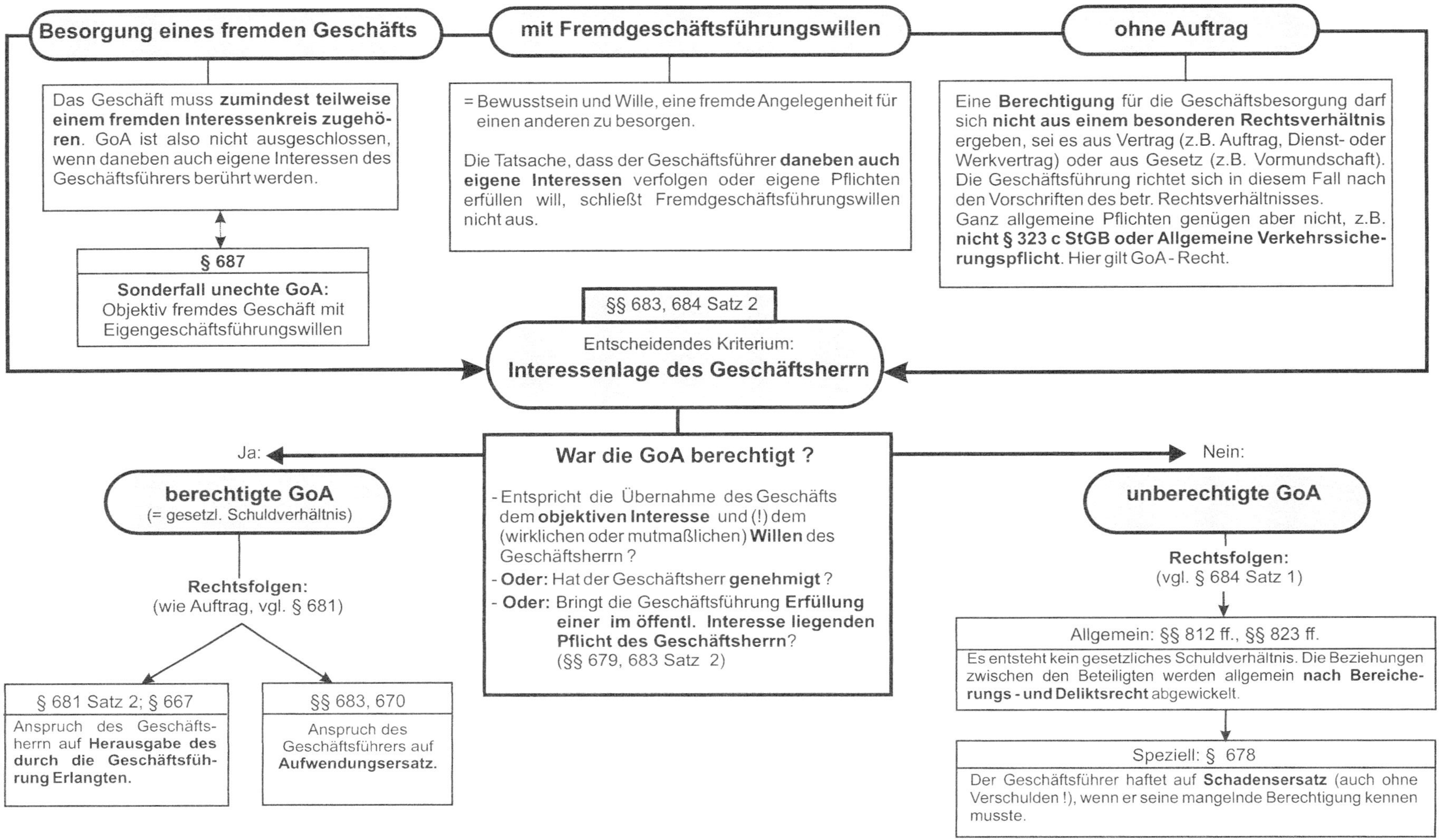

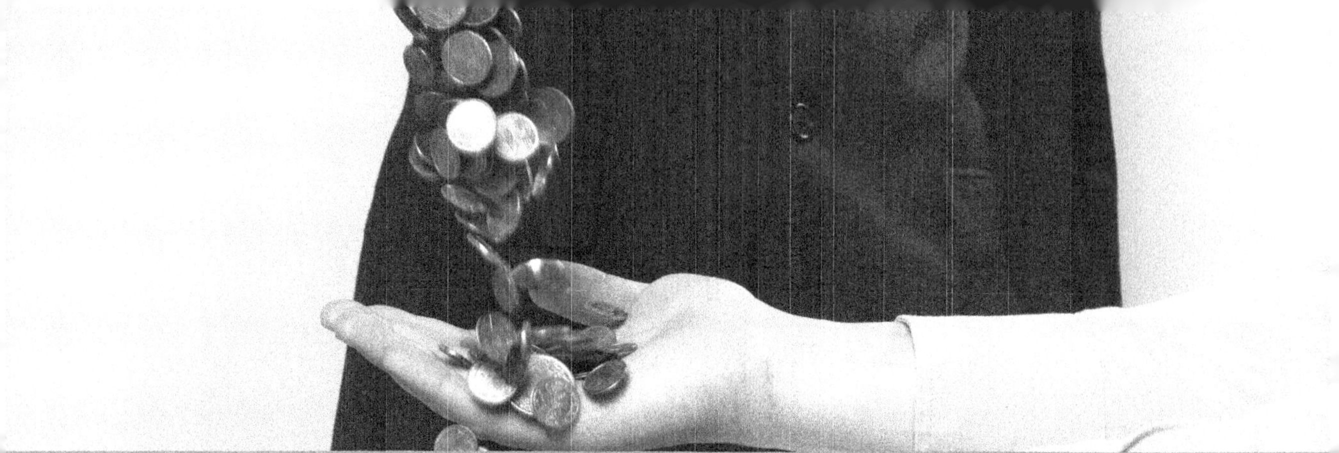

Einheit 9 Ungerechtfertigte Bereicherung
A. Grundtatbestände (§§ 812 ff. BGB)

1. Wie viele Einzeltatbestände enthält § 812 BGB, die Grundnorm der ungerechtfertigten Bereicherung?

2. Wie heißen die beiden Formen des § 812 Abs. 1 Satz 1 BGB? Wodurch unterscheiden sie sich voneinander?

3. Welches sind die Voraussetzungen der sogenannten Leistungskondiktion?

4. Die Erben eines Mieters haben den Mietvertrag gekündigt, aber vergessen, den Dauerauftrag für die Miete zu stornieren. Auf Rückzahlung der Miete verklagt, beruft sich der Anwalt des Vermieters auf § 814 BGB. Zu Recht?

5. Welches sind die Voraussetzungen der sogenannten Eingriffskondiktion?

6. E hat ein Bild an V verliehen, der es unberechtigt an K weiterveräußert. Der Vertrag V-K erweist sich als unwirksam. Warum hat E keinen Herausgabeanspruch gegen K aus § 812 BGB?

7. Welche beiden Tatbestände enthält § 812 Abs. 1 Satz 2 BGB?

8. Warum ist die Rückforderung aufgrund eines angefochtenen Vertrages streng genommen kein Fall des § 812 Abs. 1 Satz 2 BGB (späterer Wegfall des Rechtsgrundes?

9. Welches ist die Situation des § 816 BGB? Was kann der Berechtigte verlangen?

10. Dem E wird ein Bild gestohlen. Der Dieb hat es für einen sehr guten Preis verkauft (E selbst hatte mit dem Verkauf immer Schwierigkeiten gehabt). Wie kann E an den Erlös herankommen, obwohl die Verfügung des Diebes (wegen § 935 BGB) ja unwirksam war?

Grundtatbestände der ungerechtfertigten Bereicherung (§§ 812, 816 BGB)

	§ 812 I 1		§ 812 I 2		§ 816
Anspruchsart:	**Leistungskondiktion** **"Leistung"** = bewusste, zweckgerichtete Vermehrung fremden Vermögens (z.B. Übereignung)	**Eingriffskondiktion** Erwerb **"in sonstiger Weise"**, d.h. nicht durch Leistung	**Wegfall des Rechtsgrundes**	**Zweckerreichung verfehlt**	**Verfügung eines Nichtberechtigten**
Wesen, Zweck:	Der Schuldner hat durch **Leistung des Gläubigers** etwas erlangt, worauf er **keinen Anspruch hat.**	Der Schuldner hat, **ohne dass eine Leistung vorliegt**, einen **Vorteil** erlangt, der ihm nach der Rechtsordnung **nicht zusteht**.	Es handelt sich um **Sonderformen der Leistungskondiktion:** Der Mangel im Rechtsgrund stellt sich erst später heraus.		Der Schuldner hat **unberechtigt, aber wirksam** über einen Gegenstand des Gläubigers **verfügt.** Das aus dieser Verfügung Erlangte (dazu gehört z.B. auch ein Kaufpreis) gebührt als Ersatz dem Gläubiger.
Voraussetzungen:	**1. Schuldner hat etwas erlangt** **2. durch Leistung (des Gläubigers!)** **3. ohne Rechtsgrund**	**1. etwas erlangt** **2. in sonstiger Weise** (=nicht durch Leistung) **3. auf Kosten des Gläubigers** **4. ohne Rechtsgrund**	1. etwas erlangt 2. durch Leistung 3. **Rechtsgrund nachträglich weggefallen**	1. etwas erlangt 2. durch Leistung 3. **Rechtsgrund besteht, aber der vertraglich vorgesehene Zweck tritt nicht ein.**	**1. Schuldner trifft Verfügung** (im eigenen Namen) **2. Schuldner ist Nichtberechtigter** **3. Verfügung ist wirksam** z.B. bei **§§ 929,932**, aber auch bei Genehmigung (**§ 185 II**)
Beispiel:	Ein Buch wird übereignet, der Kaufvertrag war unwirksam (z.B. durch Anfechtung, vgl. § 142).	Das Buch wird dem Gläubiger (Eigentümer) vom Schuldner gestohlen.	Das Buch wird geschenkt, die Schenkung nach § 528 oder § 530 widerrufen.	Das Buch war ein Verlobungsgeschenk, die Verlobten trennen sich (speziell geregelt: § 1301).	Der Entleiher hat das geliehene Buch (Wert: 50,-EUR) für 80,-EUR an einen gutgläubigen Dritten veräußert: Der Eigentümer kann vom Entleiher 80,-EUR verlangen.
Kein Anspruch bei:	-**§ 814**: Kenntnis des fehlenden Rechtsgrundes (**nicht bei versehentlicher Leistung!**) -**§ 817 Satz 2**: Leistungszweck war sittenwidrig		**§ 817 Satz 2** (Leistungszweck sittenwidrig)	-**§ 815** (Kenntnis der Unmöglichkeit des Erfolgseintritts) -**§ 817 Satz 2** (Leistungszweck sittenwidrig)	**Sonderfall § 816 II:** Leistung mit befreiender Wirkung an Nichtberechtigten. **Hauptfall § 407**: Leistung an alten Gläubiger in Unkenntnis der Abtretung. Der neue Gläubiger kann vom alten Gläubiger Herausgabe verlangen. (Forderungseinziehung durch alten Gläubiger ist Verfügung!)

1. S muss die vor einem halben Jahr erhaltene Anzahlung von 10.000,- Euro zurückzahlen, weil der Grundstückskaufvertrag nicht genehmigt wurde. Kann er die Zinsen behalten?

2. K schuldet nach Anfechtung Herausgabe des gekauften Pkw. Der Wagen (Wert: 8.000,- Euro) hatte aber inzwischen (unverschuldet) Totalschaden. Was kann der Verkäufer V verlangen,
a) wenn V vollkasko versichert war?
b) wenn K den Wagen noch nicht umgemeldet hatte und ihm daher noch kein Versicherungsschutz zustand?

3. Was besagt die sogenannte Saldotheorie?

4. Im Fall 2b) beruft sich S darauf, dass er nach Zerstörung des Pkw nicht mehr bereichert sei, er daher wegen ungerechtfertigter Bereicherung nicht haftbar gemacht werden könne.
Hat er recht?

5. K hat einen Gebrauchtwagen gekauft und ihn für 800 Euro neu lackiert. Jetzt ficht der Verkäufer den Vertrag an und verlangt den Wagen zurück. Kann K Ersatz der Lackierkosten verlangen?

6. Ein Azubi (17 Jahre) aus München fährt schwarz mit der Bahn nach Hamburg. Seine Eltern wussten nichts davon und missbilligten das später, so dass nach §§ 107, 108 BGB kein wirksamer Vertrag zustande kam. Auf Wertersatz in Anspruch genommen, stellt sich der Azubi auf den Standpunkt, jetzt nach gehabter Fahrt sei er nicht mehr bereichert. Hat er recht, wenn er
a) seine Freundin besucht hatte?
b) auf Stellensuche war und sich bei einer Firma vorgestellt hatte?

7. Warum haftet der Azubi im Fall 6 a) dennoch aus ungerechtfertigter Bereicherung, obwohl er nach gehabter Fahrt ja nicht mehr bereichert ist?

8. Woraus leitet sich im Bereicherungsrecht die sogenannte verschärfte Haftung ab? Worauf ist diese Haftung gerichtet?

Umfang des Bereicherungsanspruchs (§§ 818 ff. BGB)

Herausgabe: §§ 812, 818 I

Zu dem "Erlangten" i.S.v. § 812 gehören auch:
- **Nutzungen** (z.B. Zinsen, Mieteinnahmen, Ernteerträge)
- **Surrogate** (z.B. Versicherungsleistungen, Schadensersatzforderungen bei Zerstörung von Sachen)

Wertersatz: § 818 II

Soweit weder Herausgabe des Gegenstandes noch Herausgabe von Surrogaten (§ 818 I) in Frage kommt, hat der Schuldner Wertersatz zu leisten, und zwar in zwei Fällen:
1. Die geschuldete **Sache ist zerstört oder abhanden gekommen,** ohne dass Ersatzansprüche bestehen.
2. Herausgabe ist **wegen der Natur des Erlangten von vornherein ausgeschlossen,** z.B. bei empfangenen Dienstleistungen (Bahnfahrt) oder Gebrauchsvorteilen.

Im **gegenseitigen Vertrag** ist nach h.M. beim Wertersatz eine erbrachte Gegenleistung (z.B. Kaufpreiszahlung) als Abzugsposten zu berücksichtigen (sog. **Saldotheorie).** Es besteht also nur ein einheitlicher Wertersatzanspruch (anders die sog. **Zweikondiktionentheorie**).

"aber":

Entreicherung: § 818 III

Im Gegensatz zu Schadensersatzansprüchen haben die §§ 812 ff. nicht die Funktion, dem Gläubiger einen Vermögensausgleich zu verschaffen, sondern nur, eine noch bestehende Bereicherung des Schuldners zu beseitigen.
Der Schuldner haftet nicht, soweit er nicht mehr bereichert ist.

⚠ **Keine Entreicherung** liegt vor, wenn empfangene Gelder für Investitionen verwendet wurden oder der Schuldner in sonstiger Weise **Aufwendungen erspart** hat, z.B. bei Schwarzfahrt zum Arbeitsplatz: In Höhe der Einsparungen ist er nach wie vor bereichert.

Entreicherung liegt z.B. vor, wenn
- das erhaltene **Geld ausgegeben** wurde (nicht für Anschaffungen!),
- die empfangene **Dienstleistung** (z.B. Bahnfahrt) **beendet** ist.

Entreicherungsposten sind auch alle Nachteile, die mit dem rechtsgrundlosen Erwerb in ursächlichem Zusammenhang stehen, wie etwa **Aufwendungen oder Kosten**.

"jedoch":

Verschärfte Haftung: § 819

Trotz Wegfalls einer Bereicherung haftet der Schuldner dann, **wenn er weiß (Vorsatz!), dass ihm der erlangte Gegenstand nicht gebührt**. Bezug genommen wird auf die Haftung bei Rechtshängigkeit (**§ 818 IV i.V.m. §§ 292, 989**): Mit Zustellung der Klage weiß der Schuldner, dass er die empfangene Leistung möglicherweise zurückgeben muss. Er haftet dann auf **Schadensersatz wie ein unrechtmäßiger Besitzer**.

Nach § 12 II 2 BBesG genügt für die Rückzahlung überhöhter Bezüge **bei Beamten** bereits **Fahrlässigkeit.**

Bei **Minderjährigen** (Beispiel: Schwarzfahrt) wird verlangt, dass sie **schuldfähig** sind (i.S.v. § 828 III).

Fall 1

Die Straßenbauverwaltung des Landes hatte in den VOB-Ausschreibungsunterlagen beim Neubau einer Landstraße für den Unterbau der Straßendecke ein Verfahren vorgeschrieben, das zugunsten der X-AG patentiert war. Weder dem Land noch den einzelnen Bauunternehmen war dies bekannt. Die Patentverletzung hatte man auch nicht erkennen können.

Die X-AG besteht auf Zahlung einer Entschädigung. Mit Recht?

Lösung

Die Auftragsvergabe für den Straßenbau unterfällt als schlichte Hoheitsverwaltung den Regelungen des Privatrechts, wenn sie - wie hier - mit privatrechtlichen Mitteln (VOB) durchgeführt wird.

Da mangels Verschuldens deliktische Normen ausscheiden, könnte sich ein Anspruch nur aus § 812 Abs. 1 Satz 1 BGB ergeben.

Das Land hat einen Vorteil dadurch erlangt, dass es ein Patent der X-AG verwendete, wofür normalerweise eine Vergütung zu zahlen wäre. In dieser Patentbenutzung liegt ein Vorteil („______" im Sinne von § 812 BGB). Dieser Vorteil wurde nicht durch Leistung, sondern *„in ________ W____"* erlangt (E__________diktion). Dies geschah ohne Rechtsgrund (ohne Einwilligung der X-AG) und auch auf ______ der X-AG, da allein ihr nach der Rechtsordnung die Patentauswertung zusteht. Ein Verschulden ist bei der Eingriffskondiktion nicht erforderlich.

Da die Herausgabe wegen der Beschaffenheit des Erlangten (Benutzungsvorteil) nicht möglich ist, geht der Anspruch auf We______tz (§ ___ Abs. 2 BGB). Der Einwand der Entreicherung (§ 818 Abs. _ BGB) ist ausgeschlossen, weil das Land das Patent bei notwendigen Baumaßnahmen verletzte, also eigene Au_______gen (Lizenzzahlungen) erspart hat. In dieser Höhe besteht also ein Anspruch nach §§ 812 Abs. 1 Satz 1, 818 Abs. 2 BGB.

Fall 2

Der bei der privaten Schwarzwaldklinik GmbH angestellte Assistenzarzt Dr. Schlemmer rechnete Überstunden ab für die Zeit vom 15. März bis einschl. 31. April. Die Verwaltung berechnete die Überstunden irrtümlich nach einer zu hohen Vergütungsgruppe. Sie verlangt die zuviel gezahlten Gelder zurück. Dr. Schlemmer wendet ein, er habe das Geld auf einer Feinschmeckertour im Elsass restlos ausgegeben. Dass er zuviel Geld bekommen habe, sei ihm gar nicht aufgefallen. Er habe seine Abrechnung nicht so genau überprüft. Abgesehen davon seien ihm die vom Computer erstellten Belege absolut schleierhaft. Er blicke da nie ganz durch.

Muss Dr. Schlemmer die geforderten Gelder zurückzahlen?

Lösung

Der Anspruch ergibt sich aus § ___ Abs. 1 Satz _ BGB (____________diktion). Der Arzt hat unberechtigte Zuvielzahlungen, also „etwas" durch Leistung ohne Rechtsgrund erlangt.

Da das Geld nicht mehr da ist, schuldet Dr. Schlemmer ____ersatz nach § ___ Abs. _ BGB, kann sich aber auf Ent__________ gem. § 818 Abs. _ BGB berufen. Luxusausgaben sind der typische Fall dafür. Eine v__________ Haftung nach § ___ BGB würde bei Dr. Schlemmer Vorsatz voraussetzen, d. h. Kenntnis davon, dass er zuviel bekommen hat. Bezüglich der falschen Vergütungsgruppe kann man das nicht annehmen. Selbst grobe Fahrlässigkeit im Umgang mit seinen Gehaltsabrechnungen genügt nicht.

In einem Punkt lässt sich aber Vorsatz nachweisen: Die Beanspruchung von Überstunden für den 31. April kann nicht nur auf Fahrlässigkeit beruhen, weil der April laut Kalender nur 30 Tage hat. Die hierfür erhaltenen Gelder muss Dr. Schlemmer zurückzahlen (und sich möglicherweise wegen Betrugs verantworten).

Fall 3

(Abwandlung zu Fall 2)

Wäre der Fall anders zu beurteilen, wenn Dr. Schlemmer beamteter Stationsarzt an einer Universitätsklinik wäre?

Lösung

Für Beamte trifft § 12 Abs. 2 BBesG eine Sonderregelung. Grundsätzlich gelten zwar die §§ 812 ff. BGB, doch reicht nach Satz 2 für die verschärfte Haftung g____ F_________keit aus: Der Kenntnis (im Sinne von § ___ BGB =Vorsatz) steht es gleich, wenn der Mangel so offensichtlich war, dass der Empfänger ihn hätte erkennen müssen. Ob das vorliegt, ist im Einzelfall zu entscheiden. Bei Dr. Schlemmer wird es darauf ankommen, wie deutlich die Abrechnung war und ob ihm die Differenz unbedingt hätte auffallen müssen.

Fall 4

Markus, 13 Jahre alt, hat kein Taschengeld mehr, um sich eine Fahrkarte zu kaufen. Trotzdem fährt er mit der Straßenbahn, um Freunde zu besuchen. Bei einer Kontrolle wird er erwischt. Die Bahn-AG wendet sich an seine Eltern und verlangt das in § 6 der Allgemeinen Beförderungsbedingungen (ABB) festgesetzte erhöhte Entgelt von 30,- Euro, hilfsweise die Erstattung des regulären Fahrpreises (1,50 Euro). Die Eltern erklären, ihr Sohn dürfe zwar Straßenbahn fahren, mit diesem Verhalten seien sie aber in keinster Weise einverstanden. Außerdem fehle an den Haltestellen jeder Hinweis auf die ABB.
Hat die Bahn-AG Ansprüche gegen M?

Lösung

1. Vertragliche Ansprüche

Aus § 6 der Allgemeinen Beförderungsbedingungen (ABB) im Zusammenhang mit einem ____vertrag (§ 631 Abs. 1 BGB) könnte sich ein Anspruch auf **Zahlung von 30,- Euro** ergeben.
Die Beförderung von Fahrgästen durch die Straßenbahn ist eine Dienstleistung mit Er_____charakter (Beförderung zu bestimmten Zielpunkten) und somit nach § 631 Abs. _ BGB Gegenstand eines Werkvertrags. Nach § 631 Abs. 1 BGB wären zwar nur 1,50 Euro (der reguläre vertragliche Fahrpreis) zu bezahlen, dieser wird aber durch § 6 ABB ersetzt. Im Falle einer Fahrt ohne gültigen Fahrausweis sind also die in den ABB vorgesehenen 30,- Euro als die ***„vereinbarte Vergütung“*** i. S. v. § 631 Abs. 1 BGB anzusehen.
Voraussetzung für den Anspruch ist das Zustandekommen eines Beförderungsvertrages unter Einbeziehung der Beförderungsbedingungen.

1.1 Willensübereinstimmung (§§ 145 ff. BGB)

Verträge kommen zustande durch zwei übereinstimmende Willenserklärungen. Dies gilt auch für die Inanspruchnahme von Leistungen im modernen Massenverkehr (z. B. öffentliche Verkehrsmittel, Parkplätze, Elektrizität u. a.). Das Bereitstellen der Straßenbahn (konkret: Halten an der Haltestelle, Öffnen der Türen) stellt nach heute herrschender Ansicht ein schlüssiges, auf Abschluss eines Beförderungsvertrages gerichtetes Verhalten dar. Bei Abgabe der Willenserklärung fungiert der Fahrer, der die Bahn steuert und damit den Erklärungstatbestand herbeiführt, als Bote: Er ist gewissermaßen Überbringer der Erklärung der Bahn-AG.
M ist in die Straßenbahn eingestiegen und hat damit kon_____nt das Angebot der Bahn-AG angenommen. Es liegen also vom äußeren Tatbestand her zwei übereinstimmende, auf Abschluss eines Werkvertrages gerichtete Willenserklärungen vor. Das subjektiv erforderliche Er__________wusstsein ist gegeben. Auch wenn M nicht genau um die rechtliche Bedeutung seines Verhaltens weiß, so muss ihm doch zumindest bewusst sein, dass er mit dem Einsteigen in die Straßenbahn eine rechtlich relevante Handlung vornimmt. Das auch nur vage Bewusstsein einer möglichen Relevanz reicht nach der neueren Rspr. für ein Erklärungsbewusstsein im Sinne einer Willenserklärung aus.
Allerdings fehlt dem M ein entsprechender innerer Bindungswille; er will ja gerade keine Leistungspflicht eingehen. Dieser rein mentale Vorbehalt ist aber als *„protestatio facto contraria“*, als Widerspruch zum eigenen Verhalten, nach ____ und _______ (§ 242 BGB) unbeachtlich.
Mit dem Einsteigen in die Straßenbahn sind also zwei übereinstimmende Willenserklärungen abgegeben worden. Die für einen Vertragsschluss nach §§ 145 ff. BGB erforderliche Willensübereinstimmung ist gegeben.
Inhaltlich erstreckt sie sich auch auf die ABB, bei denen es sich um für eine Vielzahl von Fällen vorformulierte Vertragsbedingungen, also um Allgemeine Geschäftsbedingungen im Sinne von § ___ Abs. 1 BGB handelt.
Für die Einbeziehung der ABB gelten die besonderen Anforderungen des § 305 Abs. _ BGB. Der danach erforderliche ausdrückliche Hinweis auf die ABB fehlt hier, ebenso ein für Massengeschäfte (wie z. B. auch bei Banken oder an Garderoben) ausreichender Aushang der Bedingungen an deutlich sichtbarer Stelle (§ 305 Abs. 2 Nr. _ (a. E.) BGB. Gemäß § ____ Nr. 1 BGB sind aber im vorliegenden Fall die besonderen Anforderungen des § 305

Abs. 2 BGB nicht erforderlich. Daher genügt die allgemeine Willensübereinstimmung nach §§ 145 ff. BGB zur Einbeziehung der ABB in den Vertrag.
Durch Einsteigen in die Straßenbahn hat M nicht nur das Angebot der Bahn-AG angenommen, sondern zugleich stillschweigend sein Einverständnis mit der Geltung der ABB erklärt. Somit sind die ABB Bestandteil der Willensübereinstimmung zwischen M und der Bahn-AG geworden.

1.2 Minderjährigkeit des M: §§ 106 ff. BGB
Der Wirksamkeit des Vertrages könnte die Minderjährigkeit des M entgegenstehen. Mit 13 Jahren ist M gemäß § 106 BGB beschränkt geschäftsfähig. Die Wirksamkeit seiner Erklärungen richtet sich nach §§ 107 ff. BGB.
Wegen der Verpflichtung zur Zahlung des Fahrpreises ist ein Werkvertrag nicht lediglich rechtlich vorteilhaft im Sinne von § 107 BGB. Es wäre eine ________gung des gesetzlichen Vertreters (= der Eltern: §§ 1626, 1629 BGB) erforderlich. Diese Einwilligung lag als ausdrückliche Erklärung nicht vor.
Eine Einwilligung der Eltern könnte im Sinne einer Generaleinwilligung ganz allgemein darin gesehen werden, dass ihr (mutmaßlicher) Wille sich auf alle Fahrten mit öffentlichen Verkehrsmitteln erstreckt. Dagegen spricht aber, dass Schwarzfahrten gerade nicht dem Willen der Eltern entsprechen. Im vorliegenden Fall gilt das umso mehr, als die Eltern ja extra für Straßenbahnfahrten Taschengeldmittel zur Verfügung gestellt haben.
Auch aus § **110** BGB („Taschengeldparagraf") lässt sich die Wirksamkeit der Willenserklärung des M nicht herleiten. Dafür wäre erforderlich, dass die Zahlung mit dem Taschengeld ***„be_____"*** (i. S. v. § 362 Abs. 1 BGB) worden wäre.
Der Vertrag des M mit der Bahn-AG war daher schwebend unwirksam. Laut Sachverhalt haben die Eltern ihre nach § 108 Abs. 1 BGB erforderliche _______gung verweigert. Der Werkvertrag ist also endgültig unwirksam.

Ergebnis: Da kein wirksamer Vertrag vorliegt, kann sich die Bahn-AG auch nicht auf ihre Beförderungsbedingungen berufen. Ein Anspruch auf Zahlung des erhöhten Entgelts von 30,- Euro besteht nicht.

2. Gesetzliche Ansprüche
2.1 § 823 Abs. 1 BGB[1]
Ein Anspruch könnte sich aus § 823 Abs. 1 BGB ergeben. Danach wäre M zum Schadensersatz verpflichtet. Der Schaden bestünde im nicht entrichteten Fahrpreis von 1,50 Euro (Die 30,- Euro nach § 6 ABB sind kein Schadensposten, sondern eine nur vertraglich vereinbarte Sonderregelung, die aber hier unwirksam und daher bei der Schadensberechnung unbeachtlich ist).
Durch die Schwarzfahrt müsste ein ______gut der Bahn-AG verletzt worden sein. Dies ist aber nicht der Fall: Weder eine E________verletzung, die eine Einwirkung auf die Sache selbst voraussetzt, noch eine Verletzung sonstiger Rechte ist zu erkennen. Der Bahn-AG ist lediglich ein V________schaden entstanden. Das Vermögen ist aber kein sonstiges Recht i. S. v. § 823 Abs. 1 BGB.

2.2 § 823 Abs. 2 i. V. m. § 265a StGB
(1) § 265a StGB ist ein _________ im Sinne des Art. 2 EGBGB.

(2) Der Straftatbestand der Leistungserschleichung bezweckt vorrangig den Schutz von Beförderungsunternehmen, hat also nicht nur den Schutz der _________heit zum Gegenstand.

(3) M hat mit seiner Schwarzfahrt ______widrig und _______lich den Tatbestand einer Leistungserschleichung erfüllt. Mit seinen 13 Jahren ist er aber nach § __ StGB noch nicht strafmündig. Mangels Strafbarkeit entfällt auch eine zivilrechtliche Haftung nach § 823 Abs. 2 BGB.

2.3 § 812 Abs. 1 Satz 1 BGB
(1) M hat durch die Schwarzfahrt ***„e___s"*** i. S. v. § 812 Abs. 1 Satz 1 BGB, nämlich eine Beförderungsleistung erlangt.

(2) Dies geschah durch die _______ der Bahn-AG. Unter „Leistung" versteht man allgemein die be______ und ge______ Vermehrung fremden Vermögens. Die Benutzung der Straßenbahn, ein Vermögensvorteil, wird von der Bahn-AG bewusst und gewollt angeboten, ist also Leistung im Sinne von § 812 Abs.1 Satz 1 BGB.

[1] Zur deliktischen Haftung siehe unten Einheiten 10 bis 13

(Vertretbar wäre auch die Qualifizierung als Ein__________diktion, weil die Bahn-AG ja Schwarzfahrern ihre Dienste gerade nicht anbieten will. Dann wäre zusätzlich das Merkmal ***„auf dessen ______“*** zu prüfen - und auch zu bejahen: Die Zurverfügungstellung von Beförderungsleistungen erfolgt nur gegen Entgelt, eine Mitnahme von Schwarzfahrern geht daher auf Kosten der Bahn-AG).

(3) Wie oben festgestellt, kam zwischen M und der Bahn-AG kein wirksamer Vertrag zustande. Somit bestand kein _______grund für das Erlangen der Beförderungsleistung.
Die Voraussetzungen des § 812 Abs. 1 BGB liegen vor. Demnach wäre M zur „Herausgabe des Erlangten“ verpflichtet.

(4) Eine gehabte Fahrt als erlangte Leistung kann naturgemäß nicht „herausgegeben“, nicht einfach rückgängig gemacht werden. Nach § ___ Abs. _ BGB wäre in diesem Fall der ____ der Fahrt, also 1,50 Euro (die Höhe des regulären Fahrpreises) zu ersetzen.

(5) Da M die Straßenbahnfahrt nutzte, um einen Freund zu besuchen und nicht um etwa die regelmäßig anfallenden Fahrtkosten zur Schule zu sparen, ist er nach Beendigung der Fahrt nicht mehr bereichert. Seine Haftung wäre daher gemäß § ___ Abs. _ BGB nach Beendigung der Fahrt erloschen.

(6) Da M jedoch genau wusste, dass er ohne Fahrschein fuhr, kannte er den ______ des Rechtsgrundes und würde auch im Falle der Entreicherung aufgrund der ver_________ Haftung nach §§ ___, 818 Abs. 4, 292, ___ BGB ________ersatz schulden, d. h. Zahlung des Wertes der Fahrt, also den nicht entrichteten Fahrpreis. Da dies aber auf dasselbe wie eine vertragliche Erfüllung hinausliefe, bestünde ein prinzipieller Widerspruch zum Grundgedanken des Minderjährigenschutzes, der den §§ 107 ff. BGB zugrunde liegt. Andererseits aber geht es um Schadensersatz aufgrund einer ges________en Haftung wie sie im Rahmen des Deliktsrechts auch bei Minderjährigen möglich wäre. Dort gilt der Maßstab des § ___ Abs. _ BGB (Einsichtsfähigkeit). Dieser Grundsatz wird nach einhelliger Meinung auch auf die verschärfte Haftung nach § 819 BGB übertragen.

Ergebnis: Da bei M die erforderliche ________ vorlag, trifft ihn die ver_______te Haftung nach §§ 819, 818 Abs. 4, 292, 989 BGB. Er hat demnach den der Bahn-AG entgangenen Fahrpreis (1,50 Euro) als Schadensersatz zu erstatten.

Einheit 10 Unerlaubte Handlungen (§§ 823 ff. BGB)
Anspruchsnormen des Deliktsrechts

1. Welches sind die drei Grundtatbestände der deliktischen Haftung bei eigenem Handeln des Schädigers?

2. Wo ist die Haftung bei Verletzung von Schutzgesetzen geregelt? Was ist unter einem Schutzgesetz zu verstehen?

3. Macht sich ein Autotester durch ein negatives Werturteil („lahme Ente“) schadensersatzpflichtig nach § 824 BGB?

4. Welcher Tatbestand schützt bei Vermögensverlusten infolge vorsätzlicher, sittenwidriger Schädigung?

5. Wie haftet ein Krankenhaus (genauer: der Krankenhausträger, z. B. Gemeinde oder Landkreis) bei Kunstfehlern
a) des Chefarztes?
b) eines Assistenzarztes?

6. Was ist im Fall 5 b) bei der Haftung für den Assistenten besonders zu beachten?

7. Wann haften Eltern für ihre Kinder?

8. Worin besteht der Unterschied zwischen der Tierhalterhaftung eines Landwirts für seinen Hofhund und der Haftung einer alten Dame für ihren Schoßhund?

9. Ist die Haftung für Schäden infolge Gebäudeeinsturzes (§ 836 BGB) ein Fall der Gefährdungshaftung?

10. Nennen Sie einige wichtige Tatbestände der Gefährdungshaftung außerhalb des BGB!

11. In welchen Fällen haben von einem Delikt nur mittelbar betroffene Dritte eigene Ansprüche gegen den Schädiger?

Die wichtigsten Anspruchsnormen des Deliktsrechts (§§ 823 ff. BGB)

Ansprüche des Geschädigten

bei eigenem Handeln des Schädigers:

- **Grundtatbestand § 823 I** ⚠
  Haftung für (rechtswidrige und schuldhafte) **Rechtsgutverletzungen.**
- **§ 823 II** ⚠
  Schadensersatz bei Verletzung von **Schutzgesetzen.**
  Wichtigster Fall: StGB, z.B. §§ 222/229, 242/246, 263, 303.
  (**Sämtliche Voraussetzungen** müssen vorliegen, z.B. Vorsatz bei § 303 StGB, vgl. § 15 StGB!)
- **§ 824**
  Kreditgefährdende **Tatsachenbehauptungen** (nicht: Werturteile!).
- § 825
  Bestimmung zu sexuellen Handlungen
- **§ 826** ⚠
  Haftung für **sittenwidrige Schädigungen**
  (Geschützt wird hier auch das Vermögen!)

Schädigung durch Hilfspersonen:

- **§§ 823 ff., § 31 (89)**
  Haftung juristischer Personen für Organe und verfassungsmäßig berufene Vertreter (=sog. **Organhaftung**)
- ↕ ⚠
- **§ 831**
  Haftung für sog. **Verrichtungsgehilfen**

Schädigung im eigenen Haftungsbereich:

- **§ 832**
  Verletzung der **Aufsichtspflicht**
- **§§ 836 - 838**
  Haftung für **Gebäude**
  (Sonderfall der Verkehrssicherungspflicht, bei der das Verschulden vermutet wird).
- **§§ 833, 834**
  Haftung des Tierhalters und Tieraufsehers
  (Für sog. "Luxustiere" besteht Gefährdungshaftung: Haftung ohne Verschulden, § 833 Satz 1)

Wichtige Tatbestände der **Gefährdungshaftung außerhalb des BGB:**

- **§ 7 StVG** (Kfz-Halter)
- **§ 22 WHG** (Gewässerschäden)
- **§§ 1-3 HaftpflG** (Bahn, Energieversorgung)

Ansprüche Dritter

bei Tötung:

- **§ 844**
  Ersatz der **Beerdigungskosten** sowie Ausgleich für **verlorenen Unterhalt.**

bei Tötung und Körperverletzung:

- § 845
  Ausgleich für **entgangene Dienste**

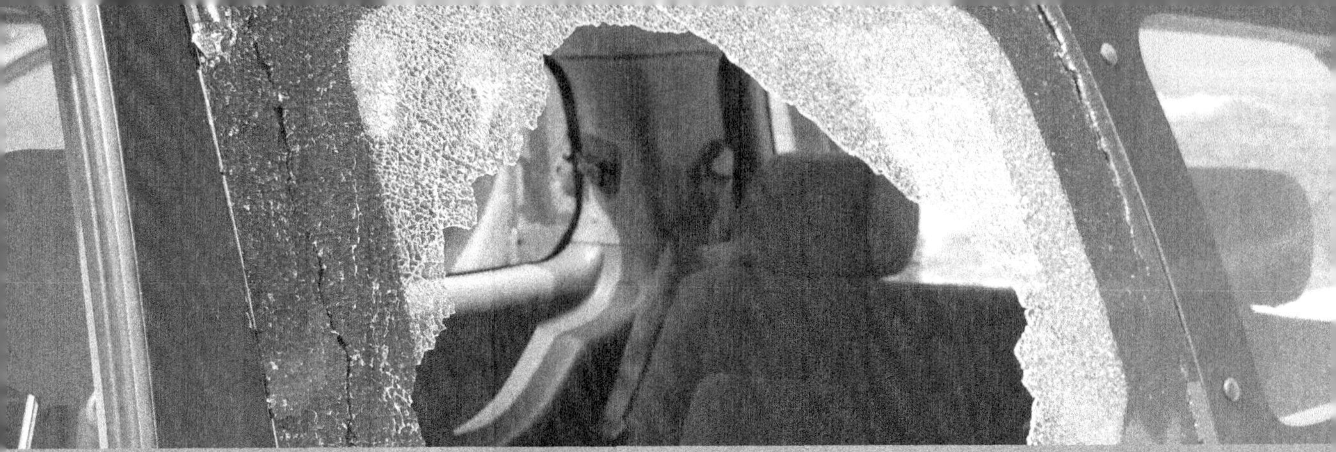

Einheit 11 Die Haftung nach § 823 Abs. 1 BGB

A. Tatbestandsvoraussetzungen und Rechtsfolgen

1. Welche sieben Merkmale sind bei § 823 Abs. 1 BGB zu prüfen?

2. Was bedeutet der Begriff der Rechtsgutverletzung?

3. Einem Mieter wird das Fenster eingeschlagen. Kann er vom Schuldigen Schadensersatz nach § 823 Abs. 1 BGB verlangen?

4. Wodurch unterscheidet sich das Vermögen vom Eigentum? Wie wird es deliktsrechtlich geschützt?

5. Der Hauseigentümer hat verdünnte Salzsäure in einer Bierflasche in der Garage aufbewahrt. Ein Handwerker, der dort etwas reparieren soll, vergreift sich und trinkt aus dieser Flasche. Schwere innere Verbrennungen sind die Folge. Auf Schadensersatz verklagt, wendet der Hauseigentümer ein, er habe ja nichts getan, den Schaden habe sich der Handwerker selber zugefügt. Ist der Einwand berechtigt?

6. Was versteht man unter adäquater Kausalität? Welche Ursachen sind zu weit entfernt liegend und bleiben daher für § 823 BGB außer Betracht?

7. Kann auch ein Unterlassen ursächlich sein?

8. Was bedeutet „Indizierung“ der Rechtswidrigkeit? Welches sind die wichtigsten Rechtfertigungsgründe?

9. Was bedeutet Vorsatz? Wie ist Fahrlässigkeit im Gesetz definiert?

10. Was ist unter haftungsausfüllender Kausalität zu verstehen?

Der Grundtatbestand des § 823 I BGB

1. Rechtsgutverletzung

Neben Körper und Gesundheit kommen als verletzte Rechtsgüter vor allem in Betracht:

Eigentum
- Wird eine **konkrete Sache** in ihrer Gebrauchsfähigkeit eingeschränkt?
  (Abgrenzung zum Vermögen: Dort wird nur die allgemeine wirtschaftliche Situation beeinträchtigt).
- Ist es das **Eigentum des Geschädigten**?
  (Ggf. sind §§ 929 ff., §§ 946 ff. oder §§ 873/925 zu prüfen)

"sonstige Rechte" = **absolute Rechte** (eigentumsähnlich)
z.B. dingliche Rechte, berechtigter Besitz, Namensrecht (§ 12), Gewerbebetrieb, Persönlichkeitsrecht. **Nicht: Vermögen!**

2. Handlung

Manchmal liegt der **Schwerpunkt der Vorwerfbarkeit** in einem **Unterlassen.** Dieses ist nur dann tatbestandsmäßig, wenn eine **Rechtspflicht zum Handeln** besteht. Sie kann sich ergeben aus Gesetz, aus Vertrag oder aus vorangegangenem gefahrbegründendem Tun.

3. Kausalität (haftungsbegründend)

Die Rechtsgutverletzung muss ursächlich auf der Handlung beruhen. Maßstab = sog. **Adäquanz:** Vom Standpunkt eines optimalen Betrachters (oder: **nach der Lebenserfahrung**) ist die **Handlung generell geeignet**, die RGV herbeizuführen.
(Kausalität **bei Unterlassen**: Die RGV wäre **bei pflichtgemäßem Handeln** mit an Sicherheit grenzender Wahrscheinlichkeit **nicht eingetreten**.)

4. Rechtswidrigkeit

Die Rechtswidrigkeit wird **"indiziert".** Gefragt wird nur, ob **Rechtfertigungsgründe** vorliegen:
- **Notwehr** (§ 227 BGB)
- **Notstand** (§ 228, § 904 BGB)
- **Einwilligung des Verletzten**
  (Voraussetzung: ausreichende Aufklärung, z.B. bei Operation)

Bei **Verletzung des Allgemeinen Persönlichkeitsrechts** und bei **Eingriff in den Gewerbebetrieb** wird die Rechtswidrigkeit **nicht indiziert**, sondern muss durch besondere **Interessenabwägung** ermittelt werden.

5. Verschulden

§§ 827 - 829

Voraussetzung für die Haftung ist **Deliktsfähigkeit. Minderjährige** ab 7 Jahren haften nur bei entsprechender **Einsichtsfähigkeit,** § 828 III (**bedingte Deliktsfähigkeit**).

§ 276

Vorsatz = mit Wissen und Wollen

Fahrlässigkeit (§ 276 II)
= Außerachtlassen der im Verkehr erforderlichen Sorgfalt:
- Was war falsch?
- Was wäre richtig gewesen?
- War die Rechtsgutverletzung vorhersehbar?

(RECHTSFOLGE:)

6. Schaden → §§ 249 ff.

Der Geschädigte wird allgemein so gestellt, als wäre das schädigende Ereignis nicht eingetreten. Zum Schadensersatz gehört nach **§ 253 II** auch ein angemessenes **Schmerzensgeld** (aber nur bei erheblichen Verletzungen).

7. Kausalität (haftungsausfüllend)

= Der Schaden muss adäquat-kausale Folge der Rechtsgutverletzung sein.

1. Worauf bezieht sich die sogenannte haftungsbegründende Kausalität? Wofür muss eine Handlung kausal sein, um den Tatbestand des § 823 Abs. 1 BGB zu erfüllen?

2. Müssen im Rahmen des Vorwurfs der Fahrlässigkeit für den Schuldigen alle Folgeschäden vorhersehbar sein?

3. In der juristischen Lehre wird bei der (haftungsbegründenden) Kausalität zwischen Äquivalenz und Adäquanz unterschieden. Was ist darunter zu verstehen?

4. Welche Ursachen bleiben für § 823 BGB als nicht adäquat kausal außer Betracht?

5. Welche Frage betrifft die sogenannte haftungsausfüllende Kausalität? Gehört auch sie zum Tatbestand des § 823 Abs. 1 BGB?

6. Müssen auch die im Rahmen der §§ 249 ff. BGB zu ersetzenden Folgeschäden Rechtsgutverletzungen sein?

7. Bemisst sich die Höhe des Schadensersatzes nach dem Grad des Verschuldens?

8. Unter welchen Umständen scheidet Schadensersatz aus, obwohl eine Rechtsgutverletzung oder ein Folgeschaden, für sich gesehen, adäquat kausales Ergebnis der Handlung ist?

§ 823 I BGB: Rechtsgutverletzung - Kausalität - Schaden

Dieser Bereich gehört zum **Tatbestand** des § 823 I. Nur auf ihn bezieht sich das Verschulden. Bei Fahrlässigkeit ist also Vorhersehbarkeit der RGV erforderlich.

Die Folgeschäden umfassen den Umfang des zu ersetzenden Schadens §§ 249 ff.), sie gehören zur **Rechtsfolge** des § 823 I.

Handlung — führt zur: → **Rechtsgutverletzung** (=Verletzungsschaden="Erstschaden") — zieht nach sich: → **Folgeschäden**

Haftungsbegründende Kausalität

Die Handlung muss nicht unmittelbar zum Schaden führen. Auch weit *entfernt liegende Ursachen wären -im naturwissenschaftlichen Sinne-* kausal, sofern sie nur notwendigerweise zum Schaden beigetragen haben (sog. **Äquivalenz).** Allzu entfernt liegende Ursachen werden jedoch rechtlich nicht als kausal anerkannt **(Adäquanz):** Kausal sind nur solche Handlungen, die "adäquat", d.h. vernünftigerweise, im Rahmen der **Lebenserfahrung** geeignet sind, die Rechtsgutverletzung herbeizuführen.

Haftungsausfüllende Kausalität

Wenn erst einmal ein Schaden an einem Rechtsgut entstanden ist, liegt § 823 *tatbestandsmäßig vor. Dann ist* ***der gesamte "daraus entstehende" Schaden,*** also auch jeder Folgeschaden zu ersetzen. Solche Folgeschäden brauchen keine Rechtsgutverletzungen zu sein, es genügen also **auch Vermögensschäden**. Auf sie braucht sich das **Verschulden nicht zu erstrecken**. Sie müssen also auch nicht vorhersehbar sein: Das geringste Verschulden kann zu Folgeschäden in Millionenhöhe führen:

"Alles-oder-nichts"- Prinzip.

Grenzfall: Ein alter Mann überquert unvorhergesehen und verkehrswidrig die Fahrbahn. Ein Autofahrer will ihm ausweichen und verletzt dabei einen Passanten auf dem Bürgersteig. Kann dieser von dem alten Mann Schadensersatz verlangen?

Grenzfall: Infolge Ansteckung verlängerter Krankenhausaufenthalt des Unfallopfers. Muss auch dafür der Unfallschuldige aufkommen?

Einschränkungen: Normzweck, Allgemeines Lebensrisiko

Trotz vorliegender Kausalität kann Schadensersatz ungerechtfertigt sein: Wenn eine Ersatzleistung nicht vom Normzweck des § 823 gedeckt ist, **wird die Zurechenbarkeit von der h.M. eingeschränkt**. Das ist vor allem dann der Fall, wenn ein Schaden so weit entfernt liegt, dass er zum **allgemeinen Lebensrisiko** des Verletzten gezählt werden muss und **nicht mehr dem typischen Verletzungsrisiko entspricht**.

Beispiele:

1. Bei einem Unfall auf der Autobahn haftet der Unfallschuldige nicht dafür, dass Wartende am Ende der Schlange über die Wiese eines Bauern fahren (haftungsbegründend: Der Schaden des Bauern ist nicht vom Normzweck des unfallverursachenden Delikts gedeckt).
2. Durch einen Krankenhausbrand erleidet das Unfallopfer zusätzliche Verletzungen (haftungsausfüllend: Der Krankenhausbrand muss zum allgemeinen Lebensrisiko gerechnet werden).

1. Welche Bedeutung haben das Recht am Gewerbebetrieb und das Allgemeine Persönlichkeitsrecht im Rahmen des § 823 Abs. 1 BGB? Worauf beruht ihre rechtliche Anerkennung?

2. Das Vermögen ist kein absolutes Recht und daher auch kein „sonstiges Recht" im Sinne von § 823 Abs. 1 BGB. Warum wird das Recht am Unternehmen, obwohl Vermögensbestandteil, dennoch unter § 823 Abs. 1 BGB subsumiert?

3. Führt jede Beeinträchtigung des Unternehmensablaufs zum Schadensersatz?

4. Bei Straßenbauarbeiten wird die Stromzufuhr eines Unternehmens unterbrochen. Kann für den Produktionsausfall Schadensersatz wegen Eingriffs in den Gewerbebetrieb verlangt werden?

5. Woraus wird das Allgemeine Persönlichkeitsrecht abgeleitet? In welchem Verhältnis steht es etwa zur Ehre oder zum Recht am eigenen Bild?

6. Worin liegen die Schwierigkeiten bei Feststellung einer Persönlichkeitsverletzung?

7. Worin liegt der spezielle Rechtfertigungsgrund bei Skandalberichten in der Presse?

8. Was macht eher schadensersatzpflichtig: eine verletzende Meinungsäußerung oder eine unrichtige Tatsachenbehauptung?

9. Eine Fernsehansagerin wurde als „ausgemolkene Ziege" bezeichnet, bei deren Anblick die „Milch sauer" werde. Was kann die in ihrem Persönlichkeitsrecht Verletzte als Schadensersatz verlangen?

10. Einem Politiker wird kurz vor der Wahl eine Stasi-Vergangenheit vorgeworfen. Um seine Wahlchancen zu wahren, beantragt der Betroffene eine einstweilige Verfügung mit dem Ziel, dass diese Behauptungen nicht mehr aufgestellt und verbreitet werden. An Schadensersatz nach § 823 Abs. 1 i. V. m. §§ 249 ff. BGB hat er kein Interesse, weil ein Prozess hier zu lange dauern und die Wiedergutmachung in Form von Geld politisch eher schaden würde. Worauf stützt sich der Anspruch des Politikers auf Erlass der einstweiligen Verfügung?

Recht am Gewerbebetrieb und Allgemeines Persönlichkeitsrecht als "sonstige Rechte"

Das Recht am (eingerichteten und ausgeübten) Gewerbebetrieb und das Allgemeine Persönlichkeitsrecht wurden von der Rechtsprechung entwickelt und sind mittlerweile gewohnheitsrechtlich anerkannt. Bei der Subsumierung unter § 823 I sind einige Besonderheiten zu beachten:

Tatbestand → **Rechtswidrigkeit** - - → **Rechtsfolgen**

Tatbestand

Recht am eingerichteten und ausgeübten Gewerbebetrieb

Ein Unternehmen ist eigentlich nur Bestandteil des Vermögens und somit kein absolutes Recht. Weil es aber eine besondere **Funktionseinheit** bildet, wird es dennoch als "*sonstiges Recht*" anerkannt, wobei **auch freie Berufe** (Arzt, Anwalt) einbezogen werden. Der Schutz nach § 823 I wird aber nur unter einschränkenden **Voraussetzungen** gewährt:

1. **Subsidiarität:** Es darf keine andere, spezielle Rechtsgrundlage vorhanden sein (z.B. §§ 824, 826).
2. **Unmittelbarkeit:** Der Eingriff muss den Betrieb als solchen betreffen, er muss **betriebsbezogen** sein. Daran fehlt es z.B. bei Unterbrechung der Stromzufuhr durch Kurzschluss bei Straßenbauarbeiten.

Allgemeines Persönlichkeitsrecht

Das Allgemeine Persönlichkeitsrecht wird abgeleitet aus Art. 2 GG (freie Entfaltung der Persönlichkeit). Es bildet das **"Quellrecht"** für spezielle Aspekte der Persönlichkeit und erweitert deren Schutz um einen Anspruch auf Schadensersatz aus § 823 I.

Fallgruppen:
1. Verletzung der **Privatsphäre** (z.B. heimliche Bandaufnahmen, Preisgabe von Tagebuchaufzeichnungen, Ausspionieren von PC-Dateien: "Computergrundrecht")
2. Verletzung der **Ehre** (z.B. beleidigende Äußerungen)

Rechtswidrigkeit

⚠

Die Rechtswidrigkeit wird nicht indiziert, sondern muss besonders begründet werden. Dies geschieht durch eine **Güter- und Interessenabwägung**: Auf der einen Seite stehen das Recht am Gewerbebetrieb bzw. das Persönlichkeitsrecht, auf der anderen die Interessen des Verletzers, der sich z.B. auf sein Streikrecht beruft. Bei Skandalberichten in der Presse etwa stehen sich gegenüber:

Meinungsfreiheit (Pressefreiheit): **Art.5 GG** ↔ Persönlichkeitsrecht: **Art. 2 GG**

Ein Angriff ist gerechtfertigt bei **Wahrnehmung berechtigter Interessen** (allgemeiner Grundgedanke, entnommen aus § 193 StGB).

Grundregel: **im Zweifel gerechtfertigt bei Werturteilen,** nicht aber bei unwahren Tatsachenbehauptungen.

Rechtsfolgen

§ 1004 analog

Oft wird es an einem konkreten Schaden fehlen. Bei rechtswidrigen Angriffen durch die Presse etwa geht es in erster Linie darum, weitere Attacken zu verhindern. Hier besteht **bei Wiederholungsgefahr ein Unterlassungsanspruch**: Gewerbebetrieb und Allgemeines Persönlichkeitsrecht werden auch im Rahmen des § 1004 dem Eigentum gleichgestellt.

Der Unterlassungsanspruch erfordert **kein Verschulden**, er ist also leichter durchsetzbar.

(§ 253 II)

Obwohl im BGB nur für Körperverletzungen vorgesehen , wird von der h.M. **auch bei gravierenden Persönlichkeitsverletzungen ein Schmerzensgeld** zugebilligt, wenn anderweitige Genugtuung nicht möglich oder nicht ausreichend ist.

Explosionsgefahr
Bei einem Großbrand auf dem Grundstück der Schlosserei Links, verursacht durch unsachgemäße Schweißarbeiten des Meisters an einem Tank, hatte die Polizei wegen Explosionsgefahr auch das benachbarte Betriebsgelände der Firma Rechts GmbH geräumt. Die Produktion musste für vier Stunden ausgesetzt werden, was einen Verlust von 40.000,- Euro (10.000,- Euro pro Stunde) bedeutet. Nach Beendigung der Explosionsgefahr und nach Aufhebung der polizeilichen Räumung waren für weitere drei Stunden die Zufahrtswege wegen Brandfolgenbeseitigung blockiert, was erneut Einbußen in Höhe von 10.000,- Euro pro Stunde mit sich brachte. Während der gesamten Zeit (sieben Stunden) konnte bei Firma Rechts die Produktion nicht wieder aufgenommen werden. Eindringender termingebundener Auftrag konnte nicht fertiggestellt werden. Dies verpflichtete zur Zahlung einer Vertragsstrafe von 50.000,- Euro. Firma Rechts GmbH verlangt von Firma Links Ersatz ihres Gesamtschadens in Höhe von 120.000 Euro. Mit Recht?

Lösung
Der Anspruch gegen L könnte sich aus **§ ___ Abs. _ BGB** ergeben. Hierbei ist zu unterscheiden zwischen der polizeilichen Räumung wegen Explosionsgefahr (Schaden: 40.000,- Euro) und der späteren Blockierung der Zufahrtswege im Zuge der Brandfolgenbeseitigung.

1. Explosionsgefahr/Polizeiliche Räumung
Durch die Schweißarbeiten und den Großbrand wurde die **Explosionsgefahr** verursacht, was wiederum ad_____-kausal die **polizeiliche Räumung** des Grundstücks der R.-GmbH und den Produktionsausfall zur Folge hatte.

a) Als verletztes ______gut käme das ________ am Grundstück in Frage. Die auf dem Grundstück der Schlosserei L bestehende Explosionsgefahr ist jedoch noch keine substantielle Verletzung des Eigentums der R-GmbH am Nachbargrundstück. Die Räumung erfolgte hoheitlich als Sicherheitsmaßnahme im öffentlichen Interesse.

b) Es könnte ein **„_________ Recht“** verletzt sein. In Betracht käme das Recht am ein___________ und aus_______ **Ge________rieb,** das von der herrschenden Meinung als „sonstiges Recht“ i. S. v. § 823 Abs. 1 BGB anerkannt ist. Ein ________ in den Gewerbebetrieb muss jedoch un______bar, d. h. be________zogen sein. Daran fehlt es. Die Räumung des Grundstücks der R-GmbH ist nur eine mittelbare, durch die Intervention der Polizei entstandene Fernwirkung der unsachgemäßen Schweißarbeiten.

Ein Anspruch aufgrund der hervorgerufenen Explosionsgefahr, d. h. ein Anspruch auf Ersatz der Produktionsverluste während der ersten vier Stunden (40.000,- Euro), besteht daher nicht. Der Schaden wird als reiner **Vermögensschaden** nicht von § 823 Abs. 1 BGB erfasst.

2. Blockierung der Zufahrtswege
Anders ist die Situation nach Beendigung der Explosionsgefahr.

a) Die **Blockierung des Zufahrtswegs wegen Brandfolgenbeseitigung** ist eine Verletzung des _________ (§ 903 BGB) der R.-GmbH an ihrem Grundstück: Der durch die Schweißarbeiten hervorgerufene Großbrand bei Firma Links hätte auch ohne polizeiliche Maßnahmen ad_____-kausal zur Sperrung der Zufahrtsstraße für Räumungsarbeiten geführt. Die dadurch bewirkte Einschränkung der Grundstücksnutzung für die R.-GmbH stellt eine Ver_______ ihres _____tums dar.

b) R______________gründe liegen nicht vor.

c) Die Schweißarbeiten wurden unsachgemäß durchgeführt. Dies bedeutet, dass die im _______ erforderliche ________ außer Acht gelassen wurde, L also fahr____ig handelte (§ ___ Abs. 2 BGB). Der zu ersetzende Schaden umfasst alle aus der Eigentumsverletzung folgenden Vermögensnachteile, wozu nach § ___ BGB der aufgrund des Produktionsausfalls entgangene Gewinn gehört. Auch die aus der Produktionsunterbrechung und der damit verbundenen Verzögerung resultierende Pflicht zur Zahlung der Vertragsstrafe ist im Rahmen der ______erfahrung _______- kausale Folge der Grundstücksblockierung (haft___________ende Kausalität). Somit ist die Rechtsgutverletzung widerrechtlich

Ergebnis: Firma R.-GmbH hat einen Anspruch gegen Firma L auf Zahlung von insgesamt 80.000,- Euro (30.000,- Euro Produktionsausfall für drei Stunden sowie 50.000,- Euro Ersatz für die geschuldete Vertragsstrafe).

Prinz und Prinzessin

Prinzessin Carla von Manooli, eine Persönlichkeit, über die schon mehrfach in der sog. Yellow-Press berichtet wurde, entdeckte bei Durchsicht der Familienillustrierten „Schwarz & Weiß" plötzlich ein Interview, welches angeblich der Chefredakteur und Verleger Prinz persönlich mit ihr geführt haben soll. In dem Interview werden auch Fragen und Antworten zum Privatleben der Prinzessin dargestellt. Die Prinzessin hatte das Interview jedoch nie gegeben. Der Beitrag war vielmehr der freien Erfindung des Chefredakteurs und Verlegers Prinz entsprungen. Kann die Prinzessin von Prinz als dem Verleger der Illustrierten „Schwarz & Weiß" Widerruf des Interviews sowie eine Geldentschädigung verlangen?

Lösung:

1. Widerruf

PvM könnte gegen P ein Anspruch auf Widerruf gem. __ **Abs.** __ **BGB** zustehen.

a) Dann müsste eine **Rechts- oder ________verletzung** erfolgt sein. Der Schutzbereich des allgemeinen ____________ umfasst neben der Individualsphäre, die Privatsphäre sowie die Intimsphäre. Das Interview über das Privatleben stellt einen Eingriff in die ________**sphäre** dar. Die Veröffentlichung des frei erfundenen Interviews stellt tatbestandlich eine Verletzung des Persönlichkeitsrechts dar.

b) Dieser Eingriff war auch __________, denn es ist keinerlei Rechtfertigungsgrund ersichtlich, insbesondere lag kein vorheriges Einverständnis der PvM vor.

c) Die Veröffentlichung des frei erfundenen Interviews über das Privatleben erfolgte auch ____**haft,** nämlich vorsätzlich.

d) Daraus folgt, dass P schadensersatzpflichtig ist und gem. §§ 249 ff BGB den aus der Persönlichkeitsrechtsverletzung entstandenen ________ **ersetzen** muss. Da eine Naturalrestitution nach § 249 Abs. 1 BGB nach Veröffentlichung des Interviews nicht mehr möglich ist, kommt nur ein Widerruf der in der Veröffentlichung des Interviews als solcher liegenden **Tatsachen** ________ in Betracht. Dies kann durch eine Veröffentlichung in einer nächsten „S&W" - Ausgabe geschehen, wobei die Tatsache, dass das Interview frei erfunden war den Lesern mitgeteilt wird.

2. Schmerzensgeld

P könnte ferner wegen der immateriellen Nachteile einen Anspruch auf eine ________ **Entschädigung** in Geld gem. § 823 Abs. 1 BGB i.V.m. **§ __ Abs. 2 BGB** haben.

Voraussetzung dafür ist, dass eines der in § 253 Abs. 2 BGB genannten Rechtsgüter im Sinne des § 823 Abs. 1 BGB verletzt wurde. Da das allgemeine Persönlichkeitsrecht jedoch nicht in § 253 Abs. 2 BGB aufgeführt ist, steht P kein Anspruch auf Schmerzensgeld gem. § 823 Abs. 1 i.V.m. § 253 Abs. 2 BGB zu. Nachdem der Gesetzgeber im Zuge der Schadensersatzrechtsreform 2002 das allgemeine Persönlichkeitsrecht nicht mit in den § 253 Abs. 2 BGB aufgenommen hat, kann die zuvor vom BGH vertretene Analogie (zum früheren § 847 BGB, Schmerzensgeld für schwerwiegende Persönlichkeitsrechtsverletzungen) mangels gesetzlicher Regelungslücke nicht aufrecht erhalten werden.

3. Schadensersatz (medienrechtlicher Schmerzensgeldanspruch)

P könnte schließlich wegen der Verletzung des allgemeinen Persönlichkeitsrechts ein Anspruch auf eine Geldentschädigung gem. § 823 Abs. 1 BGB i.V.m. Art. 1 Abs. 1 und Art. 2 Abs. 1 GG zustehen. **Grundrechte als Teil der objektiven ________ordnung** wirken nicht nur als Abwehrrechte gegen staatliche oder sonst hoheitliche Eingriffe, sondern „strahlen" auch in das ______**recht** ein. Zu einer solchen **mittelbaren ________wirkung der Grundrechte** kommt es durch entsprechende Auslegung der zivilrechtlichen **General________** wie z.B. § 823 Abs. 1 BGB „im Lichte der Grundwerteordnung."

Die PvM ist durch das frei erfundene Interview über ihr Privatleben in schwerwiegender Weise in ihrem Persönlichkeitsrecht verletzt worden. Würde und Ehre als elementare Bestandteile des Persönlichkeitsrechts blieben schutzlos preisgegeben, wenn im Falle einer solchen Verletzung durch unwahre Tatsachenbehauptungen der bloße Widerruf nicht ausreichend wäre und kein Anspruch auf Geldentschädigung bestünde. Der Schutz des allgemeinen Persönlichkeitsrechts gebietet daher aus Gründen der Genugtuung sowie der Vermeidung von unzulässigen Eingriffen die Gewährung einer angemessenen Geldentschädigung, wenn mittels eines Widerrufs - so wie hier - sonst keine ausreichende Beseitigung der Beeinträchtigung des allgemeinen Persönlichkeitsrechts erreicht werden kann.

Ergebnis: PvM kann von P eine Geldentschädigung gem. § 823 Abs. 1 i.V.m. Art. 1 Abs. 1 und Art. 2 Abs. 1 GG verlangen. Die Höhe steht in richterlichem Ermessen (§ 287 ZPO).

1. Zwischen welchen beiden Arten von Äußerungen ist rechtlich bei persönlichkeitsverletzenden Angriffen in erster Linie zu unterscheiden?

2. Was kennzeichnet eine Tatsachenbehauptung?

3. Dürfen unwahre Tatsachenbehauptungen verbreitet werden?

4. Worin liegt die Besonderheit des § 824 BGB?

5. Wodurch sind Werturteile charakterisiert? Worin liegt die Problematik ihrer Bewertung?

6. Bei ehrverletzenden Tatsachenbehauptungen ist der in den §§ 823 ff. BGB vorgesehene Schadensersatz oft nicht die geeignete Rechtsfolge. Wie kann der Angegriffene dann am besten zu seinem Recht kommen?

7. Welches ist der Grundgedanke für die analoge Anwendung des § 1004 BGB bei persönlichkeitsverletzenden Äußerungen?

8. Unter welchen Voraussetzungen kann ein Widerruf verlangt werden?

9. Meist geht es dem Betroffenen darum, für die Zukunft Ruhe zu haben, also Unterlassung zu verlangen. Welche gegenüber einem Widerruf zusätzliche Voraussetzung muss hierfür vorliegen?

10. Was ist der prozessual schnellste und in der Praxis häufigste Weg, einen Unterlassungsanspruch gerichtlich durchzusetzen?

§§ 823 ff. BGB im Meinungskampf

Tatbestand:

Bei der rechtlichen Beurteilung ist zu unterscheiden zwischen Tatsachenbehauptungen und Werturteilen:

§ 823 I / § 824

Tatsachenbehauptungen sind Äußerungen, die **einer Beweisführung zugänglich** sind, die sich also als "wahr" oder "unwahr" beurteilen lassen. Durch sie wird in der Regel ein "*sonstiges Recht*" verletzt (Persönlichkeitsrecht, Recht am Gewerbebetrieb). Sie sind, wenn sie **unwahr** sind, **stets rechtswidrig**: An der Unwahrheit besteht kein berechtigtes Interesse.

Als Spezialnorm gewährt § 824 Schutz bei Kreditgefährdung.

Tatsachenbehauptung ↕ ⚠ **Werturteil**

§ 823 I

Werturteile sind **Meinungsäußerungen**. Sie sind **einem Wahrheitsbeweis nicht zugänglich** und fallen daher nicht unter die Spezialnorm des § 824. Werturteile sind allein nach § 823 Abs. 1 zu beurteilen. Problematisch ist meist die Rechtswidrigkeit: **Im Zweifel sind Werturteile durch die Meinungsfreiheit (Art. 5 GG) gedeckt.**

Die **Rechtswidrigkeit** wird **nicht indiziert**. Es bedarf in jedem Einzelfall einer **Güter- und Interessenabwägung**.

Rechtsfolgen:

Die §§ 823 ff. sehen als Rechtsfolge nur Schadensersatz vor. In drei häufigen Situationen erweist sich aber ein Schadensersatz als untauglich:

1. Dem Verletzten ist kein nachweisbarer Schaden entstanden.
2. Der Verletzte möchte aus Image-Gründen keinen Schadensersatz (=Geld) verlangen
3. Der Verletzte kann das erforderliche Verschulden nicht nachweisen.

§ 1004 analog

Grundgedanke:
Was für Eigentum gilt, soll auch für andere absolute Rechte gelten.
(Lücke im Gesetz)

Beseitigungsanspruch: § 1004 I 1

Bei unwahren Tatsachenbehauptungen richtet sich der Anspruch auf **Widerruf** der Behauptung.
Voraussetzungen:

1. **Beeinträchtigung eines sonstigen Rechts** (APR, Gewerbebetrieb)
2. **Keine Duldungspflicht: § 1004 II**. Die Beeinträchtigung muss also rechtswidrig sein. Davon kann bei unwahren Tatsachenbehauptungen in der Regel ausgegangen werden.

Ein Verschulden ist bei § 1004 nicht erforderlich!

Unterlassungsanspruch: § 1004 I 2

Dieser Anspruch kann neben dem Beseitigungsanspruch bestehen und richtet sich auf künftige Unterlassung der unwahren Behauptung. Er erfordert **zusätzlich Wiederholungsgefahr.** In der Praxis wird diese durch Eine **erfolglose Abmahnung** nachgewiesen.
Der schnellste und einfachste Weg für den Verletzten (z.B. Politiker im Wahlkampf) ist die Durchsetzung des Unterlassungsanspruchs im Wege der **einstweiligen Verfügung** (§§ 935 ff. ZPO).

1. Die Verletzung der allgemeinen Verkehrssicherungspflicht ist ein Tatbestand des Deliktsrechts. Wie lässt er sich unter § 823 Abs. 1 BGB subsumieren?

2. Was wird von einer Gemeinde, die einen Kinderspielplatz angelegt hat, prinzipiell erwartet?

3. An einem Trimm-Dich-Pfad steht das Warnschild: „Benutzung auf eigene Gefahr". Ist dadurch die Haftung ausgeschlossen?

4. Muss bei Verletzung der Verkehrssicherungspflicht der Schadenseintritt vorhersehbar sein? Ist eine Gemeinde verpflichtet, jedes theoretische Risiko durch alle technisch irgendwie möglichen Maßnahmen auszuschalten?

5. Vom reparaturbedürftigen Dach eines Gebäudes fallen Ziegel herunter und beschädigen einen auf der Straße parkenden PKW. Wodurch unterscheidet sich in diesem Fall die spezielle Haftung des Gebäudeeigentümers von der Verletzung der allgemeinen Verkehrssicherungspflicht?

6. Haftet eine Gemeinde für die Einhaltung der Verkehrssicherungspflicht öffentlicher Einrichtungen nach öffentlichem Recht oder nach Privatrecht?

7. Warum haftet eine Gemeinde bei Verletzung ihrer Streupflicht für Straßen nicht nach §§ 823 ff. BGB?

Verkehrssicherungspflichten

Allgemein: § 823 I

Verletzung von Verkehrssicherungspflichten ist im Rahmen des § 823 I ein **Sonderfall des Handelns durch Unterlassen**: Die Rechtsgutverletzung beruht darauf, dass Schutzmaßnahmen nicht getroffen wurden. Bei der **Subsumtion** unter § 823 ergeben sich einige **Besonderheiten:**

§§ 836 - 838

Die Pflicht zur **Gebäudesicherung** ist als **Spezialfall der Verkehrssicherungspflicht** gesondert geregelt.
Voraussetzungen (vgl. § 836 I):
(1) Gebäudeeinsturz, Ablösung von Teilen
(2) Personen- oder Sachschaden
(3) Fehlerhafte Errichtung oder mangelhafte Unterhaltung als Ursache
(4) **Verschulden wird vermutet,** allerdings besteht nach § 836 I 2 eine **Exkulpationsmöglichkeit** (wie bei § 831).

"Handlung" → setzt voraus:

Garantenstellung

= **Eröffnen / Beherrschen einer Gefahrenquelle** (z.B. Treppenhaus, Spielplatz, Schwimmbad, Skipiste)

Daraus folgt:

Garantenpflicht

Es müssen **Schutzvorkehrungen** getroffen werden, Maßnahmen, die zur Gefahrenabwehr erforderlich sind (z.B. Schutzgitter, Aufsichtspersonal).

⚠ **Warnschilder** sind oft notwendig, reichen aber in aller Regel nicht aus. Insbesondere wird durch sie **kein Haftungsausschluss** begründet. Sie haben Bedeutung für ein **eventuelles Mitverschulden** des Geschädigten im Rahmen des § 254.

"Verschulden"

Die Verletzung der Garantenpflicht ist an sich schon Außerachtlassung der im Verkehr erforderlichen Sorgfalt i.S.v. § 276 II.
Subjektiv kommt hinzu:
- Der Schaden muss **vorhersehbar** sein.
- Die Schutzmaßnahmen müssen **zumutbar** sein.

Öffentliche Sachen:

Auch bei öffentlichen Sachen (z.B. Gebäude, öffentliche Einrichtungen) sind **Verkehrssicherungspflichten grundsätzlich zivilrechtlicher Natur.** Auch die öffentliche Hand haftet also nach den §§ 823 ff. BGB.

wichtige Ausnahme:

z.B. § 59 StraßenG/BW, § 49 StraßenG/Brdbg

Die **Streupflicht für Straßen** und öffentliche Wege ist nach den Straßengesetzen der Länder eine Pflicht des öffentlichen Rechts. Sie wird **hoheitlich** wahrgenommen. Haftungsgrundlage sind daher die Normen der Staatshaftung: **Art.34 GG i.V.m. § 839 BGB.**

z.B. § 4 StraßenreinigungsG/Bln

Die **Reinigungspflicht für Gehwege** kann bzw. wird in der Regel **durch Satzung auf die Anlieger abgewälzt**.
Diese haften dann privatrechtlich nach
§ 823 I und
§ 823 II (Satzung=Schutzgesetz)

Eishockey
In der Mehrzweckhalle der Stadt Schlittingen werden auch Eishockeyspiele durchgeführt. Bei einem Lokalderby zwischen den Erzgegnern der Region wurde besonders hart, aber fair gekämpft. Bei einem nur ungenau gezielten Befreiungsschlag des Verteidigers Hiebsch flog der Puck über die 1,25 m hohe Bande der Längswand ins Publikum und traf den Zuschauer Zauner, einen Handelsvertreter, der mit einer Trümmerfraktur des linken Unterkiefers und dreiwöchiger Behandlungszeit noch glimpflich davonkam. Immerhin entstand ihm ein unfallbedingter Schaden in Höhe von 5.000,- Euro (2.000,- Euro ärztliche Behandlung sowie 3.000,- Euro Provisionseinbußen), den er zusammen mit einem Schmerzensgeld von 8.000,- Euro bei der Stadt geltend macht.

Lösung
Der Anspruch könnte sich aus **§ ___ Abs. _ i.V.m. §§ __, __ BGB** ergeben.
Durch den Querschläger erlitt Z eine ______verletzung. Die Verletzungshandlung geht unmittelbar von Hiebsch aus, dieser handelte aber nicht schuldhaft. Für die Stadt, die als __________ Person selbst nicht handeln kann, handeln ihre ______, d.h. Bürgermeister und Gemeinderat (vgl. z.B. § 67 GemO-Brdbg; §§ 20-25 AZG-Bln.; § 42 GemO-BW). Diese haben aber - abgesehen von der Überlassung der Halle - überhaupt nicht gehandelt. Es könnte also nur ein tatbestandsmäßiges Verhalten durch __________ vorliegen, und zwar unter dem Gesichtspunkt einer Verletzung der _______________pflicht.
Die für ein rechtlich relevantes Unterlassen erforderliche ________**stellung** ergibt sich aus der Eröffnung bzw. Unterhaltung einer G________elle. Dies ist bei der Bereitstellung der Halle für Eishokkeyspiele der Fall. Die Stadt ist daher verpflichtet, Maßnahmen zu treffen, die zur Abwehr möglicher Gefahren ge______ und er________ sind. Dies wären zusätzliche Absicherungen auch für die Längsseiten des Spielfeldes, z.B. 80 cm hohe Plexiglaswände oberhalb der Bande, wie sie nach internationalen Eishockeyregeln vorgeschrieben sind. Schutzmaßnahmen dieser Art haben die zuständigen Organe unterlassen, für deren Versäumnisse nach §§ __, __ BGB die Stadt einzutreten hat.
_______________gründe liegen nicht vor.

Auch ein **Ver________** ist zu bejahen. Angesichts der Schwere der Gefahr sind auch kostspielige Maßnahmen zumutbar, ein Schaden dieser Art war auch durchaus vor______bar.
Daher ist der Anspruch des verletzten Zuschauers gegeben. Er umfasst neben den ärztlichen Behandlungskosten nach § 249 Abs. 2 BGB und dem Verdienstausfall (entgangener ______ gem. § ___ BGB) als im_________en Schaden (§ 253 Abs. 2 BGB) auch die Zahlung eines an__________ Sch__________es.
Die Haftung ist nicht ausgeschlossen aus dem Rechtsgedanken eines „Handelns auf eigene Gefahr", d.h. einer stillschweigenden Einwilligung bezüglich eventueller Verletzungsfolgen. Ein solcher vertraglicher Haftungsausschluss kann bei Verletzung von _________________pflichten generell nicht angenommen werden, da es sich um eine Haftung aus vorangegangenem gefahrbegründendem Tun handelt. Ebensowenig kommt ein Mit__________ des Geschädigten (§ 254 Abs. 1 BGB) in Frage, da man ihm nicht vorwerfen kann, sich auf einen Sitzplatz nahe am Spielfeld gesetzt zu haben. Dem Puck auszuweichen wäre nicht möglich gewesen.
Auch bei einem ausdrücklichen vertraglichen Haft_______schluss in Allgemeinen Geschäftsbedingungen würde der Anspruch bestehen; denn abgesehen davon, dass ein Aufdruck auf der Eintrittskarte nicht den Anforderungen des § ___ Abs. 2 BGB an eine wirksame Ein_________ in den Vertrag genügt, verstieße eine solche Freizeichnungsklausel gegen § ___ Abs. _ Nr. 1 BGB: Die Haftung bei Verletzung von Verkehrssicherungspflichten gehört zu den _____gedanken der ______lichen Regelung im Rahmen der §§ 823 ff. BGB. Von diesen abzuweichen, ist eine un__________ Be_________gung i.S.v. § ___ Abs. 1 BGB.

Ergebnis: Der Anspruch des Z besteht daher sowohl dem Grunde als auch der Höhe nach zu Recht.

Betreten der Baustelle verboten

Der selbständige Heizungsbauer Hitzig erhielt den Auftrag, in der Kindertagesstätte Mini eine Heizung einzubauen. Während der Bauarbeiten war der Kita-Betrieb geschlossen. Hitzig beendete seine Arbeiten. Dabei vergaß er ausnahmsweise die Eingangstür zum Gebäude abzuschließen. Eine Stunde später betrat der 11-jährige Robin Meisters das Gebäude durch die unverschlossene Eingangstür, ging zur dortigen Heizungsbaustelle und stürzte dabei vom Erdgeschoss durch den von Hitzig vorgenommenen Deckendurchbruch in das Kellergeschoss, wobei er sich beide Beine brach. Robin verlangt von Hitzig Ersatz der Heilbehandlungskosten sowie Schmerzensgeld in angemessener Höhe. Zu Recht?

Lösung

1. Der Anspruch auf **Schadensersatz** könnte R **gem. § ___ Abs. 1 BGB** zustehen.

Fraglich ist, ob die durch den Beinbruch gegebene Körperverletzung dem Verhalten des H zurechenbar ist.

H hatte es unterlassen, das Kita-Gebäude abzuschließen. Diese **Unter______** kann nur dann ein tatbestandsmäßiges Verhalten nach § 823 Abs. 1 BGB darstellen, wenn den H gegenüber dem verletzten R eine **Rechts_____ zum Handeln** traf. Eine solche Pflicht kann sich aus einer allgemeinen Verkehrssicherungspflicht ergeben. H hat durch die von ihm eingebrachte Heizung während der Dauer der Bauzeit eine mit der betreffenden Baustelle einhergehende _______**quelle** in dem Kita-Gebäude geschaffen und unterhalten. Dennoch hat er an dem Unglückstag das betreffende Gebäude nicht ordnungsgemäß abgeschlossen und somit die Gefahr geschaffen, dass Unbefugte den Baustellenbereich betreten und an dem Deckendurchbruch zu Schaden kommen konnten. H traf damit eine entsprechende ________________**pflicht**.

H müsste die ihn treffende Verkehrssicherungspflicht verletzt haben. Dies ist dann der Fall, wenn er die ihm **möglichen und ________ Maßnahmen** der Absicherung nicht ergriffen hat. Das Verschließen der Baustelle nach der Arbeit wäre zur Absicherung der Gefahrenquelle erforderlich und dem H auch zumutbar gewesen. Da H dies unterlassen hat, liegt eine Verletzung der Verkehrssicherungspflicht vor. Das pflichtwidrige Unterlassen des Abschließens stellt sich daher als ein Verhalten dar, dass den Tatbestand der unerlaubten Handlung erfüllt haben kann.

Dazu müsste das Verhalten des H kausal für die Rechtsgutverletzung gewesen sein. Ein Unterlassen ist kausal im Sinne der **Äqui____**, wenn das gebotene Tun den Verletzungserfolg mit **an Sicherheit grenzender _____________** verhindert hätte. Dies ist zu bejahen, weil R dann nicht durch die unverschlossene Eingangstür zu der Baustelle hätte gelangen und sich in der geschehen Weise verletzen können. Da das Verhalten des H nicht direkt zur Verletzung des R geführt hat, sondern hierfür auch noch das Hinzutreten des eigenen Verhaltens des R nötig war, liegt eine bloß mittelbare Verursachung durch H vor. Daher bedarf es der Feststellung, ob die Verletzung, die auch auf dem eigenen Verhalten des R beruht, dem H als unerlaubte Handlung überhaupt zugerechnet werden kann. Dies ist dann der Fall, wenn die von H verletzte **Norm dem _____** diente, den eingetretenen Verletzungserfolg zu verhindern. Die von H verletzte Pflicht zur ausreichenden Baustellenabsicherung sollte aber gerade vor Verletzungen schützen, die aus der ungesicherten Gefahrenquelle erwachsen konnten. Daher ist der eingetretene Verletzungserfolg dem H zurechenbar. Durch sein Verhalten hat er somit den Tatbestand des § 823 Abs. 1 BGB erfüllt. Da **keine _________sgründe** ersichtlich sind, ist die Verletzungshandlung auch rechtswidrig. Das Verschulden des H ergibt sich daraus, dass er das Verschließen der Gebäudetür trotz der Voraussehbarkeit von Schadenseintritten und der damit gegebenen Vermeidbarkeit unterlassen hat. Dies begründet den **Vorwurf der ________keit** im Sinne von § 276 Abs. 2 BGB.

H muss daher den durch die Verletzung verursachten Schaden des R ersetzen. Er ist dem R zur Zahlung der **Heilbehandlungskosten** gem. § 249 Abs. 2 BGB verpflichtet. Darüber hinaus ist er verpflichtet, dem R ein **angemessenes ______________** zu zahlen, § 253 Abs . 2 BGB.

2. Darüberhinaus ist H dem R gem. § 823 Abs. 2 BGB i.V.m. § 229 StGB wegen der **Schutzgesetz_________** zum Schadensersatz verpflichtet.

Ergebnis: R kann von H unter Berücksichtigung seines Mitverschuldens (§ 254 BGB) Ersatz der Heilbehandlungskosten sowie ein angemessenen Schmerzensgeld verlangen.

Einheit 12 Haftung bei Handeln von Hilfspersonen

A. Haftung für Verrichtungsgehilfen (§ 831 BGB)

1. Welche vier Tatbestandsmerkmale sind bei § 831 BGB zu prüfen?

2. Sind Subunternehmer Verrichtungsgehilfen eines Bauunternehmers?

3. Wodurch unterscheidet sich der Verrichtungsgehilfe des § 831 BGB vom sogenannten Erfüllungsgehilfen im Sinne von § 278 BGB?

4. Haftet ein Bauunternehmer für seinen Subunternehmer vertraglich auf Schadensersatz?

5. Ist § 831 BGB anwendbar, wenn eine GmbH für ihren Geschäftsführer haften soll? (Die GmbH möchte sich gemäß § 831 Abs. 1 Satz 2 BGB exkulpieren, um einer Haftung zu entgehen)

6. Warum braucht im Rahmen des § 831 BGB der Verrichtungsgehilfe nicht schuldhaft zu handeln?

7. Ein Arbeiter verlegt eine Antennenleitung im Schlafzimmer reicher Leute. Dabei lässt er wertvolle Schmuckstücke mitgehen. Warum scheidet hier eine Haftung des Geschäftsherrn nach § 831 BGB aus?

8. Was bedeutet die sogenannte Exkulpation für die Haftung nach § 831 BGB?

9. Was muss der Geschäftsherr beweisen, um sich exkulpieren zu können?

Haftung für Verrichtungsgehilfen: § 831 BGB

1. Verrichtungsgehilfe

Verrichtungsgehilfe ist, wer mit Wissen und Wollen des Geschäftsherrn *"zu einer Verrichtung bestellt"*, d.h. auch **im Detail weisungsgebunden** ist, zum Beispiel Ladenangestellte, nicht aber Lieferanten, (Sub-)Unternehmer oder Spediteure.

Bei Mitarbeitern im mittleren und höheren Management kommt es darauf an, wie groß ihr Freiraum ist, bzw. in welchem Maß sie auch im Einzelfall weisungsgebunden sind.

⚠

§§ 31, 89: Organhaftung

Für Repräsentanten juristischer Personen, die nicht weisungsgebunden sind, sondern ihrerseits Weisungen erteilen, bringen die §§ 31, 89 (in Verbindung mit §§ 823 ff.) eine Spezialregelung. Hier ist Exkulpation nicht möglich.

§ 278: Erfüllungsgehilfen

Hier handelt es sich um das Gegenstück zu § 831 **bei vertraglicher Haftung**.
Unterschiede:
- § 278 ist **keine eigene Anspruchsgrundlage**, sondern Zurechnungsnorm bezüglich des Verschuldens (§ 276).
- Der **Erfüllungsgehilfe muss schuldhaft handeln**.
- Der Erfüllungsgehilfe braucht **nicht weisungsgebunden sein**.
- Bei § 278 ist **keine Exkulpation möglich**.

2. Delikt des VGeh

Die Handlung des Verrichtungsgehilfen muss **tatbestandsmäßig und rechtswidrig** im Sinne von §§ 823 - 826 sein *("widerrechtlich")*. **Ein Verschulden des Verrichtungsgehilfen ist nicht erforderlich:** Der Geschäftsherr haftet für eigenes -vermutetes- Verschulden, siehe unter Punkt 4. Besteht das Delikt aber -bei § 823 II- in einem Straftatbestand oder in einer sittenwidrigen Schädigung nach § 826, so muss auch im Rahmen von § 831 das entsprechende Verschulden des Verrichtungsgehilfen vorliegen.

3. "in Ausführung"

Hier ist zu Handlungen abzugrenzen, die nur **"bei Gelegenheit"** begangen werden.
Beispiel: Der Handwerker lässt während der Reparatur beim Kunden ein Schmuckstück "mitgehen".

4. Keine Exkulpation

⚠

§ 831 I 2

Beim Geschäftsherrn wird Verschulden vermutet. Er hat aber die Möglichkeit, sich durch einen **Entlastungsbeweis** von der Haftung zu befreien, wenn er bei Auswahl, Ausstattung und Überwachung seines Gehilfen die erforderliche Sorgfalt beachtet hat.

§ 840 I

Bei schuldhaftem Verhalten **haftet** der Verrichtungsgehilfe **auch persönlich**, und zwar neben dem Geschäftsherrn **als Gesamtschuldner** (§§ 421 ff.).

Dachschaden

Firma Hausmann ließ im Juni 2005 das Dach ihres Verwaltungsgebäudes neu decken. Mit den Arbeiten wurde die bekannte und bewährte Firma Dagobert Deck beauftragt.
Zum Annageln der Dachlatten wurde der Arbeiter Ferdi Flachmann eingesetzt. Da es August und somit Ferienzeit war, kam es vor, dass F gelegentlich allein auf der Baustelle blieb. So kam es auch, dass er eines heißen Nachmittags nach dem Genuss einiger Flaschen Bier den Hammer etwas zu sorglos schwang und nicht alle Nägel im richtigen Winkel einschlug, so dass einige Dachlatten nur recht lose befestigt waren. Dies konnte indes bei der späteren Bauabnahme nicht festgestellt werden und wurde erst offenkundig, als sich Ende März 2006 bei einem schweren Frühlingssturm einige Dachziegel lösten und auf die Straße fielen. Glücklicherweise wurde kein Passant verletzt, sondern nur der am Straßenrand parkende Pkw der Fahrschule Erwin Eigner.

Die ganze Zeit bemühte sich E, bei F bzw. Firma D zu seinem Recht zu kommen. Der Wohnsitz des F konnte erst im November 2008 ermittelt werden; F war schon lange bei Firma D ausgeschieden und ist seitdem arbeitslos. Firma D hatte, als E im Mai 2006 Schadensersatz verlangte, sich geweigert zu zahlen: Als Facharbeiter habe F eine so leichte Arbeit auch ohne spezielle Kontrolle durchführen können (F war zur damaligen Zeit seit zwei Monaten bei Firma D beschäftigt. Im Zeugnis seines früheren Arbeitgebers hatte es geheißen, er sei ein „heiterer und beliebter Mitarbeiter", der „stets bemüht" gewesen sei, seinen Pflichten nachzukommen). Auch auf eine erneute Geltendmachung von Schadensersatzansprüchen im Februar 2009 reagierte Firma D ablehnend.
Ein juristisch vorgebildeter Freund warnt den E im März 2009, knapp drei Jahre nach dem Schaden, vor einer möglichen Verjährung und empfiehlt, entsprechende rechtliche Maßnahmen zu ergreifen. Was raten Sie E zu tun?

Lösung

1. Ansprüche gegen F

a) Mangels vertraglicher Beziehungen kommen für E als Anspruchsgrundlage nur de_____sche Ansprüche in Frage. Ein Schadensersatzanspruch gegen F ergibt sich aus § ___ Abs. 1 BGB. Durch die ungenügende Befestigung der Dachlatten hat F die(________- kausale) Ursache dafür gesetzt, dass sich durch den Sturm die Ziegel lösten und beim Herabfallen das ________ des E beschädigten. Rechtfertigungsgründe liegen nicht vor. F handelte also auch widerrechtlich.
F handelte fahrlässig (§ ___ Abs. 2 BGB). Von einem ordentlichen Dachdecker ist korrekte Arbeit zu erwarten. Darüber hinaus ist F vorzuwerfen, bei der Arbeit zuviel Bier getrunken zu haben.

b) Der Anspruch gegen F könnte sich auch aus **§ ___ Abs. 2 BGB i.V.m. § ___ StGB** ergeben. Dieser Anspruch scheidet jedoch aus, weil Sachbeschädigung gem. § **15** StGB nur bei Vorsatz strafbar ist. Mangels Strafbarkeit scheidet eine Anwendung des § ___ Abs. 2 BGB aus.

2. Ansprüche gegen Firma D

Da F arbeitslos ist, wird ein Anspruch gegen ihn kaum durchsetzbar sein. Daher ist E zu raten, sich an Firma D zu halten. Ein Schadensersatzanspruch gegen Firma D könnte sich aus **§ ___ BGB** ergeben.

F war von Firma D zum Anbringen der Dachlatten beordert worden, handelte also als sozial abhängiger und _______gebundener Ver____________hilfe im Sinne dieser Vorschrift. In Aus_______ seiner Verrichtung -nicht nur bei Ge____heit- beging er tat_________mäßig und _____rechtlich ein Delikt i. S. v. § 823 Abs. 1 BGB (siehe oben zu 1). Ein Verschulden des Verrichtungsgehilfen wäre für § 831 BGB nicht erforderlich. Somit sind die Grundvoraussetzungen einer Haftung nach § ___ BGB gegeben.

Gemäß § 831 Abs. _ Satz _ BGB könnte sich Firma D möglicherweise ex____ieren. Ihre Haftung wäre also ausgeschlossen, wenn sie bei Aus____ oder bei Über_______ des F die im Verkehr erforderliche Sorgfalt beachtet hätte. Ein solcher Ent________beweis kann ihr im vorliegenden Fall aber nicht gelingen: Zum einen könnte schon generell ein Überwachungsverschulden darin gesehen werden, einen so neuen Mitarbeiter wie F allein arbeiten zu lassen; zum anderen zeigen die Formulierungen im Zeugnis, dass F durchaus nicht der zuverlässigste ist. Nach einem üblichen und unter Arbeitgebern durchaus bekannten „Code" bedeutet die Bezeichnung eines Mitarbeiters als „heiter" oder „beliebt", dass seine Arbeitsmoral zu wünschen übrig lässt und er dem Alkohol („heiter") und auch dem Flirten („beliebt") durchaus nicht ablehnend gegenübersteht. Und dass er „bemüht" war, seinen Pflichten nachzukommen, weist darauf hin, dass er den an ihn gestellten Anforderungen eben nicht immer genügte.

Daher haftet Firma D auf Schadensersatz, und zwar gem. § **840** Abs. 1 BGB als ______schuldner (§§ ___ ff. BGB) neben F.

3. Ansprüche gegen Firma H

a) Ein Anspruch gegen Firma H könnte sich ebenfalls aus **§ ___ BGB** ergeben. Dies wäre dann der Fall, wenn Firma D, die ja für ihren ____________ gehilfen F haftet, ihrerseits als ____________gehilfe ihrer Auftraggeberin, Firma H, anzusehen wäre. Dies ist jedoch nicht der Fall; denn Firma D ist als selbständiges Unternehmen nicht ______ abhängig und ________gebunden.

b) Ein Anspruch gegen Firma H könnte sich auch aus der Spezialnorm des **§ ___ Abs. 1 BGB** ergeben. Der Schaden am Eigentum des E entstand durch herabfallende Dachziegel, also durch Ab______ von ______ des Gebäudes. Da dies auch Folge ______hafter Errichtung ist, würde Firma H nach § 836 Abs. 1 Satz 1 BGB für den entstehenden Schaden haften.

Nach § 836 Abs. 1 Satz 2 BGB ist jedoch die Ersatzpflicht ausgeschlossen, wenn der Gebäudebesitzer (Firma H) zum Zwecke der Ab____ung der ______ die im Verkehr erforderliche Sorgfalt beachtet hat. Dies muss man hier annehmen; denn mehr als ein zuverlässiges Unternehmen zu beauftragen, kann man von einem Hauseigentümer nicht verlangen. Ansprüche gegen Firma H bestehen daher nicht.

4. Verjährung

Die Ansprüche gegen F und Fa. D könnten inzwischen verjährt sein. Beide könnten nach § 214 Abs. 1 BGB die Ein____ der Verjährung erheben. Weil die **§§ ___ ff. BGB** keine speziellen Verjährungsfristen vorsehen, verjähren deliktische Ansprüche nach der Regelfrist des § ___ BGB in drei Jahren. Die Frist beginnt nach § ___ Abs. 1 Nr. 1 BGB mit _______ung des Anspruchs (bei § 823 BGB also mit der Rechtsgutverletzung, d. h. März 2006) sowie nach § 199 Abs. 1 Nr. 2 BGB mit ________ von Schaden und Schädiger.

a) Die Adresse von F wurde E erst im November 2008 bekannt. Da die Anschrift des Schädigers zur „Kenntnis" i. S. v. § 199 Abs. 1 Nr. 2 BGB gehört, begann gegen F die Verjährungsfrist erst mit Jahresende 2008. Die ___jährige Verjährung tritt also erst am 31.12.20__ ein. Zur Zeit sind gegen F keine weiteren Maßnahmen erforderlich.

b) Die Verjährungsfrist der Ansprüche des E gegen Firma D begann schon Ende 20__ zu laufen, da die Adresse der Firma D dem E spätestens im Mai 2006 bekannt war. Die Verjährung tritt also am 31.12.20__ ein. Um die Durchsetzbarkeit von Ansprüchen zu sichern, müsste E, da Firma D sich nach wie vor weigert zu zahlen, noch im Jahr 2009 den Ablauf der Verjährungsfrist durch Neu______ oder He___ng beeinflussen. Hier käme nach § 204 Abs. 1 Nr. 1 BGB die Er______ einer _____ (§ 253 ZPO) oder, weil es sich um eine Geldforderung handelt, als billigere Lösung (Gerichtskostenvorschuss nur die halbe Gebühr) die Zustellung eines ____bescheides (§ ___ Abs. 1 Nr. 3 BGB) in Betracht.

Einheit 12 B
Staatshaftung (Art. 34 GG i. V. m. § 839 BGB)

1. Welche fünf Tatbestandsvoraussetzungen begründen die Staatshaftung nach Art. 34 GG in Verbindung mit § 839 BGB?

2. Wie haften juristische Personen des öffentlichen Rechts und ihre Bediensteten bei fiskalischer Tätigkeit?

3. Warum haftet der Staat auch für hoheitliches Handeln von Angestellten, obwohl § 839 BGB nur von Beamten spricht?

4. Was bedeutet Subsidiarität der Staatshaftung? Wann kann sich der Staat darauf berufen?

5. In welchem Bereich ist dem Staat nach der Rechtsprechung die Berufung auf die Subsidiaritätsklausel verwehrt? Für wen vor allem ergeben sich daraus Vorteile?

6. Kann einem Richter Verletzung seiner Amtspflicht vorgeworfen werden, wenn er in einem Urteil grob fahrlässig einen entscheidenden Paragraphen übersieht?

7. Durch eine eindeutig fehlerhafte Baugenehmigung erleidet der Nachbar einen Schaden. Er hält es für das Einfachste und Schnellste, sofort von der Stadt Schadensersatz wegen Amtspflichtverletzung zu verlangen. Warum wird ihm der Anspruch verweigert, obwohl die Voraussetzungen einer Staatshaftung eigentlich vorliegen?

8. Wer haftet bei Vorliegen einer (hoheitlich begangenen) Amtspflichtverletzung?

9. Haftet (auch) der Beamte persönlich? Wie verhält es sich bei Angestellten?

10. Unter welchen Voraussetzungen kann der handelnde Beamte oder Angestellte in Regress genommen werden?

Staatshaftung: Art. 34 GG i.V.m. § 839 BGB

Voraussetzungen:

Art. 34 Satz 1: " ...*öffentlichen* Amtes..."

1. Hoheitliches Handeln

Bei fiskalischem Handeln haftet der Staat nur über **§§ 31, 89** bzw. nach **§ 831**. Daneben besteht eine **Eigenhaftung:**
- Beamte: § 839 (mit Subsidiaritätsprivileg: § 839 I 2!)
- Angestellte / Arbeiter: §§ 823 ff.

2. Handelnder ="Amtswalter"

⚠ Maßgeblich ist hier der sog. **haftungsrechtliche Beamtenbegriff**: Auch Angestellte und Arbeiter, ebenso beliehene Unternehmer, fallen darunter, sofern sie hoheitlich tätig sind.
(**vgl. Art.34 GG: *"jemand"***)

3. Amtspflicht verletzt

Die Amtspflicht muss gerade dem Geschädigten (***"einem Dritten"***) **gegenüber** bestehen. Sie muss begangen sein ***in Ausübung*** des öffentlichen Amtes (nicht nur "bei Gelegenheit").

4. Verschulden → **§ 276 BGB**

5. Schaden → **§§ 249 ff. BGB**

Ausnahmen:

⚠ **§ 839 I 2: "Subsidiaritätsklausel"**

Der Staat haftet bei fahrlässigem Handeln nur dann, wenn für den Geschädigten **kein anderweitiger Ersatzanspruch** besteht. Dieser Anspruch muss sein:
- **gleichwertig,** d.h. auf dasselbe Interesse gerichtet (z.B. nicht Lebensversicherung bei Tötung)
- **durchsetzbar** (z.B. nicht bei Verjährung)
- **gegen Außenstehende gerichtet** (also nicht sonstige Ansprüche gegen die öffentliche Hand).

Diese Subsidiaritätsklausel wird zunehmend als antiquiert erachtet. Ihr Zweck ist nicht, dem Staat (der ja haftender Schädiger ist) das Haftungsrisiko abzunehmen. So werden von der Rspr. vor allem Versicherungsleistungen (z.B. Kranken- oder Kaskoversicherung bei Unfällen) nicht als anderweitiger Ersatz anerkannt. Die Versicherung kann also den Staat über § 67 VVG in Regress nehmen.

§ 839 II ("Richterprivileg")

Für Amtspflichtverletzungen von Richtern haftet der Staat **nur bei Straftaten**, z.B. bei Rechtsbeugung (§ 339 StGB).

§ 839 III

Hat sich der Betroffene gegen das pflichtwidrige Handeln (Beispiel: rechtswidrige Baugenehmigung für Nachbarn) **nicht durch Rechtsmittel gewehrt**, verliert er seinen Schadensersatzanspruch.

Rechtsfolge:

Art. 34 GG

Haftung des Staates (genauer: der Anstellungskörperschaft) auf Schadensersatz, bei erheblicher Körperverletzung **auch Schmerzensgeld:** § 253 II

Keine Eigenhaftung des Beamten nach außen! Es haftet allein der Staat (Art. 34 GG: *"grundsätzlich"*). Unter Umständen kann der Handelnde **intern** in **Regress** genommen werden:

Art. 34 Satz 2 GG

Der Regress ist **nur bei Vorsatz und grober Fahrlässigkeit** vorgesehen, § 48 S. 1 BeamtStG.

Da bei hoheitlicher Tätigkeit der haftungsrechtliche Beamtenbegriff maßgeblich ist ("*jemand*"), gilt für den Regress gegenüber **Angestellten** und **Arbeitern** der gleiche Haftungsmaßstab .

Völkerball

Der 19jährige Fähnleinführer Friedrich Frischmann (F) war mit seiner Pfadfindergruppe (sechs Jungen im Alter von 12 bis 14 Jahren) auf Tour. Es war Sonntagnachmittag nach einer angenehmen Wanderstrecke, die Zelte waren aufgeschlagen, und F wollte sich etwas ausruhen. Es kam ihm also durchaus nicht ungelegen, als die Jungen noch für eine Stunde zum Erkunden des neuen Standorts (den F schon kannte) und zum Ballspielen weggehen wollten. F bat sie, aufzupassen, sich nicht zu weit zu entfernen und pünktlich zum Essenmachen wiederzukommen.

An einem nahe gelegenen Platz, an den direkt ein Haus angrenzte, spielten die Jungen Völkerball. Siggi Sturm (S), der größte und älteste der Gruppen, war am Zug: Er trieb den 12jährigen Karli Klein (K) in eine Ecke des Feldes nahe der Hauswand, zielte gut und traf sein Opfer an dessen günstigstem, weil ungefährlichstem, aber edelstem Körperteil. Von dort prallte der Ball ab und setzte seinen Flug fort: Zunächst durchschlug er ein Fenster im Hochparterre des angrenzenden Hauses und warf dann im Inneren ein Glas um. Das Fenster gehörte zur Praxis von Dr. med. Atzmann, die dieser vom Hauseigentümer Eigner gemietet hatte. In dem Glas (Wert 50 Cent) befand sich eine Urinprobe des Patienten Paulsen (P).

Der Zwischenfall hatte zur Folge, dass eine neue Fensterscheibe (100,- Euro) eingesetzt werden, die Putzfrau des Arztes den Laborraum für 15,- Euro gründlich von Splittern befreien und der Patient Paulsen nochmals mit einer Urinprobe aus der Nachbarstadt herkommen musste, was ihn 20,- Euro kostete. Wie ist die Rechtslage?

Lösung

I. ANSPRÜCHE DES DR. A

1. Ansprüche gegen S

a) Ein Anspruch könnte sich aus **§ ___ Abs. _ BGB** ergeben.

(1) S könnte das Eigentum oder ein sonstiges Recht verletzt haben.

Das Rechtsgut **Eigentum** ist nur bezüglich des **Uringlases** verletzt. Das **Fenster** und die gemieteten Räume gehörten als wesentliche Bestandteile des Grundstücks bzw. des Gebäudes (§ 94 BGB) dem Vermieter, bei Dr. A wurde also insoweit kein ________ (§ 903 BGB) verletzt. Als Mieter hat er lediglich ______ (§ 854 BGB) an den Praxisräumen. Der (berechtigte) Besitz ist - wegen des dinglichen Schutzes aus §§ 861, 862 BGB – aber als „_________ *Recht*" im Sinne von § 823 Abs. 1 BGB anerkannt. Das zerbrochene Fenster und die Splitter am Boden stellen somit eine Bes_______etzung an den gemieteten Praxisräumen dar.

(2) Die Verletzungs________ liegt im Ballwerfen des S. Fraglich könnte sein, ob diese auch ______ war, da die Wurfbahn so ja nicht geplant war. Kausal im Sinne der sogenannten ________ ist eine Handlung dann, wenn sie nach der Lebe_______rung geeignet war, die eingetretene Recht___________ung herbeizuführen. Dies kann hier angenommen werden. Völkerballspielen bringt es mit sich, dass gerade die gut gezielten Bälle von den getroffenen Personen abprallen und in anderer Richtung weiterfliegen. Dass ein abprallender Ball außerhalb des Spielfeldes gerät und eine Scheibe durchschlägt, wenn in der Nähe eines Hauses gespielt wird, ist ebenfalls nahe liegend und entspricht der Lebenserfahrung.

(3) Die Tatbestandsmäßigkeit in____ert die Widerrechtlichkeit. _______________gründe liegen nicht vor.

(4) S handelte __________ im Sinne von § ___ Abs. _ BGB. Er hätte wissen müssen, dass das Ballspielen so nahe vor dem Haus riskant war. Da man diese Einsicht von einem 14Jährigen durchaus erwarten kann, ist S für sein Verhalten gemäß § ___ Abs. 3 auch verantwortlich (_______fähigkeit).

(5) Der zu ersetzende Schaden (§§ ___ ff. BGB) umfasst bei Fenster und Splitter im Labor nicht den Sachwert, sondern lediglich den Wert des daran bestehenden ________ (§ 854 BGB). Die Kosten für den Einbau einer neuen Scheibe stehen als Sachschaden an der Substanz allein dem Eigentümer E zu (dazu siehe unten II.). Der Schaden des Dr. A wegen des zerbrochenen Fensters besteht nur hinsichtlich des gemieteten Laborraums. Zu ersetzen ist der Wert des Besitzes an diesem Raum, d.h. die Kosten für die Wiederherstellung seiner Nutzbarkeit. Dies sind die Kosten für die Reinigung in Höhe von 15,- Euro. Diesen Betrag kann Dr. A als Besitzer (Mieter) von S verlangen. Sein Schaden als Eigentümer besteht nur an dem zerbrochenen Uringlas. Da __________stellung (§ 249 Abs. 1 BGB) nicht möglich ist, muss nach § ___ Abs. 1 BGB der ____ des Glases in Höhe von 0,50 Euro ersetzt werden. Insgesamt beziffert sich der Anspruch des Dr. A gegen S aus § ___ Abs. 1 BGB also auf 15,50 Euro.

b) Der Anspruch könnte sich ferner aus **§ ___ Abs. _ BGB in Verbindung mit § ___ StGB** ergeben.
Bei der „fremden beweglichen Sache" müsste es sich um eine Dr. A gehörende Sache handeln; denn geschütztes Rechtsgut ist bei Sachbeschädigung das ________, nicht aber der ______. Wie oben dargelegt, besteht eine Eigentumsverletzung nur in Bezug auf das Uringlas.
Ein Anspruch nach § 823 Abs. 2 BGB setzt die Ver_______ eines dem Schutz eines anderen dienenden Gesetzes voraus. § 303 StGB ist ein solches Schutzgesetz. Wie sich aber aus § __ StGB ergibt, ist Sachbeschädigung nur bei _______ strafbar. S handelte aber nur __________. Abgesehen davon ist er nach § __ StGB noch nicht _____ mündig. Daher hat er gegen das Schutzgesetz des § 303 StGB (mangels subjektivem Tatbestand) nicht *„verstoßen"*, so dass ein Anspruch aus § 823 Abs. 2 BGB nicht gegeben ist.

2. Ansprüche gegen F

Ein Anspruch gegen F könnte sich nur aus **§ ___ Abs. 2 BGB** ergeben.
F hat durch _______ (§§ 145 ff. BGB), nämlich dadurch, dass ihm die Eltern ihre Söhne anvertraut haben, die Führung der Aufsicht über die jungen Pfadfinder übernommen und haftet dann, wenn er seine _________pflicht verletzt. Ob das der Fall ist, kann aufgrund der Gegebenheiten des Sachverhalts zweifelhaft sein. Zwar handelt es sich um eine für die Jungen fremde Ortschaft, dennoch wird man wohl nicht verlangen können, dass F seinen Schutzbefohlenen auf Schritt und Tritt folgt, vor allem nicht bei Jugendlichen in diesem Alter, die obendrein noch Pfadfinder sind. Ihnen muss ein gewisser Freiraum gelassen werden. Es reicht aus, dass F die Umgebung als ungefährlich kennt. Den Umstand, dass er die Jungen ohne Aufsicht Ball spielen lässt, wird man ihm nicht vorwerfen können. Daher scheidet eine Haftung des F aus.
(Wer eine Verletzung der Aufsichtspflicht befürwortet -was durchaus vertretbar wäre-, müsste die Entscheidung treffen, ob die allgemeinen Verhaltensanweisungen des F für eine Exkulpation nach § 832 Abs. _ Satz _ BGB ausreichen).

3. Ansprüche gegen K

Gegen K bestehen keine Ansprüche. Es fehlt an einer **Handlung** im Rechtssinne (physisch bewusstes, gesteuertes Verhalten), weil der Ball nur von seinem Körper abgeprallt war.

II. ANSPRÜCHE DES E

1. Ansprüche gegen S

a) Ein Anspruch des E gegen S ergibt sich aus **§ ___ Abs. 1 BGB.** Die Zerstörung der Fensterscheibe war Verletzung seines _________ (§ 903 BGB), für die S unter denselben Voraussetzungen wie oben zu I.1a haftet.
Der zu ersetzende Schaden besteht nach § ___ Abs. 2 BGB in der Zahlung des zur Herstellung erforderlichen Betrages, also 100,-Euro (Es handelt sich hier nicht um einen Fall von § 251 BGB: Zwar ist die Scheibe irreparabel zerstört, aber vom Gebrauchswert her geht es ja um die Wiederherstellung des Fensters und die Beseitigung der Splitter).
b) Für einen Anspruch aus **§ 823 Abs. _ BGB i.V.m. § ___ StGB** fehlt es wie oben zu I.1b am ______tiven Tatbestand.

2. Ansprüche gegen F und K

Ansprüche des E scheiden aus denselben Gründen wie Ansprüche des Dr. A (siehe oben I.2 und I.3) aus.

III. ANSPRÜCHE DES P

Ebenso wie bei Dr. A und E könnten sich Ansprüche des P nur gegen S aus § ___ Abs. 1 BGB ergeben.
Der Schaden, den S dadurch erleidet, dass er nochmals eine Urinprobe abgeben muss, ist eigentlich nur ein Vermögensschaden, der als Re_______ letzung (im Sinne eines *„____schadens"*) nicht in Betracht käme; denn das Vermögen ist weder ________ noch ein *„_________ Recht"*. Weil aber der Urin als dem Patienten gehörende **Sache** (§ 90 BGB) anzusehen ist (ebenso wie etwa gespendetes Blut), handelt es sich um eine Eigentumsverletzung (Körperverletzung scheidet aus, weil der Urin „ausgeschieden" und somit nicht mehr Bestandteil des Körpers ist).
Vermögensnachteile, die durch den Verlust der ersten Urinprobe und das dadurch bedingte Beibringen neuen Urins entstehen, sind als F_______ äden einer Rechtsgutverletzung nach § ___ Abs. 2 BGB zu ersetzen. Für den verlorenen Urin selbst kann P keinen Schadensersatz verlangen, weil Urin keinen materiellen Wert hat. Wohl aber steht P ein Anspruch auf Ersatz der 20,- Euro für seine zusätzlichen Aufwendungen als _____schaden der Eigentumsverletzung (am verschütteten Urin) zu. Ein eventueller Verdienstausfall wäre nach § 251 BGB (Arbeitnehmer) bzw. bei Selbständigen nach § 252 BGB zu ersetzen.

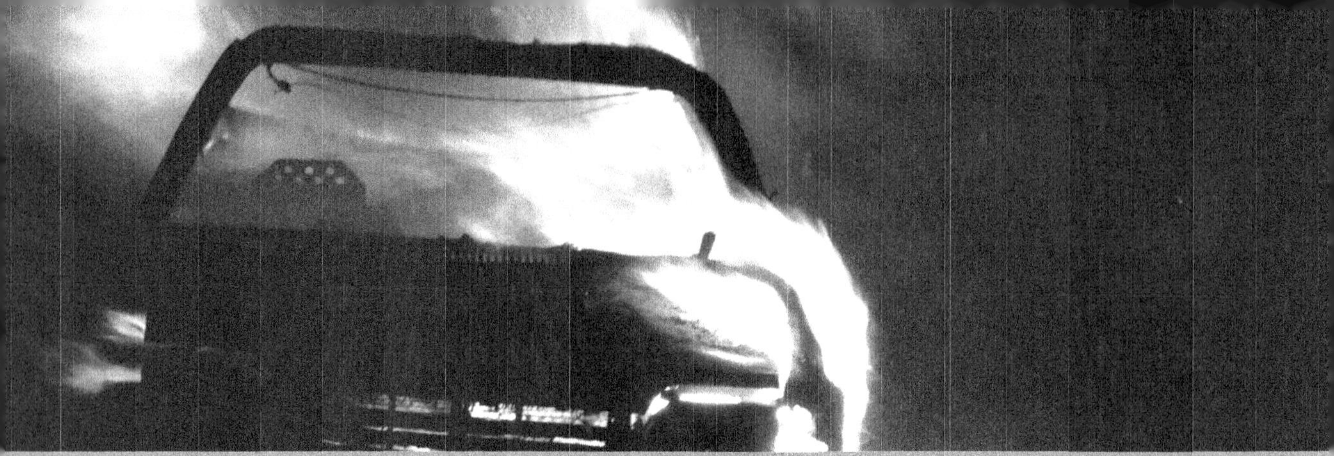

Einheit 13 Verschuldens- und Gefährdungshaftung

A. Grundlagen und Besonderheiten

1. Was bedeutet der Grundsatz der Verschuldenshaftung?

2. Was versteht man in § 276 BGB unter Vorsatz, was unter Fahrlässigkeit?

3. Was rechtfertigt bei der Gefährdungshaftung die Ausnahme vom Verschuldensprinzip?

4. Die praktisch häufigsten und wichtigsten Rechtsgrundlagen für die Gefährdungshaftung sind das StVG, das HaftpflG und das WHG. Welche Risikobereiche werden durch sie abgedeckt?

5. Inwiefern wird dem Ausnahmecharakter der Gefährdungshaftung beim Schadensumfang Rechnung getragen?

6. Wann kann bei der Gefährdungshaftung ein Haftungsausschluss in Frage kommen?

7. Was versteht man unter einem „unabwendbaren Ereignis“? Wofür ist dieser Begriff von Bedeutung?

8. Was bedeutet der Begriff „höhere Gewalt“ (z. B. in § 7 Abs. 2 StVG, § 22 Abs. 2 Satz 2 WHG)?

9. In welchen vier Fällen gibt es keinerlei Haftungsausschluss, so dass also auch bei höherer Gewalt gehaftet wird?

Verschuldens- und Gefährdungshaftung

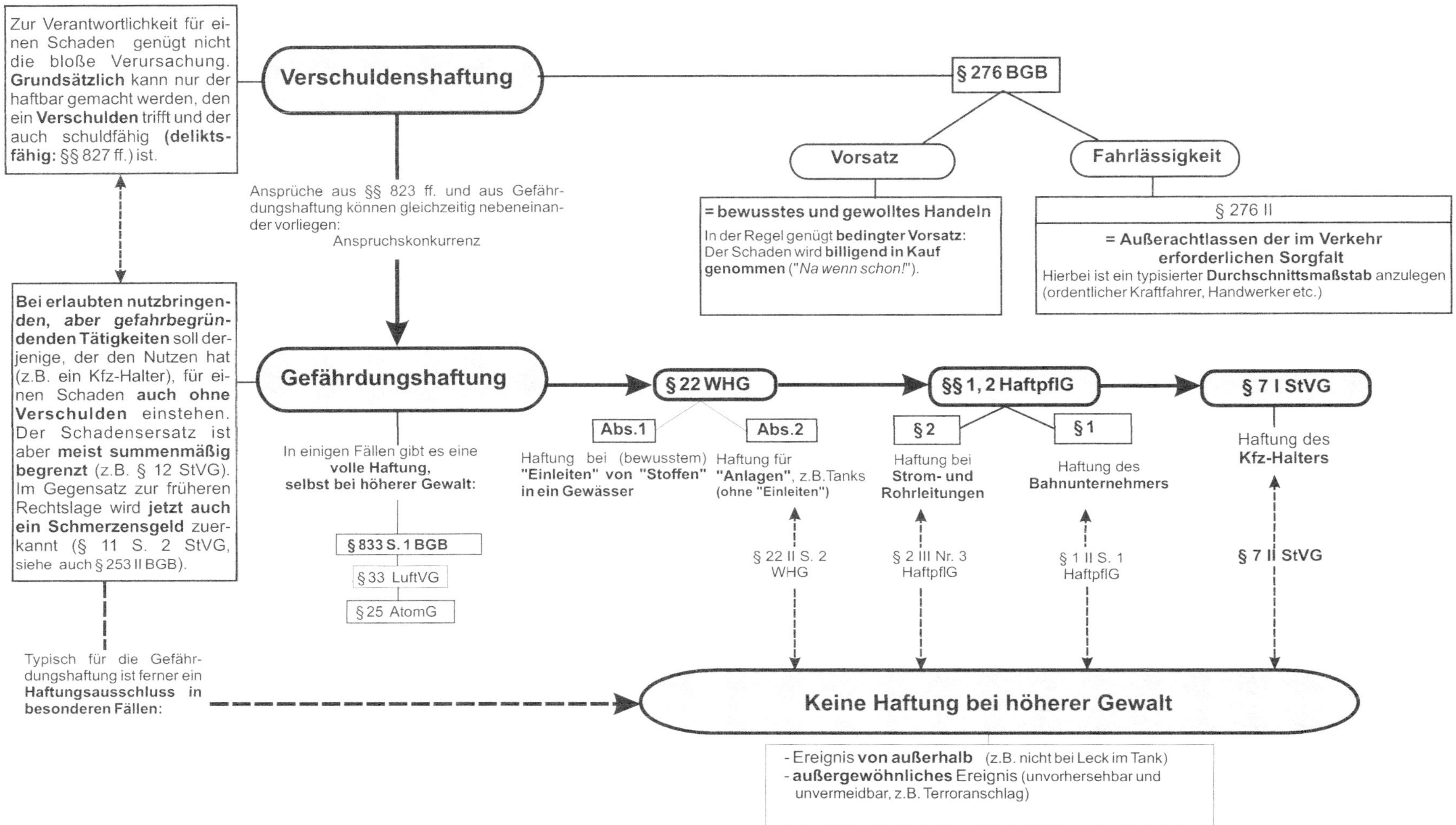

1. Aus welchem Grund wird dem Kfz-Halter, unabhängig von seinem Verschulden, eine Gefährdungshaftung auferlegt? Wie schützt sich der Halter gegen dieses Haftungsrisiko?

2. Welches sind die Voraussetzungen für die Halterhaftung nach dem StVG?

3. Muss der Halter Eigentümer sein?

4. Was versteht man unter einem unabwendbaren Ereignis? Ist ein technischer Defekt am Wagen ein unabwendbares Ereignis im Sinne von § 17 Abs. 3 StVG?

5. Radfahrer A stößt mit dem entgegenkommenden Wagen des B zusammen, der infolge eines plötzlich geplatzten Reifens ins Schleudern kam und dem A daher nicht ausweichen konnte. Kann A von B Schadensersatz verlangen, obwohl der Unfall für B unvermeidbar war?

6. Welche Besonderheiten ergeben sich bei der Gefährdungshaftung aus § 7 StVG für den Schadensumfang? Kann der Geschädigte im Rahmen des § 7 StVG auch ein Schmerzensgeld beanspruchen?

7. Der LKW-Transporter eines Autohändlers wird schuldlos in einen Unfall verwickelt, bei dem nicht nur der LKW, sondern vor allem auch die wertvolle Fracht, sechs neue Ferrari im Wert von 750.000,- Euro, den Flammen zum Opfer fallen. Muss die Versicherung des Unfallgegners den Schaden ersetzen?

8. Haftet der Kfz-Halter nach § 7 StVG auch gegenüber Insassen seines PKW?

9. Kann ein Kfz-Halter die Haftung gegenüber den Mitgliedern seiner Fahrgemeinschaft vertraglich ausschließen?

Die Haftung nach dem StVG

Grundgedanke

Die Risiken des Autoverkehrs sind so groß, dass einem schuldlosen Unfallopfer möglichst immer Schadensersatz gewährt werden sollte. Daher wird dem **Kfz-Halter** angesichts der **Betriebsgefahr** seines Fahrzeugs eine besondere **Gefährdungshaftung** aufgebürdet. Dieser muss von Gesetzes wegen (PflVG) eine **Kfz-Haftpflichtversicherung** abschließen.

§18 StVG

Auch der Fahrer haftet. Er kann sich aber bereits mit dem Nachweis fehlenden Verschuldens exkulpieren (Abs. 1 S. 2).
Es handelt sich also nicht um Gefährdungshaftung, sondern um eine Haftung **für vermutetes Verschulden** (ähnlich wie bei §§ 831, 836 BGB).

§§ 823 ff. BGB

Zusätzlich zur StVG-Haftung tritt die deliktische Haftung (vgl. § 16 StVG). Sie ist von besonderer **Bedeutung**, wenn die **Höchstsummen des StVG überschritten** werden oder wenn, wie im Fall des § 18 StVG das Verschulden vermutet wird.

Grundnorm:

§ 7 I StVG

Halter ist, wer die **tatsächliche Verfügungsgewalt** ausübt und das Kfz **auf eigene Rechnung** betreibt (also nicht zwangsläufig der Eigentümer). Der Kfz-Halter haftet (auch wenn er nicht selbst gefahren ist!) unter drei Voraussetzungen:

1. **Personen- oder Sachschaden**
2. **bei Betrieb eines Kfz**
   (d.h. vor allem innerhalb des Verkehrsraums, auch Parkplatz)
3. **keine höhere Gewalt** (Abs. 2)

§ 7 II StVG

Höhere Gewalt liegt **nur in ganz seltenen, höchst unwahrscheinlichen Situationen** vor, z.B. bei Naturkatastrophen, nicht aber bei plötzlich in die Fahrbahn laufenden Kindern.

Nach der bisherigen Rechtslage war die Gefährdungshaftung im Straßenverkehr schon bei einem **"unabwendbaren Ereignis"** ausgeschlossen. Dieser an Exkulpation erinnernde Begriff wurde durch die Reform des Schadensersatzrechts 2002 bei § 7 StVG fallengelassen, ist aber im Innenverhältnis zwischen haftpflichtigen Haltern noch von Bedeutung, vgl. § 17 III.

Als unabwendbar gilt ein Ereignis dann, wenn es von außen kam (z.B. Wildunfall, Kinder) und darüber hinaus auch bei allergrößter Sorgfalt ("Idealfahrer") nicht zu vermeiden war.

§ 8 StVG

Gegenüber Insassen ist die Haftung in drei Fällen **ausgeschlossen**:

1. Weniger als 20 km/h Höchstgeschwindigkeit.
2. **Der Verletzte war beim Betrieb des Kfz tätig**
   (Der Fahrer kann sich also nicht auf die Gefährdungshaftung des § 7 StVG berufen).
3. **Transportgut wird beschädigt**
   (außer Sachen, die ein Insasse *"an sich trägt oder mit sich führt"*. Nur hier wird nach § 7 StVG ohne Verschulden gehaftet)

§ 8a StVG

Die Haftung für Insassen kann **bei entgeltlicher, geschäftsmäßiger Beförderung nicht eingeschränkt** werden.

Bei unentgeltlicher privater Mitnahme (z.B. auch **bei Fahrgemeinschaften** zum Arbeitsplatz)kann also die Haftung ausgeschlossen werden (§ 276 III BGB). In diesem Fall scheidet die StVG-Haftung also aus. Der verletzte Insasse muss gegen den Fahrer aus §§ 823 ff. BGB vorgehen. Um das zu vermeiden, ist es sinnvoll, eine **Insassen-Unfallversicherung** abzuschließen.

Umfang der Ersatzleistungen:

§ 11 S. 2 StVG

Die StVG-Haftung umfasst nicht nur den materiellen Schaden, sondern **bei erheblichen Körperverletzungen auch den immateriellen Schaden** (=Schmerzensgeld, siehe auch allgemein § 253 II BGB).

§ 12 StVG

Die StVG-Haftung ist **auf bestimmte Höchstsummen begrenzt:**

Nr.1: **5 Mio Euro** bei Verletzung oder Tötung von Menschen mit Steigerung bei entgeltlicher Personenbeförderung

Nr. 2: **1 Mio Euro** bei Sachschäden

Darüber hinausgehende Schäden können nur über §§ 823 ff. erlangt werden - oder aufgrund einer zusätzlichen Versicherung)

1. Haftet neben dem Kfz-Halter auch der Fahrer? Worin liegt die Besonderheit seiner Haftung nach dem StVG?

2. Wofür ist ein Mitverschulden des Verletzten von Bedeutung?

3. Warum kann ein Unfallgeschädigter auch bei schuldloser Fahrweise nicht unbedingt damit rechnen, Schadensersatz in voller Höhe zu erhalten?

4. Autofahrer A stößt mit dem entgegenkommenden Wagen des B zusammen, der infolge eines plötzlich geplatzten Reifens ins Schleudern kam und dem A daher nicht ausweichen konnte. B beruft sich darauf, dass der Unfall auch für ihn unvermeidbar war. Mit Recht?

5. Die Kfz-Haftpflichtversicherung hat mit dem Unfall direkt nichts zu tun. Wie wird dennoch eine Haftung der Versicherungsgesellschaft begründet?

6. Wie haften nach außen hin (dem Geschädigten gegenüber) Halter, Fahrer und Versicherung?

7. Wer trägt im Innenverhältnis zwischen Halter und Versicherung den Schaden?

8. Warum trägt im Innenverhältnis auch gegenüber dem Fahrer die Versicherung allein den Schaden?

Das Verhältnis von Halter, Fahrer und Versicherung in der Kfz-Haftpflicht

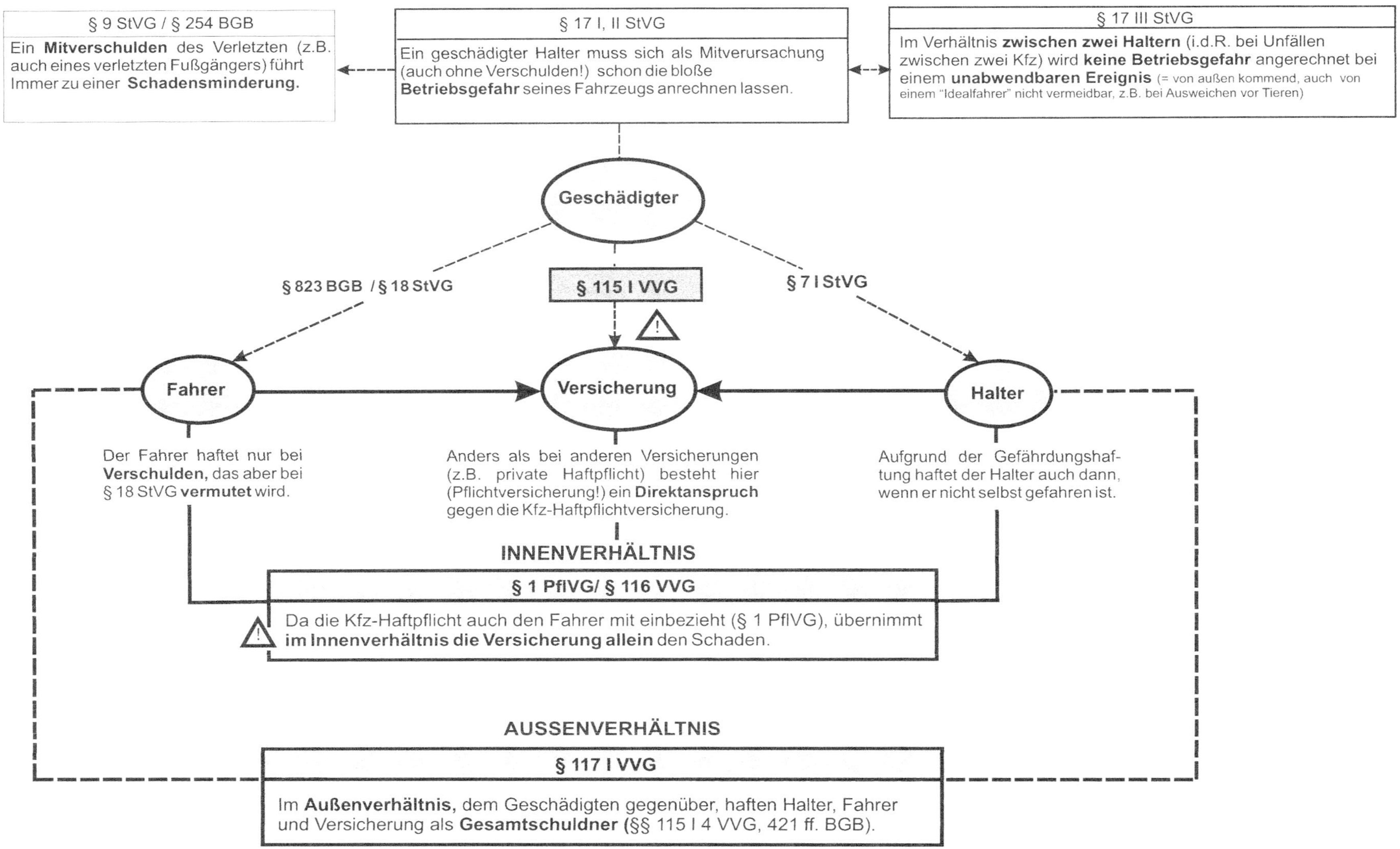

1. Begründet das ProdHaftG eine neue Art von Gefährdungshaftung?

2. Welches sind die prinzipiellen Voraussetzungen der Haftung?

3. Genügt bereits die Herstellung für eine Haftung nach dem ProdHaftG?

4. Ein Schrotthändler verkauft ausrangierte radioaktive Teile von Röntgengeräten. Haftet er nach dem ProdHaftG?

5. Der gefangene Fisch wird noch auf See portioniert und tiefgefroren. Das Fleisch hatte extrem hohe Anteile an Schwermetall. Haftet der Hersteller bei Inverkehrbringen?

6. Entspricht der Fehlerbegriff des ProdHaftG dem des BGB?

7. In einem Chemieunternehmen entsteht ein Großbrand. Die Ursache war ein Materialfehler an einem Druckkessel, dessen Hersteller vor Jahren in Insolvenz gefallen ist. Haftet der Lieferant des Druckkessels auf Schadensersatz nach dem ProdHaftG?

8. An dem von K gekauften Elektrorasierer entstand ein Kurzschluss. Kann K als Schadensersatz die Kosten für einen neuen Apparat verlangen?

9. Wer muss im Fall 5 den Zusammenhang zwischen Erkrankung und Schwermetallgehalt im Fisch nachweisen?

10. Im Fall 8 erlitt K leichtere Verletzungen. Der Verkäufer wendet ein, das Gerät habe der VDE-Norm entsprochen; die entsprechende Prüfplakette war angebracht. Besteht trotzdem eine Haftung nach dem ProdHaftG?

11. Die Elektrogeräte des Versandhauses V werden von einer Firma in Ungarn hergestellt. Haftet V als Händler nach dem ProdHaftG? Wäre der Fall anders zu beurteilen, wenn die Ware von V unter der Handelsmarke „excellent" vertrieben wird?

12. Im Fall 8 entstand dem K durch einen auf dem Kurzschluss beruhenden Schwelbrand ein Sachschaden in Höhe von 500,- Euro. Bekommt er diesen Betrag nach dem ProdHaftG ersetzt?

Produkthaftung nach dem ProdHaftG

Grundsatz: **§ 1 I** ProdHaftG

Der Hersteller haftet für Schäden, die durch Fehler seiner Produkte verursacht werden. Diese Haftung ist verschuldensunabhängig, aber auf rechtswidrigem Verhalten beruhend. Produkthaftung ist also **keine reine Gefährdungshaftung,** was auch die Entlastungsmöglichkeiten in § 1 II zeigen.

VORAUSSETZUNGEN:

1. Herstellen / Inverkehrbringen eines Produkts

"Produkt": § 2

=jede **bewegliche Sache**, auch wenn sie Teil einer anderen Sache ist (z.B. Kfz-Teile, Baumaterialien) und irgendeinem **wirtschaftlichen Gebrauchs- oder Verbrauchszweck** dient (z.B. Abfälle für Recycling-Firma).
Auch **Elektrizität** ist ein Produkt.
Landwirtschaftliche Naturprodukte fallen erst dann unter das Gesetz, wenn sie **einer ersten Verarbeitung unterzogen** wurden, z.B. durch Einkochen, Gefrieren, Mahlen.

2. Fehler

§ 3

Im Gegensatz zu § 434 I 1 BGB wird die **Soll-Beschaffenheit** nicht subjektiv bestimmt, sondern **objektiv nach den berechtigten Erwartungen der Allgemeinheit**, wobei (ähnlich wie bei § 434 I 3 BGB) besonders zu berücksichtigen sind:
- Darbietung und Werbung des Produkts
- jeder vorhersehbare (auch: Fehl-) Gebrauch

Maßgeblicher Zeitpunkt ist das Inverkehrbringen.

3. Rechtsgutverletzung

§ 1 I

Das ProdHaftG gewährt Ersatz bei:
- **Tötung**
- **Körperverletzung**
- **Sachbeschädigung**

(aber nur, wenn als Folge des Produktmangels **andere Sachen** beschädigt werden, obendrein nur solche, die sich **im privaten Endverbrauch** befinden, also nicht bei Investitionsgütern: Satz 2).

4. Kausalität

§ 1 IV

Grundsätzlich trägt auch nach dem ProdHaftG der Geschädigte die Beweislast für den ursächlichen Zusammenhang zwischen Fehler und Rechtsgutverletzung. Allerdings bleiben **Beweiserleichterungen der Praxis** erhalten, z.B. der prima-facie-Beweis.

5. Kein Haftungsausschluss

§ 1 II

Keine Haftung besteht, wenn:
1. das Produkt **nicht in Verkehr gebracht** wurde
2. der **Fehler erst nach Inverkehrbringen** entstanden ist
3. das Produkt **nicht für kommerzielle Zwecke** hergestellt wurde
4. das Produkt zwingenden **Rechtsvorschriften entsprach** (DIN- oder VDE-Normen haben keinen Rechtsnormcharakter!)
5. **"Entwicklungsfehler":** Fehler war nach dem Stand der Technik nicht erkennbar.

→ Die Beweislast trägt hier der Hersteller: § 1 IV 2

RECHTSFOLGE: Schadensersatz

Umfang: §§ 10,11
- Personenschäden: max. 85 Mio. EUR
- Sachschäden: 500 EUR Selbstbehalt, kein Ersatz für Vermögensschäden!

→ § 6 I: Haftungsminderung bei Mitverschulden

→ § 12 I: Verjährung 3 Jahre

Haftungsschulder = "Hersteller": § 4
- **Hersteller des Endprodukts** (auch Lizenznehmer) oder eines Teilprodukts (Zulieferer)
- Inhaber einer Marke, auch Versandhäuser mit Handelsmarke (**"Quasi-Hersteller"**)
- **Importeure**
- **Händler** unterliegen einer "Auffanghaftung": Sie haften, wenn der Hersteller nicht feststellbar ist.

→ § 5: Mehrere Hersteller haften als Gesamtschuldner. Im Innenverhältnis ist der Grad der jeweiligen Verursachung maßgebend.

1. Welches sind die Grundgedanken der Haftung nach dem UmweltHG? Worin liegt der Unterschied zur bisherigen Rechtslage?

2. Welche Tatbestandsmerkmale begründen die Gefährdungshaftung nach dem UmweltHG?

3. Was versteht das Gesetz unter Umwelteinwirkungen?

4. Gilt die Haftung auch für mobile Anlagen, z.B. Tankwagen?

5. Gilt die Haftung nach dem UmweltHG für sämtliche Anlagen mit potentieller Umweltgefährdung?

6. Wann verjähren Ansprüche aus dem UmweltHG?

7. In welchen beiden Fällen ist die Haftung ausgeschlossen?

8. Neu am UmweltHG ist eine gesetzliche Kausalitätsvermutung. Wann kann sich ein Geschädigter darauf berufen?

9. In welchen beiden Fällen scheidet die Kausalitätsvermutung aus?

10. In welchem Umfang haftet der Inhaber einer Anlage nach dem UmweltHG bei Personenschäden? Bekommt der Geschädigte auch ein Schmerzensgeld?

11. Welche Besonderheit hat das Gesetz bei ökologischen Schäden eingeführt?

12. In welchem Umfang bestehen Auskunftsansprüche?

13. Was bedeutet der Begriff Deckungsvorsorge?

Haftung nach dem Umwelthaftungsgesetz (UmweltHG)

Grundgedanke:

Das frühere Recht schützte nur teilweise gegen umweltbedingte Schäden: Die nachbarrechtlichen Vorschriften (§§ 906 ff. BGB) beschränken sich auf den Schutz von Grundstücken, der Schutz nach §§ 823 ff. BGB setzt Verschulden voraus. Das UmweltHG beseitigt Wertungswidersprüche dieser Art und begründet eine einheitliche **Gefährdungshaftung,** allerdings nur bezogen auf bestimmte Anlagen (sog. **Anlagenhaftung).**

Haftungsvoraussetzungen (§§ 1 - 3)

1. Rechtsgutverletzung:

- Tötung,
- Körper-/Gesundheitsverletzung,
- Sachbeschädigung

2. durch Umwelteinwirkung: § 3 I

Der Schaden wird allgemein durch *"Erscheinungen"* (Stoffe, Erschütterungen, Strahlen, Gase etc.) verursacht, die sich in Boden, Luft oder Wasser ausgebreitet haben.

3. von Anlage ausgehend: §§ 2, 3 II

In Anhang 1 des Gesetzes werden **96 *"Anlagen"* enumerativ aufgezählt**. Auch noch nicht fertiggestellte oder nicht mehr betriebene Anlagen werden erfasst (§ 2) sowie Einrichtungen, die mit der Anlage zusammenhängen (§ 3 II).

4. Haftungsausschluss? (§§ 4, 5)

Die Haftung nach dem UmweltHG ist ausgeschlossen:

- **bei höherer Gewalt**
- **bei unwesentlichen Sachbeschädigungen**

Kausalitätsvermutung: (§§ 6, 7)

Grundsatz: § 6

Bei Eignung einer Anlage zur Herbeiführung des entstandenen Schadens wird die Schadensverursachung vermutet. Die Eignung richtet sich nach betrieblichen und anderen Kriterien des Einzelfalls (§ 6 I 2).

§ 6 II - IV

Keine Vermutung bei bestimmungsgemäßem Betrieb:

- Einhaltung besonderer Betriebspflichten
- keine Störung des Betriebs

§ 7

Keine Vermutung, wenn ein anderer Umstand geeignet war, den Schaden herbeizuführen.

Haftungsumfang: (§§ 11 - 16)

Personenschäden: §§ 12 - 14

Die Regelung entspricht im wesentlichen §§ 842 - 844 BGB: Neben Heilungskosten **Geldrente** bei **Minderung der Erwerbsfähigkeit** (MdE) und im Todesfall einer unterhaltspflichtigen Person.

Sachschäden: § 16

Auch für Sachschäden gelten die BGB-Regeln (§§ 249 ff.). Neu ist **bei der Naturalrestitution ökologischer Schäden**, dass **auch unverhältnismäßig hohe Aufwendungen** zu erbringen sind, also keine Orientierung am materiellen Sachwert erfolgt.

Mitverschulden: § 11

Es gilt § 254 BGB.

Haftungshöchstgrenzen: § 15

85 Mio Euro

Deckungsvorsorge (§§ 19 - 22)

Bestimmte, in Anhang 2 genannte Anlagen sind (bei Strafandrohung: § 21) verpflichtet, für einen Haftungsfall Vorsorge zu treffen (**Haftpflichtversicherung oder Freistellungsverpflichtung**). Näheres regelt eine RVO (bußgeldbewehrt: § 22).

Auskunftsansprüche (§§ 8 - 10)

Der **Geschädigte** kann vom Schädiger (§ 8) Auskünfte verlangen, allerdings eingeschränkt durch Geheimhaltungs- oder andere höhere Interessen. Auch dem **Schädiger** stehen zu seiner Verteidigung Auskunftsansprüche zu.

Einheit 14 Prüfschemata & Definitionen

A. Die wichtigsten Anspruchsarten und Anspruchsgrundlagen des BGB

Bei der Fallbearbeitung sind je nach Fallgestaltung mitunter mehrere Anspruchsarten zu prüfen. Damit kommen auch häufig mehrere Anspruchsgrundlagen in Betracht. Daher sind in der Fallbearbeitung unter Berücksichtigung der wichtigsten Anspruchsarten und Anspruchsgrundlagen nicht nur Aufbauregeln zu beachten, die sich auf die einzelne Anspruchsgrundlage beziehen, sondern auch Aufbauregeln, die die Reihenfolge der zu prüfenden Anspruchsgrundlagen vorgeben. Bei der Prüfung der im bürgerlichen Recht häufig in Betracht kommenden Anspruchsgrundlagen ist zwischen Ansprüchen aus Sonderbeziehungen und solchen zu differenzieren, die sich ohne weiteres aus dem Gesetz ergeben.

Aufbauregeln:

1. Vertragliche Ansprüche sind zuerst zu prüfen,

a) vor deliktischen Schadensersatzansprüchen, weil etwaige Haftungsprivilegien des Vertragsrechts auch im folgenden Deliktsrecht zu berücksichtigen sein können.

b) vor Ansprüchen aus Geschäftsführung ohne Auftrag, weil ein Vertrag die Geschäftsführung ohne Auftrag ausschließen könnte.

c) vor dinglichen Ansprüchen, weil ein Vertrag als mögliches Recht zum Besitz in Betracht kommt, so dass Ansprüche aus §§ 987 ff BGB ausgeschlossen wären.

d) vor Ansprüchen aus ungerechtfertigter Bereicherung, weil ein Vertrag als „rechtlicher Grund" im Sinne von § 812 Abs. 1 BGB in Betracht kommt.

2. Ansprüche aus Geschäftsführung ohne Auftrag (GoA)

sind vor Ansprüchen aus Delikt zu prüfen, weil sich hierfür ein Haftungsprivileg aus § 680 BGB ergeben könnte, welches auch im Deliktsrecht zu beachten sein kann.

3. Dingliche Ansprüche sind

a) vor deliktischen Ansprüchen zu prüfen, wenn keine verbotene Eigenmacht vorliegt, damit besondere Privilegien erhalten bleiben, vgl. § 992 BGB.

b) vor bereicherungsrechtlichen Ansprüchen zu prüfen, um den Vorrang sachenrechtliche Privilegien zu beachten, vgl. § 993 Abs. 1 BGB (bei redlichem Besitz und normaler Fruchtziehung sind §§ 812 ff. BGB nicht anwendbar).

4. Deliktische Ansprüche sollten

vor bereicherungsrechtlichen Ansprüchen geprüft werden, weil sie zumeist einfacher zu prüfen sind (nicht zwingend).

5. Bereicherungsrechtliche Ansprüche sind

nach vertraglichen, vertragsähnlichen oder dinglichen Ansprüchen zu prüfen. Sie können nach deliktischen Ansprüchen geprüft werden.

6. Sonstige Ansprüche sollten

nach vertraglichen, vertragsähnlichen, dinglichen, deliktischen oder bereicherungsrechtlichen Ansprüchen geprüft werden, wenn kein besonderer Grund im Einzelfall eine andere Prüfungsreihenfolge vorzugswürdig erscheinen lässt.

Die wichtigsten Anspruchsarten und Anspruchsgrundlagen des BGB

Üblicherweise geht man an die Lösung eines Falles mit drei Fragen heran: (1) **Wer** will **von wem** (2) **Was** (3) **Warum?** Dieses Schema dient dem sicheren Auffinden von fallrelevanten **Anspruchsgrundlagen** (dem **"Warum?"**). Wichtig ist dabei, **vorher** herauszufinden, um welche **Anspruchsart ("Was?")** es sich handelt; denn je nach Anspruchsart kommen unterschiedliche Anspruchsgrundlagen in Betracht, wobei hier wiederum zwischen Ansprüchen aus Gesetz und aus Vertrag zu unterscheiden ist.

Erfüllung

vertraglich:

- **§ 433 I, II** (Kaufvertrag)
- **§ 535 I, II** (Miete)
- **§ 611 I** (Dienstvertrag)
- **§§ 631, 632** (Werkvertrag)

gesetzlich:

- **§ 1601** (Unterhalt: Verwandte)
- **§§ 1360, 1361**
  §§ 1569, 1570 (Unterhalt: Ehegatten)

Schadensersatz

vertraglich:

- **§ 280 I** (Schadensersatz allgemein wegen Pflichtverletzung)
- **§ 280 II / 286** (SE wegen Verzögerung)
- **§§ 280 I, III / 281-283**
  § 311a II (SE statt der Leistung)
- **§ 437 Nr.3 / § 634 Nr.4** (Mängelhaftung Kauf / Werkvertrag)
- **§ 536a I** (Mängelhaftung Miete)

gesetzlich:

- **§§ 823 ff.** (Delikt)
- **§ 833 S.1 BGB**
  § 7 StVG
  § 22 WHG
  §§ 1,2 HaftpflG
  §§ 1 ff. UmweltHG
  § 33 LuftVG
  § 25 AtomG
  (Gefährdungshaftung)

aus Vertrauensverhältnis:

§ 122 I (Anfechtung)
§ 179 I, II (vollmachtloser Vertreter)
§§ 280 I, 311 II, 241 II
(Verletzung von Schutzpflichten: *"culpa in contrahendo"*)

Herausgabe

vertraglich:

- **§ 546 / § 604** (Miete/Leihe)
- **§ 346** (Rücktritt)
  ↑
- **§ 437 Nr. 2**
  § 634 Nr. 3 (Rücktritt bei Mängeln)

gesetzlich:

- **§ 985** (Eigentümer/Besitzer)
- **§ 861, § 869** (Besitzer)
- **§ 1007** (früherer Besitzer)
- **§ 812** (ungerechtfertigte Bereicherung)
- **§ 816** (Verfügung eines Nichtberechtigten)
- **§§ 823 ff.** (i.V.m.§ 249 I: (Naturalherstellung bei Delikt)

Unterlassung

vertraglich:

- **§ 541** (Miete) i.V.m. **§ 241 II** (Schutzpflichten, Unterlassungspflichten)

gesetzlich:

- **§ 1004** (Störung des Eigentums)
- **§ 1004 analog** (bei sonstigen -absoluten - Rechten i.S.v. § 823 I)
- **§ 862** (Störung des Besitzes)

Einheit 14 B
Allgemeines Prüfschemata für vertragliche Ansprüche

Dieses Schema gilt in erster Linie für ***vertragliche Erfüllungsansprüche.*** *Aber auch bei vertraglichen Schadensersatzansprüchen und anderen Ansprüchen aus Vertrag muss zumindest die erste Frage nach dem Zustandekommen eines Vertrags immer mit geprüft werden.*

1. ANSPRUCH ENTSTANDEN? (= VERTRAG ZUSTANDE GEKOMMEN?)

1.1 Willensübereinstimmung

1.1.1 Angebot / Annahme (§§ 145 ff. BGB) einschließlich Zugang (§ 130 BGB)

1.1.2 (bei Unklarheiten: Auslegung gem. §§ 133, 157 BGB)

1.1.3 (bei unvollständiger Einigung: Dissens gemäß §§ 154, 155 BGB)

1.2 Stellvertretung (§§ 164 ff. BGB)

1.2.1 Willenserklärung in fremdem Namen

1.2.2 mit Vertretungsmacht:

- gesetzlich, z. B. §§ 1626, 1629 BGB
- rechtsgeschäftlich = Vollmacht (§§ 166 Abs. 2, 167 Abs. 1 BGB)

1.2.3 im Rahmen der Vertretungsmacht:

- Abgrenzung Innen- / Außenverhältnis
- Selbstkontrahieren: § 181

1.3 Form (bei Formmängeln: § 125 BGB)

1.3.1 Notarielle Beurkundung (z. B. § 311b Abs. 1 BGB, § 518 Abs. 1 BGB)

1.3.2 Schriftform (z. B. §§ 550, 568, 766 BGB)

1.4 Geschäftsfähigkeit

1.4.1 Geschäftsunfähigkeit (§ 105 Abs. 1 BGB)

1.4.2 Beschränkte Geschäftsfähigkeit (§§ 106 ff. BGB)

1.5 (Andere) Nichtigkeitsgründe

1.5.1 Verstoß gegen gesetzliche Verbote (§§ 134-137 BGB)

1.5.2 Verstoß gegen die guten Sitten (§ 138 BGB)

1.5.3 Scheingeschäft (§ 117 BGB)

1.6 Sonstige Unwirksamkeitsgründe

- Vereinbarung einer aufschiebenden Bedingung: § 158 Abs. 1 BGB
- Fehlende Zustimmungen (z. B. §§ 108, 177, 1365: Vertrag schwebend unwirksam)

2. ANSPRUCH UNTERGEGANGEN?

2.1 **Erfüllung** (§§ 362 ff. BGB),
Erfüllungssurrogate (Aufrechnung: § 389 BGB; Hinterlegung: § 378 BGB, Erlass: § 397 BGB)

2.2 **Vollzogene Anfechtung** (§§ 143, 142 Abs. 1 BGB)

2.3 **Eintritt einer auflösenden Bedingung** (§ 158 Abs. 2 BGB)

2.4 **Unmöglichkeit**

2.4.1 Leistung: § 275 Abs. 1 BGB

2.4.2 Gegenleistung: § 326 Abs. 1 BGB (Ausnahmen: § 326 Abs. 2 BGB, § 447 BGB)

2.5 **Schadensersatz statt der Leistung** (§ 281 Abs. 4 BGB)

2.6 **Rücktritt** (§§ 323, 324 BGB, §§ 346 ff. BGB)

2.7 **Gläubigerwechsel** (§§ 398 ff. BGB), **Schuldnerwechsel** (§§ 414 ff. BGB)

3. ANSPRUCH DURCHSETZBAR? (= BESTEHEN EINREDEN?)

3.1 **Einrede der Verjährung** (§ 214 Abs. 1 BGB)

3.2 **Einrede des nicht erfüllten Vertrages** (§§ 320, 322 BGB)

3.3 **Allgemeines Zurückbehaltungsrecht** (§§ 273, 274 BGB)

3.4 **Einreden nach § 275 Abs. 2 und 3 BGB** (faktische und psychische Unmöglichkeit)

*Für **gesetzliche Ansprüche** gilt im Prinzip dieselbe Dreiteilung: Unter Punkt 1 werden die gesetzlichen Tatbestandsvoraussetzungen geprüft. Unter Punkt 2 eventuelle Gründe für einen Untergang des Anspruchs (in aller Regel kommt nur Erfüllung in Frage), und unter Punkt 3 ist auch hier die Einrede der Verjährung zu prüfen.*

Hinweis:
Dieses und viele weitere Prüfschemata finden Sie im Anspruchstrainer unter www.juralink.de.

Eine umfassende Zusammenstellung zivilrechtlicher Anspruchsgrundlagen sowie weitere Prüfschemata finden Sie im interaktiven juralink BGB-Trainer (dort im „Anspruchstrainer").

A. ERFÜLLUNGSANSPRÜCHE

Da es nur sehr wenige gesetzliche Erfüllungsansprüche gibt, handelt es sich in aller Regel um **Ansprüche aus Vertrag,** z. B. die Ansprüche aus §§ 433, 535 oder 631 BGB. Die Prüfung folgt dem obigen Allgemeinen Prüfschema (Einheit 14 B).

I. Anspruch entstanden?

Hier geht es um die Frage, ob ein Vertrag überhaupt zustande gekommen ist. Dieser Punkt ist bei vertraglichen Ansprüchen immer zu prüfen, also nicht nur bei Ansprüchen auf Erfüllung („Primäransprüche"), sondern **auch z. B. bei Schadensersatzansprüchen** aus §§ 280 ff. BGB („Sekundäransprüche").

Ob ein wirksamer **Vertrag zustande gekommen** ist, richtet sich nach dem Allgemeinen Prüfschema (Einheit B). Zu prüfen sind vor allem die Fragen der Willensübereinstimmung (§§ 145 ff. BGB), der **Stellvertretung** (§§ 164 ff. BGB) und der **Form** (§§ 125 ff. BGB).
→ Näheres dazu mit gesonderten Prüfschemata finden Sie im WORKBOOK BGB Band 1, Einheit 12.

II. Anspruch untergegangen?

Wenn feststeht, dass ein Vertrag zustande gekommen ist, muss ggf. geprüft werden, ob der Anspruch immer noch besteht oder inzwischen durch besondere Ereignisse untergegangen ist. Hierbei kommen vor allem **Vorschriften des Allgemeinen Schuldrechts** zur Anwendung.

1. Ansprüche gehen im Normalfall durch **Erfüllung** unter (=Bewirken der geschuldeten Leistung i. S. v. § 362 BGB) oder durch Erfüllungssurrogate (Aufrechnung, Hinterlegung, Erlass).
→ Näheres dazu siehe im WORKBOOK BGB, Band 2, Einheit 15.

2. Bei der Frage nach dem Erlöschen einer Forderung steht das Recht der Leistungsstörungen im Mittelpunkt. Die grundlegenden Vorschriften hierzu finden sich im Allgemeinen Schuldrecht.
Am folgenschwersten sind die Fälle einer **Unmöglichkeit**. Bei gegenseitigen Verträgen ergeben sich hier zwei Fragestellungen: einmal, ob die **Leistung** des Schuldners (z. B. des Verkäufers) noch einmal zu erbringen ist und zum anderen, ob der Gläubiger (z. B. der Käufer) zur Erbringung der **Gegenleistung** verpflichtet bleibt, obwohl er die ihm zustehende Leistung nicht erhält. Bei vom Schuldner nicht zu vertretender Unmöglichkeit spricht der Gesetzgeber von **Gefahrtragung,** vgl. z. B. § 446 BGB.
→ Näheres dazu siehe im WORKBOOK BGB, Band 2, Einheit 5.

3. Ein Anspruch erlischt darüber hinaus auch, wenn **Schadensersatz statt der Leistung** verlangt wird (§ 281 Abs. 4 BGB). Im Besonderen Schuldrecht steht hier der Schadensersatz im Rahmen der **Mängelhaftung** im Vordergrund, siehe §§ 437 Nr. 3, 634 Nr. 4 BGB.

4. Auch beim **Rücktritt** (§§ 346 ff. BGB) erlöschen die wechselseitigen Leistungsansprüche. Der Vertrag wandelt sich um in ein Rückabwicklungsverhältnis mit Ansprüchen auf Rückgewähr und ggf. Wertersatz. Die Voraussetzungen regelt das Gesetz im Allgemeinen Schuldrecht und unterscheidet dabei zwischen Rücktritt bei noch möglicher Leistung (§ 323 BGB) und bei unmöglicher Leistung (§ 326 Abs. 5 bzw. § 311a Abs. 2 BGB).
→ Näheres dazu siehe im WORKBOOK BGB, Band 2, Einheit 8.

III. Anspruch durchsetzbar?

Hier geht es um die Frage, ob eine Einrede besteht, d. h. ein Recht zur Leistungsverweigerung.

1. Bei Abwicklung eines Vertrags ist dies der Fall bei der **Einrede des nicht erfüllten Vertrags** (§§ 320-322 BGB) und beim allgemeinen **Zurückbehaltungsrecht** (§§ 273, 274 ff. BGB).

2. Daneben spielt die **Verjährung** eine wichtige Rolle, im Besonderen Schuldrecht etwa bei der Mängelhaftung, wo kürzere Fristen als die allgemeine Regelfrist von drei Jahren gelten: § 438 BGB (Kauf), § 634a BGB (Werkvertrag), § 548 BGB (Miete).

B. SCHADENSERSATZANSPRÜCHE

Neben Erfüllungsansprüchen bilden Schadensersatzansprüche die wichtigste Anspruchsart.

Ansprüche werden in der Regel durch Vertrag begründet (§ 311 Abs. 1 BGB), können aber bei Vorliegen bestimmter Tatbestandsvoraussetzungen auch kraft Gesetzes entstehen.

I. Vertragliche Schadensersatzansprüche

1. Allgemein

Vertragliche Schadensersatzansprüche spielen im Schuldrecht eine herausragende Rolle. Alle diese Ansprüche gründen sich auf eine **Pflichtverletzung**. Ausgangspunkt ist die Grundnorm des **§ 280 Abs. 1 BGB**, darüber hinaus über Abs. 2 und 3 weitere Normen (§ 286 und §§ 281 - 283 BGB).
→ Näheres dazu siehe im WORKBOOK BGB, Band 2, Einheit 4.

2. Schadensersatz bei Mängeln: Kaufvertrag

Bei mängelbehafteter Leistung hat der Verkäufer seine Leistung nicht vertragsgemäß erbracht. Er schuldet daher **Schadensersatz „statt der Leistung“**, d. h. der durch Mangel geschädigte Käufer wird so gestellt, wie wenn der Verkäufer vertragsgemäß, d. h. mangelfrei geleistet hätte. Für diese Ansprüche verweist für den Kauf **§ 437 Nr. 3 BGB** auf die Vorschriften des Allgemeinen Schuldrechts. Im Einzelnen ist bei mängelbedingten Schadensersatzansprüchen zu unterscheiden:

a) Schadensersatz statt der Leistung bei behebbaren Mängeln

§ 437 Nr. 3 i. V. m. **§ 280 Abs. 1 und 3, § 281 Abs. 1 BGB**

§ 437 ist keine vollständige Anspruchsgrundlage, sondern **enthält nur die Grundvoraussetzungen** jedes Gewährleistungsanspruchs. **Für den Schadensersatz sind ergänzend die in Nr. 3 angeführten Vorschriften heranzuziehen.**

(1)	**Kaufvertrag**	Nach neuem Recht werden Sachkauf und Rechtskauf gleich behandelt, vgl. § 453 BGB. Auch sog. Werklieferungsverträge richten sich jetzt einheitlich nach kaufrechtlicher Mängelhaftung, vgl. § 651 BGB.
(2)	**mangelhafter Kaufgegenstand**	Es kann sich sowohl um einen Sachmangel (§ 434 BGB) als auch um einen Rechtsmangel (§ 435 BGB) handeln.
	(§ 280)	Abgesehen von Mängeln, die von Anfang an unbehebbar sind (hier gilt die Spezialvorschrift des § 311a Abs. 2) ist der Verweis auf § 280 BGB erster Einstiegspunkt für die weitere Prüfung
(3)	(§ 280 Abs. 1 Satz 1:) **Pflichtverletzung**	Pflichtverletzung bedeutet jedes Zurückfallen hinter dem Pflichtenprogramm des Schuldners, hier: Lieferung einer mangelhaften statt einer mangelfreien Sache, wie nach § 433 Abs. 1 Satz 2 BGB geschuldet.
(4)	(§ 280 Abs. 1 Satz 2:) **zu vertreten**	Das Vertretenmüssen richtet sich nach § 276 (ggf. mit § 278 BGB). Grundsätzlich hat der Verkäufer Vorsatz und Fahrlässigkeit zu vertreten. **Ohne Verschulden** hat der Verkäufer einen Mangel zu vertreten, wenn er eine **„Garantie“** übernommen hat. Gemeint ist damit die **Zusicherung einer Eigenschaft** im Rahmen § 434 Abs. 1 Satz 1 BGB ***(„vereinbarte Beschaffenheit“).***
(5)	(280 Abs. 1 Satz 1:) **Schaden = § 280 Abs. 3**	Beim Merkmal ***„Schaden“*** ist im Bereich der Mängelhaftung nach verschiedenen Gesichtspunkten zu differenzieren: • Handelt es sich wie hier um einen **Mangelschaden,** geht es um **Schadensersatz statt der Leistung,** so dass über § 280 Abs. 3 BGB die zusätzlichen Voraussetzungen von § 281 oder § 283 BGB vorliegen müssen, je nachdem ob es sich um einen behebbaren oder nicht behebbaren Mangel handelt. • Handelt es sich um einen **Mangelfolgeschaden**, liegt der Schaden „neben“ der Leistung, so dass kein Schadensersatz „statt der Leistung“ verlangt werden kann, sondern nur der allgemeine Schaden wegen Pflichtverletzung. Die zusätzlichen Anforderungen der §§ 281 ff. BGB brauchen daher nicht vorzuliegen. Hier ist **§ 280 Abs. 1 BGB** alleinige Anspruchsgrundlage.
	(§ 281)	**Für behebbare Mängel ist der Verweis auf § 281 einschlägig.**

(6) (§ 281 Abs. 1) **fällige Leistung**	Bei der Leistung handelt es sich um die Pflicht des Verkäufers zu mangelfreier Lieferung (§ 433 Abs. 1 Satz 2 BGB). Dieser Anspruch ist in der Regel nach § 271 Abs. 1 BGB sofort fällig.
(7) (§ 281 Abs. 1) **nicht wie geschuldet erbracht**	Die Leistung wurde, weil mangelhaft, nicht wie geschuldet erbracht (Unterfall der Pflichtverletzung i. S. v. § 280 Abs. 1 BGB, dazu siehe oben).
(8) (§ 281 Abs. 1) **angemessene Frist**	Dem Verkäufer ist eine angemessene **Frist zur Nacherfüllung** zu stellen (§ 439 Abs. 1: nach Wahl des Käufers Mängelbeseitigung oder Neulieferung). Dem Verkäufer muss also Gelegenheit gegeben werden, die ordnungsgemäße Erfüllung nachzuholen. In Ausnahmefällen ist eine **Fristsetzung entbehrlich:** • in den Fällen des § 281 Abs. 2 BGB • nach § 440 i. V. m. § 439 Abs. 3 BGB (Verkäufer kann Nacherfüllung aus Kostengründen verweigern) • nach § 440 BGB (Nacherfüllung fehlgeschlagen)
(9) Kein Ausschluss der Gewährleistung	Schadensersatz bei Mängeln kann entfallen: • nach § 442 BGB von Gesetzes wegen • nach § 444 BGB (oder § 475) durch (individuelle) vertragliche Vereinbarung • nach § 309 Nr. 7 BGB durch AGB-Klausel („Freizeichnung“)
Rechtsfolge:	Schadensersatz „statt der Leistung“. Gemeint ist damit die Leistung, soweit sie mangelhaft ist. Dies entspricht dem sogenannten **„kleinen“ Schadensersatz:** Der Käufer muss die Sache behalten und erhält als Schadensersatz die auf dem Mangel beruhende Wertminderung (einschließlich Verzögerungsschäden während der Nachbesserungsphase, z. B. durch Produktionsausfall sowie einschließlich eines entgangenen Gewinns, z. B. bei Unverkäuflichkeit wegen des Mangels). **Bei erheblichen Mängeln** kann der Käufer nach § 281 Abs. 1 Satz 3 BGB Schadensersatz *„statt der ganzen Leistung“* verlangen, den sogenannten **„großen“ Schadensersatz:** Der Käufer gibt die mangelhafte Sache zurück und erhält den Schaden, der aus dem Ausfall der gesamten Leistung entstanden ist (positives Interesse), über den „kleinen“ Schadensersatz hinausgehend z. B. die Mehrkosten für einen Deckungskauf.

b) Schadensersatz statt der Leistung bei nachträglich nicht mehr behebbaren Mängeln

§ 437 Nr. 3 i. V. m. **§ 283 BGB**

§ 437 BGB ist keine vollständige Anspruchsgrundlage, sondern **enthält nur die Grundvoraussetzungen** jedes Gewährleistungsanspruchs. **Für den Schadensersatz sind ergänzend die in Nr. 3 angeführten Vorschriften heranzuziehen.**

(1)	**Kaufvertrag**	wie oben 2a.
(2)	**mangelhafte Kaufgegenstand** **(§ 280 Abs. 1)**	wie oben 2a. Da der Spezialfall des § 311a BGB (von Anfang an unbehebbare Mängel) nicht vorliegt, ist der **Verweis auf § 280 BGB erster Ansatzpunkt** für die weitere Prüfung.
(3)	(§ 280 Abs. 1 Satz 1:)**Pflichtverletzung**	Pflichtverletzung bedeutet jedes Zurückfallen hinter dem Pflichtenprogramm des Schuldners, hier: Lieferung einer mangelhaften statt einer mangelfreien Sache, wie nach § 433 Abs. 1 Satz 2 BGB geschuldet.
(4)	(§ 280 Abs. 1 Satz 2:) **zu vertreten**	Das Vertretenmüssen richtet sich nach § 276 BGB (ggf. mit § 278 BGB). Grundsätzlich hat der Verkäufer Vorsatz und Fahrlässigkeit zu vertreten. **Ohne Verschulden** hat der Verkäufer einen Mangel zu vertreten, wenn er eine **„Garantie“** übernommen hat. Gemeint ist damit die **Zusicherung einer Eigenschaft** im Rahmen § 434 Abs. 1 Satz 1 BGB: vereinbarte Beschaffenheit).
(5)	(280 Abs. 1 Satz 1:) **Schaden = § 280 Abs. 3** **(§ 283)**	Beim Merkmal „Schaden“ ist im Bereich der Mängelgewährleistung nach verschiedenen Gesichtspunkten zu differenzieren: - Handelt es sich wie hier um einen **Mangelschaden**, so geht es um **Schadensersatz statt der Leistung**, so dass über **§ 280 Abs. 3 BGB** bei nicht mehr behebbaren Mängeln die zusätzlichen Voraussetzungen von § 283 BGB vorliegen müssen. (Handelt es sich um einen **Mangelfolgeschaden**, liegt der Schaden „neben“ der Leistung, so dass kein Schadensersatz „statt der Leistung“ verlangt werden kann, also **kein Fall von § 280 Abs. 3 BGB** vorliegt und somit auch § 283 nicht heranzuziehen ist. Alleinige Anspruchsgrundlage ist hier § 280 Abs. 1 BGB.) Für nachträglich nicht behebbare Mängel ist der **Verweis auf § 283 BGB** maßgeblich.
(6)	(§ 283 Satz 1) **Keine Leistungspflicht nach § 275 BGB**	Die Leistungspflicht des Verkäufers zur Lieferung einer mangelfreien Sache ist gemäß § 275 BGB wegen nachträglicher Unmöglichkeit der Mängelbeseitigung entfallen (Bei von Anfang an nicht behebbaren Mängeln folgt der Anspruch aus § 311a Abs. 2).
(7)	**Kein Ausschluss des Gewährleistung**	Schadensersatz bei Mängeln kann entfallen: • nach § 442 BGB von Gesetzes wegen • nach § 444 BGB durch (individuelle) vertragliche Vereinbarung • nach § 309 Nr. 7 BGB durch AGB-Klausel („Freizeichnung“)
Rechtsfolge:		Auch hier wird zwischen dem sogenannten **„kleinen“ Schadensersatz** und dem **„großen“ Schadensersatz** unterschieden. Näheres siehe oben unter 2a.

c) Schadensersatz statt der Leistung bei anfänglich nicht behebbaren Mängeln

§ 437 Nr. 3 i. V. m. **§ 311a Abs. 2 BGB**

§ 437 BGB ist keine vollständige Anspruchsgrundlage, sondern **enthält nur die Grundvoraussetzungen** jedes Gewährleistungsanspruchs. **Für Schadensersatz sind ergänzend die in Nr. 3 angeführten Vorschriften heranzuziehen.**

(1)	**Kaufvertrag**	wie oben 2a
(2)	**mangelhafter Kaufgegenstand**	wie oben 2a
(§ 311a)		Da der **Spezialfall einer anfänglichen Unmöglichkeit** vorliegt, ist der **Verweis auf § 311a BGB erster (und einziger) Ansatzpunkt** für die weitere Prüfung.
(3)	(§ 311a Abs. 1:) **Leistungshindernis bei Vertragsschluss**	Die Leistung, um die es geht, ist die Pflicht des Verkäufers zur Lieferung einer mangelfreien Sache gemäß § 433 Abs. 1 Satz 2 .
(4)	(§ 275:) **Schuldner braucht nicht zu leisten**	Wenn eine Nacherfüllung von vornherein unmöglich ist, braucht der Verkäufer die in § 439 vorgesehenen Leistungen nach § 275 nicht zu erbringen.
(5)	(§ 311a Abs. 2 Satz 2:) **Kenntnis** oder **zu vertretende Unkenntnis**	Der Verkäufer haftet nur dann, wenn ihm die anfängliche Unmöglichkeit subjektiv vorgeworfen werden kann. Das ist dann der Fall, wenn er das von Anfang bestehende Leistungshindernis bei Vertragsschluss schon kannte oder infolge Fahrlässigkeit nicht kannte (oder im Fall einer Garantie, vgl. § 276 Abs. 1 BGB).
(6)	**Kein Ausschluss des Gewährleistung**	Schadensersatz bei Mängeln kann entfallen: • nach § 442 BGB von Gesetzes wegen • nach § 444 BGB durch (individuelle) vertragliche Vereinbarung • nach § 309 Nr. 7 BGB durch AGB-Klausel („Freizeichnung“)
Rechtsfolge:	(§ 311a Abs. 2 Satz 1)	Schadensersatz ***„statt der Leistung“.*** Gemeint ist damit die Leistung, soweit sie mangelhaft ist. Dies entspricht dem so genannten **„kleinen“ Schadensersatz**: Der Käufer muss die Sache behalten und erhält als Schadensersatz die auf dem Mangel beruhende Wertminderung (einschließlich Verzögerungsschäden während der Nachbesserungsphase, z. B. durch Produktionsausfall sowie einschließlich eines entgangenen Gewinns, z. B. bei Unverkäuflichkeit wegen des Mangels). **Bei erheblichen Mängeln** kann der Käufer nach § 283 Satz 2 i. V. m. § 281 Abs. 1 Satz 3 BGB (anwendbar über § 311a Abs. 2 Satz 3 BGB) Schadensersatz ***„statt der ganzen Leistung“*** verlangen, den so genannten **„großen“ Schadensersatz**: Der Käufer gibt die mangelhafte Sache nach § 281 Abs. 5 BGB zurück und erhält den Schaden, der aus dem Ausfall der gesamten Leistung entstanden ist (positives Interesse), über den „kleinen“ Schadensersatz hinausgehend z. B. die Mehrkosten für einen Deckungskauf.

d) Schadensersatz bei Mangelfolgeschäden

§ 437 Nr. 3 i. V. m. **§ 280 Abs. 1 BGB**

§ 437 BGB ist keine vollständige Anspruchsgrundlage, sondern **enthält nur die Grundvoraussetzungen** jedes Gewährleistungsanspruchs. **Für den Schadensersatz sind ergänzend die in Nr. 3 angeführten Vorschriften heranzuziehen.**

(1) Kaufvertrag	Wie oben 2a
(2) mangelhafter Kaufgegenstand	Wie oben 2a
(§ 280 Abs. 1)	Da ein Spezialfall des § 311a BGB (von Anfang an unbehebbare Mängel) nicht vorliegt (es geht auch nicht um Schadensersatz „statt der Leistung"!), ist der **Verweis auf § 280 BGB maßgeblich.**
(3) (§ 280 Abs. 1 Satz 1:) **Pflichtverletzung**	Pflichtverletzung bedeutet jedes Zurückfallen hinter dem Pflichtenprogramm des Schuldners, hier: Lieferung einer mangelhaften statt einer mangelfreien Sache, wie nach § 433 Abs. 1 Satz 2 BGB geschuldet.
(4) (§ 280 Abs. 1 Satz 2:) **zu vertreten**	Das Vertretenmüssen richtet sich nach § 276 BGB (ggf. mit § 278 BGB). Grundsätzlich hat der Verkäufer Vorsatz und Fahrlässigkeit zu vertreten. **Ohne Verschulden** hat der Verkäufer einen Mangel zu vertreten, wenn er eine **„Garantie"** übernommen hat. Gemeint ist damit die **Zusicherung einer Eigenschaft** im Rahmen des § 434 Abs. 1 Satz 1 BGB: vereinbarte Beschaffenheit). Damit hat der Verkäufer einen Garantiewillen zum Ausdruck gebracht und haftet für Schäden, wenn die Beschaffenheit nicht der vereinbarten Qualität entspricht.
(5) (§ 280 Abs. 1 Satz 1:) **Schaden**	Beim Merkmal „Schaden" ist im Bereich der Mängelhaftung nach verschiedenen Gesichtspunkten zu differenzieren: • Handelt es sich um einen Mangelschaden, so geht es um Schadensersatz statt der Leistung, so dass über § 280 Abs. 3 BGB die zusätzlichen Voraussetzungen von §§ 281, 283 oder § 311a BGB vorliegen müssen. • Handelt es sich wie hier um einen **Mangelfolgeschaden**, so liegt der Schaden „neben" der Leistung (nicht im Leistungsgegenstand selber), so dass **kein Schadensersatz „statt der Leistung"** verlangt werden kann, sondern nur der allgemeine Schadensersatz wegen Pflichtverletzung. Die zusätzlichen Anforderungen der §§ 281 ff. BGB brauchen daher nicht vorzuliegen. **Hier ist § 280 Abs. 1 BGB alleinige Anspruchsgrundlage. Weitere Voraussetzungen sind nicht zu prüfen.**
(6) Kein Ausschluss des Gewährleistung	Schadensersatz bei Mängeln kann entfallen: • nach § 442 BGB von Gesetzes wegen • nach § 444 BGB durch (individuelle) vertragliche Vereinbarung • nach § 309 Nr. 7 BGB durch AGB-Klausel („Freizeichnung")
Rechtsfolge:	Schadensersatz allgemein „wegen Pflichtverletzung". Der Umfang bestimmt sich nach §§ 249 ff. BGB.

3. Schadensersatz bei anderen Verträgen

a) Werkvertrag

Beim Werkvertrag ist die Mängelhaftung weitgehend parallel zum Kaufrecht geregelt. Ausgangspunkt ist auch hier eine Verweisungsnorm: **§ 634 BGB** verweist beim Schadensersatz wie § 437 BGB auf die Vorschriften des Allgemeinen Schuldrechts (§§ 280 ff., 311a BGB). Neben Schadensersatz gibt es auch beim Werkvertrag den Anspruch auf Nacherfüllung sowie die Rechte auf Minderung oder Rücktritt. Zusätzlich besteht nach § 634 Nr. 2 ein Recht zur Selbstbeseitigung.

b) Mietvertrag

Beim Mietvertrag ist der Schadensersatz besonders und anders als beim Kauf- oder Werkvertrag geregelt: **§ 536a BGB** betrifft Schadensersatzansprüche des Mieters bei Mängeln, **§ 536c Abs. 2 BGB** begründet einen besonderen Schadensersatzanspruch des Vermieters bei unterlassener Mängelanzeige durch den Mieter.

§ 536a Abs. 1 BGB: Schadensersatz bei Mängeln der Mietsache

(1)	**Mietvertrag**	Die Vorschrift gilt als allgemeine Vorschrift (Untertitel 1) für alle Mietverhältnisse: Räume, Grundstücke, bewegliche Sachen.
(2)	**Mangel der Mietsache**	Der Mangelbegriff ist in § 536 BGB näher beschrieben. Anders als bei Kauf und Werkvertrag wird hier noch (in Absatz 2) der Begriff „zugesicherte Eigenschaft" verwendet.
(3)	**zu vertreten**	Ein Vertretenmüssen i.S.v. § 276 BGB wird **nur bei nachträglich entstehenden Mängeln** verlangt. **Bei anfänglich vorhandenen Mängeln besteht eine verschuldensunabhängige Garantiehaftung!**
(4)	**Schaden**	Zu ersetzen ist das sog. positive Interesse: Der Geschädigte wird so gestellt, wie wenn ordnungsgemäß erfüllt worden wäre. Vor allem erhält er die Mehrkosten für ein sog. Deckungsgeschäft, wenn er eine gleichwertige Sache anderweitig teurer mieten muss.
(5)	**kein Gewährleistungsausschluss**	Grundsätzlich kann im Rahmen der Vertragsfreiheit die Gewährleistung ausgeschlossen werden. Im Rahmen von AGB setzen für Schadensersatzansprüche § 307 und § 309 Nr. 7 BGB Grenzen. **Sonderfall § 536 Abs. 3 BGB:** Bei **Wohnraum** kann das Recht auf **Minderung** nicht ausgeschlossen werden (wohl aber bei Geschäftsraummiete oder bei Miete beweglicher Sachen). Generell unzulässig ist ein Gewährleistungsausschluss nach § 536c BGB bei arglistigem Verschweigen eines Mangels.

§ 536c Abs. 2 BGB: Schadensersatz bei unterlassener Mängelanzeige

(1)	**Mietvertrag**	Es muss ein wirksam abgeschlossener Mietvertrag vorliegen. Die Miete ist ggf. von anderen Dauerschuldverhältnissen, wie z.B. der Leihe, der Pacht oder dem Leasing (für das aber nach h.M. auch Mietrecht gilt) abzugrenzen.

(2)	**Nachträglicher Mangel**	Der Mangel muss *„im Laufe der Mietzeit"* sichtbar werden. Bei Mängeln, die sich bereits vor Vertragsschluss gezeigt haben, trifft den Mieter keine Anzeigepflicht.
(3)	**Unterlassen der Mängelanzeige**	Die Pflicht zur Mängelanzeige ist Teil der Obhutspflicht des Mieters, dem ja fremdes Eigentum anvertraut wird. Diese allgemeine Obhutspflicht lässt sich aus dem allgemeinen Grundsatz von Treu und Glauben ableiten. Sie ist eine Schutzpflicht i. S. v. § 241 Abs. 2 BGB.
(4)	**Verschulden**	Aus der Voraussetzung, dass sich ein Mangel *„zeigt"*, ist zu entnehmen, dass der Mieter den Mangel kennen muss. Darüber hinaus wird nach allg. Meinung für das Unterlassen ein Verschulden (§§ 276 , 278 BGB) verlangt.
(5)	**Schaden**	(§§ 249 ff. BGB)

II. Gesetzliche Schadensersatzansprüche

Schadensersatzansprüche aus Gesetz finden sich vor allem in den **§§ 823 ff. BGB** (**Deliktsrecht**).

§ 823 Abs. 1 BGB: Schadensersatz bei Verletzung von Rechtsgütern und Rechten		
(1)	**„Wer ... verletzt"**	**= objektiver Tatbestand**
	(a) Rechtsgutverletzung	• **Rechtsgüter**: Leben, Körper, Gesundheit, Freiheit • **Rechte**: Eigentum und „sonstige" Rechte (= absolute, dem Eigentum ähnliche Rechte, so etwa alle dinglichen Rechte, aber auch das Recht am Gewerbebetrieb und das Allgemeine Persönlichkeitsrecht). Das Vermögen ist kein sonstiges Recht.
	(b) Verletzungshandlung	• **Positives Tun** • **Unterlassen**, sofern Garantenpflicht besteht (aus Gesetz, Vertrag oder vorangegangenem Tun)
	(c) Kausalität	Nicht im naturwissenschaftlichen Sinn (Äquivalenz), sondern eingeschränkt durch die sog. **Adäquanz**: Nur solche Handlungen sind kausal, die nach der Lebenserfahrung zur eingetretenen Rechtsgutverletzung führen können.
(2)	**„widerrechtlich"**	Die Widerrechtlichkeit wird „indiziert", d. h. sie entfällt nur bei Vorliegen besonderer Rechtfertigungsgründe. Ausnahme: Verletzung des Allg. Persönlichkeitsrechts und des Rechts am Gewerbebetrieb. Hier bedarf es einer Güter- und Interessenabwägung.
(3)	**„vorsätzlich oder fahrlässig"**	Vorsatz bedeutet bewusstes und gewolltes Handeln, wobei billigendes In-Kauf-Nehmen einer Rechtsgutverletzung genügt (bedingter Vorsatz). Fahrlässigkeit ist in § 276 Abs. 2 BGB definiert als die Außerachtlassung der im Verkehr erforderlichen Sorgfalt.
Rechtsfolge:		siehe §§ 249 ff. BGB.
Schadensersatz:		Bei erheblichen Körperverletzungen zusätzlich Schmerzensgeld nach § 253 Abs. 2 BGB.

§ 823 Abs. 2 BGB: Schadensersatz bei Verletzung eines Schutzgesetzes

(1) „Gesetz“	= jede Rechtsnorm i.S.v. Art. 2 EGBGB. d.h. ein Gesetz im materiellen Sinn, also auch eine VO oder eine Satzung. Hauptfall ist ein Verstoß gegen Straftatbestände des StGB.
(2) „Schutz eines anderen bezweckend“	Keine Schutzgesetze sind Normen, die nur den Schutz der Allgemeinheit bezwecken.
(3) „Verstoß“	Das Schutzgesetz muss voll verletzt sein (tatbestandsmäßig, rechtswidrig und schuldhaft). Kein Schadensersatz, wenn der eingetretene Schaden nicht vom **Schutzzweck der Norm** gedeckt wird (z.B. kein Ersatz von Vermögensschäden Dritter bei Verletzung der StVO).
Rechtsfolge: Schadensersatz	siehe §§ 249 ff. BGB. Bei erheblichen Körperverletzungen zusätzlich Schmerzensgeld nach § 253 Abs. 2 BGB. Kein Schadensersatz wird gewährt, wenn der eingetretene Schaden nicht vom **Schutzzweck der Norm** gedeckt wird (z.B. kein Ersatz von Vermögensschäden Dritter bei Verletzung der StVO).

§ 831 BGB: Haftung für Verrichtungsgehilfen

(1) „zu einer Verrichtung bestellt“	Der sog. Verrichtungsgehilfe muss weisungsgebunden und sozial abhängig sein. Bei unerlaubten Handlungen weisungsbefugter Personen kommt die sog. Organhaftung in Betracht (dazu im WORKBOOK BGB, Band 1, Einheit 2 C).
(2) „widerrechtliche“ Schadenszufügung	Der Gehilfe muss im Fall des § 823 Abs. 1 BGB nur tatbestandsmäßig und rechtswidrig gehandelt haben. Ein Verschulden auf seiner Seite ist nicht erforderlich. Anders, wenn seine unerlaubte Handlung in einem Delikt nach §§ 823 Abs. 2, 824 oder 826 BGB besteht. Hier muss auch der subjektive Tatbestand gegeben sein.
(3) „in Ausführung“	= nicht nur bei Gelegenheit
(4) Keine Exkulpation (Abs. 1 Satz 2)	§ 831 BGB begründet eine Haftung für vermutetes Eigenverschulden des Geschäftsherrn. Dieser haftet (nur dann) nicht, wenn er nachweislich den Gehilfen sorgfältig ausgewählt und überwacht hat.
Rechtsfolge: Schadensersatz:	siehe §§ 249 ff. BGB Bei erheblichen Körperverletzungen zusätzlich Schmerzensgeld nach § 253 Abs. 2 BGB.

C. HERAUSGABEANSPRÜCHE

I. Vertragliche Herausgabeansprüche

Der wichtigste vertragliche Herausgabeanspruch ist der Anspruch auf Rückgewähr bei erklärtem **Rücktritt.** Die §§ 346 ff. BGB gelten auch im Besonderen Schuldrecht, vor allem für die Rücktrittsrechte bei Mängelhaftung (§§ 323, 326 Abs. 5 bzw. § 311a Abs. 2 BGB), vgl. **§§ 437 Nr. 2, 634 Nr. 3 BGB).** Rücktrittsgrund ist die nicht mangelfrei erbrachte Leistung (*„nicht vertragsgemäß“* i. S. v. § 323 BGB).
Der Umfang des Herausgabe- bzw. Wertersatzanspruchs richtet sich nach **§ 346 BGB.**
→ Näheres dazu siehe im WORKBOOK BGB, Band 2, Einheit 8.

II. Gesetzliche Herausgabeansprüche

Der wichtigste Fall gesetzlicher Herausgabeansprüche sind die Vorschriften der **§§ 812 ff. BGB** zur ungerechtfertigten Bereicherung.

§ 812 Abs. 1 Satz 1 BGB (1. Fall): Leistungskondiktion		
(1)	**Schuldner hat etwas erlangt**	*„Etwas“* ist jeder vermögenswerte Vorteil, also zum Beispiel Eigentum, Besitz oder Guthaben auf der Bank (bei Überweisung).
(2)	**durch Leistung eines anderen**	Leistung ist jede zweckgerichtete Vermehrung fremden Vermögens, zum Beispiel durch Übereignung oder Zahlung. Die Leistung muss der Gläubiger erbracht haben (*„ihm“* ist herauszugeben!), das heißt: **Leistungskondiktion kommt nur innerhalb einer Leistungsbeziehung zur Anwendung.** Außerhalb einer solchen Leistungsbeziehung scheidet § 812 BGB aus (Es liegt auch kein Erwerb *„in sonstiger Weise“* vor: Die Leistungskondiktion hat insoweit Vorrang. Nur wenn der Gegenstand überhaupt nicht durch Leistung erlangt wurde, liegt Erwerb *„in sonstiger Weise“* vor).
(3)	**ohne rechtlichen Grund**	Rechtsgrund ist meist ein Vertrag (Verpflichtungsgeschäft). Hier ist dann ggf. zu prüfen, ob der Vertrag wirksam zustande gekommen ist, ob Nichtigkeitsgründe vorliegen oder ob ein zunächst wirksam geschlossener Vertrag nachträglich unwirksam geworden ist.

§ 812 Abs. 1 Satz 1 BGB (2.Fall): Eingriffskondiktion		
(1)	**Schuldner hat etwas erlangt**	*„Etwas“* ist jeder vermögenswerte Vorteil, also zum Beispiel Eigentum oder Besitz an einer Sache.
(2)	**in sonstiger Weise**	= nicht durch Leistung **Wenn der Schuldner durch Leistung erworben hat, kommt nur Leistungskondiktion innerhalb der Leistungsbeziehung in Betracht!** Die Leistungskondiktion hat insoweit Vorrang.
(3)	**auf dessen Kosten**	= auf Kosten des Gläubigers Nach der Rechtsordnung muss dem Gläubiger der erlangte Gegenstand zustehen
(4)	**ohne rechtlichen Grund**	Ein Rechtsgrund besteht zum Beispiel, wenn der Gläubiger den Eingriff gestattet hatte.

§ 816 Abs. 1 BGB: Verfügung eines Nichtberechtigten

(1) Schuldner ist Nichtberechtigter	Nichtberechtigter ist der Nicht-Eigentümer einer Sache oder der Nicht-Inhaber eines Rechts.
(2) Schuldner trifft Verfügung	Verfügungen sind Rechtsgeschäfte, durch die ein Recht in seinem Bestand unmittelbar betroffen wird: Übertragung (z. B. Übereignung), Belastung (z. B. Verpfändung), inhaltliche Änderung oder Aufhebung.
(3) Wirksamkeit der Verfügung	Zwei Fälle sind vor allem von Bedeutung: • **gutgläubiger Erwerb** nach §§ 932 ff. BGB • Verfügung (im eigenen Namen!) mit **Zustimmung des Berechtigten**: § 185 BGB Gleiches gilt nach **§ 816 Abs. 2 BGB** auch bei **Leistung an einen Nichtberechtigten**, die dem Berechtigten gegenüber wirksam ist. Beispiel § 407 BGB: Zahlung an den alten Gläubiger in Unkenntnis einer Abtretung.
Rechtsfolge:	**Herausgabe des durch die Verfügung Erlangten** (z. B. einen erhaltenen Kaufpreis bei unberechtigter Veräußerung an einen gutgläubigen Dritten).

§ 819 BGB: Verschärfte Haftung

(1) (812)	Grundvoraussetzung ist ein Kondiktionsanspruch aus § 812 BGB.
(2) Kenntnis vom mangelnden Rechtsgrund	Verlangt wird positive Kenntnis. Davon wird auch ausgegangen, wenn der Empfänger sich bewusst jeder Erkenntnis verschließt. Grobfahrlässige Unkenntnis genügt nur im Fall des § 12 Abs. 2 BBesG (Rückforderung zuviel gezahlter Beamtenbezüge).
(3) bei Empfang der Leistung oder später	Die verschärfte Haftung setzt ein, sobald der Empfänger weiß, dass er die Leistung ungerechtfertigt erhalten hat, sie also nicht behalten darf. Bei Minderjährigen wird § 828 Abs. 2 BGB analog herangezogen.
(4) Schaden	Über §§ 818 Abs. 4, 292 BGB ist § 989 BGB anwendbar, der wie jeder Schadensersatzanspruch das Vorliegen eines Schadens verlangt.

Diese und weitere Definitionen finden Sie mit Erläuterungen und Verlinkungen auch im juralink BGB-Trainer unter www.juralink.de.

Abmahnung
Aufforderung, ein bestimmtes rechtswidriges oder vertragswidriges Verhalten abzustellen

Abnahme
Körperliche Entgegennahme, verbunden mit einer Willenserklärung: Anerkennung als vertragsgemäß

Adäquanz
Einschränkung des Ursachenzusammenhangs auf Umstände, die nicht gänzlich unwahrscheinlich und nach der Lebenserfahrung geeignet sind, den Erfolg herbeizuführen

Akzessorietät
Abhängigkeit eines Rechts vom jeweiligen Bestand eines anderen Rechts

„Aliud"-Lieferung
Lieferung einer anderen (lat. aliud) Kaufsache, siehe § 434 Abs. 3 BGB (=Falschlieferung)

Allgemeines Persönlichkeitsrecht
Das Recht, das die Ausstrahlungen der Persönlichkeit eines Menschen in allen Beziehungen umfasst (abgeleitet aus Art. 2 GG)

Ausfallbürge
Bürge, der erst dann herangezogen werden darf, wenn der Gläubiger schuldlos trotz Einsatz aller Befriedigungsmittel -insbesondere Zwangsvollstreckung- einen Ausfall erlitten hat

Betriebsgefahr
Die vom Betrieb eines maschinell betriebenen Fahrzeugs ausgehende Gefahr

Condictio
="Kondiktion": Anspruch aus ungerechtfertigter Bereicherung

Darlehensvermittlungsvertrag
Vertrag, nach dem ein Unternehmer es unternimmt, einem Verbraucher gegen Entgelt einen Verbraucherdarlehensvertrag zu vermitteln oder ihm die Gelegenheit zum Abschluss eines Verbraucherdarlehensvertrages nachzuweisen

Deliktsfähigkeit
Die Verantwortlichkeit zum Schadensersatz aufgrund unerlaubter Handlungen

Exkulpation
Entlastung(sbeweis), siehe z.B. § 831 Abs. 1 Satz 2 BGB

Fahrlässigkeit
Außerachtlassung der im Verkehr erforderlichen Sorgfalt, vgl. § 276 Abs. 2 BGB

Falschlieferung
Die Lieferung einer anderen als der geschuldeten Kaufsache (=Aliud-Lieferung), siehe § 434 Abs. 3 BGB

Fixgeschäft, absolutes
Schuldverhältnis, dessen Inhalt mit der Einhaltung der Leistungszeit allgemein erkennbar steht oder fällt, wobei keine Parteivereinbarung erforderlich ist

Fixgeschäft, relatives
Schuldverhältnis, dessen Inhalt mit der Einhaltung der Leistungszeit nach Parteivereinbarung steht oder fällt

Garantie
Übernahme einer (ggf. zusätzlichen), verschuldensunabhängigen Haftung für einen bestimmten Leistungserfolg, z.B. in § 434 Abs. 1 Satz 1 BGB („vereinbarte Beschaffenheit") oder in § 443 BGB (Beschaffenheits- oder Haltbarkeitsgarantie)

Gefährdungshaftung
Verpflichtung zum Schadensersatz durch potentiell gefährdendes Verhalten, ohne dass es auf ein Verschulden ankommt

Gesundheitsverletzung
Störung der physischen, psychischen oder mentalen Befindlichkeit eines Menschen mit Krankheitscharakter

Halter
Person, die ein Kraftfahrzeug für eigene Rechnung in Gebrauch hat und die tatsächliche Verfügungsgewalt innehat

Höhere Gewalt
Ganz seltenes, außergewöhnliches Ereignis, das nicht vorhersehbar war und nach vorliegender Sachlage auch bei äußerster Sorgfalt nicht verhindert werden konnte

Integritätsinteresse
Das Interesse des Gläubigers an seinen (sonstigen) Rechten, Rechtsgütern und Interessen

Kausalität, haftungsausfüllende
Die ursächliche Verbindung von Handlung und Rechtsgutverletzung

Kausalität, haftungsbegründende
Die ursächliche Verbindung von Rechtsgutverletzung und (Folge-)Schaden

Leistung (i. S. v. § 812 Abs. 1 BGB)
Bewusste, zweckgerichtete Vermehrung fremden Vermögens

Leistungsinteresse
Das Interesse des Gläubigers an einer ordnungsgemäßen Leistung

Leistungskondiktion
Anspruch auf Herausgabe eines durch Leistung ungerechtfertigt erhaltenen Gegenstands, vgl. § 812 Abs. 1 Satz 1 BGB (1. Fall)

Mangelfolgeschaden
Schaden, der durch Mangel einer Sache an anderen Rechtsgütern und am Vermögen des Gläubigers entsteht

Mangelschaden
Schaden an der mangelhaften Sache selbst (einschließlich entgangenem Gewinn)

Mankolieferung
Lieferung einer zu geringen Menge, siehe § 434 Abs. 3 BGB

Minderung
Herabsetzung des Kaufpreises wegen eines Sachmangels

Nichtleistung
Nicht oder trotz Fälligkeit noch nicht erbrachte Leistung

Pflichtverletzung
Jedes Zurückbleiben hinter dem „geschuldeten Soll" (=dem „Pflichtenprogramm" des Schuldverhältnisses)

Schadensersatz, großer
der Schaden, der nach Wegfall der gesamten Leistung dem Geschädigten verbleibt (=Schadensersatz „statt der ganzen Leistung")

Schadensersatz, kleiner
Schaden aufgrund der pflichtwidrigen Leistung; bei Schlechtleistung: soweit die Pflichtwidrigkeit den Wert der Leistung beeinträchtigt (=Schadensersatz „statt der Leistung")

Schlechtleistung
Die „nicht wie geschuldet" bzw. „nicht vertragsgemäß" erbrachte Leistung

Schutzgesetz (§ 823 Abs. 2 BGB)
Gesetz im materiellen Sinn, das dem Schutz einer bestimmten Person oder eines bestimmten Personenkreises dient und nicht nur dem Schutz der Allgemeinheit

Selbstschuldnerische Bürgschaft
Verzicht des Bürgen auf die Einrede der Vorausklage, vgl. § 773 Abs. 1 Nr. 1 BGB

Sonstige Rechte (§ 823 Abs. 1 BGB)
Absolute Rechte, die ähnlich wie das Eigentum geschützt sind

Unabwendbares Ereignis
Ereignis, das von außen kommt und auch durch Anwendung äußerster, nach den Umständen möglicher und dem Betreffenden zumutbarer Sorgfalt nicht zu vermeiden ist

Verbraucherdarlehensvertrag
Entgeltliche Darlehensverträge zwischen einem Unternehmer als Darlehensgeber und einem Verbraucher als Darlehensnehmer, vgl. § 491 Abs. 1 BGB

Verbrauchsgüterkauf
Kauf einer beweglichen Sache durch einen Verbraucher von einem Unternehmer, vgl. § 474 Abs. 1 BGB

Vorsatz
Das Wissen und Wollen eines rechtswidrigen Erfolges

Zedent
Der Abtretende bei der Forderungsabtretung (§§ 398 ff. BGB)

Zessionar
Der Forderungsempfänger, also der Neugläubiger im Rahmen der Forderungsabtretung

Zufall
ohne Verschulden, vgl. z. B. §§ 446, 447 BGB

WORKBOOK BGB

Band 3 Besonderes Schuldrecht

LÖSUNGEN
zu Fragen und Fällen

Einheit 1 . FRAGEN

1. Nein. Dies folgt aus dem Grundsatz der Vertragsfreiheit. Diese beinhaltet auch die **Gestaltungsfreiheit,** also das Recht, den Inhalt eines Vertrages frei zu gestalten. Die Grenzen der Gestaltungsfreiheit werden generell durch die §§ 134, 138 BGB gesetzt, für Allgemeine Geschäftsbedingungen speziell durch §§ 305 ff. BGB.

2. Der Beherbergungsvertrag ist im Wesentlichen ein Mietvertrag über ein Zimmer, der i. d. R. mit anderen Verträgen gemischt ist. Als **gemischter Vertrag** enthält er zusätzlich Elemente von

- Kauf (z. B. Getränke),
- Verwahrungsvertrag (z. B. Garderobe),
- Dienstvertrag (z. B. Bedienung im Restaurant)
- Werkvertrag (z. B. Hotelküche).

3. Der Gesetzgeber hat aus sozialpolitischen Gründen insbesondere im Mietrecht, im Arbeitsrecht, beim Verbraucherdarlehens- sowie Darlehensvermittlungsvertrag und im Reisevertragsrecht unabdingbare (zwingende) Regelungen vorgesehen. Beispiele: § 557 Abs. 4, § 655e, §§ 491 bis 495 BGB.

4. Im Gegensatz zum Pfandrecht, ermöglicht die Sicherungsübereignung dem **Sicherungsgeber,** das Sicherungsgut in seinem **Besitz** zu behalten und zu gebrauchen. Sie wurde daher auch als verdecktes oder heimliches Pfand bezeichnet und gelegentlich als Umgehung des § 1205 BGB (der zwingend Übergabe verlangt!) angesehen. Inzwischen ist die Sicherungsübereignung jedoch gewohnheitsrechtlich anerkannt. Ihre Zulässigkeit wird aus § 930 BGB abgeleitet.

5. Die zahlreichen Vertragtypen des Abschnitts 8 (§§ 433 - 853 BGB) lassen sich schwerpunktmäßig folgenden Bereichen zuordnen:
Güterzuwendung, Güteraustausch (Beispiel: Kaufvertrag, §§ 433 ff. BGB)
Gebrauchsüberlassung (Beispiel: Mietvertrag, §§ 535 ff. BGB)
Dienstleistung (Beispiel: Dienstvertrag, §§ 611 ff., Werkvertrag, §§ 631 ff. BGB)
Finanzierung (Beispiel: Ratenlieferungsverträge, §§ 505 ff. BGB)
Interessengemeinschaft (Beispiel: Gesellschaft, §§ 705 ff. BGB)
Sicherung von Ansprüchen(Beispiel: Bürgschaft, §§ 765 ff. BGB)

6. Das sind im Besonderen Teil des Schuldrechts zum einen diejenigen des Titels 3: *„Darlehensvertrag; Finanzierungshilfen und Ratenlieferungsverträge zwischen einem Unternehmer und einem Verbraucher“* (§§ 488 bis 507 BGB). Zum anderen zählen hierzu auch der Sachdarlehensvertrag (§§ 607 bis 609 BGB) sowie die als spezielle Geschäftsbesorgungsverträge ausgestalteten Bankgeschäfte: Überweisungs-, Zahlungs- und Girovertrag (§§ 676a bis h BGB).

7. Ja. In den §§ 611 ff. regelt das BGB Verträge, welche Dienstleistungen für andere zum Gegenstand haben. Im Gegensatz zu selbständigen Dienstverträgen, z. B. Arztverträgen, handelt es sich bei Arbeitsverträgen um Dienstleistung in einem **Abhängigkeitsverhältnis**. Daraus folgen Besonderheiten, die zum Teil in den §§ 611 ff. BGB, zum Teil außerhalb des BGB in arbeitsrechtlichen Spezialgesetzen geregelt sind.

8. Während der **Auftrag unentgeltlich** ist (§ 662 BGB), handelt es sich beim Geschäftsbesorgungsvertrag (§ 675 BGB) um einen entgeltlichen Vertrag, der auf die Besorgung fremder Geschäfte gerichtet ist und je nach Erfolgsbezogenheit der Tätigkeit ein Dienst- oder Werkvertrag ist (z. B. Rechtsanwaltsvertrag als Sonderform des Dienstvertrages einerseits und Baubetreuer- oder Bauträgervertrag als Verträge mit Werkvertragscharakter andererseits).

9. Bei einer Bruchteilsgemeinschaft (§ 741 BGB) steht ein Recht (z. B. Eigentum) mehreren gemeinschaftlich zu. Der wichtigste Fall ist das **Miteigentum.** Hierfür gelten neben den §§ 741 ff. BGB Sondervorschriften in §§ 1008 ff. BGB.

Einheit 2 A . FRAGEN

1. Nach **§ 453 Abs. 1 BGB** können auch Rechte verkauft werden, sofern sie übertragbar sind. Damit können auch Kaufpreisforderungen Gegenstand eines Kaufvertrages sein. Dies geschieht meist im Rahmen sogenannter **Factoring-Verträge,** in denen der Factor bestimmte Forderungen des Factoringgebers gegen Zahlung einer Factoringgebühr übernimmt.

2. Elektrizität ist zwar kein körperlicher Gegenstand (i. S. v. § 90 BGB) kann jedoch als **„sonstiger Gegenstand“** nach § 453 Abs. 1 BGB Objekt eines Kaufvertrages sein. Der Bezug von Elektrizität richtet sich also nach den §§ 433 ff. BGB.

3. Zum Mindestinhalt eines Kaufvertrages („essentialia negotii“) gehört die Einigung über **Parteien** (Jeder muss wissen, dass er Käufer oder Verkäufer ist), **Kaufgegenstand** (§ 433 Abs. 1 BGB: Sache oder § 453 Abs. 1 BGB: Recht bzw. sonstiger Gegenstand) und **Kaufpreis** (§ 433 Abs. 2 BGB)

4. Oftmals wird auch ohne ausdrückliche Vereinbarung eines Kaufpreises ein Kaufvertrag anzunehmen sein, gerade bei Geschäften des Alltags. Beim Heizölkauf ist es üblich, durch Bestellung einer bestimmten Menge an Öl bereits einen Kaufvertrag abgeschlossen zu haben. Dieser ist dann im Wege der Auslegung (§§ 133, 157 BGB) in Gestalt des **Marktpreises** als vereinbart anzusehen. Zum selben Ergebnis kommt man auch durch Anwendung der §§ 315, 316 BGB: Wenn über den Preis nicht gesprochen wird, kann der Verkäufer den Preis nach billigem Ermessen bestimmen.

5. Nebenabreden werden bei Kaufverträgen hauptsächlich in folgenden Bereichen getroffen:
Lieferungsbedingungen (z.B. die Bestimmung des Liefertermins oder der Art der Schuld),
Zahlungsmodalitäten (z.B. Fristen, Raten, Zinsen, Skonti),
Mängelhaftung für Sach- und Rechtsmängel,
Nebenbestimmungen (z.B. Montage, Nebenkosten)
Sonstige Vereinbarungen: sogenannte *„salvatorische Klauseln"* (z.B. Aufrechterhaltung des Vertrages bei Teilnichtigkeit, Umdeutung und Ersetzung unwirksamer Klauseln), Vereinbarung über den Gerichtsstand (dazu siehe jedoch § 38 ZPO) etc.

6. Ein Dissens i.S.v. §§ 154, 155 BGB liegt nicht vor, weil sich die Parteien **über alle Punkte geeinigt** haben, über die sie eine Einigung erzielen **wollten**. Eine Regelung der Mängelhaftung wurde bewusst nicht vorgenommen. Hier gelten dann mangels einer gesetzlichen Vereinbarung die gesetzlichen Regelungen der §§ 434-444 BGB.

Einheit 2 D . FRAGEN

1. Hauptpflichten (genauer: Hauptleistungspflichten) sind die sich primär aus dem Vertrag ergebenden Pflichten zwischen den Vertragsparteien im Sinne von **Leistung und Gegenleistung**. Sie entsprechen dem eigentlichen Grund für die Eingehung des Vertragsverhältnisses (z.B. Kaufvertrag): Der Käufer verpflichtet sich zur Zahlung des Kaufpreises, weil und damit der Verkäufer sich zur Übereignung der Kaufsache verpflichtet. Diese Hauptpflichten stehen in einem wechselseitigen Bezug zueinander (*„do ut des"= Ich gebe, damit auch Du gibst*).
„Neben" den Hauptleistungspflichten enthält ein gegenseitiger Vertrag wie der Kaufvertrag auch **Nebenleistungspflichten**. Diese stehen nicht in wechselseitigem Bezug zueinander wie Hauptleistungen: Die Abnahme (§ 433 Abs. 2 BGB) ist beispielsweise nicht die Gegenleistung für die Lieferung.

2. Nebenleistungspflichten ergänzen die Hauptleistungspflicht (z.B. Zahlung von Nebenkosten, vgl. § 448 BGB) und sollen die ordnungsgemäße Erfüllung der Hauptleistung sicherstellen. Weil auch sie Leistungspflichten sind (i.S.v. § 241 Abs. 1 BGB), dienen sie dem **„Leistungsinteresse"** des Gläubigers und sind daher **selbständig einklagbar**.
Nebenpflichten dienen in aller Regel dem Schutz vor Schäden (**„Integritätsinteresse"**). Als sogenannte „leistungsunabhängige" („unselbständige") Nebenpflichten sind sie keine primären Leistungspflichten und können daher nicht selbständig eingeklagt werden. Bei ihnen handelt es sich um die Pflichten aus **§ 241 Abs. 2 BGB** (Rücksichtnahmepflichten, Schutzpflichten). Sie dienen ausschließlich dazu, den Vertragspartner vor Schäden zu bewahren und sind quasi die vertragsrechtliche Parallele zu den Verkehrssicherungspflichten im Rahmen der deliktischen Haftung (§§ 823 ff. BGB).
Neben den reinen Schutzpflichten aus § 241 Abs. 2 BGB gibt es auch Pflichten, die **leistungsbezogen** sind, so z.B. die Auskunfts- und Rechenschaftspflicht des Beauftragten gemäß § 666 BGB. Solche Auskunfts- und Informationspflichten gibt es auch in Kaufverträgen. Soweit sie nicht von den Parteien geregelt wurden, ergeben sie sich aus dem Grundsatz von Treu und Glauben **(§ 242 BGB**). Sind sie auf eine von vornherein bestimmte Leistung gerichtet, können sie auch wie Nebenleistungspflichten selbständig eingeklagt werden. Beispiel Auskunft: Wird die erforderliche Auskunft nicht gegeben, besteht ein Anspruch auf Auskunfterteilung und bei erfolgloser Fristsetzung kann Schadensersatz statt der Leistung verlangt werden (§§ 280, 281 BGB: Leistungsinteresse). Ist durch fehlerhafte Auskunft ein Schaden entstanden, so ergibt sich der Schadensersatzanspruch (ohne Fristsetzung) aus § 280 Abs. 1 BGB (Integritätsinteresse: Der Schaden soll nicht das Interesse an der Auskunft kompensieren, sondern den durch Verletzung einer Nebenpflicht entstanden Schaden bei der Vertragsabwicklung).

3. Haupt(leistungs)pflicht des Verkäufers ist es gemäß **§ 433 Abs. 1 BGB**, dem Käufer die Kaufsache zu übergeben und das Eigentum daran zu verschaffen, und zwar frei von Mängeln (Satz 2).
Primäre Hauptpflicht des Käufers ist es, dem

Verkäufer den vereinbarten Kaufpreis zu zahlen (**§ 433 Abs. 2 BGB**). Die dort genannte Pflicht zur Abnahme der gekauften Sache ist grundsätzlich nur eine Nebenleistungspflicht.

4. In der Regel ist die Abnahme nur eine Nebenleistungspflicht des Käufers. Sie kann dann Hauptpflicht sein, wenn der Verkäufer erkennbar ein besonderes Interesse gerade auch an der Abnahme hat, d. h. wenn die Abnahme für ihn **von wesentlicher Bedeutung** ist (beispielsweise bei leicht verderblichen Waren). Dann besteht zwischen Lieferung und Abnahme ein inhaltlicher Wechselbezug.

5. Gemäß **§ 433 Abs. 1 Satz 2 BGB** ist der Verkäufer verpflichtet, dem Käufer den verkauften Gegenstand frei von Sach- und Rechtsmängeln zu verschaffen. Andernfalls hat der Käufer die Rechte aus **§ 437 BGB**. Die Verpflichtung aus § 433 Abs. 1 Satz 2 BGB ist eine Leistungspflicht, bei deren Verletzung der Käufer primär einen Anspruch auf **Nacherfüllung**, d. h. Beseitigung des fremden Rechtes, hat (§ 437 Nr. 1 i. V. m. § 439 BGB). In der Praxis wird die Verpflichtung zur rechtsmängelfreien Übereignung häufig abbedungen. Bestehende Rechte Dritter (z. B. Kreditforderungen von Banken) werden dann i. d. R. auf den Kaufpreis angerechnet: Der Käufer übernimmt die Kreditschuld und zahlt einen entsprechend geringeren Kaufpreis.

6. Nach **§ 448 Abs. 2 BGB** hat von Gesetzes wegen der **Käufer** die Kosten der Beurkundung zu tragen. Im Rahmen der Vertragsfreiheit können die Parteien aber auch etwas anderes vereinbaren.

7. Es kommt darauf an, wo der Erfüllungsort liegt, ob es sich also um eine Schickschuld oder eine Bringschuld handelt: Bei einer **Bringschuld** liegt der Leistungsort (=Erfüllungsort) beim Käufer. Dessen Wohnsitz ist vertraglich *„bestimmt"* i. S. v. § 269 Abs. 1 BGB. Die Transportkosten trägt hier also der Verkäufer.
Wenn keine Bringschuld vereinbart wurde, liegt beim Versendungskauf eine **Schickschuld** vor und somit der Fall des § 448 Abs. 1 BGB: Der Leistungsort liegt nach § 269 Abs. 1 BGB mangels anderweitiger *„Bestimmung"* beim Verkäufer, die Versendung erfolgt *„nach einem anderen Ort als dem Erfüllungsort"*. Daher trägt der Käufer die Transportkosten. Eine wichtige **Ausnahme** folgt aus § 474 Abs. 2 BGB für den **Verbrauchsgüterkauf**: Hier ist die Anwendung des § 447 BGB ausgeschlossen, so dass es bei der Grundregel des § 269 Abs. 1 BGB bleibt, wonach mangels einer anderweitigen Bestimmung der Erfüllungsort des Schuldners, also des Verkäufers maßgeblich ist. Daher scheidet auch § 448 Abs. 1 BGB aus!

8. Ja. Im Gegensatz zum früheren Recht (§ 326 BGB a. F.) unterscheidet § 323 BGB jetzt nicht mehr, ob es sich um eine (synallagmatische) Hauptleistungspflicht oder nur um eine Nebenleistungspflicht handelt. Erforderlich ist nur, dass die Pflichtverletzung nicht unerheblich ist, § 323 Abs. 5 Satz 2 BGB. Es dürfte also nicht nur um geringfügige Portokosten gehen.

9. Davon ausgehend, dass hier kein Sachmangel vorliegt, sind nicht die (speziellen) Gewährleistungsregelungen, sondern die allgemeinen Vorschriften über Pflichtverletzungen anwendbar (§§ 280 ff. BGB). Soweit dem Verkäufer aufgrund seiner Fachkenntnisse, die mit der Verwendung des Reinigungsmittels verbundenen typischen Gefahren bekannt waren oder bekannt sein mussten, hat er seine Aufklärungspflicht (= leistungsbezogene Nebenpflicht, ableitbar aus § 242 BGB) verletzt. Der Käufer kann somit Schadensersatz nach § 280 Abs. 1 BGB verlangen. Es handelt sich nicht um Schadensersatz *„statt der Leistung"* (i. S. v. § 280 Abs. 3 BGB), sondern um einen allgemeinen Schadensersatz (sozusagen *„neben"* der Leistung), dessen Höhe sich nach §§ 249 ff. BGB bemisst.

Einheit 2 D . FÄLLE

Fall 1:
K holt den gekauften Fisch zum vereinbarten Zeitpunkt nicht ab. Das stinkt dem V. Bevor der Fisch stinkt, kommt er (der Fisch) ins Kühlhaus.
V verlangt Ersatz der Lagerkosten und entgangenen Gewinn. Mit Recht?

I. Anspruch auf Ersatz der Lagerkosten
Der Anspruch auf Ersatz der Lagerkosten könnte sich aus § **304** BGB ergeben.
Voraussetzung ist, dass K in **Annahme**verzug geraten ist.
(1) Leistungsberechtigung
V war nicht nur verpflichtet, sondern zum fraglichen Zeitraum auch berechtigt, seine Leistung (= Lieferung des Fischs) zu erbringen. Fälligkeit liegt vor, wäre aber nicht erforderlich, vgl. § 271 Abs. 2 BGB.
(2) Leistungsvermögen
Nach § **297** BGB wäre ein Annahmeverzug bei Unmöglichkeit der Leistung ausgeschlossen. Ein solcher Fall liegt nicht vor.
(3) Leistungsangebot
V hat seine Leistung vertragsgemäß angeboten.

Normalerweise müsste das Angebot nach § **294** BGB **tatsäch**lich erfolgen, bei einer **Hol**schuld genügt aber ein **wört**liches Angebot: § **295** BGB)

(4) Nichtannahme

Dadurch, dass K die Ware nicht abgeholt hat, hat er sie (i. S. v. § 293 BGB) nicht angenommen.

(5) Mehraufwendungen

Nach § **304** BGB erhält V die effektiven Mehraufwendungen, d. h. Lagerkosten in nachgewiesener Höhe. Der Ersatz eines entgangenen Gewinns (z. B. wenn der Verkäufer wegen des eingelagerten Fisches ein lukratives Angebot zur Kühlhausvermietung ausschlagen musste) fällt nicht unter § 304 BGB; denn das wäre Sch**adensersatz** (vgl. § 252 BGB).

II. Anspruch auf Ersatz des entgangenen Gewinns

Ein (Schadensersatz-)Anspruch auf Ersatz entgangenen Gewinns könnte sich aus § **280** Abs. 1 und **3** BGB in Verbindung mit § **286** BGB ergeben. Dies setzt voraus, dass K mit einer Sch**uldner**pflicht in Verzug ist.

(1) Schuldverhältnis

Zwischen V und K besteht ein Kaufvertrag, also ein Schuldverhältnis (§ **241** Abs. 1 BGB) im Sinne von § 280 Abs. 1 Satz 1 BGB.

(2) Pflichtverletzung

Es könnte die Pflicht zur **Abnahme** (im Sinne von § **433** Abs. **2** BGB) verletzt sein. Abnahme ist nicht nur bloße Gläubigerobliegenheit (= „Annahme" i. S. v. §§ 293 ff. BGB), sondern auch eine echte Sch**uldner**pflicht. Der Käufer hat eine Doppelrolle: Er ist Gläubiger („**An**nahme") und zugleich Schuldner („**Ab**nahme").

Die Abnahmepflicht hat K dadurch verletzt, dass er die Ware nicht rechtzeitig abgeholt hat.

(3) „zu vertreten"

Die Pflichtverletzung (= Verzögerung der Abholung) muss K zu vertreten haben i. S. v. §§ 276, 278 BGB. Dies wird nach § 280 Abs. 1 Satz 2 BGB vermutet.

(4) Schaden

Der Schaden ist durch die nicht termingerechte Abholung entstanden. Beim Anspruch des V handelt es sich somit um Schadensersatz *„wegen Verzögerung"* (= Verzugs- oder Verzögerungsschaden). Es müssen also die Voraussetzungen des Schuldnerverzuges (§ **284** BGB) vorliegen. Dies ist der Fall: Trotz Fälligkeit ist K seiner Abnahmepflicht gem. § 433 Abs. 2 BGB nicht nachgekommen. Eine Mahnung war nicht erforderlich, weil der Leistungszeitpunkt **kalender**mäßig bestimmt war (§ 286 Abs. 2 Nr. 1 BGB) und K die Verzögerung auch zu vertreten hat (§ 286 Abs. 4 BGB, siehe schon oben zu Punkt (3): § 280 Abs. 1 Satz 2 BGB). K ist somit in Schuldnerverzug geraten.

Ergebnis: Sofern V einen Gewinnausfall nachweisen kann, hat er Anspruch auf Ersatz des entgangenen Gewinns, der einen Ver**zögerungs**schaden darstellt: Er beruht kausal auf der Verzögerung und ist während des Verzugs entstanden.

Fall 2:

(Abwandlung von Fall 1)

V setzt dem K eine Frist zum Abholen und droht an, er werde über den Fisch anderweitig verfügen, wenn K die Frist nicht einhalte. Nach Fristablauf tritt V vom Vertrag zurück. Ist das zulässig?

Das Rücktrittsrecht könnte sich aus **§ 323 Abs. 1 BGB** ergeben.

(1) Gegenseitiger Vertrag

Der Kaufvertrag ist ein gegenseitiger Vertrag. Jede Vertragspartei verpflichtet sich um der jeweiligen Gegenleistung willen.

(2) Fällige Leistung

Die Leistungspflicht des K liegt in der Abnahmepflicht nach § 433 Abs. 2 BGB (hier: Abholpflicht) als Schuldnerpflicht. Diese Pflicht war fällig gemäß § **271** Abs. 1 BGB. K hat den vereinbarten Abholtermin nicht eingehalten.

(3) „nicht vertragsgemäß"

K ist mit seiner Abholpflicht (= § 433 Abs. 2 BGB) in Verzug, er hat also seine Leistung nicht vertragsgemäß erbracht.

(4) Fristsetzung

Die nach § 323 Abs. 1 BGB erforderliche Fristsetzung liegt vor.

(5) Erheblichkeit

Die nach § **323** Abs. 5 Satz 2 BGB für einen Rücktritt erforderliche Erheblichkeit der Pflichtverletzung kann angesichts der Verderblichkeit der Ware bejaht werden, weil diese Pflicht dadurch zur Hauptpflicht wird.

Ergebnis: V konnte nach § **323** Abs. 1 BGB vom Vertrag zurücktreten.

Einheit 2 E . FRAGEN

1. Der Begriff „Gefahrtragung" beinhaltet die **Risiken** und Pflichten der Vertragsparteien **im Falle eines zufälligen** (also von keinem zu vertretenden) **Untergangs** der Leistung. Vor allem geht es darum, ob der Schuldner weiterhin zur Leistung verpflichtet ist und ob - bei gegenseitigen Verträgen - der Gläubiger seine Gegenleistung erbringen muss, obwohl er die Leistung des Schuldners nicht mehr erhalten kann.

2 Zu unterscheiden ist zwischen:
(1) Leistungsgefahr: Hier geht es um die Frage, ob der Schuldner noch einmal leisten muss, ob sich beispielsweise der Verkäufer bei einem Lagerbrand neue Ware kommen lassen muss. Nach der Grundregel des § 275 Abs. 1 BGB trägt diese Gefahr der Käufer, d. h. in der Verkäufer wird frei.
(2) Gegenleistungs- oder **Preisgefahr:** Hier geht es um die Frage, ob bei gegenseitigen Verträgen der Gläubiger (z. B. ein Käufer) noch zur Gegenleistung (Kaufpreis) verpflichtet bleibt, obwohl er die Leistung des Schuldners (Kaufsache) wegen § 275 BGB nicht erhält. Nach § 326 Abs. 1 BGB wird grundsätzlich auch der Gläubiger (Käufer) frei und braucht seine Gegenleistung nicht zu erbringen. Die Parteien gehen sozusagen 0:0 auseinander.
Da die Frage der Preisgefahr sich erst dann stellt, wenn der Schuldner (Verkäufer) nach § 275 BGB frei geworden ist, d. h. die unmöglich gewordene Leistung (Lieferung) nicht mehr erbringen muss, ist zweckmäßigerweise die **Leistungsgefahr vor der Preisgefahr** zu prüfen.

3. Der Verkäufer bleibt als Schuldner zur Leistung verpflichtet, wenn es sich beim Kaufgegenstand (noch)um eine **Gattungsschuld** i. S. v. § 243 Abs. 1 BGB handelte; denn er schuldet ja nicht eine bestimmte Sache. Er kann sich beispielsweise nicht darauf berufen, dass ihm das Lager abgebrannt ist; denn solange die entsprechende Ware noch auf dem Markt ist, liegt keine Unmöglichkeit vor, weil ja noch Sachen „mittlerer Art und Güte" vorhanden sind (§ 243 Abs. 1 BGB). Den Verkäufer trifft eine **Beschaffungspflicht**; auf ein (subjektives) Unvermögen und auch auf ein fehlendes Verschulden kann er sich nicht berufen, weil er nach § 276 Abs. 1 Satz 1 (a. E.) BGB mit dem Verkauf von Gattungssachen *„nach der Natur des Schuldverhältnisses"* das "**Beschaffungsrisiko**" übernommen hat. Grundgedanke: Für seine eigene, subjektive Leistungsfähigkeit hat der Schuldner immer einzustehen.

4. Aus der Gattungsschuld wird eine Stückschuld: Nach § 243 Abs. 2 BGB wird nur noch *„diese"* Sache geschuldet. Das hat zur Folge, dass bei Verlust einer bereits konkretisierten Gattungssache Unmöglichkeit vorliegt und nach § 275 Abs. 1 BGB die **Leistungsgefahr auf den Käufer** übergeht. Der Verkäufer wird frei und braucht nicht „noch einmal" zu leisten; insbesondere ist er nach Konkretisierung nicht verpflichtet, sich ein neues Stück zu beschaffen.

5. Nach **§ 326 Abs. 1 BGB** entfällt mit dem Wegfall der Leistungspflicht des Schuldners (§ 275 BGB) auch die entsprechende Gegenleistungspflicht des Gläubigers. Auch der Gläubiger wird frei. Ein Käufer beispielsweise braucht beim Unmöglichkeit der Lieferung nicht zu zahlen.

6 a) Nein. Nach § 275 Abs. 1 BGB ist der Verkäufer von seiner Leistungspflicht frei geworden. Da er mit der (vergeblichen) Anlieferung das *„seinerseits Erforderliche"* getan hat, ist aus der Gattungsschuld eine Stückschuld geworden (Konkretisierung). Es liegt Unmöglichkeit vor, da mittlerweile nur noch diese eine jetzt zerstörte Ware geschuldet wird (Konkretisierung gem. § 243 Abs. 2 BGB). Der Verkäufer ist von seiner Lieferpflicht frei geworden.
6 b) Ja. Zwar wäre nach der Grundregel des § 326 Abs. 1 BGB auch der Käufer frei geworden, da er sich aber im Annahmeverzug befand (§§ 293 ff. BGB): Er war zum vereinbarten Zeitpunkt nicht zu erreichen), trägt er nach § 326 Abs. 2 Satz 1 (2. Fall) BGB auch die Preisgefahr und muss den Kaufpreis bezahlen, obwohl er keine Ware mehr bekommt. Er trägt hier also das volle Risiko.

7. Da der Käufer noch nicht Eigentümer geworden ist, ist noch nicht vollständig erfüllt im Sinne von § 362 Abs. 1 BGB. Die Übereignung des Schrankes ist unmöglich geworden; der Verkäufer also nach § 275 Abs. 1 BGB von der Leistung befreit. Mit Übergabe des Schrankes ist nach der kaufrechtlichen Spezialnorm des **§ 446 BGB** die Gegenleistungsgefahr aber auf den Käufer übergegangen. Er muss also zahlen und kann sich nicht mehr auf die allgemeine Vorschrift des § 326 Abs. 1 BGB berufen.

8 a) Der Verkäufer schuldete die Übereignung des Grundstücks mit Haus. Dies ist ihm jetzt unmöglich geworden. Nach **§ 275 Abs. 1 BGB** ist er insoweit (unabhängig von einem Verschulden) frei geworden. Er braucht kein neues Haus zu errichten.
8 b) Den Kaufpreis müsste der Käufer nach der Grundregel des **§ 326 Abs. 1 BGB** bei Unmöglichkeit der Leistung nicht zahlen, auch er wäre frei geworden (in Höhe des Kaufpreisanteils für das Haus). Eine Ausnahme nach § 326 Abs. 2 BGB liegt nicht vor. Auch aus der kaufrechtlichen Spezialvorschrift des § 446 BGB ergibt sich kein anderes Ergebnis; denn danach trägt der Käufer die (Preis-)Gefahr erst von der Übergabe an. Jedoch haben die Parteien hier etwas anderes vereinbart und den Zeitpunkt des Gefahrübergangs auf den Vertragsschluss („sofort") vorverlegt. Dies ist im Rahmen der Vertragsfreiheit zulässig; § 446 BGB

ist keine zwingende Norm. Daher muss im Ergebnis der Käufer doch den vollen Kaufpreis zahlen. Ansprüche aus Mängelhaftung bestehen nicht, da zum Zeitpunkt des Vertragsschlusses (=Gefahrübergang) das Haus noch stand und daher kein Mangel im Sinne von § 434 BGB vorlag.

9. § 447 betrifft ebenso wie § 446 BGB die sogenannte „**Preisgefahr**" (allgemein: Gegenleistungsgefahr) und ersetzt als Spezialnorm für den Versendungskauf die allgemeine Regelung des § 326 Abs. 1 BGB.

10. Ja. Beim **Versendungskauf** gilt für den Zeitpunkt des Gefahrübergangs grundsätzlich die Ausnahme des § 447 BGB Der **Käufer** hat bereits ab Übergabe der Kaufsache an die Transportperson die **Preisgefahr** (und damit auch das Transportrisiko) zu tragen.

11. Ja. Nach **474 Abs. 2 BGB** ist bei einem Versendungskaufs zwischen Verbraucher und Unternehmer (=**Verbrauchsgüterkauf**) § 447 BGB nicht anzuwenden. Es bleibt dann bei der Regelung des § 446 BGB, wonach die Preisgefahr erst bei Übergabe, also bei Entgegennahme durch den Käufer, auf diesen übergeht. Vor diesem Zeitpunkt gilt die allgemeine Regel des § 326 Abs. 1 BGB. Das **Transportrisiko** trägt beim Verbrauchsgüterkauf also der **Verkäufer**. Der Käufer muss den Kaufpreis nicht bezahlen.

Einheit 2 F . FRAGEN

Grundfall: Der Verkäufer, privater Anbieter in einer Internet-Auktion, hat das gekaufte Teeservice wie vereinbart ordnungsgemäß verpackt an den in der Nachbarstadt wohnenden Käufer abgesandt. Den Transport (auf Kosten des Käufers) besorgte ein Bekannter des Verkäufers, der nur vormittags arbeitete und an den Nachmittagen sein schmales Gehalt durch gelegentliche Transportfahrten aufbesserte. Leider hatte er das Paket nur lose in den Kofferraum seines Transporters gelegt, so dass bei einem plötzlichen Bremsmanöver die empfindliche Fracht zerstört wurde. Der Verkäufer verlangt vom Käufer Zahlung des Kaufpreises, der Käufer lehnt ab und droht im Gegenzug Schadensersatzansprüche gegen den Verkäufer an.

1. Nein. Erfüllungsgehilfe im Sinne von § 278 BGB ist nur, wer im Pflichtenkreis des Schuldners tätig ist. Beim Transporteur trifft das nicht zu; denn der Verkäufer hat mit Übergabe des Teeservices an den Transporteur seine Leistungstätigkeit (Schickschuld) beendet, der Transporteur ist also **nicht im Pflichtenkreis des Verkäufers** tätig und daher nicht sein Erfüllungsgehilfe. Auf der anderen Seite ist er auch nicht Erfüllungsgehilfe des Käufers. Als Vertragspartner des Verkäufers hat der Transporteur mit dem Transport eine eigenständige Leistungspflicht übernommen.

2. V könnte einen Schadensersatzanspruch gegen den Spediteur auf § 280 Abs. 1, 3 i.V.m. § 283 BGB stützen. Dem Spediteur ist durch die Zerstörung der Ware die Erfüllung des Frachtvertrages schuldhaft unmöglich geworden. Zudem kommt auch § 823 Abs. 1 BGB als Anspruchsgrundlage in Betracht, da V noch Eigentümer der Ware war. Beide Ansprüche scheitern jedoch daran, dass **V keinen Schaden** erlitten hat: Er bekommt ja wegen § 447 BGB den vollen Kaufpreis.

3. Mit dem Kaufpreis bekommt der Verkäufer alles, was er auf Grund des Kaufvertrages verlangen konnte. Er wollte das Geld und war bereit, sein Eigentum dafür dem Käufer zu übertragen, ist also vermögensmäßig nicht schlechter gestellt.

4. Der Schaden des Käufers liegt in seiner Verpflichtung, den Kaufpreis an den Verkäufer zahlen zu müssen (wegen § 447 BGB), ohne dafür ein Äquivalent verlangen zu können: weder vom Verkäufer (wegen § 275 BGB) noch vom Transporteur (Er hat mit K keinen Vertrag).

5. Da noch keine Übergabe erfolgte, ist der Käufer noch nicht Eigentümer geworden § 929 BGB) und kann somit kein Recht aus § 823 Abs. 1 BGB geltend machen. Auch ein Anwartschaftsrecht (=„*sonstiges Recht*") ist nicht betroffen; auch hierfür wäre Besitz des Käufers erforderlich.

6. Die Drittschadensliquidation umgeht die unerwünschte Folge, dass die aus den **Gefahrtragungsregeln** resultierende **Schadensverlagerung** zu einem Ausschluss der Verantwortlichkeit des Dritten (hier des Spediteurs) führen würde. Der **Verkäufer** hätte zwar einen **Anspruch** (genauer: eine Anspruchsgrundlage) gegen den Dritten, kann ihn aber **mangels Schadens** nicht realisieren („liquidieren"). Und der **Käufer** hat zwar einen **Schaden**, besitzt aber **keine eigene Anspruchsgrundlage** gegen den Dritten: Weder ist er dessen Vertragspartner, noch wurde sein Eigentum verletzt.

7. Er kann sich vom Verkäufer dessen **Anspruch** (genauer: die Anspruchsgrundlage ohne Schaden) **entsprechend § 285 BGB abtreten lassen** und dann den kompletten Anspruch **selber beim Spediteur geltend machen**.

8. Mit der Schuldrechtsreform wurden die Vorschriften über den **Verbrauchsgüterkauf**, bei dem sich Verbraucher und Unternehmer gegenüber stehen, im Rahmen des Verbraucherschutzes neu ins BGB eingeführt (§§ 474 bis 479 BGB): **§ 474 Abs. 2 BGB** erklärt die §§ 445 und 447 BGB auf diese Fälle für nicht anwendbar, wodurch es für den Übergang der Preisgefahr bei der allgemeinen Regel des § 446 BGB bleibt. Mangels Übergabe an den Käufer liegt die Preisgefahr noch beim Verkäufer, der Käufer braucht nicht zu zahlen. Bei einem fremd verschuldeten Untergang wird der Schaden also gar nicht erst verlagert, sondern tritt von vornherein beim Verkäufer ein. Wird der Transport durch einen **Frachtführer** (er ist Kaufmann im Sinne des HGB) durchgeführt, **gibt § 421 Abs. 1 Satz 2 HGB** dem Käufer das Recht, einen Schadensersatz direkt gegen den Frachtführer geltend zu machen. Hier ist also ein Fall der Drittschadensliquidation spezialgesetzlich geregelt.

Einheit 2 F. FÄLLE

Fall 1

Eine Gemeinde kauft bei Firma CDE einen Server-Computer, der laut Vertrag auf Kosten des Käufers versandt werden sollte, aber wegen der Empfindlichkeit der Ware nicht durch die Post , sondern durch einen mit CDE vertraglich verbundenen Elektrohändler, der sich bereit erklärte, den PC zu einem günstigen Preis in die Stadt mitzunehmen, wenn er dort einen Auftrag habe. Auf dem Transport wird das (ordnungsgemäß verpackte) Gerät durch ein Verschulden des Fahrers zerstört.
Die Gemeinde verlangt Lieferung eines neuen Geräts. CDE weigert sich und verlangt im Gegenzug den Kaufpreis. Wer hat Recht?

1. Anspruch auf Lieferung

(1) Anspruch entstanden

Auf Grund des Kaufvertrages war Firma CDE nach § **433** Abs. 1 BGB verpflichtet, den gekauften Computer der Gemeinde zu übersenden und ihr zu übereignen.

(2) Anspruch untergegangen

Der Anspruch auf Lieferung ist untergegangen nach § **275** Abs. 1 (**Leistungs**gefahr). Die Lieferung ist unmöglich geworden (kein § 243 Abs. 1 BGB: Bei **Schick**schuld erfolgt die Konkretisierung bereits durch Übergabe an die Transportperson, § 243 Abs. 2 BGB). Danach wird nur dieses eine Gerät geschuldet.

2. Anspruch auf Zahlung

Der Anspruch auf Zahlung des Kaufpreises könnte untergegangen sein nach § **326** Abs. 1 BGB

(1) Gegenseitiger Vertrag

Kaufverträge sind gegenseitige Verträge: Jeder Teil verpflichtet sich um der jeweiligen Gegenleistung willen.

(2) Keine Leistungspflicht

Wie oben dargelegt, ist die Leistungspflicht des Verkäufers nach § 275 Abs. 1 BGB entfallen.
Somit wäre nach § **326** Abs. 1 BGB auch die Gemeinde von der Zahlungspflicht freigeworden, es sei denn, es lägen Ausnahmen vor.

(a) Ausnahme § 447 BGB?

Nach § **447** BGB geht die (**Preis**-) Gefahr auf den Käufer über, sobald die Sache der Transportperson übergeben wird. Voraussetzung ist das Vorliegen einer Sch**ick**sch**uld, d. h. vereinbarte Versendung *„nach einem anderen Ort als dem Erfüllungsort"*. Erfüllungsort ist (auch bei **Schick**schuld!) nach § 269 Abs. 1, 3 BGB der Wohnsitz des Schuldners (Verkäufers). Die Voraussetzungen des § 447 BGB liegen also vor, es sei denn, es bestehen weitere Ausnahmen.

(b) Ausnahme § 474 Abs. 2 BGB?

Im Fall eines **Verbrauchsgüter**kaufs ist nach § 474 Abs. 2 BGB die Gefahrtragungsregel des § 447 BGB nicht anwendbar. Ein Verbrauchsgüterkauf i.S.v. § 474 Abs. 1 BGB liegt aber nicht vor; denn die Gemeinde ist als **juristische** Person nicht **Verbraucher** im Sinne von § 13 BGB.

(c) Ausnahme § 421 HGB?

Die für Frachtleute geltende Spezialregelung des § 421 HGB kann keine Anwendung finden, weil der für den Transport zuständige Elektrohändler kein Frachtführer im Sinne des HGB ist.

Ergebnis: Nach § 447 BGB ist die Preisgefahr auf die Gemeinde übergegangen. Sie muss den Kaufpreis bezahlen.

Fall 2 (Abwandlung von Fall 1)

Der Käufer, der den Kaufpreis ohne Gegenleistung zahlen muss, fragt sich, auf welchem Wege der Transporteur als der Schuldige haftbar gemacht werden kann.

1. Schadensersatzanspruch des Verkäufers

Der Verkäufer steht zum Transporteur in einem Vertragsverhältnis, könnte also einen vertraglichen Anspruch wegen schuldhaft verursachter Unmöglichkeit der Leistung nach § **280** i.V.m. § **283** BGB geltend machen. Er könnte sich auch auf einen gesetzlichen Anspruch nach § 823 Abs. 1 BGB stützen, weil sein Eigentum, also ein R**echts**g**ut, verletzt wurde. Der Verkäufer hat aber keinen Schaden, weil er ja wegen § **447** BGB den Kaufpreis erhält. Daher scheiden sowohl vertragliche als auch gesetzliche Schadensersatzansprüche aus.

2. Schadensersatzanspruch des Käufers
(1) Schaden, aber keine Anspruchsgrundlage
Die Zahlungspflicht ohne Gegenleistung (§ 433 Abs. 2, § **447** BGB) ist ein Schaden des Käufers. Der Käufer kann aber (weil er mit dem Transporteur keinen Vertrag hat) keine vertraglichen Ansprüche geltend machen. Auch deliktische Ansprüche (§ 823 Abs. 1 BGB) scheiden aus, weil es an einer **Rechtsgut**verletzung fehlt: Der Käufer ist mangels Übergabe nicht Eigentümer geworden. Ein Anwartschaftsrecht (§ 449 BGB) als sonstiges Recht würde ebenfalls Besitzerlangung des Käufers voraussetzen. Vermögen kommt als sonstiges Recht nicht in Betracht, weil es sich nicht um ein eigentumsähnliches, auf bestimmte Sachen bezogenes Recht handelt.
(2) Drittschadensliquidation
Da somit der Verkäufer einen Anspruch (= Anspruchsgrundlage) aber keinen Schaden hat, und umgekehrt der Käufer einen **Schaden,** aber keinen **Anspruch**, wäre der Transporteur der lachende Dritte. Um dies zu vermeiden, hat die h. M. das Rechtsinstitut der sogenannten „**Drittschadensliquidation**" entwickelt. Es basiert auf einer Schadensver**lager**ung, die hier durch § **447** BGB bewirkt wird. Diese Regelung betrifft aber nur das Innenverhältnis Käufer-Verkäufer und soll nicht den Schuldigen begünstigen. Um den Transporteur haftbar zu machen, gibt es zwei Wege:
Entweder der Verkäufer kümmert sich um die Sache. Ihm wird erlaubt, den Schaden des Käufers im Rahmen seiner Anspruchsgrundlagen (§§ 280, 283 BGB bzw. § 823 Abs. 1 BGB) als „Drittschaden" geltend zu machen (zu „**liquidieren**"). Den Schadensersatz, den er auf diese Weise erhält (z. B. eine Zahlung der Haftpflichtversicherung des Spediteurs), muss er nach § **285** Abs. 1 BGB dem Käufer erstatten.
Oder (praktisch wichtigere Möglichkeit): Der Käufer kann vom Verkäufer verlangen, dass dieser die ihm zustehenden „Ansprüche" (genauer: die Anspruchsgrundlagen aus Vertrag und aus Delikt) entsprechend § **285** Abs. 1 BGB an den Käufer abtritt. Dann vereinigen sich Anspruchsgrundlage und Schaden in einer Hand und der Käufer kann aus den abgetretenen Ansprüchen gegen den Transporteur vorgehen.

Einheit 2 G . FRAGEN

1. Als erste Grundvoraussetzung muss ein **Mangel**, also Abweichung der Ist- von der Sollbeschaffenheit im Sinne von § 434 Abs. 1 bis 3 BGB, vorliegen.
Dieser Mangel muss nach § 434 Abs. 1 BGB zu einem bestimmten Zeitpunkt, nämlich **bei Gefahrübergang** (§ 446 oder § 447 BGB) vorgelegen haben. Dies sind die Grundvoraussetzungen für die Rechte des Käufers. Über **§ 437 BGB** sind jetzt die jeweils besonderen Voraussetzungen dieser Rechte zu prüfen, z. B. § 323 BGB oder §§ 280, 281 oder 283 BGB.
Zuletzt ist immer ein eventueller **Ausschluss der Mängelhaftung** zu untersuchen (gesetzlich oder vertraglich).
Gegebenenfalls kann danach noch die Frage der **Verjährung** zu prüfen sein, siehe § 438 BGB.

2. Nein. Die Gewährleistungsregeln des Kaufrechts gehen (ab Gefahrübergang) der allgemeinen Regel des § 119 Abs. 2 BGB vor. Zulässig bleibt eine Anfechtung nur nach § 119 Abs. 1 oder § 123 BGB.

3. Nach § 433 Abs. 1 Satz 2 BGB hat der Verkäufer dem Käufer die verkaufte Sache frei von Sach- und Rechtsmängeln zu verschaffen. Ein Rechtsmangel liegt nach **§ 435 Satz 2 BGB** auch dann vor, wenn im Grundbuch ein Recht eingetragen ist, das nicht mehr besteht. Der Käufer hat also einen Anspruch auf Löschung der Hypothek. Hierfür genügt aber die nur schriftliche Erklärung der Bank nicht. Grundbuchrechtliche Bewilligungen (§ 19 GBO) müssen nach § 29 GBO notariell beglaubigt sein. Der Verkäufer muss sich also eine solche Löschungsbewilligung der Bank besorgen.
Der Notar wird auf diese Rechtslage hinweisen, weil ihn nach § 17 BeurkG eine Prüfungs- und Belehrungspflicht trifft. Er muss die Parteien auf rechtliche Probleme und Risiken hinweisen.

4. Die einzelnen Formen und Kriterien für das Vorliegen eines Sachmangels sind in § 434 BGB enthalten. Absatz 1 enthält drei hierarchisch abgestufte Kriterien, die sich auf die Eignung zu ihrer Verwendung beziehen:
(1) **vertraglich vereinbarte Verwendung**
Nach § 434 Abs. 1 Satz 1 BGB ist in erster Linie maßgeblich, welche Verwendung die Parteien vereinbart haben. Vor allem begründen **zugesicherte Eigenschaften** den Maßstab für die vertraglich vereinbarte Eignung. Durch derartige Willenserklärungen übernimmt der Verkäufer die **Garantie** für eine bestimmte Verwendungsart, haftet also bei Schadenersatz auch ohne Verschulden, vgl. § 276 Abs. 1 BGB.
(2) **vertraglich vorausgesetzte Verwendung**
Dieses Kriterium liegt auf einer unteren Stufe, weil eine ausdrückliche vertragliche Vereinbarung über die Verwendung der Sache fehlt. Nach § 434 Abs. 1 Satz 2 Nr. 1 BGB genügt es aber, wenn beiden Parteien klar war, wofür die Kaufsache Verwendung finden soll.

(3) **gewöhnliche Verwendung**
Fehlt es an einer Vereinbarung und haben die Parteien auch keine bestimmte Verwendungsform vorausgesetzt, so muss nach § 434 Abs. 1 Satz 2 Nr. 2 BGB die Kaufsache für eine „normale" Verwendung geeignet sein, die ein Käufer üblicherweise erwarten kann. Nach § 434 Abs. 1 Satz 3 BGB kommt es dabei auch auf öffentliche Äußerungen des Verkäufers an, insbesondere **Angaben in der Werbung**. Sie sind zwar keine vertraglich verbindlichen „Garantien", begründen aber den Maßstab zur gewöhnlichen Verwendung. Wenn also die Sache nicht den Angaben aus der Werbung entspricht, ist sie mangelhaft.

5. Der Begriff *„Garantie"* wird im Gesetz nicht eindeutig verwendet:
Eine echte Garantie im Sinne von **§ 443 BGB** begründet eine **besondere, zusätzliche Haftung**, deren Gegenstand nicht mit den Rechten nach § 437 BGB übereinstimmen muss, z. B. könnte der Verkäufer im Garantiefall als Ersatz eine andere Ware (z. B. neues Modell) anbieten. Haftungsgrundlage ist die Garantie selbst, vgl. § 443 Abs. 1 BGB. Ist der Käufer ein Verbraucher (§ 13 BGB), der bei einem Unternehmer (§ 14 BGB) gekauft hat, so muss die Garantie nach § 477 BGB einen vorgeschriebenen Mindestinhalt aufweisen und einfach und verständlich formuliert sein.
Auch im Fall des **§ 434 Abs. 1 Satz 1 BGB** (Eignung zur vereinbarten Verwendung) spricht man von „Garantie": Von Bedeutung ist das für Schadensersatzansprüche (§ 437 Nr. 3 BGB), bei denen ein Vertretenmüssen verlangt wird. Dies liegt nach § 276 Abs. 1 BGB auch dann vor, wenn der Schuldner eine *„Garantie"* übernommen hat. Darunter fällt (vor allem) auch eine vertragliche Vereinbarung über die vorgesehene Verwendung im Sinne von § 434 Abs. 1 Satz 1 BGB (Früher gebrauchte das Gesetz den Begriff „zugesicherte Eigenschaft"). Im Ergebnis führt das in diesen Fällen zu einer **verschuldensunabhängigen Haftung** auf Schadensersatz.

6. Ja. Für den Mangelbegriff kommt es nicht entscheidend auf die objektiv normale, übliche Verwendungsart an, sondern in erster Linie darauf, welche Verwendung nach dem Vertrag vorgesehen ist (**subjektiver Fehlerbegriff**). Im vorliegenden Fall liegt zwar keine konkrete vertragliche Vereinbarung i. S. v. § 434 Abs. 1 Satz 1 BGB vor, aber es handelt sich um die *„nach dem Vertrag vorausgesetzte Verwendung"* i. S. v. **§ 434 Abs. 1 Satz 2 Nr. 1 BGB**: Beiden Parteien war klar, dass der Arzt die Software vor allem in Hinblick auf die Online-Abwicklung mit der AOK kaufte.

7. Ja. Obwohl der Wagen absolut serienmäßig ist, also keinen Defekt aufweist und die Fahreigenschaften den üblichen Anforderungen genügen, liegt ein Mangel im Rechtssinn vor: Bei Bewertung der Eignung zur *„üblichen Verwendung"* (**§ 434 Abs. 1 Satz 2 Nr. 2 BGB**) sind nach § 434 Satz 3 BGB auch **Angaben in der Werbung** maßgebend. Vorausgesetzt, man legt den Begriff „Dreiliter-Auto" so aus, dass der Wagen nicht mehr als 3,0 Liter verbrauchen darf, ist das Auto rechtlich mangelhaft, wenn es 3,4 l/100 km sind. Dann kann der Käufer nach § 437 Nr. 2 i. V. m. § 323 BGB vom Vertrag zurücktreten. Da der Mangel nicht behebbar sein dürfte, wäre der Rücktritt gemäß § 326 Abs. 5 BGB auch ohne Fristsetzung zulässig.
(Ein Fall von § 434 Abs. 1 Satz 1 BGB liegt nicht vor: Werbeangaben sind keine vertraglich verbindlichen Erklärungen und begründen keine Garantie.)

8. Ja. Es handelt sich um den Fall einer sogenannten **„aliud-Lieferung"**, der Lieferung einer anderen als der bestellten Sache. Nach **§ 434 Abs. 3 BGB** steht dies einem Sachmangel gleich. Der Käufer kann also die Rechte aus § 437 BGB geltend machen, zum Beispiel Nacherfüllung verlangen (Lieferung der „Rimini"-Stühle) oder vom Vertrag zurücktreten.

9. Es handelt sich um den Fall einer sogenannten **„Manko-Lieferung"**, der Lieferung einer geringeren als der bestellten Menge. Auch dies steht nach **§ 434 Abs. 3 BGB** einem Sachmangel gleich. Der Käufer kann also die Rechte aus § 437 geltend machen. Für Rücktritt (§ 323 Abs. 5 Satz 2 BGB) oder Schadensersatz statt der ganzen Leistung (§ 281 Abs. 1 Satz 3 BGB) wäre erforderlich, dass die Mengenabweichung erheblich ist. Das wird man dann annehmen können, wenn die Stühle beispielsweise für ein Esszimmer mit 12 Personen bestimmt waren.

10. Ja. Nach **§ 434 Abs. 2 Satz 1 BGB** liegt ein Sachmangel auch bei fehlerhafter Montage vor. Das Umsetzen des Boilers wäre Nacherfüllung i. S. v. §§ 437 Nr. 1, 439 Abs. 1 BGB (Beseitigung des Mangels).

11. Nach **§ 442 Abs. 1 BGB** ist die Gewährleistung von Gesetzes wegen ausgeschlossen
a) Satz 1: bei **Kenntnis des Käufers** vom Mangel (Ausnahme Abs. 2 bei im Grundbuch eingetragenen Rechten Dritter)
b) Satz 2: bei **grobfahrlässiger Unkenntnis** des Käufers vom Mangel, allerdings nur dann, wenn der

Verkäufer den Mangel arglistig verschwiegen oder eine Garantie im Sinne von § 434 Abs. 1 Satz 1 oder § 443 BGB übernommen hat. Der Käufer könnte also Nacherfüllung auch dann verlangen, wenn er den Mangel ohne weiteres hätte erkennen können. Das Verschweigen oder die Garantieübernahme des Verkäufers wiegen schwerer.

12. Nach **§ 434 Abs. 2 Satz 2 BGB** liegt ein Mangel bei einer zur Montage bestimmten Sache auch dann vor, wenn die **Montageanleitung mangelhaft** ist (sog. *IKEA-Klausel*). Nach wohl h. M. wird dies auch für eine Betriebsanleitung angenommen, obwohl es sich streng genommen nicht um „Montage" handelt.
Der Datenverlust ist ein Mangelfolgeschaden, so dass sich ein Schadensersatzanspruch aus § 437 Nr. 3 i. V. m. § 280 Abs. 1 BGB ergibt (kein § 281 BGB, weil es nicht um Schadensersatz *„statt der Leistung"* geht: Der Schaden ist an einem anderen Rechtsgut (Daten = Vermögen) entstanden).

13. Nach **§ 444 BGB** können die Rechte des Käufers bei Mängelhaftung nur dann nicht ausgeschlossen werden, wenn der Verkäufer den Mangel arglistig verschwiegen oder eine Beschaffenheitsgarantie übernommen hat.
Eine **Ausnahme** besteht nach § 475 Abs. 1 BGB beim **Verbrauchsgüterkauf**: Ein Händler (=Unternehmer: § 14 BGB) kann die Gewährleistungsrechte (§ 437 BGB) eines Verbrauchers (§ 13 BGB) vertraglich nicht ausschließen.
Für Allgemeine Geschäftsbedingungen ergeben sich die Grenzen eines Haftungsausschlusses aus § 309 Nr. 8b) aa) BGB. Ein Händler kann dabei im Kleingedruckten auch gegenüber anderen Unternehmern die Gewährleistung nicht vollständig ausschließen (Indizwirkung der § 308, 309 BGB im Rahmen des § 307 BGB, vgl. § 310 Abs. 1 Satz 2 BGB).

Einheit 2 H . FRAGEN

1. Nach **§ 433 Abs. 1 Satz 2 BGB** ist der Verkäufer verpflichtet, dem Käufer die gekaufte Sache frei von Sach- und Rechtsmängeln zu verschaffen. Darin liegt die Pflichtverletzung im Sinne von § 280 Abs. 1 BGB. Die Lieferung einer mangelhaften Sache ist eine nicht ordnungsgemäße Leistungserbringung im Sinne von § 281 BGB.

2. In der ersten Stufe geht es nach § 437 Nr. 1 BGB um **Nacherfüllung**. Darunter ist nach § 439 BGB entweder die Beseitigung des Mangels oder die Lieferung einer neuen mangelfreien Sache zu verstehen. Bevor es zu Rücktritt oder Schadensersatz kommt (bevor also der Verkäufer Geld bezahlen muss), wird ihm vom Gesetz ein „Recht zur ersten Andienung" eingeräumt. Ihm muss also zuerst Gelegenheit gegeben werden, den mangelfreien Zustand nachträglich noch herbeizuführen.

3. Grundsätzlich ja. Nach § 439 Abs. 1 BGB hat der Käufer das Wahlrecht, welche Form der Nacherfüllung geschuldet wird. Der Verkäufer kann sich allenfalls auf Absatz 3 berufen und die vom Käufer gewählte Art der Nacherfüllung verweigern, wenn sie für ihn mit unverhältnismäßig hohen Kosten verbunden ist. Das wird man hier annehmen können, Voraussetzung ist jedoch, dass durch das Einsetzen der neuen Tür der Mangel auf Dauer behoben ist.

4. Im Prinzip hat der Käufer das Wahlrecht, ob Mängelbeseitigung oder Neulieferung zu erbringen ist. Dies gilt nach **§ 439 Abs. 3 BGB** nicht, wenn die Nacherfüllung für den Verkäufer mit unverhältnismäßigen Kosten verbunden wäre. Bei elektronischen Geräten ist in der Regel eine Reparatur mit großem technischem Aufwand verbunden und einem normalen Verkäufer auch garnicht möglich. Er wird sich hier erfolgreich auf § 439 Abs. 3 BGB berufen können.

5. Ein Rücktritt ist nach **§ 323 Abs. 5 Satz 2 BGB** nur möglich, wenn die Pflichtverletzung (hier: der Mangel) **erheblich** ist. Dies ist bei kleinen Mängeln nicht der Fall. Hier verbleibt dem Käufer nur das Recht, den Kaufpreis zu mindern, weil nach § 441 Abs. 1 Satz 2 BGB das Erfordernis der Erheblichkeit nicht gilt, das Minderungsrecht also auch bei unwesentlichen Mängeln besteht. Im vorliegenden Fall ließe sich die Erheblichkeit u. U. damit begründen, dass es sich um eine Häufung von Mängeln handelt, auch wenn jeder für sich gesehen im Vergleich zur Gesamtsache (Auto) unerheblich ist.

6. Ja. Nach **§ 325 BGB** schließen sich Schadensersatz und Rücktritt nicht aus, sondern können nebeneinander geltend gemacht werden.

7. Der Anspruch auf Ersatz der Aufwendungen ergibt sich (über § 437 Nr. 3 BGB) aus **§ 284 BGB**: Statt Schadensersatz statt der Leistung kann der Käufer Ersatz für solche Aufwendungen verlangen, die er **im Vertrauen auf den Erwerb** der Sache gemacht hat und die sich jetzt als nutzlos erweisen.

8. Im Regelfall verjähren Mängelhaftungsansprüche gemäß § 438 Abs. 1 Nr. 3 BGB **in zwei Jahren**, nach Absatz 2 beginnend mit Ablieferung der Kauf-

sache (bei Grundstücken mit der Übergabe, also erst dann, wenn der Käufer den Besitz tatsächlich erlangt hat, zum Beispiel durch Aushändigung der Schlüssel für Tor und Haus).
Verjährungsfristen können nach § 202 Abs. 2 BGB nicht über 30 Jahre hinaus verlängert werden. Eine Verkürzung ist aber im Rahmen der Vertragsfreiheit zulässig (Ausnahme beim Verbrauchsgüterkauf: § 475 Abs. 2 BGB).

9. Ja. Die Tatsache, dass es sich um fremdes Eigentum handelt, stellt gemäß § 435 BGB einen **Rechtsmangel** dar und somit auch einen Mangel i.S.v. § 437 BGB. Der Käufer hat also dieselben Rechte wie bei einem Sachmangel. Er könnte beispielsweise nach § 437 Nr. 2 i.V.m. § 323 BGB vom Kaufvertrag zurücktreten und hätte dann nach § 346 BGB einen Anspruch auf Rückzahlung des Kaufpreises.
Auf Verjährung kann sich die Galerie nicht berufen, da ein Fall von § 438 Abs. 1 Nr. 1a BGB vorliegt: Der Mangel liegt im fehlenden Eigentum, einem dinglichen Recht, auf Grund dessen der wirkliche Eigentümer als „Dritter" die Herausgabe verlangen konnte (§ 985 BGB). Die Verjährungsfrist beträgt hier 30 Jahre.

10. Nein. Bei den Dachziegeln handelt es sich um Sachen, die **für ein Bauwerk** verwendet werden. In diesem Fall beträgt die Verjährungsfrist bei Mängeln **fünf Jahre** gemäß § 438 Abs. 1 Nr. 2b BGB.

Einheit 2 I . FRAGEN

1. Der Anspruch des Käufers auf Nacherfüllung ergibt sich aus der **primären Pflicht des Verkäufers** nach § 433 Abs. 1 Satz 2 BGB, die gekaufte Sache **frei von Sach- und Rechtsmängeln** zu liefern. Ist die Kaufsache mangelhaft, so geht es folgerichtig in erster Linie darum, die Mangelfreiheit herzustellen, entweder durch Mängelbeseitigung oder durch Lieferung einer mangelfreien Sache.
Dem entspricht auch ein **Recht des Verkäufers**: Ihm muss **Gelegenheit zur Nacherfüllung** gegeben werden („*Recht zur ersten Andienung*"), erst danach kann der Käufer die anderen Rechte (Rücktritt, Minderung, Schadensersatz oder Aufwendungsersatz) geltend machen.

2. Dieses Wahlrecht hat nach **§ 439 Abs. 1** BGB der **Käufer**. Es wird aber eingeschränkt in § 439 Abs. 3 BGB: Wenn die vom Käufer gewählte Art der Nacherfüllung nur mit unverhältnismäßig hohen Kosten möglich ist (z.B. Neulieferung bei leicht behebbaren Mängeln oder umgekehrt kostspielige Reparatur bei Massenartikeln), kann der Verkäufer die vom Käufer gewählte Art der Nacherfüllung verweigern.

3. Die gesetzlichen Regelungen über die Mängelhaftung sind nicht zwingend. Nach **§ 444 BGB** kann prinzipiell etwas Anderes vereinbart werden. Es bestehen aber wichtige **Ausnahmen**:

- Nach **§ 475 Abs. 1 BGB** können bei einem Verbrauchsgüterkauf die Rechte des Käufers aus § 439 BGB nicht abbedungen werden. Transportkosten hat also der gewerbliche Verkäufer seinen privaten Kunden gegenüber immer zu tragen.
- Nach **§ 309 Nr. 8b) cc) BGB** können in Allgemeinen Geschäftsbedingungen Transportkosten nicht auf den Käufer abgewälzt werden.

4. Ein Recht zur Ablehnung der Nacherfüllung kann sich allgemein aus § 275 BGB oder speziell aus § 439 Abs. 3 BGB ergeben:

- Nach **§ 275 Abs. 2 BGB** kann der Verkäufer die Nacherfüllung verweigern, wenn diese einen **unzumutbaren Aufwand** erfordert, der **in grobem Missverhältnis zum Leistungsinteresse** des Käufers steht (sogenannte „faktische" Unmöglichkeit). Dieser Fall kommt daher nur in ganz krassen Fällen in Betracht. Beispiel: Der verkaufte Brillant aus Afrika ist auf dem Weg zum Käufer mit dem Schiff untergegangen (Theoretisch wäre eine Bergung möglich, es liegt also kein Fall echter, objektiver Unmöglichkeit i.S.v. § 275 Abs. 1 BGB vor).
- Nach **§ 275 Abs. 3 BGB** kann der Verkäufer die Nacherfüllung ablehnen, wenn sie ihm **aus persönlichen Gründen unzumutbar** ist (sogenannte „psychische" Unmöglichkeit).
- Nach der kaufrechtlichen Spezialregelung des **§ 439 Abs. 3 BGB** kann der Verkäufer die vom Käufer verlangte Form der Nacherfüllung (z.B. Mängelbeseitigung) schon dann ablehnen, wenn sie **mit unverhältnismäßigen Kosten verbunden** ist. Er schuldet dann aber ggf. die andere Form der Nacherfüllung, z.B. die Ersatzlieferung (es sei denn, auch hier sind die Kosten unverhältnismäßig hoch).

5. Nach **§ 439 Abs. 3 BGB** könnte der Verkäufer die Nachbesserung dann verweigern, wenn die Reparatur in einer Fachwerkstatt im Verhältnis zum Kaufpreis unverhältnismäßig teuer wäre und für ihn ein Verlustgeschäft bedeuten würde.

6. Nein. Das Ablehnungsrecht nach § 439 Abs. 3 BGB beschränkt sich auf die vom Käufer gewählte Art der Nacherfüllung. Der Käufer könnte also als

Nacherfüllung die Lieferung eines anderen mangelfreien Notebooks verlangen. Auf einen Preisnachlass (Minderung) braucht er sich nicht einzulassen.

7. Ein Ablehnungsrecht könnte sich aus § 439 Abs. 3 BGB ergeben. Bei der Abwägung, ob die Kosten einer Ersatzlieferung unverhältnismäßig sind, ist nach Satz 2 unter anderem auf die Bedeutung des Mangels abzustellen. Da es sich hier offenbar um einen nur geringfügigen Mangel handelt, ist dem Verkäufer eine kostspielige Ersatzlieferung nicht zuzumuten. Da wegen der Geringfügigkeit des Mangels sowohl Rücktritt (vgl. § 323 Abs. 5 Satz 2 BGB) als auch Schadensersatz (vgl. § 281 Abs. 1 Satz 3 BGB) ausgeschlossen sind, kommt für den Käufer **nur Minderung** in Betracht (Nach § 441 Abs. 1 Satz 2 BGB kommt es in diesem Fall auf die Erheblichkeit des Mangels nicht an).

8. Der Unterschied liegt darin, dass **§ 275 Abs. 2 BGB** nicht lediglich einen unverhältnismäßig hohen Aufwand voraussetzt, sondern auf ein **grobes Missverhältnis** zum Leistungsinteresse des Gläubigers (hier: des Käufers) abstellt. Das Festhalten am Leistungsanspruch müsste praktisch einem Rechtsmissbrauch gleichkommen.
Demgegenüber genügt für **§ 439 Abs. 3 BGB** eine **einfache Güterabwägung** bei Bewertung der Unverhältnismäßigkeit von Aufwendungen für die Nacherfüllung. Mit der Berufung auf § 439 Abs. 3 BGB hat es der Verkäufer also einfacher.

Einheit 2 J . FRAGEN

1. Bei § 437 Nr. 2 BGB handelt es sich um eine sogenannte **Rechtsgrundverweisung**, d. h. die Vorschrift nimmt auf die Tatbestandsmerkmale etwa der §§ 323 und 326 Abs. 5 BGB Bezug. Daher müssen die Voraussetzungen dieser Normen geprüft werden.

2. (1) Es muss ein **Kaufvertrag** bestehen.
(2) Es muss ein **Mangel** im Sinne der §§ 434, 435 BGB vorliegen.
(3) Die Leistung (Pflicht zu mangelfreier Lieferung nach § 433 Abs. 1 Satz 2 BGB) muss **nicht vertragsgemäß** erbracht sein
(4) Die Leistung muss **fällig** sein.
(5) Im Regelfall verlangt § 323 BGB eine **Fristsetzung** zur Nacherfüllung (Ausnahmen: §§ 323 Abs. 2, 440, 326 Abs. 5 BGB).
(6) Der Mangel darf **nicht unerheblich** sein (§ 323 Abs. 5 Satz 2 BGB).
(7) Es darf **kein Ausschlussgrund** des Rücktritts i. S. v. § 323 Abs. 6 BGB vorliegen.
(8) Die **Gewährleistung** darf **nicht ausgeschlossen** sein (gesetzlich: §§ 436, 442 BGB; vertraglich: §§ 444, 309 Nr. 8 b BGB).

3. Nicht vertragsgemäß bedeutet, dass die Leistung nicht so erbracht wurde, wie sie nach dem Vertrag sein sollte (so genannte **Schlechtleistung**). Bei einem Mangel hat der Verkäufer die ihm nach § 433 Abs. 1 Satz 2 BGB obliegende Pflicht, dem Käufer die Kaufsache frei von Sach- und Rechtsmängeln zu verschaffen, verletzt und somit seine Leistung nicht vertragsgemäß erbracht.

4. Die Fristsetzung in § 323 Abs. 1 BGB bezieht sich auf die **Nacherfüllung** (beim Kaufvertrag nach § 439 BGB). Sinn der Fristsetzung ist, dem Verkäufer zunächst eine Gelegenheit zur Nacherfüllung zu verschaffen („Recht zur ersten Andienung"), ehe von den „drakonischeren" Rechten - Rücktritt, Minderung oder Schadensersatz- Gebrauch gemacht werden darf (wenn der Verkäufer also finanzielle Nachteile in Kauf nehmen muss).

5. In erster Linie ist zwischen **behebbaren** und **nicht behebbaren** Mängeln zu unterscheiden. Bei nicht behebbaren Mängeln (bei denen die Nacherfüllungspflicht wegen Unmöglichkeit ausgeschlossen ist, vgl. § 275 BGB) entfällt eine Fristsetzung nach § 326 Abs. 5 BGB. Sie wäre hier auch sinnwidrig. Im Übrigen enthält § 323 Abs. 2 BGB allgemeine und § 440 BGB spezielle Fälle, in denen eine Fristsetzung entbehrlich ist.

6. Unter § 275 Abs. 1 BGB, auf den § 326 Abs. 5 BGB verweist, fällt jedwede Form der Unmöglichkeit. Somit wird nicht zwischen anfänglicher und nachträglicher Unmöglichkeit unterschieden. In beiden Fällen ist ein Rücktritt ohne Fristsetzung zulässig.

7. Fälle, in denen trotz möglicher Nacherfüllung ein Rücktritt ohne Fristsetzung zulässig ist, sind in den §§ 323 Abs. 2 und 440 BGB enthalten. Dazu gehören vor allem:

- **Weigerung** des Verkäufers (§ 323 Abs. 2 Nr. 1 BGB)
- **Termingebundene** Leistungen (§ 323 Abs. 2 Nr. 2 BGB)
- **Fehlschlagen** der Nacherfüllung (§ 440 BGB)
- **Unzumutbarkeit** einer Nachfristsetzung für den Verkäufer (§ 440 BGB)

8. Eine Nacherfüllung gilt gemäß § 440 Satz 2 BGB nach dem zweiten erfolglosen Versuch als fehlgeschlagen, wenn sich aus den Umständen des Einzelfalls (z. B. bei besonderer Vereinbarung) nicht etwas anderes ergibt. Nach § 440 Satz 1 BGB bedarf es dann einer Fristsetzung nicht mehr. Der Käufer braucht sich also auf den vom Verkäufer unterbreiteten Vorschlag nicht einzulassen, den Fernseher zum Hersteller einzuschicken, sondern kann sofort vom Vertrag zurücktreten, soweit die übrigen Voraussetzungen des § 323 BGB erfüllt sind.

9. Die Bezeichnung „großes Recht" bezieht sich auf die Tragweite des Rücktritts, nämlich Rückabwicklung des gesamten Vertrags: Daher ist nach **§ 323 Abs. 5 Satz 2 BGB** der Rücktritt nur möglich, wenn die Pflichtverletzung (= der Mangel) **erheblich** ist. Bei nur unerheblichen Mängeln verbleibt dem Käufer nur das Recht der Minderung nach § 441 BGB, da hier das Erfordernis der Erheblichkeit entfällt (vgl. § 441 Abs. 1 Satz 2 BGB).

10. Nach **§ 323 Abs. 6 BGB** ist der Rücktritt generell ausgeschlossen, wenn der Schuldner (beim Kaufvertrag der **Käufer**) für den Umstand, der ihn zum Rücktritt berechtigen würde (hier: den Mangel), allein oder weit überwiegend **verantwortlich** ist (i. S. v. § 276 BGB). Ferner kann ein Käufer dann nicht zurücktreten, wenn der Umstand zu einer Zeit eintritt, zu der er sich in Annahmeverzug befand.

Einheit 2 K . FRAGEN

1. Auch wenn die Bedeutung der Unterscheidung zwischen Mangelschaden und Mangelfolgeschaden im Zuge der Schuldrechtsreform abgenommen hat, so ist sie auch heute noch wichtig für die Art des zu ersetzenden Schadens: Schadensersatz *„statt der Leistung"* nach § 280 Abs. 3 i. V. m. §§ 281, 283 oder § 311a BGB beim Mangelschaden (welcher das sogenannte **„Leistungsinteresse"** betrifft) oder aber allgemeiner Schadensersatz nach § 280 Abs. 1 BGB beim Mangelfolgeschaden (Verletzung des sogenannten **"Integritätsinteresses"** = *„neben der Leistung"*). Praktisch von Bedeutung ist § 281 BGB, der für Mangelschäden zunächst eine Fristsetzung zur Nacherfüllung (i. S. v. § 439 BGB) verlangt. Bei Mangelfolgeschäden ist eine solche Fristsetzung nicht vorgesehen, weil es nicht um Schadensersatz *„statt der Leistung"* geht.
Die Verjährung berechnet sich in allen Fällen der Mängelhaftung einheitlich nach § 438 BGB.

2. Ja. Durch die Verweisung in § 437 Nr. 3 BGB auf § 280 BGB allgemein ist sowohl der (leistungsbezogene) Mangelschaden als Schadensersatz *statt der Leistung* (§ 280 Abs. 3 i. V. m. §§ 281, 283 BGB) als auch der Mangelfolgeschaden (allgemeiner Schadensersatz nach § 280 Abs. 1 BGB) abgedeckt.

3. Während bei Mangelfolgeschäden - über § 437 Nr. 3 BGB - ausschließlich § 280 Abs. 1 BGB zur Anwendung kommt, ist für den Schadensersatz *„statt der Leistung"*, also bei Mangelschäden, über § 280 Abs. 3 BGB zusätzlich das Vorliegen der weiteren Voraussetzungen der §§ 281 oder 283 BGB erforderlich. Damit sind etwa im Falle des § 281 BGB neben den Tatbestandsvoraussetzungen des § 280 Abs. 1 BGB zusätzlich die Merkmale *„fällige Leistung"*, *„nicht oder nicht wie geschuldet"* und (vor allem) *„angemessene Fristsetzung"* zu prüfen.

4. Mangelschäden sind **Schäden an der mangelhaften Sache**. Beim Mangelschaden bekommt der Käufer das „positive Interesse" ersetzt: Er wird so gestellt, wie wenn ordnungsgemäß (= mangelfrei) erfüllt worden wäre, es werden somit **alle leistungsbezogenen Schäden** ersetzt. Dazu gehören auch die direkt mit der Kaufsache verbundenen Vermögensschäden, beispielsweise entgangener Gewinn, Nutzungsausfall, Reparaturkosten und Mehrkosten für einen sogenannten Deckungskauf (für den Fall, dass die mangelhafte Kaufsache zurückgegeben wird: Schadensersatz *statt der „ganzen" Leistung* i. S. v. § 281 Abs. 1 Satz 3 BGB).

5. Die mangelhafte Sache kann dazu führen, dass dem Käufer ein Schaden entsteht, der über die mangelbedingte Wertminderung der Sache hinausgeht. Diese **mittelbaren Schäden**, die der Käufer **an sonstigen Rechten, Rechtsgütern oder rechtlich geschützten Interessen** erleidet, werden als Mangelfolgeschäden bezeichnet, weil sie keinen direkten inhaltlichen Bezug zur Leistung haben, d. h. nicht auf Ersatz des spezifischen Leistungsinteresses gehen (Beispiel: Der Tank des gekauften Autos ist leck und verursacht eine Explosion, die zu einer Verletzung des Käufers und zu Beschädigung seines Eigentums führt. Hier geht es nicht um den mangelhaften Tank, sondern um ganz andere Rechtsgüter). Geschützt wird das sogenannte **Integritätsinteresse**.

6. Hier handelt es sich um einen **Mangelschaden**, da der Schaden (= 10% höhere Kosten für die anderweitig gekaufte Maschine) unmittelbar mit der mangelhaften Kaufsache zusammenhängt. So sind beispielsweise Reparaturkosten aufgrund eines entstandenen Mangels als Mangelschäden anerkannt. Auch bei den Kosten für einen sogenannten Deckungskauf handelt es sich um Schadensersatz

„statt der Leistung" i. S. v. § 280 Abs. 3 BGB: Der Käufer muss vermögensmäßig so gestellt werden, wie wenn der Verkäufer eine mangelfreie Maschine geliefert hätte.
Schadensersatz statt der Leistung kann grundsätzlich nur dann verlangt werden, wenn zuvor dem Verkäufer eine **Frist zur Nacherfüllung** (=Beseitigung des Mangels oder Lieferung einer mangelfreien Sache) gesetzt worden wäre (§ 281 Abs. 1 Satz 1 BGB; Gleiches gilt nach § 323 Abs. 1 BGB für den Rücktritt). Eine Fristsetzung könnte nur dann entfallen, wenn der Verkäufer eine Nachbesserung verweigert hätte (§ 281 Abs. 2 BGB) oder ihm die Mängelbeseitigung unmöglich wäre (§ 283 BGB; für den Rücktritt: § 326 Abs. 5 BGB).
Der Schadensersatzanspruch kann nach § 325 BGB zusätzlich zum Rücktrittsrecht (=Rückzahlung Kaufpreises: § 346 BGB) geltend gemacht werden.

7. Ein Fall des § 284 BGB liegt nicht vor, weil diese Vorschrift nur dann zur Anwendung kommt, wenn es sich um Aufwendungen *„im Vertrauen auf den Erhalt (!) der Leistung"* handelt. Hier handelt es sich aber um Schadensersatz, d. h. Wertverlust als Folge eines Mangels.
Der Käufer könnte Ersatz für die Materialkosten nur als **Schadensersatz** verlangen. Maßgeblich sind nach § 437 Nr. 3 BGB grundsätzlich die Voraussetzungen des **§ 280 Abs. 1 BGB**:
(1) Beim Kaufvertrag über die Maschine handelt es sich um ein Schuldverhältnis.
(2) Die Pflichtverletzung liegt darin, dass Firma V entgegen § 433 Abs. 1 Satz 2 BGB eine mangelhafte Maschine geliefert hat.
(3) Da der Sachverhalt keine entgegenstehenden Angaben enthält, wird nach § 280 Abs. 1 Satz 2 BGB vermutet, dass der Verkäufer den Mangel zu vertreten hat.
(4) Der Schaden liegt in dem durch den Ausfall der gekauften Maschine unbrauchbar gewordenen Material. Dies ist kein Schadensersatz *statt der Leistung* i. S. v. § 280 Abs. 3, sondern ein **Mangelfolgeschaden**, nämlich ein Schaden an einem anderen Rechtsgut als der Kaufsache (Maschine). Zusätzliche Voraussetzungen sind also nicht zu prüfen. Der Anspruch ergibt sich aus § 280 Abs. 1 BGB. Die Höhe des Schadens bestimmt sich nach dem für das Material gezahlten Kaufpreis.

8. Sowohl Mangel- als auch Mangelfolgeschaden basieren auf § 280 Abs. 1 BGB und setzen ein Verschulden (genauer: *„Vertretenmüssen"* i. S. v. § 276 BGB) voraus. Dieses wird nach der Formulierung des § 280 Abs. 1 Satz 2 BGB vermutet. Unterschiede zwischen Mangel- und Mangelfolgeschäden bestehen insoweit nicht. Das Vertretenmüssen kann sich nach § 276 Abs. 1 BGB auch ohne Verschulden aus der Übernahme einer „Garantie" ergeben, was etwa bei vertraglicher Zusicherung von Eigenschaften der Fall wäre.

9. Schadensersatz statt der Leistung bedeutet Ersatz des Schadens, der in einem **mangelbedingten Minderwert der Kaufsache** besteht. Der Käufer wird so gestellt, wie wenn ordnungsgemäß, d. h. mangelfrei geliefert worden wäre. Dazu gehören auch Vermögensschäden, die unmittelbar mit der Kaufsache zusammenhängen wie z. B. entgangener Gewinn, Nutzungsausfall oder Reparaturkosten.
Der Gesetzgeber unterscheidet beim Schadensersatz statt der Leistung zwischen kleinem und großem Schadensersatz:

- Beim **kleinen Schadensersatz** behält der Käufer die mangelhafte Sache. Er kann in erster Linie als Schaden nur die wertmäßige Differenz zwischen dem Wert der mangelhaften Sache und dem Wert der mangelfreien Sache verlangen; denn nur darin liegt die spezielle Pflichtverletzung. Die gekaufte Sache muss er behalten.
- Der **große Schadensersatz** (Schadensersatz statt der *ganzen* (!) Leistung) kann nur dann verlangt werden, wenn die Pflichtverletzung (= der Mangel) erheblich ist (§ 281 Abs. 1 Satz 3 BGB). Hier gibt der Käufer die Sache zurück und bekommt den Schaden ersetzt, der ihm infolge der Nichterfüllung der gesamten Vertrages entstanden ist.

10. Der generelle Schadensersatz wegen Pflichtverletzung (§ 280 Abs. 1 BGB) wird nach den allgemeinen Vorschriften der §§ 249 ff. BGB berechnet. Der Schaden besteht also in der wertmäßigen Differenz zwischen dem jetzigen Zustand gegenüber dem Zustand ohne Pflichtverletzung (= ohne Mangel). Beim Mangelfolgeschaden ist es der Wertersatz für die Folgeschäden an anderen Rechtsgütern, z. B. für Verletzungen oder Sachbeschädigungen aufgrund des Mangels.

11. Da die Verweisnorm des § 437 Nr. 3 BGB sowohl den Mangelschaden als auch den Mangelfolgeschaden abdeckt, und die Verjährung aller Mängelrechte des § 437 BGB sich nach § 438 BGB bestimmt, ist hinsichtlich der Verjährung zwischen Mangel und Mangelfolgeschaden nicht zu unterscheiden. Beide Ersatzansprüche verjähren in derselben Frist.

Einheit 2 L . FRAGEN

1. Bei § 437 Nr. 3 BGB handelt es sich um **Rechtsgrundverweisungen**, da nicht nur auf die Rechtsfolgen der verwiesenen Vorschriften Bezug genommen wird, sondern auch auf deren **Tatbestandsmerkmale**. Über § 437 Nr. 3 BGB hinaus sind also auch die jeweiligen Voraussetzungen der §§ 280, 281 BGB (ggf. mit § 440 BGB), der §§ 280, 283 BGB oder des § 311a BGB zu prüfen.

2. Neben dem Mangel nach § 434 bzw. § 435 BGB sind bei behebbaren Mängeln über § 437 Nr. 3 BGB auch die Voraussetzungen der §§ 280, 281 BGB zu prüfen, im Falle der Unmöglichkeit die Bestimmungen der §§ 280, 283 BGB oder des § 311a BGB.

- Nach **§ 280 Abs. 1 BGB** muss eine Pflichtverletzung vorliegen. Bei Mängeln ist sie darin zu erblicken, dass die Leistung nicht mangelfrei erbracht wurde, wie es § 433 Abs. 1 Satz 2 BGB verlangt. Ferner muss die Pflichtverletzung vom Verkäufer zu vertreten sein, was nach § 280 Abs. 1 Satz 2 BGB vermutet wird.
- Bei behebbaren Mängeln ist über **§ 280 Abs. 3 BGB** die Vorschrift des **§ 281 BGB** einschlägig, nach der grundsätzlich eine Fristsetzung erforderlich ist: Dem Verkäufer muss zunächst die Möglichkeit eingeräumt werden, ehe der Käufer den Anspruch auf Schadensersatz statt der Leistung geltend machen kann. In den Ausnahmefällen der §§ 281 Abs. 2 und 440 BGB ist eine Fristsetzung entbehrlich.
- Im Sonderfall des Schadensersatzes **„statt der ganzen Leistung“** (so genannter großer Schadensersatz) muss nach **§ 281 Abs. 1 Satz 3 BGB** der Mangel erheblich sein. Der Käufer kann dann die ganze Leistung ablehnen, d. h. die mangelhafte Kaufsache zurückgeben und als Schadensersatz beispielsweise die Mehrkosten für einen Deckungskauf verlangen.
- Die Mängelhaftung darf weder vertraglich noch gesetzlich ausgeschlossen sein (**§§ 442, 444, 309 Nr. 7 BGB**).

3. Aus § 280 Abs. 1 BGB sind zu entnehmen:
(1) **Schuldverhältnis** (hier: Kaufvertrag)
(2) **Pflichtverletzung** (z. B. die nicht vertragsgemäße Erbringung der Leistung, z. B. Lieferung einer mangelhaften Sache entgegen § 433 Abs. 1 Satz 2 BGB)
(3) **Vertretenmüssen** i. S. v. § 276 BGB, was nach § 280 Abs. 1 Satz 2 BGB vermutet wird. Unter „Garantie“ i. S. v. § 276 Abs. 1 BGB ist dabei auch der Fall des § 434 Abs. 1 Nr. 1 BGB zu verstehen (vertraglich vereinbarte Beschaffenheit = Zusicherung einer Eigenschaft).

4. Das wichtigste Tatbestandsmerkmal bei § 281 BGB ist die Setzung einer **Frist zur Nacherfüllung** (§ 439 BGB). Diese kann in bestimmten Fällen entbehrlich sein: allgemein nach § 281 Abs. 2 BGB, und speziell bei Mängeln im Kaufrecht nach § 440 BGB.

5. Eine Nachfristsetzung ist hier nach **§ 281 Abs. 2 Satz 1 BGB** entbehrlich, da der Käufer durch seine Erklärung die Leistung ernsthaft und endgültig verweigert hat.

6. Der Verkäufer hat nach **§ 439 Abs. 3 BGB** ein besonderes Recht in Anspruch genommen, beide Arten der Nacherfüllung aus Kostengründen zu verweigern. In diesem Fall braucht der Käufer nach **§ 440 Satz 1 BGB** keine Nachfrist zu setzen und kann sofort Schadensersatz verlangen. Gleiches gilt für den Rücktritt vom Vertrag nach § 323 BGB.

7. Gemäß **§ 440 Satz 2 BGB** gilt eine Nachbesserung nach dem erfolglosen zweiten Versuch als fehlgeschlagen, wenn sich nicht aus der Art der Sache oder des Mangels oder aus sonstigen Umständen etwas anderes ergibt. Der Käufer muss also im Normalfall noch einen zweiten Nachbesserungsversuch des Verkäufers akzeptieren, ehe er dann - ohne Nachfristsetzung - von den gesetzlich vorgesehenen Rechten (Rücktritt oder Schadensersatz) Gebrauch machen kann.

8. Abgesehen von den besonderen Bestimmungen des Verbrauchsgüterkaufs (siehe § 475 Abs. 1 Satz 1 BGB) ist der vertragliche Ausschluss von Schadensersatzansprüchen nach **§ 444 BGB** grundsätzlich uneingeschränkt möglich, es sei denn, der Verkäufer hat den Mangel arglistig verschwiegen. Der Verwender von Allgemeinen Geschäftsbedingungen kann sich von Schadensersatzansprüchen nur unter den strengeren Voraussetzungen des **§ 309 Nr. 7 BGB** freizeichnen.

9. Die Unterscheidung zwischen einem wesentlichen und einem unwesentlichen Mangel ist beim Schadensersatz dann von Bedeutung, wenn der Käufer den sogenannten großen Schadenersatz begehrt (Schadensersatz *statt der ganzen Leistung*). Dieser große Schadensersatz ist nach **§ 281 Abs. 1 Satz 3 BGB** nur möglich, wenn die **Pflichtverletzung nicht unerheblich** ist. Er führt dazu, dass der Käufer die mangelhafte Ware zurückgibt und vermögensmäßig so gestellt wird, dass er sich eine mangelfreie Sache besorgen kann.

10. Beim „kleinen“ Schadensersatz (Grundfall nach § 281 Abs. 1 Satz 1 BGB) muss der **Käufer die mangelhafte Sache behalten** und kann nur verlangen, so gestellt zu werden, als ob der Mangel beseitigt worden wäre. Der Anspruch ist auf Geld gerichtet, und der Käufer kann als Schaden in erster Linie die Zahlung der Differenz zwischen dem Wert der gelieferten mangelhaften Sache und dem Wert der Sache in mangelfreiem Zustand verlangen. Der Ersatz dieses bloßen Minderwertes führt vom Ansatz her zum gleichen Ergebnis wie eine Minderung. Im Rahmen des Schadensersatzes können aber u. U. auch höhere Kosten, die für eine Mängelbeseitigung erforderlich sind, als Schadensposten geltend gemacht werden. Gleiches gilt auch für unmittelbar mit dem Sachmangel zusammenhängende Vermögensschäden (z. B. entgangener Gewinn im Falle eines bei Mangelfreiheit möglich gewesenen Weiterverkaufs).

11. Beim „großen“ Schadensersatz, der nach § 281 Abs. 1 Satz 3 BGB nur bei einer erheblichen Pflichtverletzung begehrt werden kann (Schadensersatz „statt der *ganzen* Leistung“), wird die **Kaufsache zurückgegeben** und der Käufer kann Ersatz des Schadens verlangen, der ihm infolge der Nichterfüllung des ganzen Vertrages entstanden ist. Der Käufer erhält also den gezahlten Kaufpreis zurück und kann als Nichterfüllungsschaden z. B. die Kosten einer **Ersatzbeschaffung**, den **entgangenen Gewinn** und die Freistellung von der Haftung aus Weiterverkäufen verlangen. Der Käufer wird allgemein vermögensmäßig so gestellt, **wie wenn ordnungsgemäß erfüllt worden wäre**, er also eine mangelfreie Sache bekommen hätte.

12. Großer und kleiner Schadensersatz sind auf den Schadensersatz „statt der Leistung“ beschränkt und kommen daher **ausschließlich bei Mangelschäden** (= Schaden am Leistungsobjekt) zur Anwendung. Mangelfolgeschäden (= „neben der Leistung“) werden allein nach § 280 Abs. 1 BGB ersetzt; die Schadensberechnung ergibt sich hier aus den allgemeinen Regeln der §§ 249 ff. BGB.

Einheit 2 M . FRAGEN

1. Im Rahmen des Schadensersatzes statt der Leistung ist die Frage, ob der Mangel behebbar oder nicht behebbar ist, von entscheidender Bedeutung. Nach dieser Frage entscheidet sich, ob dem Verkäufer zunächst eine Frist zur Nacherfüllung eingeräumt werden muss oder nicht:

- Bei **nicht behebbaren** Mängeln entfällt die Fristsetzung kraft Gesetzes: bei von Anfang an nicht behebbaren Mängeln im Rahmen des **§ 311a Abs. 2 BGB**, bei nachträglicher Unmöglichkeit gemäß **§ 283 BGB**.
- Bei **behebbaren** Mängeln ist nach § 281 Abs. 1 Satz 1 BGB grundsätzlich eine **Nachfristsetzung** erforderlich, um dem Verkäufer die Gelegenheit zu geben, den Mangel zu beseitigen oder eine neue mangelfreie Sache zu liefern (=Nacherfüllung i. S. v. § 439 BGB).

2. Der „große“ Schadensersatz wird im Gesetz (§ 281 Abs. 1 Satz 3 BGB) als Schadensersatz **statt der ganzen Leistung** bezeichnet. Bei diesem Schadensersatz kommt es entscheidend darauf an, ob es sich um einen **erheblichen Mangel** handelt. Wenn nicht, steht dem Käufer nur der „kleine“ Schadensersatz zu.

3. Wenn der Hund als Jagdhund vorgesehen ist, wäre ein Schadensersatzanspruch durchaus denkbar. Auf Tiere finden gemäß § 90a BGB die für Sachen geltenden Vorschriften entsprechend Anwendung. Um Schadensersatz nach §§ 437 Nr. 3, 311a Abs. 2 BGB begehren zu können, müsste der **Hund „mangelhaft“** gemäß § 434 BGB sein. Hier ist ein Unterschied auszumachen, ob es sich um ein Luxustier oder aber um einen Jagdhund handelt. Während an die Beschaffenheit eines Luxushundes keine besonderen Anforderungen zu stellen sind, wird bei einem Jagdhund entweder ausdrücklich im Vertrag vereinbart sein, dass der Hund für die Jagd geeignet und damit auch „knallresistent“ ist (§ 434 Abs. 1 Satz 1 BGB), oder die Mängeleigenschaft ergibt sich aus § 434 Abs. 1 Satz 2 Nr. 1 oder 2 BGB.
Ferner müssten für einen Schadensersatzanspruch die Voraussetzungen von § 311a Abs. 2 BGB vorliegen, insbesondere Kenntnis oder zu vertretende Unkenntnis von der „Schussphobie“. Somit könnte der Käufer dann Schadensersatz verlangen, wenn er den Hund als Jagdhund von einem Jäger gekauft hat (auch in Form des „großen“ Schadensersatzes, weil der Mangel erheblich wäre), jedoch nicht, wenn der Verkäufer kein Jäger war und es sich für den Käufer um ein reines Luxustier handelt; denn dann läge kein Mangel vor.

4. Bis auf die unterschiedlichen Rechtsgrundlagen (§§ 437 Nr. 3, 280, 283 BGB bei nachträglicher Unmöglichkeit der Mangelbehebung, §§ 437 Nr. 3, 311a BGB bei anfänglicher Unmöglichkeit) und die leicht unterschiedlichen Kriterien für das subjektive Element (allgemeines Vertretenmüssen bei § 280 Abs. 1 Satz 2 BGB und Kenntnis bzw. Kennenmüssen bei § 311a Abs. 2 BGB) gibt es beim

Schadensersatz keine Unterschiede zwischen anfänglicher und nachträglicher Unbehebbarkeit eines Mangels.

5. Die Lieferung einer zu geringen Menge (sogenannte Manko-Lieferung) wird nach **§ 434 Abs. 3 BGB** einem Sachmangel gleichgestellt und zieht Gewährleistungsansprüche nach sich.

6. Bei Teilleistungen i.S.v. **§ 281 Abs. 1 Satz 2 BGB** kommt es darauf an, ob der Gläubiger (Käufer) **an der Teilleistung noch ein Interesse** hat. Wenn nicht, kann er Schadensersatz statt der *ganzen* Leistung verlangen (großer Schadensersatz). Ist die Teilleistung für den Gläubiger noch von Interesse, dann ist sein Anspruch auf den kleinen Schadensersatzanspruch begrenzt. Er muss die Teillieferung behalten und bekommt nur den Differenzwert zwischen vollständiger Leistung und nur teilweise erfolgter Lieferung ersetzt. Es handelt sich praktisch nur um Wertersatz für den nicht erhaltenen Teil.

7. Ein Schadensersatzanspruch könnte sich aus §§ 437 Nr. 3, 280 Abs. 1 und 3, 283 i.V.m. § 281 Abs. 1 Satz 2 BGB, ergeben.
(1) Durch die zu geringe Lieferung liegt ein **Sachmangel** nach **434 Abs. 3 BGB** vor.
(2) Der Kaufvertrag ist ein **Schuldverhältnis** i.S.v. **§ 280 Abs. 1 BGB**.
(3) Der Schuldner (Verkäufer) hat eine **Pflicht verletzt**. Er hätte dem Käufer gemäß § 433 Abs. 1 Satz 2 BGB die Kaufsache frei von Sach- und Rechtsmängeln verschaffen müssen. Die Sache ist jedoch mangelhaft, weil nicht vollständig (§ 434 Abs. 3 BGB).
(4) Das **Vertretenmüssen** des Verkäufers wird nach § 280 Abs. 1 Satz 2 BGB vermutet, kann aber auch daraus abgeleitet werden, dass der Verkäufer für seine subjektive Leistungsfähigkeit stets einzutreten hat (**Beschaffungsrisiko** gem. § 276 Abs. 1 BGB).
(5) Durch die Zerstörung der restlichen drei Teile des 12teiligen Geschirrs ist dem Verkäufer ein **Schaden** entstanden. Weil eine Leistungspflicht verletzt wurde und der Schaden am Leistungsobjekt entstand, handelt es sich um Schadensersatz **statt der Leistung**, so dass nach **§ 280 Abs. 3 BGB** die zusätzlichen Voraussetzungen von § 281, § 282 oder § 283 BGB vorliegen müssten.
(6) Mit Zerstörung der restlichen drei Teile des 12teiligen Geschirrs ist dem Verkäufer die Leistung nachträglich unmöglich geworden, womit seine Leistungspflicht (§ 275 Abs. 1 BGB) entfallen ist. Somit liegen die Voraussetzungen eines Schadensersatzanspruchs aus **§ 283 BGB** vor.
(7) Um das bereits erhaltene Geschirr zurückgehen zu lassen und Schadensersatz verlangen zu können (Schadensersatz statt der ganzen Leistung = großer Schadensersatz), müsste einer der Fälle des § 281 Abs. 1 Satz 2 oder 3 BGB vorliegen, auf die § 283 Satz 2 BGB verweist. Hier könnte ein Fall des **§ 281 Abs. 1 Satz 2 BGB** gegeben sein. Dazu müsste die **Teilleistung** für den Käufer **kein Interesse** haben (wofür er beweispflichtig ist). Dies kann bei einem nach Teilen bemessenen Geschirr durchaus bejaht werden, da die Vollständigkeit für dessen Gebrauch und dessen Wert von Bedeutung ist. Der Käufer kann daher den großen Schadensersatz geltend machen, folglich die bereits erhaltenen Teile zurückgeben und Schadensersatz verlangen.

Einheit 2 N . FRAGEN

1. Nach § 326 Abs. 1 Satz 1 BGB verliert der Verkäufer im Fall einer unmöglich gewordenen Lieferung den Anspruch auf die Gegenleistung; er trägt die sogenannte **Preisgefahr**. Für den Versendungskauf begründet **§ 447 BGB** aber eine Ausnahme: Die Preisgefahr geht schon bei Aushändigung der Kaufsache an die Transportperson auf den Käufer über. Das Transportrisiko trägt danach also der Käufer.
Handelt es sich wie hier aber um einen **Verbrauchsgüterkauf** i.S.v. § 474 Abs. 1 BGB, so findet nach **§ 474 Abs. 2 BGB** die Gefahrtragungsregel des **§ 447 BGB keine Anwendung**. Das bedeutet, dass es bei der allgemeinen Regelung des § 326 Abs. 1 BGB bleibt und der Verkäufer seinen Zahlungsanspruch verliert. Er trägt, weil er Unternehmer ist, gegenüber dem schwächeren und unerfahreneren Verbraucher das Transportrisiko.
Im Ergebnis hat also der Käufer recht. Er braucht nicht zu zahlen.

2. Würde es sich um einen Verbrauchsgüterkauf handeln, so könnte sich die Stadt auf **§ 475 Abs. 1 BGB** berufen, wonach die **Mängelhaftungsrechte** des Käufers aus § 437 BGB **vertraglich nicht ausgeschlossen werden können**. Der Begriff „Verbrauchsgüterkauf" ist irreführend: Es handelt sich nicht um den Kauf von Verbrauchsgütern, sondern um einen Kaufvertrag über jede Art von beweglichen Sachen zwischen einem Unternehmer und einem Verbraucher.
Der Verkäufer ist Unternehmer i.S.v. § 14 BGB, die Stadt ist aber nicht **Verbraucher**: Rechtlich kann ein Verbraucher nach § 13 BGB **nur eine natürliche Person sein**. Die Stadt ist „Verbraucher" lediglich im volkswirtschaftlichen Sinn. Da es sich somit

nicht um einen Verbrauchsgüterkauf handelt, gelten für die Zulässigkeit eines Gewährleistungsausschlusses die allgemeinen kaufrechtlichen Regeln des § 444 BGB. Danach war der Gewährleistungsausschluss wirksam. Die Stadt kann nicht vom Vertrag zurücktreten (Bei einer AGB-Klausel würden nach § 309 Nr. 8b BGB strengere Maßstäbe gelten. Laut Sachverhalt handelt es sich aber um eine individuelle Klausel im schriftlichen Vertrag).

3. Es trifft zwar zu, dass (seit der Schuldrechtsreform 2002) die kaufrechtliche Verjährungsfrist bei Mängeln normalerweise zwei Jahre beträgt (§ 438 Abs. 1 Nr. 3 BGB), doch kann im Fall eines Verbrauchsgüterkaufs nach **§ 475 Abs. 2 BGB** (a.E.) bei gebrauchten Sachen die **Verjährungsfrist vertraglich auf ein Jahr verkürzt** werden.

4. Würde es sich um ein **Praxisfahrzeug** handeln, wäre Dr. K als Freiberufler **Unternehmer** im Sinne von § 14 BGB. Hier müsste er als Käufer die Voraussetzungen der Mängelhaftung (Mangel zum Zeitpunkt der Übergabe) beweisen. Da der Wagen aber **für den privaten Gebrauch** gekauft wurde, ist Dr. K **Verbraucher** im Sinne von § 13 BGB. Es liegt somit ein Verbrauchsgüterkauf vor. Hier gewährt § 476 BGB dem Verbraucher eine **Beweiserleichterung**: Taucht ein Mangel innerhalb der ersten sechs Monate nach Gefahrübergang (=Übergabe: § 446 BGB) auf, so wird vermutet, dass er bereits zu diesem Zeitpunkt (dem nach § 434 Abs. 1 BGB für die Mängelhaftung maßgeblichen Zeitpunkt) vorhanden war. Eine Ausnahme besteht nach § 476 BGB dann, wenn diese Vermutung mit der Art des Mangels unvereinbar ist. Das wird man bei gebrauchten Sachen, bei denen auch kurzfristig Mängel entstehen können, eventuell annehmen können; hier jedoch handelt es sich um einen neuen Wagen und obendrein um einen schwerwiegenden Mangel, mit dem nicht zu rechnen war. Die Tatsache, dass bei der letzten Inspektion kein Lagerschaden festgestellt wurde, genügt nicht für den Beweis, dass der Mangel nicht schon bei Übergabe des Wagens bestanden hatte. Der Käufer kann also Gewährleistungsrechte geltend machen.

5. In **§ 477 BGB** werden bei Garantien über § 443 BGB hinausgehende **Anforderungen an die Verständlichkeit der Garantieerklärung** gestellt. Ein Verstoß dagegen führt entgegen der Ansicht des Verkäufers aber nicht zur Unwirksamkeit der Garantie, weil das ja dem Schutzzweck zugunsten des Käufers widerspräche. Die Garantie bleibt also wirksam, ihr Inhalt muss durch Auslegung ermittelt werden, wobei Unklarheiten nach Sinn und Zweck der Garantie zu Lasten des Verkäufers gehen.

6. Nein. Hier liegt der Sonderfall des sogenannten **Lieferantenregresses** i.S.v. § 478 BGB vor. Das führt im Prinzip dazu, dass der Verkäufer (Einzelhändler), der vom Kunden eine mangelhafte Sache zurücknehmen musste, Gewährleistungsansprüche gegenüber seinem Lieferanten ohne Fristsetzung durchsetzen kann. Dabei kann er sich nach § 478 Abs. 3 BGB auf die Beweiserleichterung des § 476 BGB berufen: Bis sechs Monate nach Ablieferung an den Händler wird also vermutet, dass die Sache bereits bei der Ablieferung mangelhaft war.

7. Aufwendungen, die der Verkäufer im Fall einer Nachbesserung hatte, kann er nach **§ 478 Abs. 2 BGB** im Regressweg von seinem Lieferanten ersetzt verlangen. Er muss diese Kosten nicht mit seiner Gewinnspanne abdecken, da der Mangel ja nicht bei ihm entstanden ist, sondern schon beim Lieferanten (bzw. Hersteller) vorhanden war.

Einheit 2 G-N. FÄLLE

Fall 1

Firma Kofler GmbH kauft bei Fa. Computer Data Equipment (CDE) einen PC, der vor allem für die Buchführung eingesetzt, aber auch für selbständige Programmierungen geeignet sein soll.
Statt des bestellten PC 2 wird das kleinere Modell PC 1 geliefert. Der Mangel wird aber erst nach über einem halben Jahr bemerkt. Firma Kofler verlangt Rückzahlung des Kaufpreises. CDE lehnt ab und beruft sich auf Verjährung. Mit Recht?

Lösung

Der Anspruch auf Rückzahlung des Kaufpreises könnte sich aus einem **Rücktritt** gemäß § **437** Nr. 2 BGB i.V.m. § **323** BGB und § **346** BGB ergeben.
Grundvoraussetzung ist ein **Mangel** der gekauften Sache. Dann müsste das gelieferte kleinere Modell gegenüber dem größeren Modell als mangelhaft anzusehen sein.
Das in § 434 Abs. 1 Satz **1** BGB vorgesehene Kriterium der *„vereinbarten Beschaffenheit"* passt dafür ebenso wenig wie die in Satz 2 erwähnte Eignung zur vertragsmäßig vor**ausgesetz**ten (Nr. 1) oder zur ge**wöhn**lichen Verwendung (Nr. 2).
Das gelieferte Gerät ist ein anderes Modell, also eine andere Sache, ein *„aliud"* gegenüber der gekauften Sache. Nach **§ 434** Abs. **3** BGB steht aber die Lieferung einer solchen aliud-Sache (sogenannte **Falsch**lieferung) einem Sachmangel gleich.
Für das Rücktritts des Käufers sind nach § **437** Nr. 2 BGB die Voraussetzungen des § 323 Abs. 1 BGB maßgeblich:
(1) Zwischen den Parteien besteht ein Kaufver-

trag, also ein **gegenseitiger** Vertrag. Beide Seiten verpflichten sich um der jeweiligen Gegenleistung willen.
(2) Die dem Verkäufer nach § 433 Abs. 1 Satz **2** BGB obliegende Leistung (Übereignung einer **mangel**freien Sache) war **fällig** gemäß § 271 Abs. 1 BGB.
(3) V hat die Lieferung nicht **vertrags**gemäß erbracht und statt des gekauften Modells das kleinere Modell geliefert.
(4) Vor einem Rücktritt müsste Kofler dem V eine angemessene Frist zur Nach**erfüllung** setzen. Dabei kann Firma Kofler gemäß § **439** BGB nach ihrer Wahl entweder Mangelbeseitigung (was hier wegen **Unmöglichkeit** nach § 275 Abs. 1 BGB ausscheidet) oder Lieferung einer mangelfreien Sache verlangen.
Ergebnis: Firma Kofler ist vorläufig auf ihren Nach**erfüllungsan**spruch angewiesen, d.h. auf Lieferung des gekauften größeren Modells. Nach § 439 Abs. **4** BGB i.V.m. §§ 346, 348 BGB müsste sie dann **Zug** um Zug das gelieferte kleinere Modell zurückgeben.
Der Anspruch auf Nacherfüllung ist noch nicht verjährt. Die Frist beträgt gemäß § ___ Abs. 1 Nr. _ BGB zwei Jahre und beginnt nach § 438 Abs. 2 BGB mit der Ablieferung.
Der Nacherfüllungsanspruch hat (wegen der Fristsetzung) gegenüber einem Rücktritt Vorrang: Erst wenn CDE innerhalb einer nach § 323 Abs. 1 BGB gesetzten Frist das gekaufte größere Modell nicht liefert, könnte Firma Kofler den Rücktritt erklären. In diesem Fall würde sie nach § 346 Abs. 1 BGB den Kaufpreis zurückerhalten (gemäß § 348 BGB Zug um Zug gegen Rück**übereignung** des gelieferten nicht vertragsgemäßen kleineren Modells).
Zusätzlich müsste Firma Kofler dann aber nach § 346 Abs. 1 BGB auch die gezogenen Nu**tzun**gen, d.h. nach § 100 BGB die **Gebrauchs**vorteile herausgeben. Da deren Herausgabe nach der Natur des Erlangten nicht möglich ist, würde Kofler nach § 346 Abs. 2 Nr. 1 BGB **Wert**ersatz für die gehabte Nutzung während des halben Jahres schulden.
Der Anspruch auf Nacherfüllung ist noch nicht verjährt. Die Frist beträgt gemäß § **438** Abs. 1 Nr. **3** BGB zwei Jahre und beginnt nach § 438 Abs. 2 mit der Ablieferung.
Die Frist des § 438 Abs. 1 Nr. 3 BGB würde über § 438 Abs. **4** Satz 1 BGB i.V.m. § **218** BGB auch für das Rücktrittsrecht gelten.

Fall 2
Die Speicherkapazität des PC 2 erweist sich für größere Programmierungen als zu gering. Der Vertrag enthielt einen allgemeinen Hinweis, dass Programmierungen möglich seien.
Firma Kofler verlangt Rückzahlung des Kaufpreises. Worauf kommt es an?

Lösung
Der Anspruch auf Rückzahlung des Kaufpreises könnte sich aus einem **Rücktr**itt gemäß § **437** Nr. 2 BGB i.V. m. § **323** BGB und § **346** BGB ergeben. Grundvoraussetzung ist ein M**ang**el.
Nach § **434** Abs. **1** BGB kommt es in erster Linie darauf an, ob die Parteien über die Beschaffenheit eine Ver**einbarung** getroffen haben (Satz **1**). Da eine solche konkrete Beschaffenheitsvereinbarung nicht vorlag, kommt es nach § 434 Abs. 1 Satz **2** Nr. **1** BGB darauf an, ob sich der PC 2 für die *„nach dem Vertrag v**orausges**etzte Verwendung"* eignet. Dazu müsste sich der Verwendungszweck näher konkretisieren lassen, die Parteien müssten also bei den Vertragsverhandlungen näher darüber gesprochen haben. Das könnte Firma Kofler ggf. durch Zeugenaussage eines der an den Verhandlungen Beteiligten beweisen.
Lässt sich ein solcher Nachweis nicht führen, kommt es lediglich darauf an, ob sich der gekaufte PC für die ge**wöhn**liche Verwendung eignet, § 434 Abs. **1** Satz **2** Nr. **2** BGB. Dies wird hier wohl der Fall sein; denn kleinere Programmierungen (die offenbar möglich sind) würden für eine gewöhnliche Verwendung ausreichen. Dann läge also kein Sachmangel vor.

Fall 3 (Variante zu Fall 2)
Vorausgesetzt, die eingeschränkte Programmierbarkeit wäre ein Mangel, der aber erst zwei Jahre nach der Lieferung entdeckt wurde. Könnte Firma Kofler jetzt noch nach § 119 Abs. 2 BGB anfechten?

Lösung
Eine Anfechtung wäre nach § **121** BGB auch jetzt (unverzüglich nach Entdeckung des Mangels) noch möglich. Die Voraussetzungen des § 119 Abs. 2 BGB liegen tatbestandsmäßig vor (eingeschränkte Programmierbarkeit ist nicht nur ein Mangel i.S.v. § 434 BGB, sondern zugleich auch das Fehlen einer verk**ehrswes**entlichen Eigenschaft) i.S.v. § 119 Abs. 2 BGB, aber nach h.M. bilden die §§ 434 ff. BGB für den Zeitpunkt nach **Gefahr**übergang (= Übergabe: § **446** BGB) eine ausschließliche Spezialregelung. Parallel zur Sachmängelhaftung bliebe eine Anfechtung nur nach § 119 Abs. 1 BGB (Inhalts- oder Erklärungsirrtum) oder (praktisch wichtiger) nach § 123 BGB wegen arglistiger Täuschung zulässig. Diese könnte auch durch Unt**erlass**en begangen werden, wenn nach

Treu und Glauben eine Rechtspflicht zur Aufklärung bestand (Hauptfall: Verschweigen eines Unfalls bei Verkauf eines Gebrauchtwagens).

Fall 4
Firma Kofler GmbH kauft bei Fa. Computer Data Equipment (CDE) auch eine PC-Anlage, die im Datenverbund mit dem externen Rechenzentrum der Käuferin eingesetzt werden soll.
Bei der Arbeit zeigen sich Anpassungsschwierigkeiten im Rahmen des Datenverbundes. Die Benutzung der gekauften CDE-Anlage führt zu Problemen mit den Siemens-Maschinen im Rechenzentrum.
Die Vertragsverhandlungen mit CDE hatte der EDV-Berater der Firma Kofler geführt und dabei die drohenden Kompatibilitätsprobleme total übersehen. Er hätte sie als Fachmann aber unbedingt in Betracht ziehen müssen. Kann Firma Kofler den Kauf rückgängig machen?

Lösung
Firma Kofler könnte nach § **437** Nr. **2** BGB i. V. m. § **323** BGB ein Rücktrittsrecht zustehen.
Die mangelnde Kompatibilität ist ein Sachmangel im Sinne von § **434** BGB, weil der Einsatz im DV-Verbund nach § 434 Abs. 1 Satz 2 Nr. 1 BGB zu der nach dem Vertrag vorausgesetzten Ver**wen**dung gehört. Dieser Sachmangel bestand bereits bei **Gefahr**übergang (**Übergabe**: § 446 BGB).
Mängelhaftungsrechte aus § 437 BGB kann Firma Kofler dennoch nicht geltend machen; denn nach § **442** Abs. 1 Satz 2 BGB ist die Haftung von Gesetzes wegen ausgeschlossen: Dem Käufer waren die Probleme **grob**fahrlässig unbekannt geblieben; die Unkenntnis des EDV-Beraters ist der Gemeinde nach § 166 Abs. 1 BGB zuzurechnen. Keiner der in § 442 BGB genannten Ausnahmefälle liegt vor: Weder hatte der Verkäufer den Mangel ar**gli**-**s**tig verschwiegen noch eine besondere **Garantie** übernommen.

Fall 5 (Variante zu Fall 4)
Den Kaufvertrag hatte der Geschäftsführer der Kofler GmbH abgeschlossen. Als er danach das externe Rechenzentrum informierte, wurde er auf mögliche Kompatibilitätsprobleme aufmerksam gemacht. Der Geschäftsführer (Betriebswirt) meint, die Lösung solcher Probleme sei die richtige Aufgabe für den neu eingestellten EDV-Organisator. Jedenfalls will er auf das gute Geschäft mit CDE nicht verzichten und nimmt die Lieferung entgegen. Dem EDV-Organisator gelingt es nicht, den Mangel zu beheben.
Besteht jetzt noch die Möglichkeit, den Vertrag rückgängig zu machen?

Lösung
Im Gegensatz zum vorigen Fall ist die Haftung nicht von Gesetzes wegen nach § **442** BGB ausgeschlossen, da dem Geschäftsführer als Nichtfachmann keine **grobe** Fahrlässigkeit zur Last gelegt werden kann.
Ein Rücktritt ist nach § 323 Abs. 1 BGB erst dann möglich, wenn der Verkäuferin erfolglos eine Frist zur **Nach**erfüllung (= Mängel**beseitig**ung gesetzt hat.
Sofern eine Mangelbeseitigung (§ **439** Abs. 1 BGB) aber auch der Verkäuferin CDE nicht möglich ist und sie daher eine Nach**erfüll**ung nach § **275** Abs. 1 BGB nicht zu leisten braucht, könnte Firma Kofler nach § **437** Nr. 2 BGB i. V. m. § **326** Abs. 5 BGB auch ohne Fristsetzung vom Vertrag zurücktreten. Voraussetzung wäre allerdings nach § 323 Abs. **5** Satz 2 BGB (anwendbar über § **326** Abs. 5 Halbsatz 2 BGB), dass die Pflichtverletzung (=der Mangel) er**he**blich ist.

Fall 6
Der Server-PC der gekauften Anlage arbeitet nicht zuverlässig. Firma Kofler GmbH verlangt ein neues Gerät. CDE beruft sich auf § 3 des schriftlichen Vertrages. Darin heißt es:
„Die Ware ist vom Umtausch ausgeschlossen. Der Käufer hat lediglich ein Recht zur Nachbesserung. Er trägt die Material- und Transportkosten."
Wie ist die Rechtslage?

Lösung
Der Anspruch auf Lieferung eines neuen PC ergibt sich aus § **439** Abs. 1 BGB. Zum Zeitpunkt des Gefahrübergangs (=Übergabe: § 446 BGB) bestand ein Sachmangel: Der gelieferte Server-PC war für die nach dem **Vertrag** vorausgesetzte Ver**wen**dung nicht geeignet (§ **434** Abs. 1 Satz 2 Nr. **1** BGB).
Der Anspruch könnte aber durch die Klausel im Vertrag ausgeschlossen sein.
Nach § **444** BGB könnte - außer bei ar**glis**tigem Verschweigen oder bei Übernahme einer **Garantie**- die Gewährleistung ganz ausgeschlossen werden. Es ist daher auch zulässig, sie auf Nachbesserung zu beschränken. § 439 Abs. 2 BGB bestimmt zwar, dass der Verkäufer die Kosten *„zu tragen hat"*. Das ist aber keine zwin**gend**e Regel; denn im Schuldrecht gilt grundsätzlich **Vertrags**freiheit, § 311 Abs. 1 BGB. § 439 BGB enthält so gesehen lediglich eine Aus**legungs**regel für den Fall, dass die Parteien die Kosten für Nachbesserungen nicht geregelt haben.
Eine Ausnahme nach § **475** Abs. 1 BGB liegt nicht vor. Es handelt sich nicht um einen Verbrauchsgüterkauf i. S. v. § **474** Abs. 1 BGB: Verbraucher kann

nach § **13** BGB nur eine natürliche Person sein. Die Klausel ist nach BGB also zulässig.

Fall 7 (Variante zu Fall 6)
CDE beruft sich auf Nr. 7 ihrer dem Vertrag beigefügten Allgemeinen Verkaufsbedingungen (AGB). Darin heißt es:
„Die Ware ist vom Umtausch ausgeschlossen. Der Käufer hat lediglich ein Recht zur Nachbesserung. Er trägt die Material- und Transportkosten."
Wie ist die Rechtslage?

Lösung
Für AGB setzen die §§ **307** ff. BGB strengere Maßstäbe. Die vorliegende Klausel würde unter § **309** Nr. **8** b) **bb**) und **cc**) BGB fallen. Danach wäre eine Beschränkung auf Nachbesserung vom Ansatz her zwar zulässig, aber nur dann, wenn dem Käufer bei Fehlschlagen der Nachbesserung (i.d.R. nach **zwei** Versuchen, vgl. dazu § **440** Satz 2 BGB) das Recht auf Minderung oder Rücktritt ausdrücklich vor**behal**ten wird (Buchst. bb) und wenn der Verkäufer sämtliche **Kosten** der Nacherfüllung übernimmt (Buchst. cc).
Diese Vorschriften sind allerdings gegenüber Un**ternehm**ern und juristischen Personen des **öffentlichen** Rechts nicht anwendbar (§ **310** Abs. 1 Satz 1 BGB). Die Zulässigkeit bestimmt sich hier nach der Generalklausel des § **307** BGB. Die in § 307 Abs. 2 BGB genannten Kriterien sind zwar nicht erfüllt, doch kommt nach h.M. den Fällen des § **309** Nr. 8 eine sogenannte „**Leitbild**funktion" bzw. „**Indiz**wirkung" zu: Was gegenüber Privatkunden unzulässig ist, stellt grundsätzlich auch gegenüber Unternehmern eine **unangemessene** Benachteiligung i.S.v. § 307 BGB dar. In diesem Sinn ist § **310** Abs. 1 Satz **2** BGB zu verstehen.
Die Klausel ist hier also, anders als in Fall 6, unwirksam.

Fall 8
Die Anlage hatte zunächst einen, wenn auch kleinen Funktionsfehler. Die Gemeinde minderte daraufhin den Kaufpreis um 200,- Euro, was CDE akzeptierte. Sechs Monate nach Kaufabschluss entdeckt man, dass die Kapazität der Anlage für selbständige Programmierungen nicht ausreicht. Kann Firma Kofler ohne weiteres vom Vertrag zurücktreten?

Lösung
Die fehlende Programmierbarkeit ist ein **Mangel** im Sinne von § 434 Abs. 1 Satz 2 Nr. **1** BGB: Der PC ist für die nach dem Vertrag vor**ausgesetz**te Verwendung nicht geeignet.
Da der Programmiermangel nicht behebbar ist (die Kapazität des gekauften PC reicht nicht aus), scheidet eine Nach**erfüll**ung aus. Der Anspruch aus § 439 BGB ist nach § 275 Abs. 1 BGB entfallen. Daher kann nach § **437** Nr. 2 BGB i.V.m. § **326** Abs. 5 BGB Firma Kofler ohne vorherige Fristsetzung vom Vertrag zurücktreten. Voraussetzung ist allerdings nach § 323 Abs. **5** Satz 2 BGB (anwendbar über § **326** Abs. 5 Halbsatz 2 BGB), dass die Pflichtverletzung (=der Mangel) erheblich ist. Das kann bei dem Programmiermangel angenommen werden.
Der Rücktritt ist ein ein**seitig**es Rechtsgeschäft, er erfolgt durch Erklärung gemäß § **349** BGB. Eine Zustimmung des Verkäufers ist also nicht erforderlich. CDE ist nach § 346 BGB verpflichtet, den Kaufpreis zurückzuzahlen (nach § **348** BGB Zug um Zug gegen Rückübereignung des ungeeigneten PC).
Verjährung (die über § **218** BGB auch für den Rücktritt zu beachten wäre) droht nicht: Die Frist beträgt nach § 438 Abs. 1 Nr. **3** BGB **zwei** Jahre.

Fall 9 (Fortsetzung von Fall 8)
CDE akzeptiert die Rückgängigmachung des Vertrages, verlangt aber Ausgleich für die bisherige Nutzung der Anlage. Mit Recht?

Lösung
Der Anspruch auf Ausgleich für die bisherige Nutzung der Kaufsache ergibt sich aus § **346** Abs. 1 BGB und Abs. **2** Satz 1 Nr. **1** BGB.
(1) Nach § 346 Abs. 1 BGB hat der Käufer die gezogenen Nut**zung**en (§ 99 BGB) herauszugeben. Dazu gehören auch die Vorteile, die der Gebrauch einer Sache bietet, § 440 BGB.
(2) Da die Herausgabe gehabter Ge**brauchsvor**teile ihrer Natur nach ausgeschlossen ist, hat der Verkäufer nach § 346 Abs. **2** Satz 1 Nr. 1 BGB einen Anspruch auf **Wert**ersatz. Dieser orientiert sich an einem prozentualen Abzug vom Kaufpreis (der nach § 346 Abs. 2 Satz 2 BGB der Berechnung *„zugrunde zu legen"* ist) und kann ggf. vom Gericht nach § 287 ZPO geschätzt werden (Beim Autokauf nehmen die Gerichte einen Abzug in Höhe von bis zu 1 % pro gefahrener 1.000 km vor).
(3) Ausschlussgründe für einen Wertersatz nach § 346 Abs. **3** BGB liegen nicht vor. Anders wäre es aufgrund vorrangiger EU-Richtlinien im Rahmen von § 439 Abs. 4 BGB bei Ersatzlieferung: Insoweit ist § 439 Abs. 4 BGB i.V.m. § 346 Abs. **2** Satz 1 Nr. 1 BGB einschränkend auszulegen und für die Ersatzlieferung nicht anzuwenden.

Fall 10
Der Server-PC der Anlage funktioniert nicht einwandfrei. Firma Kofler GmbH verlangt ein neues Gerät. Mit Recht?

Lösung
Gemäß § **439** Abs. 1 BGB besteht nach Wahl des Käufers ein Recht auf Mangelbeseitigung oder Lieferung einer mangelfreien Sache. Letzteres ist aber nur bei einem **Gattungs**kauf (§ 243 Abs. 1 BGB) denkbar. Für die Frage, ob ein Gattungskauf vorliegt, kommt es hier ausschließlich auf Inhalt und Zeitpunkt des Vertragsschlusses an. Die Frage einer eventuellen späteren Kon**kretis**ierung stellt sich nicht. Der Anspruch auf Ersatzlieferung ist im Grunde der alte Erfüllungsanspruch aus § 433 Abs. 1 BGB, den der Gesetzgeber nach Gefahrübergang als Gewährleistungsanspruch weiterführt. Grund: Auch dieser Anspruch soll der kurzen Verjährung des § 438 BGB unterliegen.

Fall 11
Bei einer Dateneingabe versagt einer der gekauften PCs plötzlich und reagiert auf keinen Befehl. Die Ursache liegt in einem Materialfehler der Festplatte. Sämtliche eingegebenen Daten sind verloren. Ein Tag Arbeit war umsonst. Kann der Käufer hierfür Schadensersatz verlangen?

Lösung
Ansatz für den Anspruch ist § **437** Nr. **3** BGB.
(1) Das plötzliche Versagen stellt einen **Mangel** zumindest im Sinne von § 434 Abs. 1 Satz 2 Nr. **2** BGB dar: Der Käufer kann erwarten, dass ein PC bei ge**wöhn**licher Verwendung nicht einfach hardwarebedingt abstürzt.
(2) Laut Sachverhalt lag dieser Mangel bereits bei Ge**fahrüber**gang vor (Bei einem Verbrauchsgüterkauf könnte sich bei unklarer Beweislage der Käufer auf die Vermutung des § **476** BGB berufen. Normalerweise ist aber der Käufer voll beweispflichtig, so auch hier, weil eine GmbH keine natürliche Person und daher nicht Verbraucher im Sinne von § **13** BGB ist).
Für den Schadensersatz bei Mängeln verweist § 437 Nr. 3 BGB auf verschiedene Vorschriften des allgemeinen Schuldrechts (abgesehen von § 440 BGB, der hier nicht einschlägig ist und im Übrigen seinerseits an die allgemeinen Vorschriften anknüpft).
(3) Ausgangspunkt für die Subsumtion ist - wie stets bei vertraglichen Schadensersatzansprüchen - § **280** Abs. 1 BGB.
(a) Der Verkäufer hat eine **Pflicht** verletzt, nämlich die ihm nach § **433** Abs. 1 Satz 2 BGB obliegende Pflicht zur Übereignung einer mangelfreien Sache.
(b) Die Pflichtverletzung muss er zu **vertreten** haben im Sinne von § 276 BGB. Nach dem Wortlaut des § **280** Abs. 1 Satz **2** BGB wird das Vertretenmüssen vom Gesetz vermutet. Da im Sachverhalt nichts weiter gesagt ist, ist von dieser Vermutung auszugehen (Wenn der Verkäufer nachweisen kann, dass ihn kein Verschulden trifft, hätte er den Mangel nur dann zu vertreten, wenn er eine besondere **Garantie** übernommen hätte, vgl. § 276 Abs. 1 BGB).
(c) Der Datenverlust ist ein Schaden am Vermögen. Er basiert auf einem Versagen der Festplatte, also auf einem Mangel i.S.v. § 434 BGB. Es handelt sich somit um einen sogenannten **Mangelfolge**schaden, d.h. einen Schaden an anderen **Rechts**gütern als Folge des Sachmangels. Dessen Ersatz ist kein Schadensersatz *„statt der Leistung“* im Sinne von § 280 Abs. **3** BGB, so dass die zusätzlichen Anforderungen der §§ 281 bis 283 BGB, insbesondere eine in § 281 BGB vorgesehene **Fristsetz**ung, nicht vorzuliegen brauchen. Bei Mangelfolgeschäden handelt es sich vielmehr um einen Schadensersatz *„neben“* der Leistung, bei der nicht das **Leistungs**interesse, sondern das sogenannte **Integritäts**interesse geschützt ist (Das Gesetz spricht in der -jetzt amtlichen- Überschrift zu § 280 BGB allgemein von Schadensersatz *„wegen Pflichtverletzung“*).
Ergebnis: Firma Kofler kann also nach § 437 Nr. 3 i.V.m. § 280 Abs. 1 BGB Ersatz für die verlorenen Daten verlangen. Dieser Ersatz umfasst gemäß § 249 Abs. 2 BGB die Kosten für die erneute Dateneingabe.

Fall 12
Firma Kofler GmbH kauft bei Fa. Computer Data Equipment (CDE)auch einen neuen Server-PC. CDE hatte bei den Verhandlungen auf Nachfrage ausdrücklich bestätigt, der neue PC sei mit dem bei Firma Kofler bereits installierten Netzwerk voll kompatibel und habe keinerlei Auswirkungen auf das Funktionieren des Netzwerkes. Beim Anschließen kommt die ganze Konfiguration durcheinander. Ein Fachmann ist tagelang damit beschäftigt, das Netz wieder zum Laufen zu bringen. Außerdem entstand ein Defekt am gekauften Server-PC.
Kann Firma Kofler Schadensersatz verlangen?

Lösung
I. Schaden am Netz
Ein Schadensersatzanspruch könnte sich ergeben aus § **437** Nr. **3** BGB i.V.m. § **280** Abs. 1 BGB.
(1) Es besteht ein Kaufvertrag, also ein **Schuldverhältnis**.

(2) Der gekaufte Server-PC ist **mangel**haft. Ihm fehlt die **vereinbarte** Beschaffenheit § 434 Abs. **1** Satz **1** BGB), nämlich die Eignung des Geräts zum Einsatz im Netzverbund. Da sich am Gerät seit Übergabe an den Käufer nichts geändert hat, bestand der Mangel bereits bei Gef**ahrübergang** (§ 446 BGB).
(3) Der Verkäufer hat im Sinne von § **280** Abs. 1 BGB eine **Pflicht** verletzt, nämlich die ihm nach § 433 Abs. 1 Satz **2** BGB obliegende Pflicht zur Übereignung einer **mangel**freien Sache, d. h. eines netzwerkfähigen Server-PC.
(4) Die Pflichtverletzung muss er zu **vertreten** haben im Sinne von § **276** BGB. Dic von CDE zugesicherte Eignung ist als eine **Garantie** zu werten. Nach § 276 Abs. 1 BGB trifft demnach den Verkäufer eine Haftung auch ohne Ve**rschu**lden.
(5) Der **Schaden** basiert darauf, dass die Garantie nicht eingehalten wurde, die Leistung des Verkäufers also nicht **vertrags**gemäß war. Beim Schaden am Netz handelt es sich um einen Schaden am Eigentum als Folge der nicht eingehaltenen Zusage, also um einen **Mangelfolge**schaden. Der auf Ersatz dieses Schadens gerichtete Anspruch betrifft nicht das Lei**stungsin**teresse, weil er nicht am Leistungsobjekt entstanden ist. Es handelt sich daher nicht um Schadensersatz *„statt der Leistung"* im Sinne von § **280** Abs. **3** BGB, so dass die zusätzlichen Voraussetzungen des § **281** BGB nicht vorliegen müssen.
(6) Die Mängelhaftung ist **nicht ausgeschlossen**, weder von Gesetzes wegen nach § **442** BGB noch vertraglich.
Ergebnis: Firma Kofler kann Schadensersatz nach § **437** Nr. 3 i.V.m. § 280 Abs. **1** BGB verlangen. Sie erhält nach § **249** Abs. 2 BGB den zur Wiederherstellung des Netzverbundes erforderlichen Geldbetrag, d.h. die durch Beauftragung eines Fachmanns entstandenen Kosten.

II. Schaden am PC

Ein Schadensersatz könnte sich ergeben aus § **437** Nr. 3 i.V.m. §§ 280, **281** BGB.
(1) Es besteht ein Kaufvertrag, also ein Schu**ldverhä**ltnis.
(2) Der gekaufte Server-PC ist **mangel**haft. Hier fehlt die **vereinbarte** Beschaffenheit (§ 434 Abs. 1 Satz 1 BGB), nämlich die Eignung des Geräts zum Einsatz im Netzverbund.
(3) Der Verkäufer hat im Sinne von § 280 Abs. 1 BGB eine **Pflicht** verletzt, nämlich die ihm nach § 433 Abs. 1 Satz 2 BGB obliegende Pflicht zur Übereignung einer **mangel**freien Sache, d. h. eines netzwerkfähigen Server-PC.
(4) Die Pflichtverletzung muss er nach § 280 Abs. 1 Satz **2** BGB zu vertreten haben im Sinne von § 276 BGB. Die von CDE zugesicherte Eignung ist als eine **Garantie** zu werten. Nach § 276 Abs. 1 BGB trifft demnach den Verkäufer eine Haftung auch ohne Ver**schuld**en.
(5) Der Schaden basiert darauf, dass die Garantie nicht eingehalten wurde, die Leistung des Verkäufers also nicht **vertrags**gemäß war. Beim Schaden am PC handelt es sich um einen Schaden an der gekauften Sache, also um einen **Mangel**schaden. Der auf Ersatz dieses Schadens gerichtete Anspruch ist Schadensersatz „**statt** *der Leistung*" im Sinne von § 280 Abs. **3** BGB, so dass die zusätzlichen Voraussetzungen des § **281** BGB vorliegen müssen.
(6) Die Leistung des Verkäufers war **fällig**, und zwar nach § 271 Abs. 1 BGB bereits bei Abschluss des Kaufvertrages.
(7) CDE hat die Leistung nicht wie **geschuldet** erbracht, d.h. ohne Einhaltung der gegebenen **Garantie** (Beschaffenheitsvereinbarung i.S.v. § **434** Abs. 1 Satz 1 BGB).
(8) Dem Verkäufer müsste zunächst nach § **281** Abs. 1 BGB eine **Frist** zur Nacherfüllung gesetzt werden, da Ausnahmetatbestände § **281** Abs. 2 BGB oder § **440** BGB nicht vorliegen. Handelt es sich um einen nicht behebbaren Mangel, so wäre eine Fristsetzung nicht erforderlich (bei anfänglich unbehebbaren Mängeln nach § **311a** Abs. 2 BGB und bei nachträglich unbehebbaren Mängeln nach § **283** BGB).
(9) Die Gewährleistung ist **nicht ausgeschlossen**, weder von Gesetzes wegen nach § 442 BGB noch vertraglich.
Ergebnis: Firma Kofler kann hinsichtlich des mangelhaften PC Schadensersatz statt der Leistung verlangen. Dies kann zweierlei bedeuten:

- „**Kleiner**" Schadensersatz: Firma Kofler behält den PC und erhält die durch den Mangel bedingte **Wert**minderung nach § 251 BGB ersetzt.
- „**Großer**" Schadensersatz: Firma Kofler gibt den PC wieder zurück und erhält den durch die komplette Nichtleistung erlittenen Schaden: Rückzahlung des Kaufpreises als **Mindest**schaden, darüber hinaus eventuelle Mehrkosten für einen sogenannten De**kkung**skauf. Dieser Schadensersatz *„statt der* **ganzen** *Leistung"* ist nach § 281 Abs. 1 Satz **3** BGB nur möglich, wenn die Pflichtverletzung (= der Mangel) **erheblich** war. Davon kann hier ausgegangen werden, schon deshalb, weil es sich um den Server-PC handelte. Da dies den Anforderungen des **§ 323 Abs. 5 Satz 2 BGB** entspricht, könnte Firma Kofler

auch vom Vertrag zurücktreten, was beispielsweise dann nahe läge, wenn ein gleichwertiger Server-PC bei einem anderen Händler weniger kosten würde. Firma Kofler bekäme dann den vollen Kaufpreis zurück und könnte daneben noch den Schaden am Netz nach § 280 Abs. 1 BGB geltend machen, weil gemäß § **325** BGB ein Schadensersatzanspruch den Rücktritt nicht ausschließt.

Fall 13
Im Vertrag war zugesichert worden, der gekaufte PC sei für das Statistikprogramm SPSS geeignet. Dies stellt sich als unzutreffend heraus. Ein Nachrüsten ist nicht möglich.
Firma Kofler will vom Vertrag zurücktreten, weil der gekaufte PC ohne SPSS für sie nicht von Interesse ist und sie kein Vertrauen zum Verkäufer mehr hat. Da ein adäquater PC 200,- Euro mehr kostet, verlangt sie zusätzlich Schadensersatz.
Wie ist die Rechtslage?

Lösung
Ansatz für den Anspruch auf Schadensersatz ebenso wie für ein Rücktrittsrecht ist **§ 437 BGB** mit folgenden allgemeinen Voraussetzungen:
(1) Zwischen den Parteien besteht ein Kaufvertrag.
(2) Der gekaufte PC hatte nicht die vertraglich vereinbarte (im Sinne einer **Garantie** zugesicherte) Beschaffenheit und war somit mangelhaft gemäß § **434** Abs. 1 Satz 1 BGB.
(3) Der Mangel bestand von Anfang an, war also nach § 434 BGB bei **Gefahr**übergang (§ **446** BGB) vorhanden.
(4) Die Gewährleistung ist nicht nach § 442 BGB oder § 444 BGB ausgeschlossen.
Für Rücktritt und Schadensersatz ergeben sich zusätzliche Besonderheiten:

1. Rücktritt
Das Rücktrittsrecht ergibt sich aus § **437** Nr. **2** BGB i. V. m. § **326** Abs. **5** BGB.
(1) Wegen des von Anfang an bestehenden, nicht behebbaren Mangels entfällt nach § 275 Abs. 1 BGB eine Pflicht des Verkäufers zur Nach**erfüll**ung. Also braucht keine Frist gesetzt zu werden.
(2) Nach § **323** Abs. 5 Satz 2 BGB (gemäß §**326** Abs. 5 Halbsatz 2 BGB anwendbar) setzt ein **Rücktritts**recht immer voraus, dass die Pflichtverletzung (hier: der Mangel) er**he**blich ist. Das ist hier anzunehmen, weil die SPSS-Tauglichkeit für die Käuferin besonders wichtig war.

2. Schadensersatz
Da es sich um einen von Anfang an nicht **behebbaren** Mangel handelt, kommt für den Schadensersatzanspruch als Anspruchsgrundlage § **437** Nr. 3 BGB in Verbindung mit der Spezialregelung des § **311a** Abs. 2 BGB in Betracht.
(1) Voraussetzung ist nach § 311a Abs. **1**, dass ein **Leistungs**hindernis schon bei Vertragsschluss besteht. Dieses Hindernis besteht in der von Anfang an unzureichenden Kapazität des PC für das Programm SPSS. Der Verkäufer braucht also nach § **275** Abs. 1 wegen Unmöglichkeit keine Nach**erfüll**ung zu leisten.
(2) Nach § **311a** Abs. 2 Satz **2** BGB muss der Schuldner (CDE) nachweisen, dass er das Leistungshindernis bei Vertragsabschluss nicht **kannte** und seine **Unkenntnis** auch nicht zu **vertreten** hat. Da die Zusicherung als **Garantie** anzusehen ist, hat CDE eine Unkenntnis nach § **276** Abs. 1 BGB auch ohne Verschulden zu vertreten.
(3) Weitere Voraussetzungen sind nach § **311a** Abs. 2 BGB nicht erforderlich, insbesondere nicht wie bei § **281** BGB eine Fristsetzung.
Ergebnis: Somit besteht ein Anspruch auf Schadensersatz **statt** *der* **Leistung**. Dabei hat der Käufer allgemein die Wahl:

- Entweder behält er die mangelhafte Sache und erhält Schadensersatz für den durch den Mangel geminderten Wert (sogenannter „**kleiner**“ Schadensersatz). Im vorliegenden Fall scheidet dies aber aus, weil dieser PC für Firma Kofler nicht mehr von Interesse ist.
- Oder der Käufer gibt die Kaufsache zurück und verlangt den sogenannten „**großen**“ Schadensersatz (=Schadensersatz „*statt der* **ganzen** *Leistung*“. In diesem Fall ist nach § 281 Abs. 1 Satz 3 BGB weiter erforderlich, dass die Pflichtverletzung (hier: der Mangel) erheblich ist. § 281 Abs. 1 Satz 3 BGB findet nach § **311a** Abs. 2 Satz 2 BGB auch bei von Anfang nicht behebbaren Mängeln entsprechende Anwendung.
- Da die SPSS-Tauglichkeit für die Kofler GmbH von wesentlicher Bedeutung ist, kann sie Schadensersatz statt der ganzen Leistung verlangen. Sie muss wertmäßig so gestellt werden, wie wenn ein für Statistiken geeigneter PC geliefert worden wäre. Sie bekommt als Mindestschaden den vereinbarten Kaufpreis zurück (also dasselbe wie beim Rücktritt) und erhält darüber hinaus die Mehrkosten für einen anderweitigen **Deckungs**kauf ersetzt.
- Der Schadensersatzanspruch besteht neben dem Rücktrittsrecht, vgl. § **325** BGB.

Einheit 2 0 . FRAGEN

1. Die Bestellung eines Vorkaufsrechts stellt rechtlich einen zwar **doppelt bedingten** (1. Bedingung:

Eintritt des Vorkaufsfalles; 2. Bedingung: Ausübung des Vorkaufsrechts), ansonsten aber bereits **vollständig berechtigenden und verpflichtenden Kaufvertrag** dar. Dementsprechend ist bei einem Grundstück bereits im Zeitpunkt des Vertragsschlusses auch das **Formerfordernis des § 311b Abs. 1 BGB** zu beachten.

2. Der Vorkaufsfall - die erste Bedingung des Kaufvertrages - tritt ein, wenn der Verpflichtete über den betreffenden Gegenstand einen **Kaufvertrag mit einem Dritten** geschlossen hat. Damit der Berechtigte nun überhaupt die Möglichkeit erhält, von seinem Vorkaufsrecht Gebrauch zu machen, ist der Verkäufer nach § 469 Abs. 1 BGB verpflichtet, ihm den **Verkauf** unverzüglich (§ 121 Abs. 1 Satz 1 BGB) **mitzuteilen**.

3. Das Vorkaufsrecht kann durch **formlose Willenserklärung, bei Grundstücken innerhalb von zwei Monaten, sonst innerhalb einer Woche**, ausgeübt werden: §§ 464 Abs. 1, 469 Abs. 2 BGB.

4. Nein. Sofern in dem Vertrag zwischen dem Verkäufer und dem Dritten keine entsprechenden Vorkehrungen für diesen Fall getroffen wurden, ist der Verkäufer nunmehr **aus beiden Verträgen verpflichtet** und muss somit einem von beiden nach §§ 280, 283 BGB **Schadensersatz statt der Leistung** zahlen, da er das Grundstück nur einem übereignen kann.

5. Es bieten sich zwei Möglichkeiten an:

(1) Der **Verkäufer behält sich** dem Dritten gegenüber für den Fall der Ausübung des Vorkaufsrechts den **Rücktritt vom Vertrag vor.**

(2) Der Kaufvertrag mit dem Dritten wird unter der **auflösenden Bedingung** geschlossen, dass das Vorkaufsrecht ausgeübt wird.

6. Nein. Ein **Rücktrittsvorbehalt oder eine auflösende Bedingung** im Vertrag mit dem Dritten (dem ursprünglichen Käufer) sind **dem Berechtigten gegenüber unwirksam**: Beide Kaufverträge sind rechtlich voneinander unabhängig, sobald der Vorkaufsfall eingetreten ist, § 465 BGB.

Einheit 2 0. FÄLLE

Fall 1:

Bauherr B hat auf seinem relativ kleinen Grundstück ein großzügiges Haus erstellt und ist daran interessiert, sein Areal um das Gartengrundstück seines Nachbarn E zu erweitern. Dieser hat zur Zeit aber keine Verkaufsambitionen. B und E einigen sich, dass dem B ein Vorkaufsrecht zustehen soll. So wird es in einem schriftlichen Vertrag festgelegt.
Fünf Jahre später verkauft E sein Grundstück an K zum Preis von 100.000,- Euro. Als B davon erfährt, ruft er entrüstet bei E an und macht sein Vorkaufsrecht geltend. E erwidert, ihm sei gesagt worden, das Vorkaufsrecht sei wegen eines Formmangels unwirksam. Dem widerspricht B unter Berufung auf § 464 Abs. 1 Satz 2 BGB.
Wer hat recht?

Lösung

Ein Vorkaufsrecht entsteht durch V**ertrag** zwischen dem Grundstückseigentümer und dem Vorkaufsberechtigten. Dieser Vertrag ist ein doppelt be**dingter** Kauf (§§ 433 ff., 158 Abs. 1 BGB): Wenn E das Grundstück an einen Dritten verkauft (sog. V**orkaufs**fall: 1. Bedingung) und der Vorkaufsberechtigte daraufhin sein Vorkaufsrecht **ausübt** (2. Bedingung), entsteht nach § **464** Abs. **2** BGB ein Kaufvertrag zwischen dem Verpflichteten (= Verkäufer) und dem Vorkaufsberechtigten. Unter den zwei genannten Bedingungen verpflichtet sich E schon bei Bestellung des Vorkaufsrechts zur - eventuellen - Übereignung des Grundstücks. Der Vertrag bedarf also der n**otariel**len Beurkundung, § **311b** Abs. 1 BGB. Die nur schriftliche Vereinbarung des Vorkaufsrechts ist form**nichtig** gem. § 125 Satz 1 BGB.
Der Hinweis des B auf § 464 Abs. 1 Satz 2 BGB geht fehl. Diese Vorschrift betrifft nur die A**usüb**ung des Vorkaufsrechts, nicht aber seine B**estell**ung.

Fall 2

Angenommen, dem B wäre das Vorkaufsrecht durch notariellen Vertrag eingeräumt worden und er hätte es sechs Wochen, nachdem er von E über den Verkauf an K informiert worden war, ausgeübt. Angenommen auch, B wäre ins Grundbuch als neuer Eigentümer eingetragen worden: Könnte jetzt K von E Schadensersatz verlangen?

Lösung

Der durch die Ausübung des Vorkaufsrechts entstandene Kaufvertrag zwischen E und B ersetzt nicht den Vertrag zwischen E und K sondern tritt ergänzend hinzu. Es bestehen jetzt also zwei Verträge. Von Rechts wegen ist E sowohl dem B als auch dem K gegenüber zur Ü**bereignung** des Grundstücks (§§ 873, 925 BGB) verpflichtet. Einem von ihnen müsste er also auf jeden Fall **Schaden**sersatz **statt** der Leistung (§§ 280 Abs. 1 und 3, 283 BGB) leisten. Dies wird in der Praxis dadurch vermieden, dass E sich im Vertrag mit K ein Recht zum R**ücktritt** (§§ 346 ff. BGB) vorbehält, und zwar für den Fall, dass B sein **Vorkaufs**recht ausübt. Der Rücktritt gegenüber K berührt nicht die Wirksamkeit des Vertrages mit B, vgl. § **465** BGB.

Einheit 3 A . FRAGEN

1. Ja. Nach § 631 Abs. 2 BGB kann ein „Werk" auch in einer Dienst- oder Arbeitsleistung bestehen. Im Gegensatz zum Dienst- oder Arbeitsvertrag muss aber **über die Tätigkeit hinaus** auch der damit bezweckte **Erfolg** geschuldet sein.

2. Beim **Auftrag** wird nach § 662 BGB eine spezielle Art von Leistung geschuldet, nämlich die **Besorgung fremder Geschäfte**. Darüber hinaus erfolgt die Leistung beim Auftrag **unentgeltlich**.

3. Der Auftrag erfolgt nach § 662 BGB unentgeltlich. Er ist ein unvollkommen zweiseitiger Vertrag: Die Pflicht des Auftraggebers aus § 670 BGB hat nicht den Charakter einer echten Gegenleistung.
Der **Geschäftsbesorgungsvertrag** ist als Vertrag über eine **entgeltliche Geschäftsbesorgung** ein **gegenseitiger Vertrag**. Je nachdem, ob mit der Geschäftsbesorgung ein Erfolg oder nur die Tätigkeit als solche geschuldet wird, handelt es sich um einen Sonderfall des Werk- oder des Dienstvertrags, siehe § 675 BGB.

4. Als neu ins BGB aufgenommener Vertragstyp ist der Reisevertrag in **§§ 651a- m BGB** geregelt. Es handelt sich um einen Sonderfall des Werkvertrages. Hauptpflicht des Reiseveranstalters ist es nach § 651a BGB, die Reise als Gesamtheit aller Reiseleistungen fehlerfrei zu erbringen. Als Gegenleistung hat der Reisende den Reisepreis zu bezahlen.

5. Werkvertrag liegt vor, wenn die Leistungen mehr oder weniger **konkret bezeichnet** und ihre Art und ihr Umfang nicht lediglich situationsbedingten Umständen überlassen wurde. Im ersten Falle wird die vollständige Erbringung der konkreten Leistungen, also ein **Erfolg** im Sinne von § 631 Abs. 2 BGB garantiert, so dass ein **Werkvertrag** vorliegt. Im zweiten Fall werden dagegen nur die **Leistungen als solche**, und somit ein „**Dienst**" im Sinne von § 611 BGB geschuldet.

6. Weil auch bei einfachen ärztlichen Behandlungen **keine Erfolgsgarantie** gegeben werden kann, sind Behandlungsverträge mit Ärzten **grundsätzlich Dienstverträge** nach §§ 611 ff. BGB. Nebenleistungen wie etwa Röntgenaufnahmen oder Laboruntersuchungen können dagegen Werkvertragscharakter haben. Als Werkverträge werden auch Verträge über schönheitskosmetische Operationen angesehen. Der Grund dafür liegt in dem Umstand, dass es sich hier nicht um medizinisch indizierte Eingriffe handelt, sondern um eine Behandlung aus rein ästhetischen Gründen. Hier muss, wenn nichts Besonderes vereinbart war, der Arzt auch eine Garantie übernehmen.

7. Beim Werklieferungsvertrag geht es um die **Lieferung herzustellender oder zu erzeugender beweglicher Sachen.** Dafür gilt nach § 651 Satz 1 BGB **einheitlich Kaufrecht**, abgesehen von einigen ergänzenden Regelungen des Werkvertragsrechts, siehe § 651 Satz 3 BGB. Dabei kommt es darauf an, ob eine vertretbare oder nicht vertretbare Sache herzustellen ist.
Vor der Schuldrechtsreform galt für den damals sogenannten **Werklieferungsvertrag** teils Kaufrecht, teils Werkvertragsrecht, je nachdem, ob eine vertretbare oder eine nicht vertretbare Sache herzustellen war. Diese Unterscheidung besteht zwar auch nach der Schuldrechtsreform fort, führt aber nur zur Anwendung ergänzender Vorschriften des Werkvertragsrechts (§ 651 Satz 3 BGB). In allen Fällen,

8. Im ersten Beispiel ist die Fertigung der Gegenstand eines ganz **normalen Kaufvertrags**: Der Kunde kann **keinen Einfluss auf den Fertigungsprozess** des Regals nehmen; der Schreiner ist zur Übereignung des bestellten Regals im Rahmen des § 433 Abs. 1 BGB verpflichtet.
Dagegen liegt im zweiten Beispiel ein Fall des § 651 BGB vor: Es soll eine **herzustellende oder zu erzeugende bewegliche Sache geliefert** werden. Dennoch finden gemäß § 651 Satz 1 BGB auch hier die Vorschriften über den Kauf Anwendung. Der Unternehmer ist sowohl zur Herstellung als auch zur Übereignung des fertig hergestellten Regals verpflichtet. Über § 651 Satz 3 BGB können zusätzlich auch Vorschriften des Werkvertragsrecht gelten, jedoch nur dann, wenn es sich bei dem Regal um eine **nicht vertretbare Sache** (vgl. § 91 BGB) handelt. Dies ist nur dann der Fall, wenn die speziellen, vom Kunden gewünschten Maße für den normalen Möbelmarkt so **ungewöhnlich** sind, dass der Unternehmer das Regal anderweitig nur **schwer bis gar nicht absetzen** könnte.

Einheit 3 B . FRAGEN

1. Nach § 631 Abs. 1 BGB schuldet der Unternehmer die *"Herstellung des versprochenen Werkes"*. Dies kann nach Absatz 2 sowohl die **Herstellung oder Veränderung einer Sache** als auch ein **durch**

Arbeit oder Dienstleistung herbeizuführender Erfolg sein. Diese Erfolgsbezogenheit ist für den Werkvertrag charakteristisch. Daher umfasst die Hauptpflicht des Unternehmers auch die **sach- und rechtsmängelfreie Herstellung** (vgl. § 633 BGB). Eine etwa notwendige **Nacherfüllung** (§§ 634 Nr. 1, 635 BGB) gehört also mit zur Hauptleistung und ist daher im Rahmen der Mängelhaftung vorrangig durchzuführen.

2. Konkrete Nebenpflichten sind in den §§ 631 ff. BGB nicht enthalten, jedoch wird ihre grundsätzliche Existenz allgemein aus § 242 BGB (Nebenleistungspflicht oder leistungsbezogene Nebenpflicht) oder speziell in Gestalt von **Schutz- und Sorgfaltspflichten** aus § 241 Abs. 2 BGB abgeleitet. Für den Unternehmer stehen dabei im Vordergrund:

- fachmännische **Beratung** (leistungsbezogene Nebenpflicht)
- sorgfältige **Verwahrung** (leistungsunabhängige Schutzpflicht)

3. Der Unternehmer hat seine sich als (leistungsbezogene) **Nebenpflicht** aus dem Bauvertrag ergebende **Beratungspflicht** verletzt (§ 241 Abs. 2 BGB). Da die Rechtsfolgen einer solchen Verletzung im Werkvertragsrecht nicht besonders geregelt sind, bestimmt sich der **Schadensersatzanspruch** des Bestellers **nach der allgemeinen Regelung des § 280 Abs. 1 BGB**. § 281 und § 283 BGB scheiden aus, weil es nicht um Verletzung einer Leistungspflicht handelt, also nicht um Schadensersatz statt der Leistung.

4. Die Herstellung des „versprochenen" Werks muss **sach- und rechtsmängelfrei** sowie **rechtzeitig** erfolgen.

5. In erster Linie kann nach §§ 634 Nr. 1, 635 BGB der Besteller

- **Nacherfüllung** verlangen, denn der Unternehmer hat mit dem Werkvertrag die **Gewähr für die Sach- und Rechtsmängelfreiheit** übernommen, vgl. § 633 Abs. 1 BGB.

Wenn die **Nacherfüllung ausgeschlossen** ist (oder vom Unternehmer gem. § 635 Abs. 3 BGB zulässig verweigert wurde), kommen nach §§ 634 ff. BGB folgende Rechte in Betracht:

- **Selbstvornahme** (außer bei berechtigter Verweigerung des Bestellers, vgl. § 637 Abs. 1 BGB a.E.),
- **Rücktritt**,
- **Minderung** und/oder
- **Schadensersatz** bzw. Ersatz von **Aufwendungen**.

6. Die **rechtzeitige Leistung** gehört bei Werkverträgen generell mit zur **Hauptpflicht** des Unternehmers. Es gelten zunächst die **allgemeinen Regeln** für **Schadensersatz statt der Leistung** (§§ 280, 281BGB) oder **Aufwendungsersatz** (§ 284 BGB) und für das **Rücktrittsrecht** bei gegenseitigen Verträgen (§§ 323 ff. BGB).
Da im vorliegenden Fall der Unternehmer die Verzögerung nicht zu vertreten hat (§ 280Abs. 1 Satz 2 BGB), scheiden Schadens- und Aufwendungsersatz aus. Es kommt nur ein (verschuldensunabhängiges **Rücktrittsrecht** nach erfolgloser (bzw. entbehrlicher: § 323 Abs. 2 BGB, § 636 BGB) **Fristsetzung** in Betracht, wenn nicht ein Ausschließungsgrund nach § 323 Abs. 6 BGB besteht.

7. Hier könnte nach Fristablauf § 280 Abs. 1 und 3 i.V.m. § 281 BGB **Schadensersatz statt der Leistung** verlangt werden, nach § 325 BGB auch zusätzlich zu einem Rücktritt. **Unabhängig davon** könnte der Besteller nach § 280 Abs. 1 und 2 i.V.m. § 286 BGB den besonderen **Verzögerungsschaden** geltend machen, und zwar auch dann, wenn der Unternehmer innerhalb der Frist noch geleistet hätte. Voraussetzung ist allerdings, dass vorher schon Verzug eingetreten war (z.B. durch Mahnung oder bei kalendermäßiger Bestimmung: § 286 Abs. 1 und 2 BGB).

8. Nach § 649 Satz 2 BGB kann der Unternehmer die **vereinbarte Vergütung** verlangen. Er muss sich zwar alles anrechnen lassen, was er an Aufwendungen erspart oder anderweitig mit den freien Ressourcen nicht verdient, seinen Gewinnanteil wird er aber immer beanspruchen können. Lohnend ist ein Rücktritt für den Besteller also nur dann, wenn er einen anderen Unternehmer zu deutlich besseren Konditionen findet.

Einheit 3 C . FRAGEN

1. In erster Linie ist der Besteller nach § 631 Abs. 1 BGB (ggf. in Verbindung mit § 632 BGB) zur Zahlung des Werklohns verpflichtet. Daneben gehört auch die Abnahme (§§ 640, 641a BGB) des vertragsmäßig hergestellten (d.h. vor allem: mangelfreien) Werkes zur Hauptpflicht.

2. Nein. Die **Kündigung** hebt den Vertrag **nur für die Zukunft** auf, bereits erbrachte Leistungen müssen daher gem. § 649 Satz 2 BGB grundsätzlich voll vergütet werden. Anders als beim Rücktritt (§§ 346 ff. BGB) findet bei der Kündigung **keine Rückabwicklung** statt.

3. Der Anspruch auf Zahlung des Werklohns ist

nach der allgemeinen Regelung des § 326 Abs. 1 BGB untergegangen, weil die Herstellung des Bildes (nachträglich) unmöglich und daher nach § 275 Abs. 1 BGB der Maler von seiner Leistungspflicht frei geworden ist. Auch wenn bereits mit dem Bild begonnen worden war, hat diese Teilleistung (vgl. § 326 Abs. 1 Satz 1 Halbsatz 2 BGB) für den Politiker kein Interesse und steht deshalb einer vollständigen Unmöglichkeit gleich.
Die (Preis-) Gefahr geht beim Werkvertrag nach § 644 BGB erst bei Abnahme auf den Besteller über. Bis dahin trägt also der Unternehmer das Risiko, wenn sein Werk nicht vollendet werden kann.
Eine Einschränkung bringt allerdings **§ 645 BGB** für den Fall, dass die Unmöglichkeit der Werkherstellung auf einem Mangel des vom Besteller gelieferten Stoffes oder auf einer Anweisung des Bestellers beruht. Der Unternehmer erhält dann einen Anspruch auf **Teilvergütung**. Solch ein Fall liegt hier zwar nicht direkt vor, doch wird § 645 BGB weit ausgelegt und analog auch auf ähnliche Fälle angewandt, in denen auf Seiten des Bestellers eine vergleichbare Risikolage besteht. Dies wird man hier annehmen können, da das Risiko in der Person des Bestellers liegt (Gesundheit). Der Maler hat also Anspruch auf Vergütung seiner bisher geleisteten Arbeit.

4. Unter Abnahme im Sinne von § 640 BGB ist die **körperliche Entgegennahme** des Werkes zu verstehen, verbunden mit der Erklärung, dass das Werk **als vertragsgemäß anerkannt** wird. Dies kann auch konkludent geschehen, zum Beispiel durch Inbenutzungnahme. Einen Sonderfall regelt § 641a BGB, der an die Fertigstellungsbescheinigung eines Gutachters die Abnahmewirkung knüpft. Abnahme bedeutet zwar noch keine Erfüllung, führt jedoch bei Mängeln dazu, dass der ursprüngliche **Anspruch auf (Neu)- Herstellung erlischt** und der Erfüllungsanspruch sich auf einen **Nacherfüllungsanspruch** (§§ 634 Nr. 1, 635 BGB) reduziert. Dieser Anspruch ist Teil der Mängelhaftung. Wichtig ist das vor allem für die **besonderen Verjährungsfristen** des § 634a BGB, die mit der Abnahme beginnen.

5. Weitere Rechtsfolgen der Abnahme sind:

- **Fälligkeit** des Werklohns: § 641 BGB
- **Gefahrübergang**: § 644 BGB

6. Hier hat der Politiker seine Obliegenheit zur Mitwirkung nach § 642 BGB verletzt und kommt in **Annahmeverzug**, da er die vom Maler vertragsgemäß angebotene Leistung nicht annimmt (§§ 293, 294 BGB).
Nach **§ 642 Abs. 1 BGB** kann der Maler eine angemessene Vergütung verlangen, deren Höhe sich nach den in Absatz 2 genannten Kriterien bestimmt.

7. Nach **§ 643 BGB** kann der Maler dem Politiker eine **Frist zur Nachholung** des Termins setzen, verbunden mit einer Kündigungsandrohung. Kommt innerhalb der gesetzten Frist kein neuer Termin zustande, gilt der Vertrag automatisch als aufgehoben und der Maler erhält nach § 645 Abs. 1 Satz 2 BGB eine Teilvergütung für die bereits geleisteten Arbeiten.

Einheit 3 D . FRAGEN

1. Im Gegensatz zum Kaufvertragsrecht (§ 439 BGB) hat beim Werkvertrag nach § 635 Abs. 1 BGB der Schuldner, d.h. der **Unternehmer**, das **Wahlrecht** zwischen den beiden Arten der Nacherfüllung (Beseitigung des Mangels oder Herstellung eines neuen Werkes). Dies ist darauf zurückzuführen, dass der Unternehmer vorleistungspflichtig ist und im Übrigen mit seiner Fachkunde (weil er ja selber hergestellt hat) die effizientere Art der Nacherfüllung besser ermitteln kann. Damit kann im vorliegenden Fall der Kunde nicht die Anbringung eines völlig neuen Putzes verlangen, sondern muss die Nachbesserung seitens des Unternehmers akzeptieren.

2. Im Werkvertragsrecht findet sich - im Unterschied zum Kaufrecht - in § 634 Nr. 2 i.V.m. § 637 BGB ein **Selbstvornahmerecht** des Bestellers. Dieses räumt dem Besteller das Recht ein, den Mangel auf Kosten des Unternehmers von einem Dritten beseitigen zu lassen. Voraussetzung ist jedoch, dass er dem Unternehmer eine angemessene **Frist zur Nacherfüllung** eingeräumt hat und diese Frist fruchtlos verstrichen ist. Im vorliegenden Fall müsste der Bauherr also dem Maurer zunächst eine solche Frist setzen, ehe er von seinem Selbstvornahmerecht Gebrauch machen könnte. Wäre dies der Fall, könnte er vom Unternehmer nach § 637 Abs. 3 BGB einen angemessenen Vorschuss für die erforderlichen Aufwendungen verlangen.

3. Im Kaufrecht gilt nach § 440 Satz 2 BGB eine Nachbesserung beim zweiten erfolglosen Versuch als fehlgeschlagen. Im Werkvertragsrecht (§ 636 BGB) fehlt eine solche gesetzliche Festlegung. Hier kann also der Besteller schon dann von den gesetzlich vorgesehenen Rechten (Schadensersatz, Rücktritt, Selbstvornahme, Minderung) Gebrauch machen, wenn der erste Nachbesserungsversuch fehlgeschlagen ist. Daher ist es ausreichend und genügend, wenn der Bauherr dem Heizungsinstallateur nur einen Nachbesserungsversuch einräumt. Schließlich hat der Unternehmer das Werk selber erstellt und müsste als Fachmann einen Fehler schnell finden.

4. Da § 634 BGB auf die allgemeinen Vorschriften des Leistungsstörungsrechts verweist, ist eine Fristsetzung in den im **Allgemeinen Schuldrecht** genannten Fällen entbehrlich.

A. Rücktritt:

- § 323 Abs. 2 Nr. 1 BGB: bei ernsthafter und endgültiger Verweigerung, siehe auch § 636 BGB
- § 323 Abs. 2 Nr. 2 BGB: bei fest bestimmtem Termin (z. B. bei Leistungen für ein Fest)
- § 323 Abs. 2 Nr. 3 BGB: bei Vorliegen besonderer Umstände (Auffangtatbestand, für den Werkvertrag praktisch ohne Bedeutung)

B. Schadensersatz (§ 281 Abs. 2 BGB):

- bei ernsthafter und endgültiger Verweigerung
- bei Vorliegen besonderer Umstände. Darunter fällt nach allgemeiner Überzeugung auch der -in § 281 Abs. 2 BGB nicht ausdrücklich erwähnte- Fall einer termingebundenen Leistung, z. B. Anfertigung des Hochzeitskleides für die kirchliche Trauung. Grund: Nach dem Willen des Gesetzgebers sollen die Kriterien für die Fristsetzung bei Schadensersatz und Rücktritt parallel geregelt sein.

Darüber hinaus ist nach speziellem **Werkvertragsrecht** eine Fristsetzung nach **§ 636 BGB** entbehrlich, wenn die **Nacherfüllung fehlgeschlagen** ist oder gemäß § 635 Abs. 3 BGB vom Unternehmer zu Recht verweigert wurde.

5. Wenn der Mangel nicht behebbar ist, wäre eine Nacherfüllung und eine damit verbundene Fristsetzung sinnlos, weil unmöglich. Nach § 275 Abs. 1 BGB besteht kein Anspruch. Der Besteller kann daher sogleich - bei Vorliegen der weiteren Voraussetzungen - von seinen gesetzlich eingeräumten Rechten Gebrauch machen. Eine **Nachfristsetzung entfällt** bei Rücktritt nach 326 Abs. 5 BGB und bei Schadensersatz nach § 311a Abs. 2 BGB (anfänglich) bzw. § 283 BGB (nachträglich).

6. Eine Nachfristsetzung ist nach **§ 323 Abs. 2 Nr. 1 BGB** dann entbehrlich, wenn der Schuldner (hier: der Handwerker) eine Nacherfüllung verweigert. Bei Vorliegen der weiteren Voraussetzungen des § 323 BGB kann der Bauherr vom Vertrag zurücktreten, ohne dem Handwerker noch eine Frist zur Nacherfüllung setzen zu müssen. Unabdingbare Voraussetzung ist jedoch, dass wirklich ein Mangel vorliegt.

Nach der Spezialregelung des § 636 BGB wäre eine Fristsetzung auch dann schon entbehrlich, wenn der Unternehmer die Leistung berechtigterweise nach § 635 Abs. 3 BGB verweigert, wenn er also geltend macht, dass eine Nacherfüllung unverhältnismäßig aufwendig und teuer wäre.

7. Die Kosten für das Regal könnten als nutzlose („frustrierte") **Aufwendungen** anzusehen sein. Als Anspruchspruchsgrundlage kommen daher §§ 634 Nr. 4, 280, 281, **284 BGB** in Betracht. Aufwendungen i. S. v. § 284 BGB sind alle Vermögensopfer, die *„im Vertrauen auf den Erhalt der Leistung"* erbracht werden. Dazu gehören auch Vertragskosten im Zusammenhang mit der vertraglichen Leistung. Davon kann hier ausgegangen werden: Das jetzt nutzlose Regal wurde bestellt im Vertrauen auf die Richtigkeit des Plans.

Aufwendungsersatz nach **§ 284 BGB kann nur „anstelle" des Schadensersatzes statt der Leistung** verlangt werden. Es müssen also die Voraussetzungen für einen solchen Schadensersatz vorliegen. Dies richtet sich nach § 280 Abs. 1 und 3 i. V. m. § 281 BGB.

(1) Zwischen Bauherr und Bauunternehmer bestand ein Werkvertrag, folglich ein **Schuldverhältnis**.

(2) Der Schuldner (Bauunternehmer) müsste eine **Pflicht verletzt** haben. Eine Pflichtverletzung ist jedes objektive Zurückbleiben hinter dem geschuldeten Soll. Nach § 633 Abs. 1 BGB hat der Unternehmer das Werk frei von Mängeln herzustellen. Wenn der Unternehmer einen Plan erstellt, gehört dazu in erster Linie die Richtigkeit der Maße und Details. Die Pflichtverletzung liegt somit in einem Mangel i. S. v. § 633 Abs. 2 Nr. 2 BGB: Jeder Bauherr muss üblicherweise erwarten können, dass der Plan die realen Verhältnisse korrekt wiedergibt.

(3) Nach § 280 Abs. 1 Satz 2 BGB muss der Schuldner (Bauunternehmer) die Pflichtverletzung (den Mangel) **zu vertreten** haben. Da dem Bauunternehmer Fahrlässigkeit i. S. v. § 276 Abs. 2 BGB vorzuwerfen ist, hat er den Mangel nach § 276 Abs. 1 BGB zu vertreten.

(4) Weil eine Leistungspflicht verletzt wurde, käme ein Schadensersatz **„statt der Leistung"** in Betracht. Daher müssten über § 280 Abs. 3 BGB die zusätzlichen Anforderungen des **§ 281 BGB** vorliegen.

(5) Die Leistung (Erstellung des Plans als Teil der Bauleistung) war **fällig**, und zwar mangels besonderer Vereinbarungen nach § 271 Abs. 1 BGB sofort mit Vertragsschluss.

(6) Die Leistung wurde **nicht wie geschuldet** er-

bracht, nämlich mit einem Sachmangel (falscher Plan) behaftet.
(7) Nach § 281 Abs. 1 Satz 1 BGB wäre eine **Nachfristsetzung** zur Nacherfüllung erforderlich gewesen. Die Fristsetzung war hier aber nach § 281 Abs. 2 BGB wegen Vorliegens besonderer Umstände **entbehrlich**, weil sich selbst bei Korrektur des Plans an der Nutzlosigkeit des Regals nichts geändert hätte.
(8) Die Aufwendungen des Bauherrn liegen darin, dass er dem Schreiner den Werklohn für das Regal zahlen musste, weil es aufgrund des vorliegenden Plans korrekt gefertigt wurde.
Somit ist der Anspruch aus §§ 634 Nr. 4, 280, 281, 284 BGB gegeben.

8. Die Verjährungsfrist von Gewährleistungsansprüchen aufgrund von Werkmängeln beträgt im Normalfall nur zwei Jahre (§ 634a Abs. 1 Nr. 3 BGB), beginnend mit der Abnahme des Werkes (§ 634a Abs. 2 BGB). Bei **Bauwerken** besteht aber nach § 634a Abs. 1 Nr. 2 BGB eine Frist von **fünf Jahren**. Der Besteller müsste nachweisen, dass es sich bei der Heizungsanlage um ein Bauwerk handelt. Ein Bauwerk ist durch zwei Kriterien charakterisiert, auf die sich der Besteller berufen kann:

1. **feste Verbindung mit Grund und Boden**
   Die eingebaute Heizungsanlage ist wesentlicher Bestandteil eines Gebäudes, weil sie mit dem Gebäude und damit mit Grund und Boden fest verbunden ist (§ 94 Abs. 1 BGB).
2. **von wesentlicher Bedeutung**
   Die wesentliche Bedeutung ist bei Sachen begründet, die dem Gebäude seinen besonderen Charakter verleihen, ohne die es im Verkehr als unfertig angesehen wird. Dies muss bei einer Heizungsanlage bejaht werden.

Somit besteht hier die fünfjährige Verjährungsfrist nach § 634a Abs. 1 Nr. 2 BGB. Gewährleistungsansprüche können auch nach vier Jahren noch geltend gemacht werden.

9. Ein Baugrundgutachten ist ein Werk, dessen Erfolg in einer **bauwerksbezogenen Planungsleistung** besteht. Damit beträgt die Verjährungsfrist für das Gutachten nach § 634a Abs. 1 Nr. 2 BGB ebenso wie bei Bauwerken **fünf Jahre**.

10. Bei der Neulackierung von Türen handelt es sich um ein Werk, dessen Erfolg in der Wartung bzw. Veränderung einer Sache besteht und die Verjährungsfrist somit nach § 634 a Nr. 1 BGB zwei Jahre beträgt, was einen Anspruch gegen den Maler ausschließt. Zwar sind die Türen wesentliche Bestandteile eines Gebäudes (§ 94 Abs. 2 BGB), streng genommen also bauwerksbezogen, hier geht es aber nicht um die Türen als solche, sondern um ihre Lackierung.
Angesichts der eingetretenen Verjährung kann der Besteller eventuelle Gewährleistungsansprüche nicht mehr durchsetzen.

11. Es kommt darauf an, ob es sich um Standardsoftware oder individuell erstellte Software handelt. Während **Standardsoftware** nach § 453 BGB als *„sonstiger Gegenstand"* dem **Kaufrecht** mit der entsprechend kürzeren Verjährungsfrist von **zwei Jahren** (§ 438 Nr. 3 BGB) unterliegt, handelt es sich bei **Individualsoftware** um einen **Werkvertrag**, da es um eine erfolgsbedingte **Leistung** geht. Hier gilt nach § 634a Nr. 3 BGB die regelmäßige Verjährungsfrist von **drei Jahren** (§ 195 BGB).
Das Programm DOCexpert ist eine einheitliche Software, die von der Herstellerfirma Ärzten generell angeboten wird. Es handelt sich somit um Standardsoftware. Es gilt die kaufrechtliche Verjährungsfrist von zwei Jahren gemäß § 438 Abs. 1 Nr. 3 BGB.

Einheit 3 E . FRAGEN

1. Auch wenn die Bedeutung der Unterscheidung zwischen Mangelschaden und Mangelfolgeschaden im Zuge der Schuldrechtsreform abgenommen hat, so ist sie auch heute noch wichtig für die rechtliche Grundlage des zu ersetzenden Schadens: Schadensersatz *„statt der Leistung"* nach § 280 Abs. 1, 3 i.V.m. §§ 281, 283 oder 311a BGB beim **Mangelschaden** (welcher das sogenannte **Leistungsinteresse** betrifft) oder aber allgemeiner Schadensersatz nach § 280 Abs. 1 BGB beim **Mangelfolgeschaden** (Verletzung des **Integritätsinteresses**: *„neben der Leistung"*). Praktisch von Bedeutung ist, dass für Mangelschäden nach § 281 BGB zunächst eine Frist zur Nacherfüllung (§ 635 BGB) gesetzt werden muss. Dies ist bei Mangelfolgeschäden nicht der Fall.

2. Ja. Durch die Verweisung in § 634 Nr. 4 BGB auf § 280 BGB ist sowohl der Mangelschaden (§ 280 Abs. 1, 3 i.V.m. §§ 281, 283 BGB) als auch der Mangelfolgeschaden (§ 280 Abs. 1 BGB) abgedeckt.

3. Während bei Mangelfolgeschäden - über § 634 Nr. 4 BGB - ausschließlich § 280 Abs. 1 BGB zur Anwendung kommt, ist für den Schadensersatz „statt der Leistung", also die **Mangelschäden**, über § 280 Abs. 3 BGB zusätzlich das Vorliegen der weiteren Voraussetzungen der **§§ 281 oder**

283 BGB erforderlich. Damit sind etwa im Falle des § 281 BGB neben den Tatbestandsmerkmalen des § 280 Abs. 1 BGB zusätzlich die Merkmale *„fällige Leistung"*, *„nicht oder nicht wie geschuldet"* und (vor allem) *„angemessene Fristsetzung"* zu prüfen.

4. Mangelschäden sind **Schäden am mangelhaften Werk**. Beim Mangelschaden bekommt der Besteller das „positives Interesse" ersetzt: Er wird so gestellt, wie wenn ordnungsgemäß (= mangelfrei) erfüllt worden wäre, es werden somit alle leistungsbedingten Schäden ersetzt. Dazu gehören auch direkt mit dem Werk verbundene Vermögensschäden, beispielsweise entgangener Gewinn, Nutzungsausfall, Reparaturkosten und Mehrkosten für eine anderweitige Werkerstellung, falls das mangelhafte Werk zurückgegeben wird (Schadensersatz *statt der ganzen Leistung*: § 281 Abs. 1 Satz 3 BGB).

5. Die mangelhafte Werkleistung kann dazu führen, dass dem Besteller ein Schaden entsteht, der über die mangelbedingte Wertminderung des Werkes hinausgeht. Diese mittelbaren Schäden, die der Besteller durch **Verletzung anderer Rechte, Rechtsgüter oder rechtlich geschützter Interessen** erleidet, werden als Mangelfolgeschäden bezeichnet (Beispiel: Der Tank explodiert in Folge unsachgemäßer Reparatur und verletzt Körper und Eigentum des Bestellers).

6. Hier handelt es sich um einen Mangelschaden, da der Schaden (= Zurückrüstung des Wagens auf „Golf normal") unmittelbar mit der mangelhaften Ausführung des Werks zusammenhängt. So sind beispielsweise Reparaturkosten aufgrund eines entstandenen Mangels als Mangelschäden anerkannt. Beim Zurückrüsten geht es um die Beseitigung der vom Unternehmer verursachten Mängel (unsachgemäßes Tuning), es handelt sich also um Kosten, die sich unmittelbar auf das Werk beziehen. Der Ersatz für solche Mangelschäden ist Schadensersatz statt der Leistung i. S. v. § 280 Abs. 3 BGB, so dass zusätzlich die Voraussetzungen der §§ 281 bis 283 zu prüfen sind.
Die Kosten bei der VW-Werkstatt können (als Schadensersatz statt der Leistung) grundsätzlich nur dann verlangt werden, wenn zuvor dem Unternehmer eine Frist zur Nacherfüllung (=Beseitigung des mangelhaften Tunings) gesetzt worden wäre (§ 281 Abs. 1 Satz 1 BGB. Gleiches gilt nach § 323 Abs. 1 BGB auch für den Rücktritt). Eine Fristsetzung könnte dann entfallen, wenn ihm diese Art der Nacherfüllung unmöglich wäre (§ 283 BGB, für den Rücktritt: § 326 Abs. 5 BGB), der Unternehmer ein Zurückrüsten verweigert hätte (§ 281 Abs. 2 BGB), oder wenn (wie der vorliegende Sachverhalt nahe legt) eine Nachbesserung fehlgeschlagen ist, § 636 BGB.

7. Ein Fall des § 284 BGB liegt nicht vor. Diese Vorschrift kommt nur dann zur Anwendung, wenn es sich um Aufwendungen *„im Vertrauen auf den Erhalt (!) der Leistung"* handelt. Hier handelt es sich aber um **Schadensersatz**, d. h. Wertverlust aufgrund eines Mangels.
Der Besteller könnte Ersatz für die Rohstoffkosten als Schadensersatz verlangen. Maßgeblich sind nach **§ 634 Nr. 4 BGB** zunächst die Voraussetzungen des **§ 280 Abs. 1 BGB**.
(1) Beim Werkvertrag handelt es sich um ein **Schuldverhältnis**.
(2) Darin, dass der Unternehmer die ihm aus § 633 Abs. 1 obliegende Pflicht verletzt hat, dem Besteller das Werk frei von Sach- und Rechtsmängel zu verschaffen, liegt eine **Pflichtverletzung**.
(3) Da der Sachverhalt keine anders lautenden Angaben enthält, wird nach § 280 Abs. 1 Satz 2 BGB vermutet, dass der Unternehmer den Mangel seiner Reparaturleistung **zu vertreten** hat.
(4) Der **Schaden** liegt in dem durch den Ausfall der Maschine unbrauchbar gewordenen Rohstoff. Dies ist ein Mangelfolgeschaden, nämlich ein Schaden an einem anderen Rechtsgut als dem Werk. Es handelt sich also nicht um Schadensersatz statt der Leistung i. S. v. § 280 Abs. 3 BGB, so dass weitere Voraussetzungen nicht zu prüfen sind. Der Anspruch ergibt sich daher allein aus § 280 Abs. 1 BGB.

8. Sowohl Mangel- als auch Mangelfolgeschäden setzen ein Verschulden (genauer: *Vertretenmüssen*) i. S. v. § 276 BGB voraus. Dieses wird nach der Formulierung des § 280 Abs. 1 Satz 2 BGB vermutet. Unterschiede zwischen Mangel- und Mangelfolgeschäden bestehen insoweit nicht. Bei Mangelschäden ist stets die Hauptleistungspflicht des § 633 Abs. 1 BGB verletzt, bei Mangelfolgeschäden oft nur eine Schutzpflicht i. S. v. § 241 Abs. 2 BGB.

9. Schadensersatz statt der Leistung bedeutet Ersatz des Schadens, der in dem durch den Mangel bedingten Minderwert der Leistung besteht. Der Gläubiger (Besteller) wird so gestellt, wie wenn ordnungsgemäß geleistet worden wäre. Dazu gehören auch Vermögensschäden, die unmittelbar mit dem Werk zusammenhängen wie z. B. entgangener Gewinn, Nutzungsausfall oder Reparaturkosten.

Der Gesetzgeber unterscheidet beim Schadensersatz statt der Leistung zwischen sogenanntem „kleinen" und „großen" Schadensersatz:

- Beim **kleinen Schadensersatz** behält der Gläubiger das mangelhafte Werk. Er kann in erster Linie als Schaden nur die wertmäßige Differenz zwischen dem Wert der mangelhaften Leistung und dem Wert der mangelfreien Leistung verlangen. Die erbrachte Leistung muss er behalten (z. B. das nicht passgenau hergestellte Möbelstück).
- Der **große Schadensersatz** (Schadensersatz statt der *ganzen* (!) Leistung) kann nur dann verlangt werden, wenn die Pflichtverletzung (= der Mangel) erheblich ist (§ 281 Abs. 1 Satz 3 BGB). Hier gibt der Gläubiger das Werk zurück und bekommt den Schaden ersetzt, der ihm infolge der Nichterbringung der gesamten Leistung entstanden ist, in der Regel Ersatz der Mehrkosten für die Beauftragung eines anderen Unternehmers.

10. Der generelle Schadensersatz wegen Pflichtverletzung (§ 280 Abs. 1 BGB) wird nach den allgemeinen Vorschriften der §§ 249 ff. BGB berechnet. Der Schaden besteht also in der wertmäßigen Differenz zwischen dem jetzigen Zustand gegenüber dem Zustand ohne Pflichtverletzung (= ohne Mangel). Beim Mangelfolgeschaden ist es nur der Wertersatz für die Folgeschäden an anderen Rechtsgütern, z. B. für Verletzungen oder Sachbeschädigungen aufgrund des Mangels.

11. Da die Verweisnorm des § 634 Nr. 4 BGB sowohl den Mangelschaden als auch den Mangelfolgeschaden abdeckt, und die Verjährung aller Mängelrechte des § 634 BGB sich nach § 634a BGB bestimmt, ist hinsichtlich der Verjährung zwischen Mangel und Mangelfolgeschaden nicht zu unterscheiden. Beide Ersatzansprüche verjähren in derselben Frist.

Einheit 3 F . FRAGEN

1. Bei § 634 Nr. 4 BGB handelt es sich um eine **Rechtsgrundverweisung**, da nicht nur auf die Rechtsfolgen der verwiesenen Vorschriften Bezug genommen wird, sondern auch auf deren Voraussetzungen: Über § 634 Nr. 4 BGB sind bei Schadensersatz beispielsweise auch die jeweiligen Tatbestandsmerkmale der §§ 280, 281, 283 und (oder) 311a BGB zu prüfen.

2. Neben dem Mangel nach § 633 BGB sind über 634 Nr. 4 BGB in erster Linie die Voraussetzungen des **§ 280 BGB** zu prüfen. Nach § 280 Abs. 1 Satz 1 BGB muss eine **Pflichtverletzung** vorliegen, die darin zu erblicken ist, dass die Leistung entgegen § 633 Abs. 1 BGB nicht frei von Sach- oder Rechtsmängeln erbracht wurde. Ferner muss die Pflichtverletzung vom Unternehmer **zu vertreten** sein, was nach § 280 Abs. 1 Satz 2 BGB vermutet wird.
Für den Schadensersatz statt der Leistung sind über **§ 280 Abs. 3 BGB** bei behebbaren Mängeln die zusätzlichen Voraussetzungen des § 281 BGB zu prüfen. Im Regelfall ist danach eine Fristsetzung zur Nacherfüllung (§ 635 BGB) erforderlich. Dem Unternehmer muss die Möglichkeit eingeräumt werden, den Mangel zu beseitigen, ehe der Besteller von seinen Rechten auf Schadensersatz oder Rücktritt Gebrauch machen kann. Ausnahmen bestehen nach §§ 281 Abs. 2, 636 BGB; hier ist eine Fristsetzung nicht erforderlich.
Auch im Fall einer Unmöglichkeit, d. h. bei nicht behebbaren Mängeln, ist nach §§ 283 oder 311a BGB eine Fristsetzung (weil sinnlos) nicht erforderlich.

3. § 280 Abs. 1 BGB enthält vier Voraussetzungen:
(1) **Schuldverhältnis** (hier: Werkvertrag)
(2) **Pflichtverletzung** (= die nicht mangelfreie Erbringung der Leistung)
(3) **Vertretenmüssen** (was nach § 280 Abs. 1 Satz 2 BGB vermutet wird)
(4) **Schaden** (bei Mangelschäden § 280 Abs. 3 BGB: Schadensersatz *statt der Leistung*).

4. Das wichtigste Tatbestandsmerkmal, das bei § 281 BGB (über § 280 Abs. 3 BGB) zu denen des § 280 Abs. 1 BGB hinzutritt, ist die **Fristsetzung zur Nacherfüllung**, die allerdings unter speziellen (§ 636 BGB) oder allgemeinen (§ 281 Abs. 2 BGB) Voraussetzungen entbehrlich sein kann.

5. Eine Nachfristsetzung ist hier nach § 281 Abs. 2 Satz 1 BGB entbehrlich, da der Unternehmer durch seine Erklärung eine Nacherfüllung ernsthaft und **endgültig verweigert** hat.

6. Da der Unternehmer nach seiner Einlassung jede Art der Nacherfüllung gemäß § 635 BGB verweigert (beide Arten der Nacherfüllung werden von ihm verweigert), liegt ein Fall des **§ 636 BGB** vor, der den Besteller berechtigt, auch ohne Fristsetzung sofort Schadensersatz statt der Leistung (§ 634 Nr. 4 i. V. m. § 281 BGB) zu verlangen. Der Besteller wird so gestellt, wie wenn ordnungsgemäß repariert worden wäre. Zum Schaden gehören daher eine Entschädigung für den Nutzungsausfall sowie Geldersatz für den Minderwert der Maschine bzw. gemäß § 634 Nr. 2 BGB im Wege des Selbstbeseitigungsrechts Ersatz für die Reparaturkosten durch einen Dritten.

7. Nach einem fehlgeschlagenen Nachbesserungsversuch seitens des Unternehmers kann der Besteller nach **§ 636 BGB** von den ihm gesetzlich eingeräumten Rechten (Schadensersatz, Rücktritt, Selbstvornahme, Minderung) auch ohne weitere Fristsetzung Gebrauch machen. Im Gegensatz zum Kaufvertrag (§ 440 Satz 2 BGB) braucht der Kunde beim Werkvertrag im Rahmen des § 636 BGB einen nochmaligen Nachbesserungsversuch nicht zu akzeptieren.

8. Im Rahmen der Vertragsautonomie können die Vertragsparteien grundsätzlich vereinbaren, dass Schadensersatzansprüche des Bestellers wegen Mängeln ausgeschlossen sind. Auf einen Haftungsausschluss kann sich der Unternehmer nach **§ 639 BGB** jedoch nicht berufen, wenn er den Mangel arglistig verschwiegen oder eine Garantie für die Beschaffenheit des Mangels übernommen hat.
In Allgemeinen Geschäftsbedingungen sind Freizeichnungsklauseln nach **§ 309 Nr. 7 BGB** schon dann unwirksam, wenn die Haftung auch für grobes Verschulden ausgeschlossen sein soll.

9. Durch die Benutzung der Waschmaschine hat der Besteller das Werk **konkludent abgenommen** (§ 640 Abs. 1 Satz 1 BGB). Da er den trotz Reparatur weiter bestehenden Mangel kannte, kann er nach § 640 Abs. 2 BGB die Rechte aus § 634 Nr. 1 bis 3 BGB (Nacherfüllung, Selbstvornahme, Rücktritt bzw. Minderung) **nur dann** geltend machen, wenn er sich seine Rechte **bei Abnahme** des mangelhaften Werkes **vorbehalten** hätte. Das hat der Besteller hier nicht getan. **Ihm verleibt** (bei zu vertretendem Mangel) allenfalls die Möglichkeit, **Schadensersatz** zu verlangen, da § 634 Nr. 4 BGB in § 640 Abs. 2 BGB nicht ausgeschlossen wird.

10. Der Besteller kann über § 634 Nr. 4 BGB und §§ 280,281 BGB sowohl den sogenannten kleinen Schadensersatz (*statt der Leistung*) als auch den großen Schadensersatz (*statt der ganzen Leistung*: § 281 Abs. 1 Satz 3 BGB) verlangen.
Beim **kleinen Schadensersatz** muss der Besteller das Werk behalten und wird vermögensmäßig so gestellt, wie wenn der Mangel noch behoben worden wäre (etwa die Kosten für die Umprogrammierung der Software).
Der große Schadensersatz kann nach § 281 Abs. 1 Satz 3 BGB nur verlangt werden, wenn die Pflichtverletzung (hier der Mangel) erheblich ist, was laut Sachverhalt gegeben ist. Hier gibt der Besteller das Werk zurück und wird vermögensmäßig so gestellt, wie wenn ihm von vornherein mangelfrei geliefert worden wäre. Beim großen Schadensersatz sind etwa die Mehrkosten für die anderweitige Erstellung einer neuen Software zu bezahlen.
Bei beiden Formen des Schadensersatzes ist nach § 280 Abs. 1 Satz 2 BGB erforderlich, dass der Unternehmer den Mangel zu vertreten hat. Nach dem Wortlaut der Norm wird das zugunsten des Bestellers vermutet. Die Beweislast trägt folglich der Unternehmer: Er muss beweisen, dass er den Mangel nicht zu vertreten hat.

Einheit 3 G . FRAGEN

1. Von Bedeutung ist der Unterschied für die Frage, ob dem Unternehmer eine **Frist zur Nacherfüllung** eingeräumt werden muss: Bei nicht behebbaren Mängeln entfällt die Fristsetzung (nach § 311a BGB bei von Anfang unbehebbaren Mängeln, nach § 283 BGB bei nachträglich auftretender Unmöglichkeit), während bei behebbaren Mängeln nach § 281 BGB zunächst grundsätzlich eine Frist zur Nacherfüllung gesetzt werden muss (Ausnahmen in § 281 Abs. 2 und § 635 Abs. 3 BGB).

2. Der Unterschied liegt in unterschiedlichen Kriterien der subjektiven Zurechnung. Bei von Anfang an nicht behebbaren Mängeln kommt es nach **§ 311a Abs. 2 Satz 2 BGB** auf die **Kenntnis oder fahrlässige Unkenntnis** des Leistungshindernisses an, während es bei nachträglich nicht behebbaren Mängeln nach § 280 Abs. 1 Satz 2 BGB auf ein allgemeines Vertretenmüssen i. S. v. § 276 BGB ankommt. Praktisch erheblich ist dieser Unterschied nicht, so dass beide Fälle der Unmöglichkeit so gut wie gleich behandelt werden und zum Schadensersatz statt der Leistung führen.

3. Der große Schadensersatz wird im Gesetz (§ 281 Abs. 1 Satz 3 BGB) als Schadensersatz „*statt der* **ganzen** *Leistung*" bezeichnet. Im Gegensatz zum normalen Schadensersatz *statt der Leistung* wird **der gesamte Vertrag nicht mehr durchgeführt**. Es muss dann aber ein **erheblicher Mangel** vorliegen.

4. Die Mankoherstellung (Herstellung einer zu geringen Menge) wird im Gesetz dem Sachmangel gleichgestellt (§ 633 Abs. 2 Satz 3 BGB) und begründet damit die gleichen Rechte für den Besteller wie bei einem mangelhaften Werk.

5. Bei Teilleistungen i. S. v. **§ 281 Abs. 1 Satz 2 BGB** kommt es darauf an, ob der Gläubiger (Besteller) an der Teilleistung noch ein **Interesse** hat. Besteht ein solches Interesse infolge der nur teilweisen Leistung nicht mehr, kann der Hersteller Schadensersatz statt der *ganzen* Leistung verlangen (großer Schadensersatz). Ist die Teilleistung für den Gläubiger noch von Interesse, dann ist sein Anspruch auf den kleinen Schadensersatzanspruch begrenzt. Er muss dann die unvollständige Leistung behalten und erhält Schadensersatz in Geld nur für den geminderten Wert der Teilleistung.
Für den Fall, dass der fehlende Teil der Leistung nicht mehr erbracht werden kann, ergibt sich der Anspruch aus § 283 BGB. Nach Satz 2 findet hier § 281 Abs. 1 Satz 2 BGB entsprechende Anwendung, so dass letztlich das Ergebnis gleich ist. Der Unterschied besteht nur darin, dass im Gegensatz zu einer noch möglichen vollen Herstellung eine Frist nicht gesetzt zu werden braucht.

6. Ein Schadensersatzanspruch könnte sich aus §§ 634 Nr. 4, 280, 283 BGB ergeben.
(1) Zwischen den Parteien besteht ein **Werkvertrag**, also ein Schuldverhältnis i. S. v. § 280 Abs. 1 BGB.
(2) Die Leistung des Schreiners ist **mangelhaft**: Die zu geringe Menge steht nach 633 Abs. 2 Satz 3 BGB einem Sachmangel gleich.
(3) Der Schuldner (Unternehmer) hat eine **Pflicht verletzt**. Er hätte dem Besteller gemäß § 633 Abs. 1 BGB das Werk mangelfrei (also auch in der vereinbarten Menge: § 633 Abs. 2 Satz 3 BGB) verschaffen müssen
(4) Das **Vertretenmüssen** des Verkäufers im Sinne von § 276 BGB wird mangels anderer Angaben im Sachverhalt nach § 280 Abs. 1 Satz 2 BGB vermutet.
(5) Da sich der **Schaden** auf den Leistungsgegenstand bezieht, handelt es sich um Schadensersatz **statt der Leistung**, so dass nach § 280 Abs. 3 BGB die zusätzlichen Voraussetzungen der §§ 281, 282 oder 283 BGB zu prüfen sind.
(6) Bedingt durch die Tatsache, dass es nun dem Schreiner nicht mehr möglich ist, die restlichen drei Fenster herzustellen, wird er wegen subjektiver Unmöglichkeit von seiner Leistung frei (§ 275 Abs. 1 BGB), so dass sich der Anspruch aus **§ 283 BGB** ergibt. Nach Satz 2 sind im Fall einer Teilunmöglichkeit die Regeln des § 281 Abs. 1 Satz 2 BGB entsprechend anzuwenden. Danach könnte der Bauherr die bereits erhaltenen neun Fenster dann zurückgeben und Schadensersatz statt der ganzen Leistung verlangen, wenn die neun Fenster für ihn nicht mehr von Interesse sind. Das wird man hier annehmen können: Es handelte sich um Spezialanfertigungen, bei denen es aus ästhetischen Gründen darauf ankommt, dass alle Fenster gleich sind.
Im Ergebnis könnte der Bauherr also einen anderen Schreiner mit der Herstellung der erforderlichen zwölf Fenster beauftragen und dafür eventuell anfallende Mehrkosten gegenüber der Vergütung des ersten Schreiners von diesem als Schadensersatz verlangen.

Einheit 3 . FÄLLE

Ausgangsfall:
Firma Ulrich (U) erhält von der Stadthallen-GmbH den Auftrag zu Renovierungsmaßnahmen: Verputzen, Verlegen von Teppichfußböden, Tapezieren, Streichen.
(Hinweis: Wenn die Stadt Vertragspartner wäre, müsste die VOB zugrunde gelegt werden. Es sollen hier aber nur die §§ 631 ff. BGB zur Anwendung kommen)
Fall 1
U sollte am 01.03. mit den Arbeiten beginnen. Als am 15.03. immer noch niemand erscheint, „kündigt" die GmbH kurzerhand den Vertrag. U hält das für ungerechtfertigt, da ihn an der Verzögerung kein Verschulden treffe (schlechtes Wetter, Autounfall, kranke Arbeiter). Ist die Kündigung trotzdem wirksam?

Lösung
Eine Kündigung wäre nach § 649 BGB ohne weitere Voraussetzungen möglich. Doch brächte das eine **Vergütungs**pflicht der GmbH mit sich, was wohl nicht gewollt war. Die „Kündigung" müsste also im Wege der Au**slegun**g (§§ 133, 157 BGB) als R**ücktr**itt (§§ 346 ff. BGB) gedeutet werden, wenn sich dafür eine Möglichkeit ergäbe. Ein Rücktritt wäre denkbar nach § **323** Abs. 1 BGB .
(1) Es besteht ein **gegenseitiger** Vertrag.
(2) Die Firma U hat trotz **Fälligkeit** ihre Leistung nicht erbracht. Auf ein Ver**schul**den (§§ 276, 278 BGB) kommt es nicht an. Der Rücktritt nach § 323 BGB ist verschuldensunabhängig.
(3) Nach 323 Abs. 1 BGB wäre eine Fri**stsetzu**ng erforderlich. Ein Ausnahmefall des § 323 Abs. **2** BGB oder des § **326** Abs. 5 BGB liegt nicht vor.
Ergebnis: Ein Rücktrittsrecht bestünde (noch) nicht. Erst nach erfolglosem Fristablauf hätte die GmbH vom Vertrag zurücktreten können. Die GmbH muss also damit rechnen, dass sie an ihrer **„Kündigung"** gemäß § **649** BGB festgehalten wird mit der Folge, dass sie zur Zahlung des Werklohns verpflichtet ist. U muss sich nur ersparte Aufwendungen (z.B. Materialkosten) und anderweitige

Verdienstmöglichkeiten anrechnen lassen (§ **649** Satz **2** BGB).

Fall 2
Bei Auswahl des Teppichbodens verlangt die GmbH eine besonders dekorative Ware, um das unansehnliche Treppenhaus optisch aufzuwerten. U rät zu einem bestimmten Material, das großartig zum Ambiente passt und als solches auch einwandfrei ist, das aber unter Fachleuten als besonders trittempfindlich gilt. Der Teppich verschleißt bereits nach einem Jahr. Die GmbH verlangt Verlegung eines neuen, besser geeigneten Teppichbodens. Zu Recht?

Lösung
1. Der Anspruch könnte sich als Nach**erfüllungs**anspruch aus § **634** Nr. **1** i.V.m. § **635** BGB ergeben.
Das Werk müsste mangelhaft sein. In Frage käme ein Fehlen der vereinbarten **Beschaffen**heit i.S.v. § **633** Abs. 2 Satz **1** Nr. **1** BGB. Daran fehlt es aber, weil der Teppichboden als solcher in Ordnung ist und den Vorgaben der GmbH (optischer Blickfang) entspricht. Der Teppich hat also die vertraglich **vereinbarte** Beschaffenheit. Ein Mangel liegt nicht vor.
2. Der Anspruch könnte als **Schadensersatz**anspruch anzusehen sein und sich aus § **280** Abs. 1 BGB ergeben.
(1) Zwischen der GmbH und Fa. U besteht ein Werkvertrag, also ein **Schuldverhältnis**.
(2) U müsste eine **Pflicht verletzt** haben. Nach § **241** Abs. **2** BGB ergibt sich für einen Werkunternehmer als Experten über die fehlerfreie Herstellung hinaus die N**ebenpfl**icht zu fachmännischer **Beratung**. Diese Pflicht hat U verletzt, indem er dem Kunden den Teppichboden empfahl, ohne auf die Nachteile aufmerksam zu machen.
(3) Die Pflichtverletzung hat U nach § 280 Abs. 1 Satz **2** BGB zu **vertreten**. Er hat **fahr**lässig (§ **276** Abs. 2 BGB) gehandelt: Von ihm als Fachmann muss man erwarten, dass er seine Kunden auch auf Nachteile der von ihnen gewünschten Lösungen hinweist. U hätte also nur verschleißfestes Material empfehlen dürfen oder zumindest auf die Empfindlichkeit des gewählten Bodens aufmerksam machen müssen.
(4) Da der Schaden weder ein **Verzögerungs**schaden ist noch als Schadensersatz statt der Leistung angesehen werden kann, sind zusätzliche Voraussetzungen (§ **280** Abs. 2 oder 3 BGB) nicht zu prüfen. Es handelt sich um einen **allgemeinen Schadensersatz** (§ 280 BGB: **wegen Pflichtverletzung**, d.h. *„neben“* der Leistung), der sich nach §§ **249** ff. BGB bemisst.
Problematisch ist hier die Berechnung des Schadensumfangs: Der Schaden der GmbH liegt nicht im Materialwert, sondern nur darin, dass sie vorzeitig Kapital für die Verlegung eines neuen Teppichbodens aufbringen muss. Daneben wäre an ein Mitverschulden der GmbH zu denken (§ **254** Abs. 1 BGB). Der Geschäftsführer hätte vielleicht von sich aus erkennen und darauf hinweisen müssen, dass der Teppichboden nicht übermäßig empfindlich sein dürfe. Im Ergebnis wird die GmbH also nur eine verhältnismäßig geringe Summe verlangen können. Keinesfalls hat sie Anspruch auf kostenlose Verlegung eines neuen Teppichbodens.

Fall 3
U hat den ersten Stock fertig gestrichen und verlangt dafür den Werklohn zum üblichen Quadratmeterpreis. Mit Recht?

Lösung
Einem Anspruch aus § 631 Abs. 1 BGB steht entgegen, dass ein Werklohn nicht **vereinbart** worden war. Nach § **632** Abs. 1 BGB gilt jedoch im vorliegenden Fall eine Vergütung als vereinbart; denn Handwerker erbringen ja ihre Leistungen nicht unentgeltlich.
Die Höhe des Anspruchs ergibt sich aus § **632** Abs. **2** BGB. Da eine taxmäßige Vergütung bei Handwerkern nicht besteht (wie z.B. bei Architekten und Ingenieuren: HOAI), schuldet der Besteller die **übliche** Vergütung.
Der Anspruch des U wäre nach § **641** Abs. 1 Satz 1 BGB bei **Abnahme** fällig. Nach § 640 Abs. 1 BGB ist der Besteller nur zur Abnahme des *„vertragsmäßig hergestellten“* Werkes verpflichtet, d.h. des gesamten Werkes. Eine Teilabnahme und somit eine Teilvergütung kann nur verlangt werden, wenn sie **vereinbart** war (§ **641** Abs. 1 Satz 2 BGB). Ein fälliger Anspruch auf Teilvergütung gemäß § 631 Abs. 1 BGB besteht daher noch nicht.
Hier ist aber der Spezialfall des § **632a** BGB zu beachten: Auch ohne Teilabnahme hat der Unternehmer Anspruch auf **Abschlags**zahlungen, wenn -wie hier- in sich abge**schlossene** Teile des Werkes fertiggestellt sind.

Fall 4
Das Erdgeschoss wird gleich zu Beginn der Arbeiten nach sintflutartigen Regenfällen durch Überschwemmung für mehrere Tage unter Wasser gesetzt, was zu Dauerschäden führt. Die Renovierung muss unterbleiben. U verlangt den vollen Werklohn laut Kostenvoranschlag. Mit Recht?

Lösung

Durch den Werkvertrag ist ein Anspruch aus § **631** Abs. 1 BGB entstanden (vereinbarter Werklohn: laut Kostenvoranschlag).

Da wegen der Überschwemmung die Fertigstellung unmöglich geworden ist, hätte U nach § **326** Abs. 1 BGB seinen Werklohnanspruch eigentlich verloren (Der Werkvertrag ist ein ge**genseit**iger Vertrag. Die Leistung des Unternehmers ist **unmöglich** geworden. Ein Ausnahmefall des § 326 Abs. 2 BGB liegt nicht vor.

Aus der Spezialvorschrift des § **644** BGB ergibt sich kein anderes Ergebnis, da das Werk ja noch nicht abgenommen wurde. Doch sieht § **645** Abs. 1 BGB einen **Teil**vergütungsanspruch vor, wenn das Werk des Unternehmers un**ausführ**bar geworden ist.

Die Unausführbarkeit muss ihre Ursache in einem Mangel des vom **Besteller** gelieferten **Stoffes** haben. Auf ein **Verschulden** kommt es dabei nicht an, vgl. § 645 Abs. 2 BGB. Sinn dieser Regelung ist es, dem Besteller einen Teil des Risikos aufzubürden, weil ja die Ursache (Überschwemmung) mehr in seiner Sphäre liegt als beim Unternehmer. Vom Sinn und Zweck der Norm her ist nach §§ 133, 157 BGB im vorliegenden Fall das **Gebäude** als der *„vom Besteller gelieferte* **Stoff**" anzusehen.

U erhält also eine Vergütung für die bisher geleistete Arbeit (Renovierung des 1. Stocks).

Würde die Unausführbarkeit auf einem **Verschulden** des Bestellers (=Gläubiger) beruhen, so könnte der Unternehmer über § 645 Abs. **2** BGB nach § **326** Abs. 2 BGB die volle Vergütung verlangen, also einschließlich des unausführbar gewordenen Teils.

Fall 5

Die GmbH wollte die Farben von sich aus beschaffen. Als die Leute der Firma U am vereinbarten Tag anrücken, ist das Material noch nicht da. Was kann Firma U tun?

Lösung

Die unterlassene Materialbeschaffung seitens der GmbH führt gemäß § **642** BGB i. V. m. §§ 293 ff. BGB zum An**nahmever**zug. Firma U kann

1. gemäß § 642 Abs. **1** BGB eine angemessene **Entschädigung** verlangen. Deren Höhe bemisst sich nach § 642 Abs. **2** BGB. Im Unterschied zu § **304** BGB müssen die Mehraufwendungen nicht genau nachgewiesen werden.
2. der GmbH gemäß § **643** BGB zur Beschaffung des Materials eine angemessene Frist setzen und gleichzeitig die **Kündigung** androhen. Bei fruchtlosem Fristablauf gilt der Vertrag automatisch als **aufgehoben**. Einer besonderen Kündigungserklärung bedarf es also nicht mehr.

Fall 6

Beim Einräumen entdecken die Arbeiter der GmbH dunkle Flecken an der Wand. Der Geschäftsführer unternimmt einstweilen noch nichts im Vertrauen darauf, dass man ja später noch Nachbesserung verlangen könne. Warum ist diese Ansicht bedenklich?

Lösung

Das Einräumen ist eine kon**kludente** Abnahme (= körperliche Ent**gegen**nahme, verbunden mit Willenserklärung: Anerkennung als **vertrags**gemäß). Die GmbH hätte sich sofort, d. h. *„bei"* Abnahme (vgl. § **640** Abs. 2 BGB), ihre Rechte vorbehalten müssen.

Fall 7

Die dunklen Flecken treten erst nach vier Wochen auf. Kann die GmbH kurzerhand einen anderen Handwerker mit der Mängelbeseitigung beauftragen? Welches Vorgehen würden Sie empfehlen?

Lösung

Nach § **634** Nr. **2** BGB kann die GmbH gemäß § **437** BGB den Mangel selbst beseitigen und Ersatz der erforderlichen Au**fwendun**gen verlangen. Voraussetzung für ein solches Selbst**beseitigungs**recht ist nach § 437 Abs. 1 BGB der Ablauf einer vom Besteller gesetzten an**gemesse**nen Frist. Die GmbH müsste also auf jeden Fall zuerst einmal eine solche Frist setzen, um dem Unternehmer Gelegenheit zur Na**cherfü**llung zu geben („Recht der ersten Andienung"). Nach ergebnislosem Fristablauf könnte sie einen anderen Handwerker mit der Behebung der Mängel auf Kosten des Unternehmers beauftragen. Ein Ver**schuld**en des Unternehmers (wie beispielsweise beim Verzug, vgl. § **286** Abs. 4 BGB) wäre hier nicht erforderlich.

Ratsam ist die Beauftragung eines anderen Unternehmers aber nur bei leicht zu beseitigenden Mängeln. Bei komplizierteren Arbeiten besteht die Gefahr, dass der neue Handwerker seinerseits Mängel verursacht (Er hat ja das ursprüngliche Werk nicht hergestellt, kennt sich also nicht so gut aus), wodurch die **Beweis**lage erheblich erschwert werden würde. Abgesehen davon trägt der Besteller als Vertragspartner beider Unternehmer das volle **Kosten**risiko.

Besser ist es, nach Fristablauf entweder zu **mindern** (§ 634 Nr. 3 BGB) oder (bei Verschulden des Unternehmers) **Schadensersatz** statt der Leistung nach § **634** Nr. **4** i. V. m. § **281** BGB zu verlangen.

Dann ist nach § **281** Abs. **4** BGB der Leistungsanspruch gegen den alten Unternehmer erloschen und mit dem als Schadensersatz erhaltenen Geld kann der Besteller einen anderen Handwerker beauftragen.

Fall 8
Firma U lehnt schon bei der Abnahme jede Verantwortung für die Flecken an der Wand ab und weigert sich, irgendetwas zu unternehmen. Welche Rechte hat die GmbH?

Lösung
Der Unternehmer hat nur in den Fällen des § **635** Abs. 3 BGB ein Recht, die Nachbesserung zu verweigern. Ein solcher Fall ist hier nicht ersichtlich.
Bei unbegründeter Weigerung des Unternehmers entfällt die ansonsten für die Gewährleistungsrechte erforderliche **Fri**stse**tzung** (bei Rücktritt: § **323** Abs. **2** BGB, bei Schadensersatz § **281** Abs. 2 BGB, sowie generell in den Fällen des § **636** BGB, hauptsächlich dann, wenn die Nacherfüllung dem Besteller un**zumut**bar ist).
Die GmbH könnte hier wegen der unbegründeten, endgültigen Weigerung der Firma U sofort zurücktreten (§ **323** Abs. 2 Nr. 1 BGB) bzw. mindern (§ **638** BGB) oder Schadensersatz statt der Leistung verlangen (§ **281** Abs. 2 BGB).

Fall 9
Drei Jahre nach der Renovierung lösen sich die Platten des Fußbodenbelags, weil ein falscher Klebstoff verwendet wurde. Firma U beruft sich auf Verjährung. Zu Recht?

Lösung
Es kommt nach § **634a** Abs. 1 BGB darauf an, ob es sich um ein **„Bauwerk“** handelt (Nr. 2). Hier beträgt die Verjährungsfrist **fünf** Jahre gegenüber **zwei** Jahren im Fall von Nr. 1 oder der **drei**jährigen Regelfrist in den sonstigen Fällen (§ 634a Abs. **2** Nr. 3 i.V.m. §§ **195**, **199** BGB).
Unter einem Bauwerk versteht man Arbeiten, die ge**bäudebe**zogen sind, eine feste **Verbindung** mit Grund und Boden mit sich bringen und von we**sentl**icher Bedeutung sind. Das wird man im vorliegenden Fall annehmen können. Der Grund liegt letzten Endes in der typischen Späterkennbarkeit von Schäden dieser Art.
Gewährleistungsansprüche sind also noch nicht verjährt. Die Frist beträgt **fünf** Jahre und beginnt nach § **634a** Abs. 2 BGB mit der **Abnahme**.

Einheit 4 A . FRAGEN

1. Seit 2003 hat die VOB (früher: „Verdingungsordnung für Bauleistungen“) einen neuen Namen. Sie heißt jetzt **„Vergabe- und Vertragsordnung für Bauleistungen“**.

2. Die VOB ist weder ein Gesetz noch eine Rechtsverordnung. Sie ist überhaupt kein Gesetz im materiellen Sinn (vgl. dazu Art. 2 EGBGB), sondern eine Gesamtregelung im Sinne Allgemeiner Geschäftsbedingungen für das Zustandekommen und den Inhalt von Bauverträgen der öffentlichen Hand.

3. Nein. Die VOB gilt nur für *„Bauleistungen“*. Die Leistungen eines Architekten fallen nicht darunter. Möglich wäre allenfalls, einzelne VOB-Regelungen auch in Architektenverträge zu übernehmen. Einschlägig ist vielmehr die Vergabeordnung für freiberufliche Leistungen (VOF), die die die Bekanntmachung und Vergabe von freiberuflichen Leistungen durch öffentliche Auftraggeber regelt. Sie ergänzt die Vergabeverordnung und ist in ihrem Bereich das Gegenstück zur Vergabe- und Vertragsordnung für Bauleistungen (VOB) und der Verdingungsordnung für Leistungen (VOL)

4. Nach den einschlägigen haushaltsrechtlichen Vorschriften sind die Träger der öffentlichen Verwaltung verpflichtet, ihren Bauverträgen die VOB zugrunde zu legen. Oberhalb des sog. Schwellenwerts gelten die §§ 97 GWB, VgV sowie die Vergabeordnungen, unterhalb werden die Bestimmungen der Vergabeordnungen aufgrund der BHO bzw. der LHOen und GemHVO herangezogen.

5. Hier ist zu unterscheiden, ob es sich um Verträge zwischen Unternehmern oder mit Verbrauchern handelt.
Bei **Unternehmern** geht die Rechtsprechung von einer **Privilegierung der VOB/B** aus, d.h. bei Vereinbarung der VOB/B werden die einzelnen VOB-Bestimmungen keiner Inhaltskontrolle nach §§ 307 ff. BGB unterzogen. Da die VOB von einem besonderen Ausschuss mit Vertretern verschiedener Fachverbände ausgearbeitet wurde, kann davon ausgegangen werden, dass die VOB/B ausgewogene Regelungen ohne unangemessene Benachteiligung einer Seite enthält.
Gegenüber **Verbrauchern**, die in aller Regel geschäftlich nicht erfahren und daher besonders schutzbedürftig sind, kann von einer solchen Vermutung nicht ausgegangen werden. Wird also die VOB/B in Verträgen mit privaten Bauherrn vereinbart, so unterliegen diese Regelungen der **Inhaltskontrolle der §§ 307 ff. BGB**. Es kann also bei

entsprechender Interessenlage sein, dass VOB-Klauseln im Einzelfall eine unangemessene Benachteiligung darstellen und deshalb unwirksam sind.

6. In Teil A der VOB werden Regeln für das Zustandekommen eines Vertrages über Bauleistungen aufgestellt, an die sich die öffentliche Hand bei der Ausschreibung bindet.

7. Der Zuschlag ist nach § 16 Abs. 6 Nr. 3 Satz 2 VOB/A dem Anbieter mit dem wirtschaftlichsten Angebot zu erteilen und ihm nach § 18 VOB/A möglichst bald zuzusenden, jedenfalls so, dass die Mitteilung dem Bieter vor Ablauf der Zuschlagsfrist zugeht. Ist dies geschehen, so ist es zum Abschluss eines Bauvertrages gekommen. Der Zuschlag bedeutet zivilrechtlich also die Annahme des Angebots, das der Bieter mit seinem Gebot unterbreitet hat. Der Zuschlag ist somit keine hoheitliche Maßnahme, etwa im Sinne eines Verwaltungsaktes.

8. Die Regelungen der VOB/B sind vertragliche **Sonderregelungen** gegenüber dem Werkvertragsrecht des BGB **im Sinne Allgemeiner Geschäftsbedingungen**, die das BGB-Recht teils ergänzen, teils von ihm abweichen.
Die VOB/B ist nach bereits in das Angebot des Bieters zwingend einbezogen: Das Angebot des Bieters nimmt Bezug auf die Vergabeunterlagen, in denen die Geltung der VOB/B vorgeschrieben ist (§ 8 Abs. 3 VOB/B) und von denen das Angebot nicht abweichen darf („§ 13 Abs. 1 Nr. 6 VOB/A).

9. In der VOB/B sind die Vertragsbedingungen für die Abwicklung von Verträgen über Bauleistungen geregelt. Im Vordergrund stehen dabei Regelungen über

- **Abnahme** (§ 12 VOB/B)
- **Mängelhaftung** (§ 4 Abs. 7, § 13 VOB/B)
- **Fristen** (§§ 5, 6 VOB/B)
- **Zahlung** (§ 16 VOB/B)

10. Die VOB/C enthält technische Vorschriften, die rechtlich vor allem für die Auslegung von Bedeutung sind. Die VOB/C wird über § 1 Abs. 1 Satz 2 VOB/B in den Vertrag mit einbezogen.

Einheit 4 B . FRAGEN

1. Die Abnahme kann in drei Formen erfolgen:
Tatsächliche Abnahme: § 12 Abs. 1, 2 VOB/B
Förmliche Abnahme: § 12 Abs. 4 VOB/B
Fiktive Abnahme: § 12 Abs. 5 VOB/B

2. Der Regelung des § 640 BGB entspricht die tatsächliche Abnahme gemäß § 12 Abs. 1 VOB/B. Abnahme bedeutet **körperliche Entgegennahme**, verbunden mit der **Anerkennung** als im wesentlichen **vertragsgemäß**, soweit erkennbar.

3. Die förmliche Abnahme, die nach § 12 Abs. 4 Nr. 1 VOB/B jede Partei verlangen kann, ist dadurch gekennzeichnet, dass das Bauwerk von den Parteien (ggf. zusammen mit Sachverständigen) *„in gemeinsamer Verhandlung“* begutachtet wird. Über das Ergebnis wird eine Niederschrift gefertigt, die vor allem eine Mängelliste enthält (Mängel, deren Beseitigung sich der Auftraggeber vorbehalten hat).

4. Fiktive Abnahme bedeutet, dass ein konkreter Abnahmetatbestand im Sinne einer körperlichen Entgegennahme nicht vorliegt, aufgrund anderer Merkmale aber die Rechtswirkungen einer Abnahme wie bei § 640 BGB bestimmt werden.

5. Nach **§ 12 Abs. 3 VOB/B** kann die Abnahme wegen wesentlicher Mängel bis zur Beseitigung verweigert werden. Um den Eintritt der fiktiven Abnahme nach Ablauf der entsprechenden Frist in § 12 Abs. 5 Nr. 1 bzw. 2 VOB/B zu verhindern, muss der Auftraggeber seine Vorbehalte vor Ablauf dieser Frist geltend machen (§ 12 Abs. 5 Nr. 3 VOB/B).

6. Gemäß **§ 12 Abs. 5 Nr. 1 VOB/B** tritt **zwölf Werktage** nachdem der Bauunternehmer dem Auftraggeber die Fertigstellung schriftlich mitgeteilt hat die fiktive Abnahme ein, wobei **auch der Samstag** als Werktag gerechnet wird (vgl. § 11 Abs. 3 VOB/B).

7. Nach § 12 Abs. 5 Nr. 1 VOB/B gilt das Werk **12 Werktage nach Mitteilung über die Fertigstellung** als abgenommen. Der Samstag wird mitgezählt, er gilt als Werktag, wie sich aus § 11 Abs. 3 VOB/B ergibt.
Nach § 187 Abs. 1 BGB wird der erste Tag nicht mitgezählt: Der Zugang der Mitteilung ist ein Ereignis. Die Frist beginnt also am nächsten Werktag, d. h. am Montag, dem 14., und endet am Samstag, 26. Juli. § 193 BGB ist hier nicht anwendbar, da es sich bei den Werktagsfristen der VOB um Spezialregelungen handelt. Wie sich aus § 11 Abs. 3 VOB/B ergibt, zählt hier auch der Samstag als Werktag.

8. Der Auftraggeber kann eine fiktive Abnahme nach § 12 Abs. 5 Nr. 2 VOB/B dadurch bewirken, dass er das Bauwerk in Benutzung nimmt: Das Bauwerk gilt dann **sechs Werktage nach Inbenutzungnahme** als abgenommen.

9. Nach § 12 Abs. 5 Nr. 3 VOB/B muss der Auftraggeber nach § 640 Abs. 2 BGB innerhalb der sechs Werktage Vorbehalte wegen bekannter Mängel erklären; sonst verliert er seine Mängelhaftungsansprüche.
Eine fiktive Abnahme könnte er dadurch verhindern, dass er nach § 12 Abs. 4 VOB/B eine **förmliche Abnahme verlangt**.

Einheit 4 C . FRAGEN

1. Die VOB/B enthält unterschiedliche Regelungen für die Mängelhaftung vor und nach der Abnahme. Auch hier führt die Abnahme zum Gefahrübergang (§ 12 Abs. 6 VOB/B). Ebenso beginnt mit der Abnahme die Verjährungsfrist (§ 13 Abs. 4 Nr. 3 VOB/B).

2. In erster Linie geht es auch nach der VOB um Nacherfüllung (**Mängelbeseitigung**), vgl. § 4 Abs. 7 Satz 1 VOB/B für die Zeit vor Abnahme und § 13 Abs. 5 Nr 1 VOB/B für die Zeit danach.

3. Ja, nach **§ 4 Abs. 7 Satz 2 VOB/B** immer dann, wenn ein Mangel schuldhaft herbeigeführt wurde. Dieser Schadensersatz umfasst alle Schäden, auch Mangelfolgeschäden. Der Auftragnehmer wird also in diesem Punkt von der VOB stärker in die Pflicht genommen als nach dem Werkvertragsrecht des BGB.

4. Er kann nach § 4 Abs. 7 Nr. 3 VOB/B eine Frist setzen und die **Kündigung androhen**. Bei fruchtlosem Fristablauf kann er nach § 8 Abs. 3 Nr. 1 VOB/B den Vertrag kündigen, d.h. dem Unternehmer den Auftrag entziehen. Nach § 8 Abs. 3 Nr. 2 VOB/B hat er danach das Recht, das Werk auf Kosten des Auftragnehmers durch einen Dritten ausführen zu lassen oder -bei Interessenwegfall-Schadensersatz statt der Leistung zu verlangen (§ 8 Abs. 3 Nr. 2 Satz 2 VOB/B).

5. Nach § 13 Abs. 5 Nr. 2 VOB/B kann er dem Auftragnehmer eine Frist setzen und bei deren fruchtlosem Ablauf die **Mängel auf Kosten des Auftragnehmers beseitigen** lassen.

6. In diesem Fall hat der Auftraggeber nach § 13 Abs. 6 VOB/B einen Anspruch auf **Minderung** der Vergütung.

7. Nach Abnahme kann der Auftraggeber Schadensersatz grundsätzlich **nur bei verschuldeten wesentlichen Mängeln** verlangen, § 13 Abs. 7 VOB/B. Im Einzelnen hängt der Anspruch davon ab, um welche Schadensart es sich handelt (z.B. Personenschäden, Sachschäden als Folge des Mangels oder Schäden an der baulichen Anlage) und welcher Grad des Verschuldens vorliegt. In § 13 Abs. 7 Nr. 3 Satz 2 VOB/B werden zusätzliche Kriterien aufgestellt.

8. Es handelt sich um **Folgeschäden** eines Mangels, die als Sachschäden unter § 13 Abs. 7 Nr. 2 fallen. Hier wird **Vorsatz oder grobe Fahrlässigkeit** verlangt.

9. Mit der Abnahme beginnt die **Verjährungsfrist** für Mängelhaftungsrechte zu laufen. Die Fristen sind in der VOB kurz, vor allem **für Bauwerke**: Gegenüber der 5-Jahresfrist des § 638 BGB beträgt sie nach § 13 Abs. 4 VOB/B **nur vier Jahre**.

10. Nein. Nach **§ 13 Abs. 5 Nr. 1 Satz 2 VOB/B** hat bereits die **schriftliche Mängelrüge** Unterbrechungswirkung: Vom Zugang der Mängelrüge an beginnt eine **neue Regelfrist** nach § 13 Abs. 4 VOB/B.

Einheit 5 A . FRAGEN

1. Die Schriftform des **§ 550 Satz 1 BGB** gilt nur für Mietverträge über Grundstücke und Räume **auf bestimmte Zeit**, und zwar auf **länger als ein Jahr**. Solche **Zeitmietverträge** sind aber bei Wohnraum gemäß **§ 575 Abs. 1 BGB** nicht ohne weiteres, sondern **nur unter besonderen Voraussetzungen** zulässig.
Mietverträge, die der Kündigung bedürfen, also solche, die auf unbestimmte Zeit geschlossen sind (vgl. § 542 Abs. 1 BGB), bedürfen keiner Form. Auf die tatsächliche oder beabsichtigte Mietdauer kommt es nicht an.

2. Der Anspruch aus § 985 BGB besteht gemäß **§ 986 BGB** nur gegenüber dem nichtberechtigten Besitzer. Das Recht des Mieters könnte sich aus dem Mietvertrag ergeben. Zu prüfen ist, ob dieser Vertrag wegen Formmangels unwirksam ist.
Nur mündlich abgeschlossene Mietverträge über längere Zeit als ein Jahr verstoßen zwar gegen die Formvorschrift des § 550 BGB, sind aber nicht nach § 125 Satz 1 BGB nichtig, sondern gelten gemäß **§ 550 Satz 1 BGB** lediglich als für unbestimmte Zeit geschlossen, müssen also gekündigt werden. Dies gilt nicht nur für Wohnraum, sondern gemäß § 578 Abs. 1 und 2 BGB auch für andere Räume, wie z.B. eine Garage. Eine Kündigung des Mietvertrags ist frühestens zum Ablauf des ersten Jahres nach Überlassung der Garage zulässig (§ 550 Satz 2 BGB). Der Mieter hat daher zumindest ein Jahr lang aus dem Mietvertrag ein Recht

zum Besitz. Ein Räumungsanspruch aus § 985 BGB ist nicht gegeben.

3. Die Hauptleistungspflicht des Vermieters ist es, dem Mieter den **Gebrauch** der Mietsache während der Mietzeit zu **„gewähren“** (§ 535 Abs. 1 Satz 1 BGB). Dazu gehört nach § 535 Abs. 1 Satz 2 BGB, die Mietsache dem Mieter in einem zum vertragsgemäßen Gebrauch geeigneten Zustand zu überlassen und sie während der Mietzeit auch in diesem Zustand zu **„erhalten“**. Zur Hauptpflicht des Vermieters gehört nach dem Gesetz also auch die Pflicht zur Beseitigung von Mängeln sowie die Durchführung sogenannter **Schönheitsreparaturen** (die aber in der Praxis üblicherweise auf den Mieter abgewälzt werden).

4. Der Vermieter hat nach § 535 Abs. 1 Satz 2 BGB grundsätzlich die Pflicht zur **Mängelbeseitigung**. Daneben kann sich der Mieter nach § 536 BGB für die Zeit der Nichtgebrauchsfähigkeit auf **Minderung** (Herabsetzung der Miete) berufen.
Unter den Voraussetzungen des § 536a BGB kann der Mieter ferner (ergänzend zu Mängelbeseitigung und Minderung) **Schadensersatz** (Absatz 1) bzw. Aufwendungsersatz für die Selbstbeseitigung (Absatz 2) verlangen.
Bei Nichtgewährung des vertragsgemäßen (= mangelfreien) Gebrauchs könnte der Mieter nach § 543 Abs. 1 i. V. m. Abs. 2 Satz 1 Nr. 1 BGB auch fristlos **kündigen**.

5. Der Mieter hat aus § 535 Satz 1 BGB ein Recht zum Gebrauch. Eine Gebrauchspflicht hat er nicht, ihn trifft aber die Nebenpflicht, die Mietsache nur vertragsgemäß zu gebrauchen (er darf z. B. keine baulichen Änderungen vornehmen).
Nach Beendigung des Mietverhältnisses ist der Mieter gem. **§ 546 Abs. 1 BGB** verpflichtet, die Mietsache zurückzugeben. Auch dies ist nur eine **Nebenpflicht**, weil der Vermieter dem Mieter den Gebrauch der Mietsache ja nicht deshalb überlässt, damit er sie wiederbekommt. Es fehlt also am notwendigen Synallagma von Leistung und Gegenleistung.

6. Der Vermieter kann nach einer **Abmahnung** auf **Unterlassung** klagen (§ 541 BGB) oder bei erheblicher Verletzung der Rechte des Vermieters **fristlos kündigen** (§ 543 Abs. 2 Satz 1 Nr. 2 BGB), auch hier in der Regel erst nach erfolgloser Abmahnung, vgl. § 543 Abs. 3 BGB.

7. Die Abmahnung (i. S. v. §§ 541, 543 Abs. 3 BGB) ist die **Aufforderung** des Vermieters an den Mieter, ein konkret bestimmtes **vertragswidriges Verhalten abzustellen**. Die Androhung rechtlicher Konsequenzen ist zwar nicht erforderlich, eine bloße Ermahnung zu vertragsgemäßem Verhalten genügt aber nicht. Die Abmahnung ist in der Regel **Voraussetzung für eine fristlose Kündigung** nach § 543 BGB (vgl. Absatz 3), aber auch im allgemeinen Fall des § 569 BGB aus Beweisgründen üblich, weil damit die Unzumutbarkeit belegt werden kann.
Von besonderer Bedeutung ist die Abmahnung im Arbeitsrecht, wo sie bei allen verhaltensbedingten Kündigungen erforderlich ist.
Von der Abmahnung ist begrifflich zu unterscheiden die Mahnung, die nach § 286 Abs. 1 BGB den Schuldnerverzug begründet, und zwar bei Forderungen, die nicht auf Geld gerichtet sind (vgl. § 286 Abs. 3 BGB).

8. Die Berufung auf den Mietvertrag ist schon deswegen unzutreffend, weil mit Ablauf des Kündigungstermins das Mietverhältnis beendet ist. Bei verspäteter Rückgabe der Mietsache kann der Vermieter nach **§ 546a Abs. 1 BGB** als Entschädigung für die Dauer der Vorenthaltung den vereinbarten Mietzins oder die (ggf. höhere) **ortsübliche Miete** verlangen.

9. Nein, bei Gewährung einer Räumungsfrist nach § 721 oder § 794a ZPO ist der Mieter für die Zeit bis zum Ablauf der Räumungsfrist nicht zum Ersatz eines weiteren Schadens verpflichtet **(§ 571 Abs. 2 BGB**).

10. a) Dieser Anspruch (Grundlage § 280 Abs. 1 BGB, da nicht besonders geregelt) verjährt nach § 548 Abs. 1 Satz 1 BGB in **sechs Monaten**. Die Frist beginnt nach Satz 2 mit Auszug des Mieters.
b) Dieser Anspruch begründet keine Veränderung oder Verschlechterung der Mietsache. Für ihn gilt daher nicht § 548 Abs. 1 BGB, sondern die allgemeine Verjährung von **drei Jahren** nach §§ 195, 199 BGB.
c) Nach § 548 Abs. 2 verjähren nur solche Ansprüche des Mieters in sechs Monaten, die auf Ersatz von Aufwendungen oder auf Gestattung der Wegnahme gerichtet sind. Im vorliegenden Fall gilt also die Regelfrist der §§ 195, 199 BGB von **drei Jahren** (ebenso auch bei allen Mängelhaftungsansprüchen des Mieters).

Einheit 5 B . FRAGEN

1. Ebenso wie beim Kauf und beim Werkvertrag erstreckt sich die Mängelgewährleistung auf Fehler und auf Fehlen zugesicherter Eigenschaften, vgl. § 536 Abs. 1 und 2 BGB.

2. Ja. Nach **§ 535 Abs. 1 Satz 2 BGB** hat der Vermieter die vermietete Sache nicht nur in einem zum vertragsgemäßen Gebrauch geeigneten (d. h. mängelfreien) Zustand zu überlassen, sondern sie auch während der gesamten Mietzeit in diesem Zustand zu **„erhalten"**.

3. Die Mängelhaftung ist in zwei Fällen ausgeschlossen:

- wenn der Mieter den Mangel bei Vertragsabschluss kannte: § 536b BGB
- wenn sie vertraglich ausgeschlossen wurde, was nach § 536d BGB bis zur Grenze der Arglist zulässig ist.

4. Ja. Nach 536c Abs. 1 BGB trifft ihn die Nebenpflicht, den Vermieter von auftretenden gefahrdrohenden Mängeln unverzüglich (i. S. v. § 121 Abs. 1 BGB) zu benachrichtigen. Unterlässt der Mieter diese Anzeige, ist er nach **§ 536c Abs. 2 Satz 2 Nr. 2 BGB** zum Ersatz des daraus entstehenden Schadens verpflichtet. Den Mietzins muss er weiter bezahlen, auch wenn der Gebrauchswert beeinträchtigt ist; ein Recht auf Minderung (§ 536 BGB) steht ihm, wie sich aus § 536c Abs. 2 Satz 2 Nr. 1 BGB ergibt, nicht zu.

5. Wie bei Kauf und Werkvertrag steht auch bei der Miete die **Mängelbeseitigung** an erster Stelle. Der Anspruch ergibt sich aus § 535 Abs. 1 Satz 2 BGB (*„erhalten"*).

6. Ein Recht zur Selbstbeseitigung steht dem Mieter nach § 536a Abs. 2 BGB bei Verzug des Vermieters mit der Mängelbeseitigung (§ 536a Abs. 2 Nr. 1 BGB) zu; dafür wäre nach § 286 Abs. 1 BGB eine Mahnung des Mieters erforderlich.
§ 536a Abs. 2 Nr. 2 BGB gewährt dem Mieter ein Selbstbeseitigungsrecht auch bei umgehend notwendiger Beseitigung. Davon kann bei Heizungsausfall im Winter möglicherweise ausgegangen werden (wenn man die Heizung zum „Bestand" des Hauses zählt); doch besteht für den Mieter der Nachteil, dass er die Kosten für den (von ihm beauftragten) Installateur zunächst selbst zahlen muss und vom Vermieter lediglich Erstattung verlangen kann. Immerhin könnte er, falls der Vermieter nicht zahlt, nach § 556b BGB mit seinem Ersatzanspruch aufrechnen, d. h. diese Kosten von der Miete abziehen.

7. Nach § 536 Abs. 1 BGB schuldet er von Gesetzes wegen nur einen geminderten Mietzins. Anders als bei Kauf und Werkvertrag ist die Minderung also kein einseitiges Rechtsgeschäft, das der Mieter erst geltend machen müsste. Die Minderung tritt automatisch von Gesetzes wegen ein.

8. Nach § 536a Abs. 2 Nr. 1 BGB kann der Mieter in diesem Falle den Mangel selbst beseitigen und dafür Aufwendungsersatz verlangen. Falls der Mangel mit einer Nutzungseinschränkung verbunden ist, braucht der Mieter nur eine entsprechend geminderte Miete zahlen, § 536 Abs. 1 BGB.

9. Schadensersatz aufgrund von Mängeln kann der Mieter nach **§ 536a Abs. 1 BGB** in zwei Fällen verlangen:
(1) ohne Verschulden bei **anfänglich** vorhandenen Mängeln
(2) nur bei Verschulden, wenn ein Mangel **nachträglich** entsteht.
Im vorliegenden Fall ist der Mangel zwar erst nach Vertragsschluss erkennbar hervorgetreten, er war aber im Kern **schon bei Vertragsschluss angelegt**, in diesem Sinne also bereits **„vorhanden"**, so dass den Vermieter eine **verschuldensunabhängige Garantiehaftung** trifft. § 536a BGB kann als Schutznorm für den Mieter weit ausgelegt werden.
,

Einheit 5 C . FRAGEN

1. Nein. Eine **Kündigung** ist **nur bei Mietverträgen auf unbestimmte Zeit** erforderlich, vgl. § 542 Abs. 1 BGB. Mietverträge **auf bestimmte Zeit** enden in der Regel **automatisch mit Ablauf** der vereinbarten Mietzeit, § 542 Abs. 2 BGB.

2. Ja. § 573 Abs. 1 und 3 BGB gilt (auch wegen § 578 Abs. 2 BGB) nur für Mietverhältnisse über Wohnraum. Für die Vermietung von **Geschäftsräumen** sieht das Gesetz **keine Kündigungsgründe** vor. Es genügt die **Kündigungserklärung** (die auch formlos erfolgen kann, da auch § 568 Abs. BGB 1 in § 578 Abs. 2 BGB nicht explizit für anwendbar erklärt wird) unter Beachtung der **Kündigungsfristen** (§ 580a Abs. 2 BGB).

3. Gemäß § 573 Abs. 1 BGB kann der Vermieter (bei einem Mietverhältnis über Wohnraum auf unbestimmte Zeit) nur kündigen, wenn er ein **berechtigtes Interesse** hat. In § 573 Abs. 2 BGB werden dafür Beispiele genannt. Und gemäß § 573 Abs. 3 BGB muss der Vermieter die Gründe, auf die er sich für sein berechtigtes Interesse berufen will, **bereits im Kündigungsschreiben** mit angeben.

4. Da für den Mieter **keine besonderen Kündigungsvorschriften** existieren, bleibt es für ihn bei § 542 Abs. 1 BGB, der eine Nennung von Gründen nicht voraussetzt. Der Mieter muss also lediglich

Form und Frist der Kündigung einhalten.

5. Wenn dem einen die Fortsetzung des Mietverhältnisses **wegen einer nachhaltigen Störung des Hausfriedens** durch den anderen (insbesondere bei schweren Verstößen gegen die Hausordnung) **nicht mehr** zugemutet werden kann (vgl. § 569 Abs. 2 BGB). Vor der Kündigung ist in aller Regel eine **Abmahnung** erforderlich.

6. Außer den in §§ 543 Abs. 1 Satz 2, 569 Abs. 2 BGB genannten allgemeinen Gründen hat der Vermieter ein Recht zur fristlosen Kündigung in zwei konkreten Fällen:

- § 543 Abs. 1 u. Abs. 2 Satz 1 Nr. 2 BGB: **bei vertragswidrigem Gebrauch** (z.B. unerlaubte Untervermietung) trotz Abmahnung: § 540 BGB
- §§ 543 Abs. 2 Satz 1 Nr. 3, 569 Abs. 3 BGB: **bei Zahlungsverzug** des Mieters mit zwei aufeinander folgenden Mietraten

7. Ja. Bei gravierenden Mängeln wird dem Mieter der vertragsgemäße Gebrauch vorenthalten. Bei vergeblicher Abmahnung mit Fristsetzung kann der Mieter nach § **543 Abs. 2 Satz 1 Nr. 1 BGB** fristlos kündigen.

8. Bringt eine Wohnung eine erhebliche Gesundheitsgefährdung mit sich, so kann der Mieter nach **§ 569 Abs. 1 BGB** fristlos kündigen. Dieses Recht kann nicht vertraglich abbedungen werden und gilt selbst dann, wenn der Mieter den Mangel bei Abschluss des Vertrages gekannt hat (vgl. § 569 Abs. 1 Satz 2 BGB).

9. Nein. Das nach früherem Recht (§ 570 BGB a. F.) vorgesehene Kündigungsrecht eines Beamten bei Versetzung ist weggefallen. Insbesondere gilt das Mietverhältnis auch nicht etwa als auf unbestimmte Zeit geschlossen, nur weil keiner der in § 575 Abs. 1 Satz 1 BGB genannten Gründe vorliegt, denn diese Vorschrift findet nur auf Wohnraum Anwendung (vgl. § 578 Abs. 2 BGB). Man könnte allenfalls argumentieren, dass die Garage Teil der gemieteten Wohnung ist, so dass es sich trotz getrennter Verträge um ein einheitliches Mietverhältnis handelt. Dann müsste die 10jährige Laufzeit aber auch für die Wohnung vereinbart sein.
Der Mieter könnte sich allenfalls auf einen **Wegfall der Geschäftsgrundlage** berufen und nach **§ 313 Abs. 1 BGB** eine Anpassung des Vertrags verlangen.

Einheit 5 D . FRAGEN

1. Der Gesetzgeber differenziert bei den Kündigungsfristen zwischen mehreren Arten von Wohnraum:

- § 573c Abs. 1 BGB: Wohnraum **allgemein**
- § 573c Abs. 3 BGB: **möblierter** Wohnraum, welcher Teil der vom Vermieter selbst bewohnten Wohnung ist (Ausnahme: Wohnraum zum dauernden Gebrauch für eine Familie: Hier gelten Abs. 1 und 2)
- § 573a Abs. 1 BGB: Wohnung in einem vom Vermieter selbst bewohnten Gebäude mit nicht mehr als zwei Wohnungen (sogenannte **„Einliegerwohnung"**).

2. Nach **§ 573c Abs. 1 Satz 1 BGB** ist im Normalfall eine Kündigung spätestens am dritten Werktag eines Monats zum Ablauf des übernächsten Monats zulässig. Die Kündigungsfrist beträgt also praktisch **drei Monate** (minus drei Werktage, die am Beginn des ersten Monats abzuziehen sind).

3. Für den Mieter gilt immer die **normale Kündigungsfrist** des § 573c Abs. 1 Satz 1 BGB. Eine von der Mietdauer abhängige Regel gibt es nur für den Vermieter (§ 573c Abs. 1 Satz 2 BGB).

4. Die nach § 573c Abs. 1 Satz 2 BGB längste Frist beträgt für den Vermieter 9 Monate (minus drei Werktage): Sie gilt für den Vermieter, wenn dem Mieter vor 8 Jahren (und mehr) die Wohnung überlassen wurde.

5. Hier hat der Vermieter nach **§ 573a Abs. 1 Satz 1 BGB** die Möglichkeit, auch ohne Angabe von Gründen zu kündigen. In diesem Fall verlängert sich aber nach § 573a Abs. 1 Satz 2 BGB die Kündigungsfrist um drei Monate. Da sich bei fünfjähriger Mietdauer die reguläre Kündigungsfrist auch nach **§ 573c Abs. 1 Satz 2 BGB** um sechs Monate verlängert, muss der Vermieter also insgesamt eine Frist von **zwölf Monaten** (minus drei Werktage) einhalten.

6. Es kommt darauf an, ob sein möbliertes Zimmer einen separaten Eingang hat oder **Teil der vom Vermieter selbst bewohnten Wohnung** ist. Im letzteren Fall könnte er nach **§ 573c Abs. 3 BGB** spätestens am 15. des laufenden Monats zum Monatsende kündigen.

7. Nach § 581 Abs. 2 BGB gelten für Pachtverträge die Sondervorschriften der §§ 582 ff. BGB, darunter in **§ 584 BGB** auch Regelungen zur Kündigungsfrist. Diese betreffen aber **nur die Pacht von**

Grundstücken und Rechten. Für die Pacht von Geschäftsräumen bleibt es also gemäß § 581 Abs. 2 BGB bei der Kündigungsfrist des Mietrechts: Diese beträgt nach § 580a Abs. 2 BGB **zwei Kalendervierteljahre** (minus drei Werktage). Der Hauseigentümer müsste also spätestens am dritten Werktag des laufenden Jahres seinem bisherigen Pächter kündigen, um das Pachtverhältnis mit diesem bereits zum 30. Juni beenden zu können. Eine später erklärte Kündigung beendet das Pachtverhältnis erst am 30. September. Dann könnte der neue Pächter aber nicht rechtzeitig einziehen.

8. Der Begriff **„Geschäftsraum"** ist weit auszulegen: Auch Büro- und Praxisräume von Freiberuflern fallen darunter. Daher ist hier die Kündigungsfrist ebenso zu beurteilen wie im Fall 7.

9. Die Kündigungsfrist bemisst sich nach **§ 580a Abs. 3 BGB**. Dabei kommt es darauf an, ob der Mietzins nach Tagen oder nach längeren Zeitabschnitten bemessen ist. Im vorliegenden Fall ist die Kündigung also nach § 580a Abs. 3 Nr. 1 BGB an jedem Tag zum Ablauf des folgenden Tages möglich.

Einheit 5 E . FRAGEN

1. Nach § 568 Abs. 1 BGB muss die Kündigung **schriftlich** erfolgen. Nur mündlich erklärte Kündigungen sind formnichtig nach § 125 Satz 1 BGB.
Darüber hinaus muss der **Vermieter** bei einem Mietverhältnis auf unbestimmte Zeit im Kündigungsschreiben die Gründe für sein nach § 573 Abs. 1 BGB notwendiges **berechtigtes Interesse** an der Kündigung mit angeben (§ 573 Abs. 3 Satz 1 BGB). Geschieht dies nicht, ist die Kündigung zwar nicht nichtig, aber nach § 573 Abs. 3 Satz 2 BGB werden nur diejenigen Gründe berücksichtigt, die im Kündigungsschreiben angegeben sind.
Schließlich *„soll"* nach § 568 Abs. 2 BGB der Mieter auf die Möglichkeit eines Widerspruchs sowie auf dessen Form und Frist (§§ 574 bis 574b BGB) rechtzeitig hingewiesen werden. Geschieht dies nicht, so kann der Mieter nach § 574b Abs. 2 Satz 2 BGB seinen Widerspruch noch im ersten Termin des Räumungsprozesses erklären. Es liegt also im Interesse des Vermieters, schon im Kündigungsschreiben den Mieter auf sein Widerspruchsrecht hinzuweisen.

2. Nein. Bei einigen besonderen Mietverhältnissen, in denen das Interesse des Vermieters bei weitem überwiegt und der Mieter in der Regel leicht einen Ersatzwohnraum finden kann, kann nach § 549 Abs. 2 BGB eine Kündigung auch mündlich ausgesprochen werden. Dies gilt ohne Einschränkungen für Mietverträge über Wohnraum, der **nur zu vorübergehendem Gebrauch** vermietet ist sowie für **möblierten Wohnraum**, der **Teil der vom Vermieter selbst bewohnten Wohnung** ist (es sei denn, dieser Wohnraum war zum dauernden Gebrauch für eine Familie überlassen).

3. Der Vermieter von Wohnraum muss bei einer ordentlichen Kündigung ein **berechtigtes Interesse** nachweisen, **§ 573 BGB**. In Absatz 2 nennt das Gesetz einige Beispielsfälle (nicht abschließende Aufzählung: *„insbesondere"*!). Die wichtigsten Kündigungsgründe sind:

- schuldhafte **Verletzung von Mieterpflichten** (§ 573 Abs. 2 Nr. 1 BGB)
- **Eigenbedarf** (§ 573 Abs. 2 Nr. 2)
- Verhinderung **wirtschaftlicher Verwertung** (§ 573 Abs. 2 Nr. 3 BGB)

4. Nein. Dem Vermieter wird in **§ 573a Abs. 1 Satz 1 BGB** in diesem Fall die Möglichkeit gegeben, auch ohne Angabe von Gründen zu kündigen. Dafür verlängert sich die Kündigungsfrist um drei Monate (§ 573a Abs. 1 Satz 2 BGB).

5. Nein. Mietverträge für Wohnraum in Studentenwohnheimen sind nach **§ 549 Abs. 3 BGB** vom Kündigungsschutz ausgenommen: Der Vermieter kann auch **ohne berechtigtes Interesse** kündigen. Der Student kann sich aber auf die **Sozialklausel** des § 574 Abs. 1 BGB berufen und der Kündigung widersprechen, wenn der Auszug aus der Wohnung für ihn ein persönlicher Härtefall wäre, er beispielsweise kurz vor einer wichtigen Prüfung stünde.

6. Auch bei Vorliegen eines berechtigten Interesses auf Seiten des Vermieters könnte im Einzelfall eine Beendigung des Mietverhältnisses für den Mieter aus besonderen persönlichen Gründen eine Härte bedeuten, die höher wiegt als die berechtigten Interessen des Vermieters. Daher kann der Mieter nach **§ 574 Abs. 1 BGB** (sog. **Sozialklausel**) der Kündigung widersprechen und eine Fortsetzung des Mietverhältnisses verlangen.

7. Nein. In diesem Fall ist eine Berufung auf die Sozialklausel nach **§ 574 Abs. 1 Satz 2 BGB** ausgeschlossen. Der Mieter hat durch sein Verhalten die Berufung auf eine Härtesituation verwirkt.

8. Der Widerspruch des Mieters bedarf nach § 574b Abs. 1 Satz 1 BGB der **Schriftform**. Mündliche Widersprüche wären formnichtig nach § 125 BGB.

In § 574b Abs. 2 Satz 1 BGB ist für den Widerspruch zusätzlich eine **Frist** vorgesehen: Der Widerspruch ist spätestens zwei Monate vor der Beendigung des Mietverhältnisses zu erklären.
Nach § 568 Abs. 2 BGB soll der Vermieter im Kündigungsschreiben auf das Widerspruchsrecht **hinweisen** und dabei den Mieter auch über dessen Form und Frist informieren. Unterbleibt dieser Hinweis, so könnte der Mieter einen Widerspruch nach § 574b Abs. 2 Satz 2 BGB ohne die übliche Frist noch im ersten Termin des Räumungsprozesses erklären und einen Härtefall geltend machen.

9. Wie § 574a Abs. 2 BGB zeigt, geht der Gesetzgeber davon aus, dass Mieter und Vermieter zunächst versuchen, sich gütlich zu einigen. **Kommt eine Einigung nicht zustande**, so muss das **Gericht** entscheiden. Dazu wird der Vermieter **Räumungsklage** erheben. Innerhalb des Räumungsprozesses entscheidet dann das Gericht über das berechtigte Interesse des Vermieters und, wenn dieses bejaht wird, auch darüber, ob der Mieter die Fortsetzung des Mietverhältnisses nach § 574 Abs. 1 BGB verlangen kann und wenn ja, auf welche Zeit und zu welchen Bedingungen.

Einheit 5 . FÄLLE

Fall 1
M hat von V mündlich eine Garage gemietet, und zwar ab 01.10. auf drei Jahre. Als M am 01.10. die Garagenschlüssel von V verlangt, verweigert V die Überlassung der Garage mit der Begründung, mangels schriftlicher Form sei kein gültiger Mietvertrag zustande gekommen.
Kann M die Herausgabe der Schlüssel verlangen?

Lösung
Der Herausgabeanspruch könnte sich aus § **535** Abs. 1 Satz 1 BGB ergeben. Voraussetzung ist ein wirksamer Mietvertrag.
Der zwischen V und M mündlich geschlossene Vertrag könnte nach § **125** Satz 1 BGB wegen Verletzung einer gesetzlich vorgeschriebenen Form nichtig sein.
§ **550** Satz 1 BGB verlangt Schriftform bei Mietverträgen, die für längere Zeit als ein Jahr abgeschlossen werden. Diese Norm gilt zwar unmittelbar nur für die Wohnraummiete, nach § **578** BGB erstreckt sich die Vorschrift aber auch auf die **Raum**miete allgemein.
Nach der Spezialregelung des § 550 Satz **2** BGB hat die Nichteinhaltung der Schriftform im Gegensatz zu § 125 Satz 1 BGB nicht die **Nichtigkeit** des Vertrages zur Folge, sondern der (auf bestimmte Zeit abgeschlossene) gilt von Gesetzes wegen als auf **unbestimmte** Zeit abgeschlossen, bedarf also der **Kündigung** (§ 542 Abs. 1 BGB). Dabei bestimmt § **550** Satz 2 BGB, dass eine Kündigung frühestens zum Schluss des **ersten** Jahres wirksam werden kann. Der Mieter hat also wenigstens die Sicherheit, ein Jahr lang die gemietete Sache gebrauchen zu können.
M hat somit einen Anspruch auf Herausgabe der Garagenschlüssel.

Fall 2a
Verstößt ein Wohnungsmieter bei unentgeltlicher Beherbergung von Verwandten gegen seine Pflicht, den vertragsgemäßen Gebrauch der Mietsache nicht zu überschreiten?

Lösung
Beherbergung von Verwandten ist **vertragsgemäß** i. S. v. §§ 535 Abs. 1 Satz 2, 538 BGB, und zwar auch auf Dauer. Gleiches gilt für Hauspersonal. Gäste dagegen dürfen nur für eine **angemessene** Zeit beherbergt werden. Grenze (in jedem Fall): Über**beleg**ung der Wohnung (vgl. dazu auch § 553 Abs. 1 Satz 2 BGB).

Fall 2b
Verstößt ein Wohnungsmieter bei Betreuung von Kindern als Tagesmutter in der Mietwohnung gegen seine Pflicht, den vertragsgemäßen Gebrauch der Mietsache nicht zu überschreiten?

Lösung
Die Betreuung von Kindern durch eine Tagesmutter fügt sich grundsätzlich in den Sachverhalt des „Wohnens“ ebenso ein wie der regelmäßige Besuch von Freunden. Obwohl die Tagesmutter Geld bekommt, handelt es sich nicht um ge**werbl**iche Tätigkeit. Doch hört der private Wohncharakter auf, wenn durch Betreuung vieler Kinder gewissermaßen ein Kindergartencharakter entstünde (Lärmbelästigung, Publikumsverkehr durch Angehörige). In der Regel kann dies bei mehr als **drei** fremden Kindern angenommen werden.

Fall 2c
Verstößt ein Wohnungsmieter bei Aufnahme von Partner/Partnerin in die Mietwohnung gegen seine Pflicht, den vertragsgemäßen Gebrauch der Mietsache nicht zu überschreiten?

Lösung
Gebrauchsüberlassung an einen Dritten bedarf allgemein der Zu**stimmu**ng des Vermieters, § **540** Abs. 1 Satz 1 BGB. Der Wunsch, mit einem Partner zu leben, ist für den Wohnungsmieter jedoch ein

berechtigtes Interesse i.S.v. § **553** Abs. 1 BGB. In diesem Fall hat er einen Anspruch auf Zustimmung, es sei denn, überwiegende Interessen des Vermieters stehen dem entgegen, § 553 Abs. 1 Satz 2 BGB (Beispiel: Der Mieter hat dem Vermieter seine Frau ausgespannt und will jetzt mit ihr in der Mietwohnung zusammenleben).
Objektive Grenze ist in jedem Fall (auch bei ansonsten berechtigtem Interesse) die Üb**erbeleg**ung der Wohnung.

Fall 2d
Verstößt ein Wohnungsmieter bei Halten eines Hundes gegen seine Pflicht, den vertragsgemäßen Gebrauch der Mietsache nicht zu überschreiten?

Lösung
Tierhaltung überschreitet - abgesehen von sog. **Klein**tieren (Goldfisch, Kanarienvogel, Hamster) - die Grenzen des **vertragsgemäßen** Gebrauchs einer Wohnung, bedarf also der Zustimmung des Vermieters. Wie im Fall des § 553 BGB darf der Vermieter jedoch nicht will**kür**lich entscheiden (= sog. geb**unden**es Ermessen). Er muss also die Interessen des Mieters mit berücksichtigen und die Zustimmung erteilen, wenn seine Interessen nicht überwiegen. Ähnliches gilt auch bei der Anbringung von Schildern durch den Mieter.

Fall 3
Der Mieter M hat Gäste eingeladen. Einer von ihnen tritt einen Zigarettenstummel auf dem Parkettboden aus, so dass Brandflecke entstehen. Vermieter V verlangt Schadensersatz. M weigert sich und verweist auf die Haftung des Gastes. Ein halbes Jahr nach Auszug des M will V klagen. Mit Aussicht auf Erfolg?

Lösung
Spezielle Schadensersatzansprüche des Vermieters regelt das Gesetz in § **536c** Abs. 2 BGB (unterlassene Mängelanzeige) und in § **571** BGB (verspätete Rückgabe). Beide Fälle liegen hier nicht vor. Daher kommt als Anspruchsgrundlage nur die allgemeine Vorschrift des § **280** Abs. 1 BGB in Frage.
Den M trifft nach § **241** Abs. 2 BGB als vertragliche Nebenpflicht (**Schutz**pflicht) eine Obhutspflicht, die Mietsache schonend zu behandeln. Dies ist nicht geschehen. Somit liegt eine **Pflicht**verletzung vor.
Die Obhutspflicht hat allerdings nicht M persönlich verletzt. Das - fahrlässige - Verhalten seines Gastes wird ihm jedoch über § **278** BGB zugerechnet: Der Gast ist mit W**iss**en und W**oll**en des Mieters in seinem **Pflichten**kreis (Obhutspflicht) tätig. Er hat also die Funktion eines **Erfüllungs**gehilfen. Genauso regelt es übrigens der Gesetzgeber in § **540** Abs. 2 BGB bei der Haftung des Mieters für seinen Untermieter. Die Pflichtverletzung hat M daher zu vertreten (was nach § 280 Abs. 1 Satz 2 BGB im Übrigen vermutet wird).
Der zu ersetzende Schaden berechnet sich nach §§ **249** ff. BGB. Im vorliegenden Fall wird V nach § 249 Abs. **2** BGB den zur Herstellung (Reparatur) erforderlichen Betrag verlangen (am besten unter Vorlage eines Kostenanschlags). Sollte zur Behebung des Brandfleckes ein Abschleifen und Neuversiegeln des gesamten Fußbodens erforderlich sein, müsste sich V nach den Regeln über den **Vorteils**ausgleich einen Abzug „**Neu** für **Alt**" gefallen lassen.
Dem Anspruch könnte die Einrede der Verjährung entgegenstehen. Nach der Spezialregelung des § **548** Abs. 1 BGB beträgt die Verjährungsfrist bei Beschädigungen der Mietsache **sechs** Monate. Die Frist beginnt mit **Räumung** der Wohnung. V wird seinen Anspruch jetzt also nicht mehr durchsetzen können (Deliktische Ansprüche gegen M könnten sich nur aus § 831 BGB ergeben, scheiden aber aus, weil der Gast nicht vom Mieter weisungsabhängig ist). V kann sich also nach § 823 Abs. 1 BGB nur an den Schädiger persönlich halten.

Fall 4
Aufgrund wirksamer Kündigung des Vermieters muss M seine Wohnung zum 31.10. räumen. Am 25.10. erkrankt er jedoch so schwer, dass er erst Ende November ausziehen kann. Der Vermieter hatte die Wohnung zum 01.11. aber schon gegen höhere Miete an D vermietet. V verlangt von M den Mietzins für November. Mit Recht?

Lösung
Aus § **535** Abs. 2 BGB kann der Anspruch nicht hergeleitet werden; denn aufgrund der Kündigung ist das Mietverhältnis mit Ablauf des 31.10. beendet. Weil M die Wohnung nicht rechtzeitig geräumt (=zurückgegeben) hat (wozu er nach § **546** BGB verpflichtet war), ergibt sich der Anspruch des V aus § **546** Abs. 1 BGB. Dabei kann er statt der bisher vereinbarten Miete auch die (ggf. höhere) **orts**übliche Miete verlangen.

Fall 5 (Variante zu Fall 4)
Im Mietvertrag mit dem Dritten hatte sich der Vermieter V zur Zahlung einer Vertragsstrafe verpflichtet, falls der Einzugstermin nicht eingehalten werden kann. Kann V vom säumigen Mieter M Ersatz dieser Vertragsstrafe verlangen?

Lösung
Die Zahlung der Vertragsstrafe an den Nachmieter ist im Verhältnis zu M ein **Schaden** des V. Als Anspruchsgrundlage käme § **280** Abs. 2 i. V. m. § **286** BGB (Verzugsschaden) in Frage. Dieser Anspruch bestünde neben dem Anspruch aus § 546a Abs. 1 BGB (Weiterzahlung der Miete), vgl. § **546a** Abs. 2 BGB (ergänzende Sonderregelung bei Wohnraum: § **571** BGB).
Nach § **280** Abs. 1 Satz 2 BGB (ebenso § **286** Abs. 4 BGB) wäre aber für den Verzug ein Verschulden des Mieters erforderlich. Den M trifft aber kein Verschulden (plötzliche Erkrankung). Schadensersatzansprüche des Vermieters scheiden demnach aus. V kann lediglich nach § **546a** BGB die Weiterzahlung der bisherigen Miete oder Zahlung der ortsüblichen Miete verlangen.

Fall 6
Eine Universität hatte Personalcomputer gemietet. Die Geräte standen in einem jedermann zugänglichen Raum und wurden auch von Studierenden benutzt. Ein PC wurde nachts von Unbekannten gestohlen. Muss der Vermieter einen neuen PC zur Verfügung stellen? Wenn nicht, müsste die Universität die Miete weiter bezahlen?

Lösung
Die Pflicht des Vermieters zur Gebrauchsüberlassung ist unmöglich geworden. Dass es sich ursprünglich um eine **Gattungs**schuld handelte, ist unerheblich, da spätestens mit der Übergabe an die Universität nur noch dieser bestimmte PC geschuldet wurde (§ 243 Abs. 2 BGB: sog. Ko**nkretisie**rung). Nach § **275** Abs. 1 BGB wird der Vermieter von seiner Pflicht zur Gebrauchsüberlassung frei. Nach der allgemeinen Regelung des § **326** Abs.1 BGB verliert er andererseits auch den Anspruch auf Zahlung des Mietzinses.

Fall 7 (Variante zu Fall 6)
Student S ließ aus Unachtsamkeit beim Umräumen den gemieteten Computer fallen, so dass er unbrauchbar wurde. Hat der Vermieter V Anspruch auf Schadensersatz gegen die Universität?

Lösung
Nach § **546** BGB trifft den Mieter die Pflicht, die gemietete Sache nach Beendigung des Mietverhältnisses dem Vermieter zurückzugeben. Da die Rückgabe nunmehr unmöglich geworden ist, ergibt sich ein Anspruch aus § **280** Abs. 1 und Abs. 3 BGB i. V. m. § **283** BGB:
Die Unmöglichkeit der Rückgabe ist eine **Pflicht**verletzung i. S. v. § 280 Abs. 1 BGB, nämlich ein Zurückbleiben hinter dem „**Pflichten**programm" des Schuldners.
Die Pflichtverletzung muss nach § 280 Abs. 1 Satz **2** BGB zu **vertreten** sein. Die Unachtsamkeit (=Fahrlässigkeit) des S wird der Universität nach § **278** BGB zugerechnet.
Der Anspruch richtet sich auf Schadensersatz **statt** der Leistung. Über § 280 Abs. 3 BGB müssen die Voraussetzungen der §§ 281 ff. BGB vorliegen. Hier im Fall der (nachträglichen) Unmöglichkeit ist § **283** BGB heranzuziehen. Dessen Voraussetzungen sind gegeben, da die Universität den PC nicht mehr herausgeben kann und nach § **275** Abs. 1 BGB von ihrer Rückgabepflicht befreit ist.

Fall 8
Der Vermieter stellt fest, dass sein Mieter im ersten Stock die Miete nicht mehr bezahlt hat. Von den anderen Mietern erfährt er, dass ab und zu Gegenstände aus der Wohnung entfernt werden. Was kann der Vermieter tun?

Lösung
V könnte sich auf sein Vermieter**pfand**recht berufen. Nach § **562** BGB hat der Vermieter an den *„einge***brachten** *Sachen des Mieters"* ein ges**etzlich**es Pfandrecht. Hierfür gelten über § 1257 BGB die Regeln über das rechtsgeschäftlich bestellte Pfand (§§ 1204 ff. BGB) entsprechend.
Die Verwertung des Pfandes erfolgt nach §§ 1228 ff. BGB durch sogenannten Pfand**verkauf**, der gemäß § 1233 BGB nach den Vorschriften der §§ 1234-1240 BGB zu bewirken ist. Der Pfandverkauf muss vorher angedroht werden (§ 1234 BGB), er erfolgt dann nach §§ 1235 ff. BGB im Wege öffentlicher Ver**steigerung**. Zuständig ist nach § 383 Abs. 3 BGB der Ge**richtsvollzie**her, der hier nicht (wie bei der Pfändung nach §§ 808 ff. ZPO) hoheitlich, sondern privatrechtlich im Auftrag des Pfandgläubigers handelt.
Im vorliegenden Fall würde ein solch langwieriges Verfahren dem V nicht helfen. Er hätte aber nach § **562b** Abs. 1 BGB die Möglichkeit, die Entfernung von Einrichtungsgegenständen im Wege der **Selbst**hilfe zu verhindern. Am einfachsten wäre dies durch ein Austauschen des Türschlosses zu bewerkstelligen.

Fall 9
Gärtner M mietet von V ein älteres Treibhaus. Bei besonders starkem Frost platzt gleich im ersten Winter ein Heizungsrohr. Die gesamten Pflanzen des M (Wert: 10.000,- Euro) erfrieren. Hierfür verlangt M Schadensersatz, den er sofort von der Miete abziehen möchte. Der Schaden entstand

dadurch, dass die Heizleitung schon vor Vertragsbeginn stark angerostet war. V wendet ein, ihn treffe kein Verschulden, da er die Korrosion nicht gekannt habe. Hilfsweise verweist er auf ein im Formular-Mietvertrag enthaltenes Aufrechnungsverbot. Wie ist die Rechtslage?

Lösung

Der Anspruch könnte sich aus § **536a** Abs. 1 BGB ergeben. Ohne Ver**schulden** (§§ 276, 278 BGB) müsste V haften, wenn der Mangel bereits bei Vertragsschluss „**vorhanden**" war. Zwar hatte die Heizung bei Vertragsbeginn noch funktioniert, doch war die Korrosion als Ursache bereits vorhanden. Der Mangel ist erst später sichtbar hervorgetreten, er *„entsteht"* also nicht neu. § 536a Abs. 1 BGB kann als Mieterschutzvorschrift zugunsten des Mieters **weit** ausgelegt werden, so dass derartige Schäden mit unter die **Garantie**haftung des Vermieters fallen (Andererseits könnte -durchaus vertretbar- argumentiert werden, dass es sich bei der Garantiehaftung um eine Ausnahmeregelung vom Grundsatz der Verschuldenshaftung handele und dass Ausnahmevorschriften eng auszulegen seien).

Seinen Anspruch möchte M gegenüber der Mietzinsforderung **aufrechnen** (§§ 387 ff. BGB). Dem steht hier aber das vertragliche Aufrechnungsverbot entgegen: In Individualverträgen wäre dieses Verbot voll wirksam (§ **311** Abs. 1 BGB: Ver**tragsfrei**heit), M dürfte also nicht aufrechnen. Bei einem Aufrechnungsverbot in AGB (wie hier, vgl. § 305 Abs. 1 BGB) ist zu differenzieren: Die Befugnis zur Aufrechnung darf nach nach § **309** Nr. 3 BGB nur dann nicht entzogen werden, wenn es sich um eine un**bestritt**ene Forderung handelt. Für den vorliegenden Fall trifft das aber nicht zu: Die Forderung ist bestritten, das Aufrechnungsverbot in den AGB des Vermieters ist wirksam, M darf also nicht aufrechnen. (Anders wäre die Lage nur bei Wohnraum: Dort kann nach § **556b** Abs. 2 BGB ein Mieter mit Schadensersatzansprüchen aus § 536a BGB gegenüber der Miete immer aufrechnen).

Seinen Schadensersatzanspruch muss M also gesondert geltend machen. Zuständig wäre nach § 71 Abs. 1 GVG i. V. m. § 23 Nr. 1 GVG das **Land**gericht (§ 23 Nr. 2a GVG gilt nur für **Wohn**raum!).

Fall 10

Im Hallenbad waren Räume für eine Cafeteria vermietet worden. Der vor einigen Jahren am 01.10. geschlossene Vertrag soll gekündigt werden. Die Gemeinde braucht die Räume für die Einrichtung einer Sauna. Mit den Umbauten soll in diesem Jahr am 1. Juli begonnen werden. Mitte März überlegt sich die Gemeinde, wann spätestens gekündigt werden muss.

Lösung

Nach § **580a** Abs. 2 BGB (Geschäftsraummiete) muss die Kündigung spätestens am **dritten** Werktag zum Ablauf des nächsten (!) **Quartals** erfolgen. Die Kündigung zum 30. 06. hätte also bereits am dritten Werktag des **Januar** erfolgen müssen.

Fall 11 (Variante zu Fall 10)

Wie wäre die Lage, wenn die Cafeteria verpachtet wäre?

Lösung

Die Pacht unterscheidet sich nach § 581 Abs. 1 BGB von der Miete dadurch, dass sie über ein bloßes Recht zum Gebrauch auch ein Recht zum *„Genuss der Früchte"* gewährt. Unter Früchten sind nach § **99** BGB die Erzeugnisse einer Sache (z. B. Obst, Jungtiere) und Erträge eines Rechts (hier: Einnahmen durch Cafeteriabetrieb) zu verstehen.

Für die Kündigung von Pachtverträgen enthält § **584** Abs. 1 BGB eine Sonderregelung. Danach wäre eine Kündigung nur auf den **Schluss** des **Pacht**jahres zulässig, und zwar mit einer Frist von einem **halben** Jahr (minus drei Werktage). Die Gemeinde hätte danach also bereits auf den 30.09. des Vorjahres (=Ende des Pachtjahres!) kündigen müssen, und zwar spätestens am 3. Werktag des April.

§ 584 Abs. 1 BGB gilt aber nur für die Pacht von **Grundstücken** und Rechten, nicht aber für die Pacht von Räumen. Daher ist bei der Pacht von Geschäftsräumen über § 581 Abs. **2** BGB die mietrechtliche Kündigungsfrist des § **580a** Abs. 2 BGB anzuwenden.

Fall 12

Die Gemeinde hat an die Familie M eine Vierzimmerwohnung vermietet. Der vor sechs Jahren geschlossene Mietvertrag läuft auf unbestimmte Zeit. M soll fristgemäß gekündigt werden. Wann muss das geschehen, wenn M zu Ende Juni ausziehen soll?

Lösung

Normalerweise beträgt nach § **573c** Abs. 1 Satz 1 BGB die Kündigungsfrist bei Wohnraum **drei** Monate minus drei **Werk**tage. Bei **fünf**jähriger Mietdauer verlängert sich diese Frist für den Vermieter um **drei** Monate, § 673c Abs. **1** Satz **2** BGB. Die Kündigung zum 30.06. müsste also spätestens am dritten Werktag des **Januar** erfolgen.

Fall 13 (Variante zu Fall 12)
M will so schnell wie möglich seinen Untermieter loswerden (möbliertes Zimmer für 150,-Euro monatlich). Welche Frist besteht hierfür, wenn es sich um eine ordentliche Kündigung handelt?

Lösung
Hier handelt es sich um besonderen Wohnraum im Sinne von § **549** Abs. **2** Nr. **2** BGB. Dem Untermieter kann danach am Fünfzehnten eines Monats zum Monatsende gekündigt werden (§ **573c** Abs. **3** BGB).

Fall 14
Die Gemeinde will ihrem Mieter M ordnungsgemäß kündigen.
Was muss bei der Kündigung beachtet werden?

Lösung
Bei der ordentlichen Kündigung von Wohnraum ist neben der **Frist** des § **573c** BGB die **Schriftform** nach § 568 Abs. 1 BGB zu beachten. Der Vermieter muss einen besonderen **Grund** zur Kündigung haben, ein **berechtigtes** Interesse i.S.v. § **573** Abs. 2 BGB. Dieser Grund ist nach § 573 Abs. **3** Satz 1 BGB in der Kündigung anzugeben; denn nur der angegebene Grund wird beachtet, vgl. § **573** Abs. 3 Satz 2 BGB. Ferner *„soll“* er nach § **550** Abs. 2 BGB den Mieter auf sein Widerspruchsrecht nach § **574** BGB hinweisen. Fehlt ein solcher Hinweis, so kann der Mieter noch im **Räumungs**prozess den Widerspruch erheben: § **574b** Abs. 2 Satz 2 BGB

Fall 15
Die Gemeinde will ihrem Mieter M ordnungsgemäß kündigen.
Was passiert, wenn M Widerspruch gegen die Kündigung einlegt? Wie gehen die Parteien am besten vor?

Lösung
Ist der Widerspruch des Mieters berechtigt, so führt dies nach § **574a** Abs. 1 BGB zur Fortsetzung des Mietverhältnisses auf **angemessene** Zeit, gegebenenfalls zu neuen, angemessenen **Bedingungen**. Dabei ist es am zweckmäßigsten, wenn sich die Parteien einigen. Kommt keine Einigung zustande, entscheidet das **Gericht** (§ 574a Abs. 2 BGB) im Rahmen des **Räumungs**prozesses.

Fall 16
Die Gemeinde will ihrem Mieter M ordnungsgemäß kündigen.
Mit welchen Argumenten kann sich M gegen die Kündigung wehren?

Lösung
M kann sich mit drei verschiedenen Argumenten verteidigen, die hintereinander geltend gemacht werden können (Jedes folgende Argument gilt „hilfsweise“, d.h. wenn das vorhergehende nicht zieht):

- M kann einmal geltend machen, dass kein **berechtigtes** Interesse des Vermieters vorliegt. Dessen Vorliegen muss der Vermieter voll beweisen.
- M kann sich ferner auf die sogenannte **Sozial**klausel des § 574 BGB berufen und der Kündigung **widersprechen**.
- Wenn auch der Widerspruch erfolglos ist, weil das Interesse des Vermieters auch unter Berücksichtigung der sozialen Belange des Mieters überwiegt, kommt als letzte Möglichkeit noch ein gerichtlicher **Räumungs**schutz in Betracht (§§ 721, 794a ZPO).

Fall 17
Die Gemeinde will dem Mieter M fristlos kündigen.
Was muss die Gemeinde bei der Kündigung beachten?

Lösung
Auch bei der fristlosen Kündigung von Wohnraum ist die **Form**vorschrift des § **550** Abs. 1 BGB zu beachten. Da die fristlose Kündigung eine sehr einschneidende Maßnahme ist, verlangt § **543** Abs. 3 BGB als Warnung an den Mieter generell eine vorhergehende A**bma**hnung, wenn der wichtige Grund in einer **Pflicht**verletzung des Mieters liegt.

Fall 18
Die Gemeinde will dem Mieter M fristlos kündigen.
Wie kann sich M gegen diese Kündigung wehren?

Lösung
Gegen die fristlose Kündigung kann M nur einwenden, dass keine Gründe hierfür vorliegen. Auf die Sozialklausel kann er sich nicht berufen (§ **574** Abs. 1 Satz 2 BGB).

Fall 19
Die Gemeinde will dem Mieter M fristlos kündigen.
Wie wäre die Rechtslage, wenn sich im Lauf des Räumungsprozesses herausstellt, dass die Gründe für eine fristlose Kündigung nicht ausreichen?

Lösung
Eigentlich müsste der Vermieter jetzt noch einmal

unter Einhaltung der (unter Umständen recht langen: § 573c Abs. 1 Satz 2 BGB) Frist die Kündigung aussprechen. Hier hilft aber § **140** BGB: Die seinerzeit ausgesprochene, aber unwirksame fristlose Kündigung wird umge**deutet** in eine wirksame ordentliche Kündigung. Der Vermieter braucht also nicht noch einmal zu kündigen. Die bisherige Prozessdauer wird auf die Frist mit angerechnet.

Fall 20
Die Gemeinde kündigt dem Mieter M fristgemäß, bietet ihm aber zugleich an, das Mietverhältnis fortzusetzen, wenn er sich zu einer um 10% erhöhten Miete bereit erkläre.
Ist eine solche sogenannte Änderungskündigung zulässig?

Lösung
Nein. Die Möglichkeit, eine höhere Miete zu erzielen, ist bei Wohnraum kein **berechtigtes** Interesse des Vermieters: § 573 Abs. 1 Satz 2 BGB. Eine Mieterhöhung kann der Vermieter nur innerhalb der in §§ **557** ff. BGB vorgesehenen Verfahren durchsetzen. Er kann also - vor allem unter Bezugnahme auf sog. **Vergleichs**mieten: § 558 Abs. 1 und 2 BGB - die **Zustimm**ung des Mieters zur Mieterhöhung verlangen (Form und Begründung: § **558a** BGB). Die Erhöhung ist nur innerhalb festgelegter sogenannter **Kappungsgrenzen** zulässig: § 558 Abs. 3 BGB.
Stimmt der Mieter nicht zu, muss der Vermieter auf Zustimmung **klagen**, § 558b Abs. 2 BGB. Die Miete wird (bei freiwilliger oder durch Urteil erzwungener Zustimmung) mit Beginn des **dritten** Kalendermonats nach **Zugang** des Erhöhungsverlangens geschuldet, die Mieterhöhung muss also rückwirkend gezahlt werden.

Fall 21 (Variante zu Fall 20)
Wie wäre die Rechtslage bei Kündigung von Büroräumen einer Anwaltskanzlei?

Lösung
Die §§ **557** ff. BGB gelten nur für Wohnraum. Bei der Geschäftsraummiete gilt volle **Vertrags**freiheit (§ 311 Abs. 1 BGB). Der Vermieter kann also, wie im vorliegenden Fall geschehen, auch eine sogenannte **Änderungs**kündigung aussprechen, d. h. die Kündigung dazu benutzen, einen höheren Mietzins zu erzielen.

Einheit 6 A . FRAGEN

1. Leasing hat wegen seiner wirtschaftlichen Vorteile für beide Parteien eine große praktische Bedeutung erlangt.
Im Gegensatz zum Käufer muss der **Leasingnehmer** für die Nutzungsmöglichkeit von Sachen nicht sofort den vollen Erwerbspreis zahlen (**mehr Liquidität**) und er kann die Leasingraten für betriebsnotwendige Investitionsgüter steuerlich in vollem Umfang als Betriebsausgaben absetzen (**steuerliche Vorteile**). Die Bestimmung der Laufzeit des Vertrages bedeutet für den Leasingnehmer auch eine **höhere Flexibilität**, da er sich bei Investitionsgütern dem jeweiligen Stand der Technik anpassen kann.
Für den **Leasinggeber** stehen -je nach Leasingform- die Absatzförderung oder die **Finanzierung** der Gebrauchsüberlassung im Vordergrund.

2. Während beim Mietvertrag Mieter und Vermieter nach § 275 und § 326 Abs. 1 BGB frei werden, wenn die Mietsache durch Zufall untergeht oder beschädigt wird, trägt beim Leasing üblicherweise nach den Allgemeinen Geschäftsbedingungen des Leasinggebers in aller Regel der Leasingnehmer die Gefahr, muss also die Leasingraten auch dann weiterzahlen, wenn die Sache beschädigt wird oder durch Zufall untergeht und er dafür keine Ersatzsache bekommt. Durch diese **Risikoverteilung** wird der Leasingvertrag dem **Kauf** angenähert (siehe § 446 BGB). Ferner ist es im Hinblick auf die bloße Finanzierungsfunktion des Leasinggebers üblich, dass der **Leasinggeber nicht für Mängel haftet**, sondern seine Gewährleistungsansprüche gegen den Hersteller an den Leasingnehmer abtritt.

3. Beim Kauf erhält der Käufer Eigentum, während beim Leasing der Leasingnehmer zwar die volle Nutzungsmöglichkeit erhält, der **Leasinggeber** jedoch **Eigentümer** der Leasingsache bleibt.
Das **Risiko** von Beschädigung und Verlust ist beim Leasing dagegen kaufähnlich, wird also dem **Leasingnehmer** aufgebürdet.
Überspitzt ließe sich sagen, dass rechtlich zu Lasten des Leasingnehmers die Nachteile des Kaufs mit den Nachteilen der Miete verbunden werden.

4. Der Finanzierungsleasingvertrag ist in besonderer Weise durch ein **Dreiecksverhältnis** zwischen Hersteller (Lieferant), Leasinggeber und Leasingnehmer gekennzeichnet: Der Leasinggeber kauft die Leasingsache vom Hersteller und überlässt sie dann mit dem Leasingvertrag dem Leasingnehmer zum Gebrauch. Leasing als Gesamtkonstruktion in diesem Dreieck ist eine Kombination aus Kauf und Miete.

5. Es fehlt an dem für (Finanzierungs-)Leasingverträge typischen Dreiecksverhältnis, weil der

Hersteller zugleich Leasinggeber ist. Ein solches sogenanntes **Herstellerleasing** ist rechtlich eine Miete, so dass ausschließlich die §§ 535 ff. BGB anzuwenden sind.

6. Neben den **Anschaffungskosten** decken die Leasingraten auch die **Finanzierungskosten** des Leasinggebers ab.

7. Da Kauf und Leasingvertrag verbundene Verträge i. S. v. §§ 506, 358 BGB sind und somit rechtlich eine wirtschaftliche Einheit bilden, kann der Leasingnehmer nach **§ 358 Abs. 2 BGB** den Leasingvertrag widerrufen und ist auch dem Hersteller gegenüber nicht mehr gebunden.

8. Nach den beim Finanzierungsleasing üblichen Allgemeinen Geschäftsbedingungen trägt der **Leasingnehmer** wie ein Käufer (vgl. § 446 BGB) die **Gefahr des zufälligen Unterganges**, muss in diesem Falle also dennoch die Leasingraten weiterzahlen, ohne dafür ein Ersatzobjekt zu erhalten.

9. Hier besteht die rechtliche Besonderheit, dass der Leasinggeber aufgrund seiner Allgemeinen Geschäftsbedingungen nicht für Sachmängel haftet, sondern seine **Mängelhaftungsansprüche** aus seinem Kaufvertrag mit dem Hersteller **an den Leasingnehmer abtritt** (keine Unwirksamkeit nach § 309 Nr. 8b aa) BGB: keine „*Lieferung*“, sondern bloße Gebrauchsüberlassung!). Bei wirksamer Abtretung der Ansprüche muss der Leasingnehmer diese gegen den Hersteller geltend machen.

10. Der Leasingnehmer könnte auf Grund der Abtretung durch den Leasinggeber wie dieser nach § 437 Nr. 2 gegenüber dem Hersteller den Rücktritt erklären. Diese Einwendung würde nach **§ 359 BGB** auch auf den Leasingvertrag durchgreifen, für den jetzt die Geschäftsgrundlage weggefallen ist, § 313 BGB (sogenannter **Einwendungsdurchgriff**).

11. Hier wird das Leasingobjekt mehreren Leasingnehmern für jeweils nur kurze Zeit (meist **projektbezogen**) zum **Gebrauch überlassen**. Rechtlich ergeben sich daraus keine relevanten Unterschiede zum Mietvertrag (§§ 535 ff. BGB).

Einheit 6 B . FRAGEN

1. In §§ 491 ff. BGB regelt der Gesetzgeber spezielle Verträge mit Finanzierungsleistungen. Er unterscheidet insgesamt vier Typen:

- (Verbraucher-) **Darlehensverträge** (§ 491 BGB)
- Sonstige Verträge mit **Finanzierungshilfen** (§§ 506 ff. BGB)
- **Ratenlieferungsverträge** (§ 510 BGB)
- **Darlehensvermittlungsverträge** (§§ 655a ff. BGB)

2. Verbraucherdarlehensverträge bedürfen nach § 492 Abs. 1 BGB der **Schriftform**. Nach Satz 2 können die Erklärungen der Parteien auch getrennt abgegeben werden, wobei für den Darlehensgeber bei automatischer Erstellung der Erklärung die Unterschrift entbehrlich sein kann (Satz 3). Elektronische Form (§ 126a BGB) genügt auch. **Besondere Informationen** über die Darlehenskonditionen sind nach § 492 Abs. 2 BGB (i. V. m. Art. 247 §§ 6-13 EGBGB) vorgeschrieben; diese sind ohne Unterschrift des Verbrauchers wirksam, vgl. § 492 Abs. 5 und 6 BGB.

3. Der Gesamtbetrag muss nach § 492 Abs. 2, Art. 247 § 6 Abs. 1 Nr. 1, § 3 Abs. 1 Nr. 8 EGBGB angegeben werden. Fehlt diese Angabe, so ist der Vertrag **nach § 494 Abs. 1 BGB nichtig**, ohne dass eine Abwägung nach § 139 BGB in Frage käme. Der Vertrag wird aber **nach § 494 Abs. 2 BGB gültig**, sobald das **Darlehen empfangen** oder in Anspruch genommen wurde. Jedoch gilt dann für das Darlehen nach § 494 Abs. 2 Satz 2 BGB **nur der gesetzliche Zinssatz** (4 %: § 246 BGB). Damit beabsichtigt der Gesetzgeber einen gewissen Strafeffekt für die Darlehensgeber, die den Verbraucher nicht ausreichend informiert haben.

4. Nach § 495 Abs. 1 BGB steht dem Darlehensnehmer bei einem Verbraucherdarlehensvertrag das allgemeine **Widerrufsrecht** nach § 355 BGB zu. Dafür gelten nach **§ 357 Abs. 1 Satz 1 BGB** die Vorschriften über das gesetzliche Rücktrittsrecht. Mit der Widerrufserklärung (§ 349 BGB entspr.) ist der Kunde gemäß § 346 Abs. 1 BGB zur **Rückzahlung** des Darlehens verpflichtet. Bis zur Rückzahlung schuldet er die im Darlehensvertrag vereinbarten Zinsen.
Bei verspäteter Rückzahlung könnte die Sparkasse nach §§ 280 Abs. 2, 286 Abs. 1 BGB **eventuell höhere Zinsen** als Ersatz des Verzögerungsschadens verlangen, und zwar nach § 288 Abs. 1 BGB in Höhe von 5 % über dem Basiszins. Die Spekulation des Kunden, das Geld noch länger zinsfrei behalten zu dürfen, geht also nicht auf.

5. Finanzierungsleasing ist der Hauptfall einer (sonstigen) **Finanzierungshilfe** i. S. v. § 506 BGB. Für sie gelten nach **Art. 247 § 12 Abs. 1 EGBGB** die Informationspflichten für Verbraucherdarlehensverträge entsprechend. Nach **Art. 247 § 3 Abs. 1 EGBGB** müssen bestimmte Informationen bereits vor Vertragsschluss gegeben werden, darunter nach Nr. 3 auch die Angabe des effektiven Jahreszinses und nach Nr. 8 die Angabe des Gesamtbetrags. Sie müssen nach Art. 247 § 6 Abs. 1 Nr. 1 EGBGB auch klar und verständlich im Vertrag enthalten sein. Das Fehlen dieser Informationen führt gemäß **§ 494 Abs. 1 BGB** zur **Nichtigkeit** des Vertrags (Dies gilt nach § 494 Abs. 2 BGB allerdings dann nicht, wenn der Kreditnehmer das Darlehen empfangen hat. Näheres siehe bei Fall 3).

6. Es handelt sich um einen **Ratenlieferungsvertrag** i.S.v. § 510 Abs. 1 Nr. 2 BGB (regelmäßige Lieferung von Sachen gleicher Art). Nach **§ 510 Abs. 1 Satz 1 a.E.** hat der Student ein **Widerrufsrecht** nach § 355 BGB. Anders als bei Teilzahlungsgeschäften (§ 508 BGB) kann dem Verbraucher hier kein Rückgaberecht eingeräumt werden; denn diese Vorschrift steht in einem gesonderten Untertitel.
Von der Vertriebsform her ist es ein **Haustürgeschäft** i.S.v. § 312 Abs. 1 Nr. 1 BGB (Abschluss durch mündliche Verhandlungen im Bereich einer Privatwohnung). Hier wäre gem. § 312 Abs. 1 Satz 2 BGB auch die Einräumung eines Rückgaberechts an sich möglich. Nach **§ 312a BGB** gehen aber die Regelungen über Ratenlieferungsverträge vor. Der Student hat also nur ein Widerrufsrecht. Ein Ausschluss gem. § 510 Abs. 1 Satz 2 i.V.m. § 491 Abs. 2 Nr. 1 BGB greift nicht ein. Das Widerrufsrecht kann auch durch Rücksendung ausgeübt werden, § 355 Abs. 1 Satz 2 BGB.

7. Es handelt sich um ein **Teilzahlungsgeschäft** i.S.v. § 506 Abs. 3 BGB. Im Vertrag muss nach § 507 Abs. 2 Satz 1 (Art. 247 § 6 Abs. 1 Nr. 1, § 3 Absatz 1 Nr. 3 EGBGB) unter anderem auch der effektive Jahreszins angegeben werden. Nach **§ 507 Absatz 2 Satz 1 BGB** war daher das Teilzahlungsgeschäft nichtig, es wurde aber nach Satz 2 gültig, als Familie Karl die Möbel erhalten hat. In diesem Fall gilt der Vertrag **nach Satz 3 BGB** allerdings nur zum gesetzlichen Zinssatz. Familie Karl braucht also **nur 4% Zinsen (§ 246 BGB)** zu zahlen.

8. Karin hat einen Darlehensvertrag im Sinne von § 488 BGB geschlossen. Würde es sich um einen **Verbraucherdarlehensvertrag** gem. § 491 Abs. 1 BGB handeln, ergäbe sich über **§ 495 Abs. 1 BGB** ein **Widerrufsrecht nach § 355 BGB**.
Als natürliche Person könnte Karin Verbraucher im Sinne von § 13 BGB sein, doch fehlt bei ihr der rein private Bezug. Vielmehr wäre sie, da sie eine selbständige gewinnorientierte Tätigkeit anstrebt, nach § 14 BGB als Unternehmerin anzusehen, so dass ein Verbraucherdarlehensvertrag nicht vorläge. Der Schutz der §§ 491 ff. BGB kommt ihr aber als **Existenzgründerin** gemäß **§ 512 BGB** zugute: Das Darlehen dient zur Aufnahme einer selbständigen Tätigkeit und das Kreditvolumen übersteigt nicht 75.000 Euro. Karin kann somit nach § 355 BGB das Darlehen bei der Sparkasse widerrufen.

Einheit 7 A . FRAGEN

1. Bei den **Realsicherheiten** liegt die Sicherung von Forderungen in einem Gegenstand und seinem Wert. In der Regel handelt es sich um eine Sache. Derjenige, dessen Forderung gesichert wird, erhält somit die Gewissheit, sich an das Vermögen des Schuldners im Wege der Zwangsvollstreckung oder durch öffentliche Versteigerung halten zu können. Beispiel: Der Privatmann, der ein Darlehen aufnimmt, übereignet der Bank zur Sicherheit sein Auto.
Den anderen Typ der Kreditsicherung stellen die **Personalsicherheiten** dar, bei denen eine Person die Sicherheit gewährleistet wie z.B. bei der Bürgschaft. Hier steht das Vertrauen in die persönliche Zuverlässigkeit und Zahlungsfähigkeit des Schuldners und des Sicherungsgebers (z.B. des Bürgen) im Vordergrund.

2. Die Bürgschaft (§§ 765 ff. BGB) ist vom **Garantievertrag** und vom **Schuldbeitritt** abzugrenzen.

3. Der (im Gesetz nicht geregelte, aber allgemein nach § 311 BGB zulässige) **Garantievertrag** begründet eine **eigenständige**, von der Hauptschuld völlig losgelöste („*abstrakte*") **Verpflichtung des Garanten**. Im Gegensatz dazu ist die Haftung des Bürgen an das Bestehen einer Hauptschuld gebunden: Die **Bürgschaft ist „akzessorisch"**, vgl. § 767 Abs. 1 BGB.

4. Beim Schuldbeitritt wird eine **zusätzliche Schuld** begründet: Der Beitretende haftet neben dem Schuldner **als Gesamtschuldner**. Die Zulässigkeit des Schuldbeitritts leitet sich aus §§ 414 ff. BGB ab, weil der Gläubiger gegenüber der Schuldübernahme mehr erhält (einen zusätzlichen Schuldner).

5. Das BGB kennt an beweglichen Sachen nur das vertragliche, mit Besitz verbundene **Pfandrecht** („Fahrnispfand") gem. §§ 1204 ff. BGB sowie einige gesetzliche Pfandrechte wie z.B. das Vermieterpfandrecht (§ 562 BGB) und das Werkunternehmerpfandrecht (§ 647 BGB).
Sicherungsobjekt von **Grundpfandrechten** bilden

Grundstücke. Grundpfandrechte sind **Hypothek** (§§ 1113 ff. BGB), **Grundschuld** (§§ 1191 ff. BGB) und die heute praktisch bedeutungslose Rentenschuld (§§ 1199 ff. BGB).
Nach § 1273 Abs. 1 BGB können auch Rechte Gegenstand eines Pfandrechts sein, z. B. Forderungen oder Geschäftsanteile an einer GmbH.

6. Grundpfandrechte sind Sicherungsrechte an einem Grundstück zur Absicherung einer Forderung. Bei der **Hypothek** (§§ 1113 ff. BGB) handelt es sich um ein **akzessorisches** („angelehntes") Sicherungsrecht, welches vom Bestehen der zu sichernden Forderung abhängig ist, während die **Grundschuld** (§§ 1191 ff. BGB) als **abstrakte Sicherheit** keine zu sichernde Forderung voraussetzt.
Beiden Grundpfandrechten ist gemeinsam, dass der Grundstückseigentümer die Zwangsvollstreckung wegen einer bestimmten Geldsumme in das belastete Grundstück dulden muss (§ 1147 BGB). Der (dingliche) Anspruch des Gläubigers auf **Duldung der Zwangsvollstreckung** ist nicht zu verwechseln mit dem (schuldrechtlichen) Anspruch auf Erfüllung der persönlichen Forderung, z. B. dem Rückzahlungsanspruch aus dem Darlehen (§ 488 Abs. 1 Satz 2 BGB).

7. Nach § 1205 BGB ist zur Begründung des vertraglichen Pfandrechts die Einigung über die Verpfändung und die Übergabe des Schmucks (Überlassung zum Alleinbesitz) erforderlich.
Nach § 1228 Abs. 2 BGB ist der Kreditgläubiger zum „Verkauf" berechtigt, sobald die Forderung fällig geworden ist (Pfandreife). Der **Pfandverkauf** richtet sich gem. § 1233 Abs. 1 BGB nach den §§ 1234 ff. BGB: Im Wege der **öffentlichen Versteigerung** (§ 1235 BGB) verwertet ein Gerichtsvollzieher oder ein Auktionator den Schmuck. Nach § 1247 Satz 1 BGB tritt der Erlös (in Höhe der gesicherten Forderung) an die Stelle der Pfandsache und wird dem Pfandgläubiger ausgezahlt. Mit dem Pfandverkauf ist der gesicherte Anspruch erfüllt.

8. Nach **§ 647 BGB** entsteht ein Werkunternehmerpfandrecht an beweglichen Sachen des Bestellers zugunsten des Unternehmers für dessen vertragliche Forderungen, wenn der Besteller Eigentümer der Sachen ist (Besteller gibt sein Auto in die Reparaturwerkstatt).
Nach **§ 562 BGB** entsteht ein Vermieterpfandrecht an den eingebrachten Sachen des Mieters zugunsten des Vermieters für dessen Forderungen aus dem Mietverhältnis.
Nach Maßgabe der (über § 1257 BGB auf die gesetzlichen Pfandrechte anwendbaren) §§ 1228 ff. BGB dürfen die Sachen im Auftrag des Unternehmers bzw. des Vermieters im Wege der öffentlichen Versteigerung verwertet werden (§ 1235 BGB).

9. Es handelt sich um **Sicherungsübereignung** und **Sicherungsabtretung**. Für beide fehlt eine gesetzliche Regelung, sie sind jedoch im Rahmen der Vertragsfreiheit (§ 311 BGB) rechtlich zulässig, nicht zuletzt deshalb, weil sie wirtschaftlich notwendig sind.
Die **Sicherungsübereignung** erfolgt nach §§ 929, 930, 868 BGB durch **Einigung** und (statt Übergabe) **Vereinbarung eines Besitzmittlungsverhältnisses**. Grundlage ist eine schuldrechtliche Sicherungsabrede, in der Pflichten bezüglich des Sicherungsgutes sowie Verwertungsmodalitäten festgelegt werden.
Bei der **Sicherungsabtretung** wird ein zu sichernder Anspruch des Gläubigers gegen den Schuldner durch Abtretung (§ 398 BGB) einer **Forderung des Schuldners gegen einen Drittschuldner** gesichert (Beispiel: Ein Unternehmen tritt der kreditgebenden Bank zur Sicherheit alle Außenstände aus Verkäufen ab: sog. Globalzession). Auch hier werden in der Sicherungsabrede die schuldrechtlichen Pflichten der Parteien festgelegt.

10. Bei Bestellung eines vertraglichen Pfandrechts muss die Pfandsache dem Pfandgläubiger übergeben werden (§ 1205 BGB), während bei der Sicherungsübereignung durch die Vereinbarung des Besitzmittlungsverhältnisses (i. d. R. Leihvertrag, § 598 BGB) der **Schuldner weiterhin in Besitz der Sache** bleibt. Dies ist insbesondere dann sinnvoll und auch erforderlich, wenn der Schuldner auf die sicherungsübereignete Sache angewiesen ist, um mit ihr die Kreditrückzahlung zu erwirtschaften, z. B. bei Maschinen, ohne die der Betrieb zum Stillstand käme.

Einheit 7 B . FRAGEN

1. Gegenstand einer Bürgschaft (§§ 765 ff. BGB) ist die vertragliche Verpflichtung des Bürgen gegenüber dem Gläubiger, **für die Schuld eines anderen** (Hauptschuldner) **zu haften**. Die Bürgschaft stellt den wichtigsten Fall einer Personalsicherheit dar. Im Gegensatz zu einer Realsicherheit haftet der Bürge mit seinem gesamten pfändbaren Vermögen und nicht nur mit einem als Sicherheit überlassenen Gegenstand.

2. Akzessorietät bedeutet, dass die Bürgschaft in ihrer Entstehung und ihrem Bestand **vom jeweiligen Bestand der zu sichernden Hauptschuld abhängig** ist (vgl. § 767 Abs. 1 Satz 1 BGB). Ist die

Hauptschuld nicht entstanden, so besteht auch keine Forderung des Gläubigers gegen den Bürgen. Verändert sich die Hauptschuld, verändert sich entsprechend der Umfang der Bürgschaft. Beispiel: Mit jeder zurückgezahlten Kreditrate vermindert sich auch die Schuld des Bürgen, bei Verzug erhöht sie sich um die dann anfallenden Verzugszinsen (§ 288 BGB).

3. Wird der Bürge aus dem Bürgschaftsvertrag vom Verkäufer in Anspruch genommen, kann er gem. § 768 Abs. 1 BGB **alle Einreden des Hauptschuldners** geltend machen, also auch die Einrede des nicht erfüllten Vertrages aus § 320 BGB.
Bei einer einfachen (= nicht selbstschuldnerischen) Bürgschaft könnte er darüber hinaus nach § 771 BGB von sich aus die Zahlung verweigern, solange der Gläubiger nicht die Zwangsvollstrekkung gegen den Hauptschuldner versucht hat **Einrede der Vorausklage**). Hierbei handelt es sich also -im Gegensatz zu § 768 Abs. 1 BGB- um eine eigene Einrede des Bürgen.

4. Zahlt der Bürge, geht gem. **§ 774 Abs. 1 Satz 1 BGB** der Anspruch des Gläubigers gegen den Hauptschuldner von Gesetzes wegen auf den Bürgen über (*cessio legis*). Er erhält somit eine Anspruchsgrundlage für einen Regress gegenüber dem Hauptschuldner.
Hat sich der Bürge auf Bitten des Schuldners hin verbürgt, könnten sich auch Regressansprüche aus Auftragsrecht (§ 670 BGB) oder aus Geschäftsführung ohne Auftrag (§§ 677, 683, 670 BGB) ergeben. Meist wird aber nur ein bloßes Gefälligkeitsverhältnis vorliegen.

5. Nein. Nach § 766 Satz 1 BGB bedarf nur die **Bürgschaftserklärung** der Schriftform, nicht jedoch die Annahme durch den Gläubiger. Die Formvorschrift des § 766 BGB soll den Bürgen vor der Gefährlichkeit der Bürgschaft warnen und vor übereilter Verpflichtung schützen. Eines derartigen Schutzes bedürfen allerdings Kaufleute nicht. Sie können sich daher gem. § 350 HGB auch mündlich verbürgen.

6. Ähnlich wie bei der Bürgschaft wird auch beim (analog §§ 414 ff. BGB zulässigen) Schuldbeitritt eine zusätzliche Schuld begründet. Problematisch die Abgrenzung der Bürgschaft zum Schuldbeitritt aber im Hinblick auf die **Schutzfunktion des § 766 BGB**, die durch eine nur mündliche Erklärung unterlaufen werden könnte. **Unzulässig** ist daher die einfache, jederzeit mögliche **Umdeutung einer nur mündlichen Bürgschaftserklärung** nach § 140 BGB in einen Schuldbeitritt. Beide Rechtsinstitute haben verschiedene Inhalte: Der **Bürge** verpflichtet sich für eine **fremde Schuld**, während der **Übernehmende** die **Schuld als eigene** übernimmt. Wenn also ausdrücklich eine „Bürgschaft" Gegenstand der Erklärung ist, scheidet ein Schuldbeitritt als Alternative aus.
Bei der Frage, ob eine unklar formulierte **Verpflichtungserklärung** (z. B. für eine Schuld „*einzustehen*") als Schuldbeitritt **ausgelegt** werden kann, kommt es darauf an, ob auf Seiten des Erklärenden ein **eigenes wirtschaftliches Interesse** an der Erfüllung der Schuld besteht. Nur wenn das der Fall ist, kommt ein Schuldbeitritt in Frage; denn nur dann kann im Wege der Auslegung ein Wille angenommen werden, die Schuld als eigene mit zu übernehmen.

7. Im Unterschied zur (akzessorischen) Bürgschaft, begründet der Garantievertrag eine selbständige, **vom Bestehen der Hauptschuld unabhängige („abstrakte") Haftung** in Bezug auf einen künftigen Erfolg (Beispiel: Der Baubetreuer übernimmt und garantiert gegenüber dem Bauherrn die Vermietung des Neubaus). Der Garant kann sich nicht auf Einreden und Gegenrechte des Hauptschuldners berufen. Garantieverträge sind im Gegensatz zur Bürgschaft formlos gültig.

8. Hat sich der Bürge selbstschuldnerisch verbürgt (vgl. **§ 773 Abs. 1 Nr. 1 BGB**), braucht sich der Gläubiger nicht zuerst an den Hauptschuldner zu halten, sondern kann sofort vom Bürgen die volle Leistung verlangen. **Die Einrede der Vorausklage gem. § 771 BGB ist ausgeschlossen**.

9. Bei der Ausfallbürgschaft kann der Ausfallbürge von vornherein nur auf das in Anspruch genommen werden, was der Gläubiger beim Hauptschuldner nicht beitreiben kann. **Der Ausfallbürge braucht also nicht die Einrede der Vorausklage zu erheben**.

10. Vertragspartner des **Nachbürgen** ist der Gläubiger. Ihm gegenüber verpflichtet sich der Nachbürge, für die Verbindlichkeit eines anderen Bürgen (Vorbürge) einzustehen, sozusagen als Reservebürge. Dies gibt dem Gläubiger eine doppelte Sicherheit.
Vertragspartner des **Rückbürgen** ist der Bürge. Der Rückbürge haftet dem Bürgen dafür, dass dieser vom Hauptschuldner Regress (§ 774 BGB) erhält. Dadurch wird der Bürge gesichert. Er muss zwar dem Gläubiger zahlen, kann sich aber sicher sein, dieses Geld wieder zurückzuerhalten; denn

sollte der nach § 774 BGB verpflichtete Hauptschuldner nicht zahlen können, kann der Bürge die Regresssumme beim Rückbürgen eintreiben.

Einheit 8 A . FRAGEN

1. Der Auftrag gem. § 662 BGB ist einerseits durch die **Geschäftsbesorgung** für den Auftraggeber gekennzeichnet, andererseits durch die **unentgeltliche** Ausführung durch den Beauftragten. Es handelt sich nicht um einen gegenseitigen, sondern um einen nur einseitig verpflichtenden Vertrag (genauer: einen unvollkommen zweiseitigen Vertrag; denn auch der Auftraggeber kann nach § 670 BGB zu Leistungen verpflichtet sein, diese stehen aber als Nebenpflichten in keinem Verhältnis von Leistung und Gegenleistung zur Geschäftsbesorgung).
Bei **entgeltlicher** Tätigkeit für einen anderen liegt der (praktisch bedeutsamere) **Geschäftsbesorgungsvertrag** gem. § 675 Abs. 1 BGB vor (Beispiel: Vertrag mit dem Rechtsanwalt). Dieser Vertrag ist ein gegenseitiger Vertrag. Auf ihn finden auch die Vorschriften der §§ 320 ff. BGB Anwendung.

2. Unter Geschäftsbesorgung versteht man **jedes Tätigwerden für den Auftraggeber in dessen wirtschaftlicher Interessensphäre**. Der Begriff des Geschäfts wird weit ausgelegt und umfasst auch rein tatsächliches Tätigwerden.

3. Beim **Auftrag** handelt es sich um einen beiderseits bindenden **Vertrag**, in dem echte, notfalls einklagbare Leistungspflichten begründet werden bzw. bei Verletzung dieser Pflichten vertragliche Ansprüche hergeleitet werden können.
Beim bloßen **Gefälligkeitsverhältnis** (z. B. die Mitnahme eines Freundes im Auto) ist von den Parteien **keine rechtliche Bindung** gewollt. Indizien für das Vorliegen eines Bindungswillens sind die wirtschaftliche Bedeutung der Angelegenheit und das damit verbundene Risiko für den Beauftragten.

4. Der **Auftrag** regelt die Beziehungen im **Innenverhältnis** zwischen Auftraggeber und Beauftragtem, während die Vollmacht gem. §§ 164 ff. BGB dem Bevollmächtigten die Befugnis erteilt, Willenserklärungen im Namen des Vollmachtgebers abzugeben (Außenverhältnis).

5. Nein. Da gesetzlich keine Form vorgeschrieben ist, besteht im Rahmen des Grundsatzes der Vertragsfreiheit (vgl. § 311 Abs. 1 BGB) auch **Formfreiheit**.
Eine **Sonderregel** beinhaltet **§ 663 BGB**. Danach ist derjenige, der sich öffentlich zu bestimmten Geschäftsbesorgungen erbietet, zur Ablehnungsanzeige verpflichtet, wenn er den Auftrag nicht annimmt. Hier gilt also Schweigen als Annahme des Auftrags.

6. Gem. **§ 671 Abs. 1 BGB** kann der Auftrag von beiden Parteien ohne Angabe von Gründen jederzeit widerrufen (Auftraggeber) bzw. gekündigt (Beauftragter) werden. Nach § 673 Satz 1 BGB **erlischt der Auftrag beim Tod des Beauftragten**, nicht jedoch mit dem Tod des Auftraggebers, § 672 Satz 1 BGB. Wenn nach dem Tod des Auftraggebers der Auftrag durch Vereinbarung ausnahmsweise erlöschen soll, hat der Beauftragte die Geschäftsbesorgung für den Erben so lange fortzusetzen, bis dieser anderweitig Fürsorge treffen kann, § 672 Satz 2 BGB.

7. Der Anspruch des Auftraggebers auf sorgfältige Geschäftsbesorgung beinhaltet nach **§§ 662, 665 BGB** ein Weisungsrecht. Der Auftraggeber bleibt aber für die Art der Durchführung „Herr des Geschäfts".
Gem. **§ 667 BGB** hat der Auftraggeber einen Anspruch auf Herausgabe des durch die Geschäftsbesorgung Erlangten (z. B. Urkunden, Geld, Geräte).

8. Unter Aufwendungen i. S. v. § 670 BGB versteht man alle **freiwilligen**, zur Durchführung des Auftrags **notwendigen Vermögensopfer**, z. B. Reisekosten. Zur Vermeidung unbilliger Ergebnisse werden analog § 670 BGB **auch Schäden** ersetzt, soweit sie sich aus dem **typischen Geschäftsbesorgungsrisiko** ergeben.

9. Im **Fall a)** fallen die Fahrtauslagen als freiwillige Vermögensopfer unter den Aufwendungsbegriff des § 670 BGB. Sie stehen mit der Ausführung des Auftrags im Zusammenhang und sind zwangsläufige Folge der Geschäftsbesorgung.
Im **Fall b)** würde es unbillig erscheinen, wenn A den Sachschaden (verunreinigte Polster) zu tragen hätte, der aufgrund der mit der Geschäftsbesorgung verbundenen, typischen Gefahrenlage eingetreten ist. Daher erhält A analog § 670 BGB auch Ersatz für diesen (unfreiwilligen) Sachschaden.

10. Nein. Hier hat A den Sachschaden nicht nur zufällig erlitten. Solche Schäden stehen bei Unglücksfällen in adäquat ursächlichem Zusammenhang mit dem spezifischen Risiko, welches mit einem Krankentransport erkennbar verbunden ist. Angesichts der gleichen **Interessenlage** des Beauftragten rechtfertigt sich für solche transportbedingten Schäden die **analoge Anwendung des § 670 BGB.**

11. Im Regelfall bekommt der Beauftragte keine Vergütung für seine Arbeitszeit, da der Auftrag ein unentgeltlicher Vertrag ist. Gem. **§ 1835 Abs. 3 BGB analog** kann aber ein Beauftragter (wie ein Vormund) für zusätzliche Leistungen, die zu seinem **Beruf oder Gewerbe** gehören, Aufwendungsersatz erhalten. Im Gegensatz zum Laien erhält also der Profi eine Vergütung!

Einheit 8 B . FRAGEN

1. Die Geschäftsführung ohne Auftrag (GoA) ist durch drei Elemente gekennzeichnet:

(1) „*Jemand*" (Geschäftsführer) muss objektiv ein „*Geschäft*" (=jegliche Tätigkeit) eines anderen (Geschäftsherr) besorgen. Das Geschäft darf nicht ausschließlich den eigenen Interessenkreis betreffen, sondern muss **zumindest teilweise einen fremden Interessenkreis** berühren.

(2) Das Geschäft muss subjektiv mit „**Fremdgeschäftsführungswillen**" besorgt werden. Der Geschäftsführer muss das Bewusstsein und den Willen haben, eine Angelegenheit für einen anderen zu besorgen. Es ist unerheblich, wenn er daneben auch eigene Interessen verfolgt.

(3) Die Geschäftsbesorgung muss **„ohne Auftrag" oder sonstige Berechtigung** vorgenommen werden. Hat die Geschäftsbesorgung ihre Grundlage in einem Vertrag oder ergibt sie sich aus dem Gesetz (z. B. Vormundschaft), finden die jeweiligen Vorschriften des betreffenden Rechtsverhältnisses Anwendung. Unbeachtlich für die Anwendung der GoA-Regeln bleiben die allgemeine Hilfeleistungspflicht (§ 323c StGB) oder allgemeine Verkehrssicherungspflichten. Sie begründen kein Rechtsverhältnis zwischen Geschäftsführer und Geschäftsherrn.

2. E kann als Geschäftsführer einen Anspruch auf Aufwendungsersatz gem. § 677, § 683, § 670 BGB geltend machen, wenn die **Geschäftsbesorgung berechtigt** war. Entscheidendes Kriterium für die Berechtigung ist die Interessenlage des Geschäftsherrn N, d. h., die Brandlöschung muss (zumindest auch) seinem objektiven Interesse und seinem (wirklichen oder mutmaßlichen) Willen entsprochen haben.
Kommt der Geschäftsführer durch die Geschäftsbesorgung einer Pflicht des Geschäftsherrn nach, deren Erfüllung im öffentlichen Interesse liegt, hat er nach § 683 Satz 2 i. V. m. § 679 BGB in jedem Fall Anspruch auf Ersatz seiner Aufwendungen. Vorliegend ist E der Pflicht des Störers N, die für die Öffentlichkeit unmittelbar drohende Brandgefahr rechtzeitig abzuwenden, nachgekommen. Dass er dabei vor allem (auch) sein Haus schützen wollte, ist unbeachtlich. Es genügt, dass sein Eingreifen *auch* die Interessensphäre des N betraf. Auch die Tatsache, dass es sich nicht um echte (freiwillige) Anwendungen, sondern um einen **Schaden** handelt, ist unerheblich; denn der Schaden an der Kleidung steht **in unmittelbarem Zusammenhang mit dem Geschäftsführungsrisiko** und wird daher im Rahmen des **§ 683 BGB analog** wie eine Aufwendung ersetzt.

3. Grundsätzlich verdrängen vertragliche und gesetzliche Beziehungen zwischen den Parteien die GoA-Regeln, da das weit auszulegende Merkmal „*ohne Auftrag*" sonst nicht vorliegt. Anders verhält es sich jedoch bei der Hilfeleistungspflicht gem. § 323c StGB. Sie besteht nur gegenüber der Allgemeinheit und nicht gegenüber dem Geschäftsherrn, zu dem keine Rechtsbeziehung zustande kommt und der durch § 323c StGB nicht speziell geschützt wird. Es handelt sich also um berechtigte Geschäftsführung ohne Auftrag. Der Einwand des B bleibt unbeachtlich.

4. Entscheidend für die berechtigte GoA ist die vom Standpunkt eines objektiven Betrachters zu beurteilende Interessenlage des Geschäftsherrn. Das Gesetz unterscheidet zwischen drei verschiedenen Fallgruppen:

(1) Gemäß § 683 Satz 1 BGB ist die GoA berechtigt, wenn die Geschäftsübernahme dem **objektiven Interesse** und dem **wirklichen oder mutmaßlichen Willen** des Geschäftsherrn entspricht.

(2) Gem. § 683 Satz 2 i. V. m. § 679 BGB ist die GoA auch berechtigt, wenn die Geschäftsübernahme zwar nicht dem Willen des Geschäftsherr entspricht, durch sie jedoch **eine im öffentlichen Interesse liegende Pflicht** des Geschäftsherrn erfüllt wird und diese andernfalls nicht rechtzeitig erfüllt worden wäre (siehe auch Fragen 2 und 3). Beispiel: Rettung von Menschen in Notfällen.

(3) Gem. § 684 Satz 2 BGB ist die GoA berechtigt, wenn die Übernahme des Geschäfts **durch den Geschäftsherrn später genehmigt** wird.

5. Der Geschäftsführer hat gem. § 683, § 670 BGB einen Anspruch auf **Aufwendungsersatz**. Unter Aufwendungen versteht man freiwillige Vermögensopfer und auch risikotypische Schäden.

Der Geschäftsherr hat gem. § 681 Satz 2 i.V.m. § 667 BGB einen Anspruch auf **Herausgabe des durch die Geschäftsführung Erlangten**, z.B. Geld, Urkunden oder Geräte als Ergebnis der Geschäftsführung.

6. Im **Fall a)** könnte A seinen unfreiwillig erlittenen Schaden gem. § 683, § 670 BGB geltend machen, wenn mit dem Aufbrechen der Tür die Gefahr eines Schadens erkennbar oder typischerweise verbunden war. Hier ist zwar davon auszugehen, dass eine Armverletzung als typische Folge der Gefahrenlage bei einer spontanen Hilfsaktion hervorgerufen werden kann. Jedoch ist zu beachten, dass eine **grobe Fahrlässigkeit** (oder Vorsatz) zu einem **Anspruchsausschluss** gem. **§ 680 BGB** führen könnte. Danach muss der Geschäftsführer sorgfältig geprüft haben, ob eine Gefahrenlage gegeben war und das von ihm eingegangene Risiko in einem angemessenen Verhältnis zum erhofften Nutzen stand. Ein grob fahrlässiges Verhalten des A ist wohl zu bejahen, da er sich mit einer milderen Vorgehensweise einen Überblick über die Gefahrenlage hätte verschaffen können (z.B. Klingeln bei B). Er kann keinen Ersatz verlangen.
Im **Fall b)** kann B von A gem. **§ 823 Abs. 1 BGB** Schadensersatz verlangen, wobei auch hier das Haftungsprivileg des **§ 680 BGB** zu berücksichtigen wäre. Bei nur leichter Fahrlässigkeit würde A nicht haften. Da er sich jedoch **grob fahrlässig** über die Voraussetzungen einer berechtigten GoA irrte, muss er Schadensersatz leisten.

Einheit 9 A . FRAGEN

1. § 812 Abs. 1 BGB enthält insgesamt vier verschiedene Fallgruppen, davon je zwei in Satz 1 und Satz 2:
(1) Satz 1 (1. Variante): rechtsgrundloser Erwerb **durch Leistung** (Leistungskondiktion)
(2) Satz 1 (2. Variante): rechtsgrundloser Erwerb **in sonstiger Weise** (Eingriffskondiktion)
(3) Satz 2 (1. Variante): **Wegfall des Rechtsgrundes**
(4) Satz 2 (2. Variante): **Zweckverfehlung**

2. Entsprechend der Situation des Gläubigers beim Verlust des ursprünglich in seinem Besitz befindlichen Bereicherungsgegenstandes, wird zwischen **Leistungs-** und **Eingriffskondiktion** unterschieden: Der Schuldner hat von ihm
- im ersten Fall etwas durch *„Leistung"* (= bewusste, zweckgerichtete Vermehrung fremden Vermögens),
- im zweiten Fall *„in sonstiger Weise"* (also nicht durch Leistung)

erlangt, ohne einen Anspruch darauf zu haben.

3. Die Leistungskondiktion hat drei Voraussetzungen:
(1) **etwas erlangt** (z.B. Eigentum)
(2) **durch Leistung** (= bewusste, zweckgerichtete Vermehrung fremden Vermögens, z.B. Übereignung). Es muss sich dabei um die Leistung des Gläubigers handeln: Nur dem Leistenden („ihm") ist das Erlangte herauszugeben.
(3) **ohne rechtlichen Grund** (z.B. wirksame Verfügung bei unwirksamem Verpflichtungsgeschäft)

4. Nein. Wenn § 814 BGB davon spricht, dass der *„Leistende gewusst"* hat, nicht verpflichtet zu sein, ist damit gemeint, dass die Leistung selbst in diesem Bewusstsein erfolgt sein muss, der Leistende also bewusst großzügig sein wollte. Dann kann er sich später auf den fehlenden Rechtsgrund nicht berufen. § 814 BGB ist daher nichts anderes als eine Konkretisierung des allgemeinen Grundsatzes von Treu und Glauben (§ 242 BGB) in der Form des *„venire contra factum proprium"* (Widerspruch zum eigenen Verhalten). Versehentliche Leistungen fallen nicht darunter und können nach § 812 Abs. 1 Satz 1 BGB zurückgefordert werden.

5. Die Voraussetzungen der Eingriffskondiktion sind:
(1) **etwas erlangt**
(2) **in sonstiger Weise** (d.h. nicht durch Leistung, egal von wem)
(3) **auf dessen Kosten** (Nach der Rechtsordnung steht der erlangte Vorteil nur dem Gläubiger zu)
(4) **ohne rechtlichen Grund** (z.B. ohne vertragliche Gestattung)

6. K hat das Bild durch Leistung des L erlangt. § 812 BGB käme daher nur in dieser Leistungsbeziehung in Betracht, nicht aber gegenüber dem E. E kann auch nicht argumentieren, von ihm aus gesehen habe K das Bild ohne Rechtsgrund auf seine Kosten in sonstiger Weise erlangt: Sofern eine Leistung vorliegt (hier: die Veräußerung V-K), scheidet eine Eingriffskondiktion immer aus. Die **Leistungskondiktion** hat also **Vorrang**. Einen darauf gegründeten Anspruch kann V nur gegen K geltend machen. Erst wenn das Bild dem V zurückgegeben wird, kann es E von V herausverlangen, allerdings nicht nach § 812 BGB, sondern aus § 604 Abs. 1 i.V.m. § 605 Nr. 2 BGB bzw. aus § 985 BGB. Siehe im Übrigen auch Fall 9.

7. Bei § 812 Abs. 1 Satz 2 BGB handelt es sich um **Sonderformen der Leistungskondiktion**, bei denen sich der Mangel im Rechtsgrund erst später herausstellt. Das Gesetz enthält zwei Fallgruppen:

(1) Wegfall des Rechtsgrundes

(2) Zweckverfehlung (Hier besteht zwar ein Rechtsgrund, aber der damit verfolgte Zweck kann nicht erreicht werden)

8. Die Anfechtung hat nach § 142 BGB **rückwirkende Kraft**. Es wird so angesehen, als wäre der Vertrag von Anfang an unwirksam gewesen, als hätte also der Rechtsgrund von vornherein nicht bestanden. Es handelt sich also um die Situation des § 812 Abs. 1 Satz 1 BGB: Schon bei der Leistung fehlt der Rechtsgrund.

9. § 816 Abs. 1 BGB behandelt den Fall, dass ein Nichtberechtigter eine Verfügung getroffen hat, die dem Berechtigten gegenüber wirksam ist. Es handelt sich beispielsweise um eine Konstellation wie in Frage 6. Die Voraussetzungen für den Anspruch sind:

(1) Nichtberechtigter (z. B. Nichteigentümer)

(2) Verfügung (z. B. Übereignung in der Form des § 929 BGB, nicht aber Besitzüberlassung, weil es sich hier nur um einen Realakt handelt)

(3) wirksam (Hauptfall: gutgläubiger Erwerb nach § 932 BGB)

Der Vorteil des Anspruchs aus § 816 BGB liegt darin, dass der Berechtigte nicht lediglich den Wert des Gegenstandes (wie z. B. bei § 251 BGB) verlangen kann, sondern *„das durch die Verfügung Erlangte"*. Darunter fällt vor allem ein vom Verfügenden erzielter Kaufpreis (*„commodum ex negotiatione"*).

10. Die Wirksamkeit der Verfügung des nichtberechtigten Diebes kann der Eigentümer durch **Genehmigung nach § 185 Abs. 2 BGB** herbeiführen. Diese Genehmigung wirkt nach § 184 Abs. 1 BGB auf den Zeitpunkt der Verfügung zurück. Es wird also so angesehen, als wäre die Übereignung durch den Dieb von vornherein wirksam gewesen. Der Anspruch gegen den Dieb auf Herausgabe des Verkaufserlöses ergibt sich somit aus § 816 Abs. 1 BGB.

Einheit 9 B . FRAGEN

1. Nein. Nach § 818 Abs. 1 BGB sind auch die gezogenen **Nutzungen** herauszugeben. Nutzungen sind nach § 100 BGB neben den Gebrauchsvorteilen auch die **Früchte** einer Sache oder eines Rechts. Zu den Früchten eines Rechtes zählen nach § 99 Abs. 2 BGB die **Erträge**, welche das Recht seiner Bestimmung gemäß gewährt. Das sind bei einer verzinslichen Forderung, also auch einem Bankkonto, die Zinsen.

2. Im **Fall a)** (V war vollkasko versichert) schuldet V nach § 818 Abs. 1 BGB als Ersatz die Herausgabe der Versicherungssumme oder Abtretung des Anspruchs gegen die Versicherung an K.
Im **Fall b)** (Es bestand für K keine Versicherung) schuldet K prinzipiell nach § 818 Abs. 2 BGB Wertersatz. Er ist aber entreichert nach Absatz 3, da er keine Vorteile von dem Wagen mehr hat und der Totalschaden nicht verschuldet war.
Im Ergebnis bekäme der Käufer also nach § 812 BGB den Kaufpreis zurück, das Verlustrisiko des Autos trüge der Verkäufer. So die (früher geltende) sog. Zweikondiktionentheorie. Da dieses Ergebnis aber unbillig ist, werden solche Fälle heute mit der von der h. M. entwickelten sog. **Saldotheorie** gelöst: Kaufpreis und Wertverlust bilden einen gemeinsamen Rechnungsposten. Die Bereicherung läge dann in der Differenz.

3. Nach der Saldotheorie sind **bei gegenseitigen Verträgen Leistung und Gegenleistung** wertmäßig als **Einheit** zu sehen: Es besteht also ein Kondiktionsanspruch nur insoweit, als einer der Vertragspartner „per Saldo" noch einen Vermögensvorteil hat. War also der Kaufpreis 20% höher als der (Verkehrs-) Wert des Autos, so kann der Käufer diese 20% nach § 812 BGB beanspruchen (vgl. auch Fall 2).

4. Ja. Nach § 818 Abs. 2 BGB wäre er zwar zum Wertersatz verpflichtet, diese Verpflichtung entfällt aber nach **§ 818 Abs. 3 BGB,** soweit die Bereicherung weggefallen ist. Gegenstand der Bereicherung war das Auto, das durch den Unfall wertlos geworden ist. Daher liegt **Entreicherung** vor. Eine Haftung des S könnte sich allenfalls aus § 819 BGB ergeben (verschärfte Haftung).

5. Die Kosten für die Lackierung sind **Aufwendungen**, die für K im Rahmen des **§ 818 Abs. 3 BGB** einen Entreicherungsposten darstellen. Er ist also zur Rückübereignung des Wagens nur verpflichtet, wenn der Verkäufer ihm diese Aufwendungen erstattet.

6. Im **Fall a)** liegt Entreicherung vor: Es handelte sich um eine Fahrt, die nicht notwendig war, die der Azubi also nicht unternehmen musste. Jetzt hat er nur noch das gehabte Vergnügen, die Freundin getroffen zu haben, aber keinen vermögenswerten Vorteil mehr.
Im **Fall b)** hätte er die Fahrt unternehmen müssen, hätte also in jedem Fall Kosten dafür gehabt. Daher hat er **notwendige Ausgaben erspart** und ist noch bereichert.

7. Er haftet, weil er wusste (und als 17-Jähriger **entsprechend § 828 Abs. 3 BGB** auch die Einsichtsfähigkeit hatte), dass die Benutzung öffentlicher Verkehrsmittel zur Zahlung des Fahrpreises verpflichtete und im Übrigen seine Eltern mit einer Schwarzfahrt nicht einverstanden waren. Er kannte also den Mangel des rechtlichen Grundes und haftet nach **§ 819 BGB** i.V.m. **§§ 818 Abs. 4, 292, 989 BGB** auf Schadensersatz (verschärfte Haftung).

8. Nach dem Gesetz gilt die verschärfte Haftung des Schuldners nach **§ 818 Abs. 4 BGB** schon dann, wenn in der Streitsache **Klage erhoben** wurde (= „Rechtshängigkeit"). Denn sobald er die Klageschrift zugestellt erhält, weiß der Schuldner, dass er die empfangene Sache möglicherweise zurückgeben muss, weshalb ihm von diesem Zeitpunkt an ein erhöhter Sorgfaltsmaßstab abverlangt wird, der einen Anspruch auf **Schadensersatz** (und nicht nur Wertersatz) rechtfertigt. Dass es um Schadensersatz geht, ergibt sich aus dem Verweis auf die „allgemeinen Vorschriften", d.h. bei Herausgabeansprüchen auf **§ 292 Abs. 1 BGB,** der seinerseits auf das Eigentümer-Besitzer-Verhältnis (§§ 987 ff. BGB) verweist. Dort wird in **§ 990 BGB i.V.m. mit § 989 BGB** eine Haftung auf Schadensersatz begründet. Dieser Anspruch besteht im Gegensatz zum bloßen Wertersatzanspruch des § 818 Abs. 2 BGB auch dann, wenn ein Wegfall der Bereicherung (§ 818 Abs. 3 BGB) eingetreten wäre.
§ 819 BGB erweitert die verschärfte Haftung auf den Tatbestand, dass der Schuldner, der zu Unrecht etwas erlangt, den **Mangel des Rechtsgrundes kennt.**

Einheit 9 . FÄLLE

Fall 1

Die Straßenbauverwaltung des Landes hatte in den VOB-Ausschreibungsunterlagen beim Neubau einer Landstraße für den Unterbau der Straßendecke ein Verfahren vorgeschrieben, das zugunsten der X-AG patentiert war. Weder dem Land noch den einzelnen Bauunternehmen war dies bekannt. Die Patentverletzung hatte man auch nicht erkennen können.
Die X-AG besteht auf Zahlung einer Entschädigung. Mit Recht?

Lösung

Die Auftragsvergabe für den Straßenbau unterfällt als schlichte Hoheitsverwaltung den Regelungen des Privatrechts, wenn sie - wie hier - mit privatrechtlichen Mitteln (VOB) durchgeführt wird.
Da mangels Verschuldens deliktische Normen ausscheiden, könnte sich ein Anspruch nur aus § 812 Abs. 1 Satz 1 BGB ergeben.
Das Land hat einen Vorteil dadurch erlangt, dass es ein Patent der X-AG verwendete, wofür normalerweise eine Vergütung zu zahlen wäre. In dieser Patentbenutzung liegt ein Vorteil (**„etwas"** im Sinne von § 812 BGB). Dieser Vorteil wurde nicht durch Leistung, sondern *„in* **sonstiger** *Weise"* erlangt (**Eingriffskon**diktion). Dies geschah ohne Rechtsgrund (ohne Einwilligung der X-AG) und auch auf **Kosten** der X-AG, da allein ihr nach der Rechtsordnung die Patentauswertung zusteht. Ein Verschulden ist bei der Eingriffskondiktion nicht erforderlich.
Da die Herausgabe wegen der Beschaffenheit des Erlangten (Benutzungsvorteil) nicht möglich ist, geht der Anspruch auf We**rtersa**tz (§ **818** Abs. 2 BGB). Der Einwand der Entreicherung (§ 818 Abs. **3** BGB) ist ausgeschlossen, weil das Land das Patent bei notwendigen Baumaßnahmen verletzte, also eigene Au**fwendun**gen (Lizenzzahlungen) erspart hat. In dieser Höhe besteht also ein Anspruch nach §§ 812 Abs. 1 Satz 1, 818 Abs. 2 BGB.

Fall 2

Der bei der privaten Schwarzwaldklinik GmbH angestellte Assistenzarzt Dr. Schlemmer rechnete Überstunden ab für die Zeit vom 15. März bis einschl. 31. April. Die Verwaltung berechnete die Überstunden irrtümlich nach einer zu hohen Vergütungsgruppe. Sie verlangt die zuviel gezahlten Gelder zurück. Dr. Sch. wendet ein, er habe das Geld auf einer Feinschmeckertour im Elsass restlos ausgegeben. Dass er zuviel Geld bekommen habe, sei ihm gar nicht aufgefallen. Er habe seine Abrechnung nicht so genau überprüft. Abgesehen davon seien ihm die vom Computer erstellten Belege absolut schleierhaft. Er blicke da nie ganz durch. Muss Dr. Schlemmer die geforderten Gelder zurückzahlen?

Lösung

Der Anspruch ergibt sich aus § **812** Abs. 1 Satz **1** BGB (**Leistungskon**diktion). Der Arzt hat unberechtigte Zuvielzahlungen, also *„etwas"* durch Leistung ohne Rechtsgrund erlangt.
Da das Geld nicht mehr da ist, schuldet Dr. Sch. **Wert**ersatz nach § **818** Abs. **2** BGB, kann sich aber auf Ent**reicherung** gem. § 818 Abs. **3** BGB berufen. Luxusausgaben sind der typische Fall dafür. Eine v**erschärfte** Haftung nach § **819** BGB würde bei Dr. Sch. Vorsatz voraussetzen, d.h. Kenntnis davon, dass er zuviel bekommen hat. Bezüglich der falschen Vergütungsgruppe kann man das

nicht annehmen. Selbst grobe Fahrlässigkeit im Umgang mit seinen Gehaltsabrechnungen genügt nicht.

In einem Punkt lässt sich aber Vorsatz nachweisen: Die Beanspruchung von Überstunden für den 31. April kann nicht nur auf Fahrlässigkeit beruhen, weil der April laut Kalender nur 30 Tage hat. Die hierfür erhaltenen Gelder muss Dr. Schlemmer zurückzahlen.

Fall 3 (Abwandlung zu Fall 2)
Wäre der Fall anders zu beurteilen, wenn Dr. Schlemmer beamteter Stationsarzt an einer Universitätsklinik wäre?

Lösung
Für Beamte trifft § 12 Abs. 2 BBesG eine Sonderregelung. Grundsätzlich gelten zwar die §§ **812** ff. BGB, doch reicht nach § 12 Abs. 2 Satz 2 BBesG für die verschärfte Haftung **grobe Fahrlässig**keit aus: Der Kenntnis (im Sinne von § **819** BGB =Vorsatz) steht es gleich, wenn der Mangel so offensichtlich war, dass der Empfänger ihn hätte erkennen müssen. Ob das vorliegt, ist im Einzelfall zu entscheiden. Bei Dr. Sch. wird es darauf ankommen, wie deutlich die Abrechnung war und ob ihm die Differenz unbedingt hätte auffallen müssen.

Fall 4
Markus, 13 Jahre alt, hat kein Taschengeld mehr, um sich eine Fahrkarte zu kaufen. Trotzdem fährt er mit der Straßenbahn, um Freunde zu besuchen. Bei einer Kontrolle wird er erwischt. Die Bahn-AG wendet sich an seine Eltern und verlangt das in § 6 der Allgemeinen Beförderungsbedingungen (ABB) festgesetzte erhöhte Entgelt von 30,- Euro, hilfsweise die Erstattung des regulären Fahrpreises (1,50 Euro). Die Eltern erklären, ihr Sohn dürfe zwar Straßenbahn fahren, mit diesem Verhalten seien sie aber in keinster Weise einverstanden. Außerdem fehle an den Haltestellen jeder Hinweis auf die ABB.
Hat die Bahn-AG Ansprüche gegen M?

Lösung
1. Vertragliche Ansprüche
Aus § 6 der Allgemeinen Beförderungsbedingungen (ABB) im Zusammenhang mit einem **Werk**vertrag (§ 631 Abs. 1 BGB) könnte sich ein Anspruch auf **Zahlung von 30,- Euro** ergeben.
Die Beförderung von Fahrgästen durch die Straßenbahn ist eine Dienstleistung mit Er**folgs**charakter (Beförderung zu bestimmten Zielpunkten) und somit nach § 631 Abs. **2** BGB Gegenstand eines Werkvertrags. Nach § 631 Abs. 1 BGB wären zwar nur 1,50 Euro (der reguläre vertragliche Fahrpreis) zu bezahlen, dieser wird aber durch § 6 ABB ersetzt. Im Falle einer Fahrt ohne gültigen Fahrausweis sind also die in den ABB vorgesehenen 30,- Euro als die *„vereinbarte Vergütung"* i. S. v. § 631 Abs. 1 BGB anzusehen.
Voraussetzung für den Anspruch ist das Zustandekommen eines Beförderungsvertrages unter Einbeziehung der Beförderungsbedingungen.
1.1 Willensübereinstimmung (§§ 145 ff. BGB)
Verträge kommen zustande durch zwei übereinstimmende Willenserklärungen. Dies gilt auch für die Inanspruchnahme von Leistungen im modernen Massenverkehr (z. B. öffentliche Verkehrsmittel, Parkplätze, Elektrizität u.a.). Das Bereitstellen der Straßenbahn (konkret: Halten an der Haltestelle, Öffnen der Türen) stellt nach heute herrschender Ansicht ein schlüssiges, auf Abschluss eines Beförderungsvertrages gerichtetes Verhalten dar. Bei Abgabe der Willenserklärung fungiert der Fahrer, der die Bahn steuert und damit den Erklärungstatbestand herbeiführt, als Bote: Er ist gewissermaßen Überbringer der Erklärung der Bahn-AG.
M ist in die Straßenbahn eingestiegen und hat damit konkludent das Angebot der Bahn-AG angenommen. Es liegen also vom äußeren Tatbestand her zwei übereinstimmende, auf Abschluss eines Werkvertrages gerichtete Willenserklärungen vor. Das subjektiv erforderliche Er**klärungsbe**wusstsein ist gegeben. Auch wenn M nicht genau um die rechtliche Bedeutung seines Verhaltens weiß, so muss ihm doch zumindest bewusst sein, dass er mit dem Einsteigen in die Straßenbahn eine rechtlich relevante Handlung vornimmt. Das auch nur vage Bewusstsein einer möglichen Relevanz reicht nach der neueren Rspr. für ein Erklärungsbewusstsein im Sinne einer Willenserklärung aus.
Allerdings fehlt dem M ein entsprechender innerer Bindungswille; er will ja gerade keine Leistungspflicht eingehen. Dieser rein mentale Vorbehalt ist aber als „protestatio facto contraria", als Widerspruch zum eigenen Verhalten, nach **Treu und Glauben** (§ 242 BGB) unbeachtlich.
Mit dem Einsteigen in die Straßenbahn sind also zwei übereinstimmende Willenserklärungen abgegeben worden. Die für einen Vertragsschluss nach §§ 145 ff. BGB erforderliche Willensübereinstimmung ist gegeben.
Inhaltlich erstreckt sie sich auch auf die ABB, bei denen es sich um für eine Vielzahl von Fällen vorformulierte Vertragsbedingungen, also um Allgemeine Geschäftsbedingungen im Sinne von **§ 305 Abs. 1 BGB** handelt.
Für die Einbeziehung der ABB gelten die beson-

deren Anforderungen des § 305 Abs. 2 BGB. Der danach erforderliche ausdrückliche Hinweis auf die ABB fehlt hier, ebenso ein für Massengeschäfte (wie z. B. auch bei Banken oder an Garderoben) ausreichender Aushang der Bedingungen an deutlich sichtbarer Stelle § 305 Abs. 2 Nr. **1** (a.E.) Gemäß § **305a** Nr. 1 BGB sind aber im vorliegenden Fall die besonderen Anforderungen des § 305 Abs. 2 BGB nicht erforderlich. Daher genügt die allgemeine Willensübereinstimmung nach §§ 145 ff. BGB zur Einbeziehung der ABB in den Vertrag.
Durch Einsteigen in die Straßenbahn hat M nicht nur das Angebot der Bahn-AG angenommen, sondern zugleich stillschweigend sein Einverständnis mit der Geltung der ABB erklärt. Somit sind die ABB Bestandteil der Willensübereinstimmung zwischen M und der Bahn-AG geworden.

1.2 Minderjährigkeit des M: §§ 106 ff. BGB

Der Wirksamkeit des Vertrages könnte die Minderjährigkeit des M entgegenstehen. Mit 13 Jahren ist M gemäß § 106 BGB beschränkt geschäftsfähig. Die Wirksamkeit seiner Erklärungen richtet sich nach §§ 107 ff. BGB.
Wegen der Verpflichtung zur Zahlung des Fahrpreises ist ein Werkvertrag nicht lediglich rechtlich vorteilhaft im Sinne von § 107 BGB. Es wäre eine Einwilligung des gesetzlichen Vertreters (= der Eltern: §§ 1626, 1629 BGB) erforderlich. Diese Einwilligung lag als ausdrückliche Erklärung nicht vor. Eine Einwilligung der Eltern könnte im Sinne einer Generaleinwilligung ganz allgemein darin gesehen werden, dass ihr (mutmaßlicher) Wille sich auf alle Fahrten mit öffentlichen Verkehrsmitteln erstreckt. Dagegen spricht aber, dass Schwarzfahrten gerade nicht dem Willen der Eltern entsprechen. Im vorliegenden Fall gilt das umso mehr, als die Eltern ja extra für Straßenbahnfahrten Taschengeldmittel zur Verfügung gestellt haben. Auch aus § 110 BGB („Taschengeldparagraf") lässt sich die Wirksamkeit der Willenserklärung des M nicht herleiten. Dafür wäre erforderlich, dass die Zahlung mit dem Taschengeld **„bewirkt"** (i. S. v. § 362 Abs. 1 BGB) worden wäre.
Der Vertrag des M mit der Bahn-AG war daher schwebend unwirksam. Laut Sachverhalt haben die Eltern ihre nach § 108 Abs. 1 BGB erforderliche Genehmigung verweigert. Der Werkvertrag ist also endgültig unwirksam.
Ergebnis: Da kein wirksamer Vertrag vorliegt, kann sich die Bahn-AG auch nicht auf ihre Beförderungsbedingungen berufen. Ein Anspruch auf Zahlung des erhöhten Entgelts von 30,- Euro besteht nicht.

2. Gesetzliche Ansprüche

2.1 § 823 Abs. 1 BGB

Ein Anspruch könnte sich aus § 823 Abs. 1 BGB ergeben. Danach wäre M zum Schadensersatz verpflichtet. Der Schaden bestünde im nicht entrichteten Fahrpreis von 1,50 Euro (Die 30,- Euro nach § 6 ABB sind kein Schadensposten, sondern eine nur vertraglich vereinbarte Sonderregelung, die aber hier unwirksam und daher bei der Schadensberechnung unbeachtlich ist).
Durch die Schwarzfahrt müsste ein **Rechts**gut der Bahn-AG verletzt worden sein. Dies ist aber nicht der Fall: Weder eine E**igentums**verletzung, die eine Einwirkung auf die Sache selbst voraussetzt, noch eine Verletzung sonstiger Rechte ist zu erkennen. Der Bahn-AG ist lediglich ein V**ermögens**schaden entstanden. Das Vermögen ist aber kein sonstiges Recht i. S. v. § 823 Abs. 1 BGB.

2.2 § 823 Abs. 2 i. V. m. § 265a StGB

(1) § 265a StGB ist ein **Gesetz** im Sinne des Art. 2 EGBGB.
(2) Der Straftatbestand der Leistungserschleichung bezweckt vorrangig den Schutz von Beförderungsunternehmen, hat also nicht nur den Schutz der **Allgemein**heit zum Gegenstand.
(3) M hat mit seiner Schwarzfahrt **rechts**widrig und **vorsätz**lich den Tatbestand einer Leistungserschleichung erfüllt. Mit seinen 13 Jahren ist er aber nach § **19** StGB noch nicht strafmündig. Mangels Strafbarkeit entfällt auch eine zivilrechtliche Haftung nach § 823 Abs. 2 BGB.

2.3 §§ 812 Abs. 1 Satz 1, 818 Abs. 2 BGB

(1) M hat durch die Schwarzfahrt „e**twa**s" i. S. v. § 812 Abs. 1 Satz 1 BGB, nämlich eine Beförderungsleistung erlangt.
(2) Dies geschah durch die **Leistung** der Bahn-AG. Unter „Leistung" versteht man allgemein die be**wusste** und ge**wollte** Vermehrung fremden Vermögens. Die Benutzung der Straßenbahn, ein Vermögensvorteil, wird von der Bahn-AG bewusst und gewollt angeboten, ist also Leistung im Sinne von § 812 Abs.1 Satz 1 BGB.
(Vertretbar wäre auch die Qualifizierung als Ein**griffskon**diktion, weil die Bahn-AG ja Schwarzfahrern ihre Dienste gerade nicht anbieten will. Dann wäre zusätzlich das Merkmal *„auf dessen* ***Kosten****"* zu prüfen - und auch zu bejahen: Die Zurverfügungstellung von Beförderungsleistungen erfolgt nur gegen Entgelt, eine Mitnahme von Schwarzfahrern geht daher auf Kosten der Bahn-AG).
(3) Wie oben festgestellt, kam zwischen M und der Bahn-AG kein wirksamer Vertrag zustande. Somit bestand kein **Rechts**grund für das Erlangen der Beförderungsleistung.
Die Voraussetzungen des § 812 Abs. 1 BGB liegen vor. Demnach wäre M zur „Herausgabe des Erlangten" verpflichtet.

(4) Eine gehabte Fahrt als erlangte Leistung kann naturgemäß nicht „herausgegeben", nicht einfach rückgängig gemacht werden. Nach § **818** Abs. **2** BGB wäre in diesem Fall der **Wert** der Fahrt, also 1,50 Euro (die Höhe des regulären Fahrpreises) zu ersetzen.
(5) Da M die Straßenbahnfahrt nutzte, um einen Freund zu besuchen und nicht um etwa die regelmäßig anfallenden Fahrtkosten zur Schule zu sparen, ist er nach Beendigung der Fahrt nicht mehr berei**cher**t. Seine Haftung wäre daher gemäß § **818** Abs. **3** BGB nach Beendigung der Fahrt erloschen.
(6) Da M jedoch genau wusste, dass er ohne Fahrschein fuhr, kannte er den **Mangel** des Rechtsgrundes und würde auch im Falle der Entreicherung aufgrund der ver**schärften** Haftung nach §§ **819**, 818 Abs. 4, 292, **989** BGB **Schadens**ersatz schulden, d.h. Zahlung des Wertes der Fahrt, also den nicht entrichteten Fahrpreis. Da dies aber auf dasselbe wie eine vertragliche Erfüllung hinausliefe, bestünde ein prinzipieller Widerspruch zum Grundgedanken des Minderjährigenschutzes, der den §§ 107 ff. BGB zugrunde liegt. Andererseits aber geht es um Schadensersatz aufgrund einer ges**etzlich**en Haftung wie sie im Rahmen des Deliktsrechts auch bei Minderjährigen möglich wäre. Dort gilt der Maßstab des § **828** Abs. **3** BGB (Einsichtsfähigkeit). Dieser Grundsatz wird nach einhelliger Meinung auch auf die verschärfte Haftung nach § 819 BGB übertragen.
Ergebnis: Da bei M die erforderliche **Einsicht** vorlag, trifft ihn die ver**schärf**te Haftung nach §§ 819, 818 Abs. 4, 292, 989 BGB. Er hat demnach den der Bahn-AG entgangenen Fahrpreis (1,50 Euro) als Schadensersatz zu erstatten.

Einheit 10 . FRAGEN

1. Die drei Grundtatbestände der deliktischen Haftung sind:
(1) **§ 823 Abs. 1 BGB**: Eingriff in Rechtsgüter und absolut geschützte Rechte
(2) **§ 823 Abs. 2 BGB** : Verstoß gegen ein Schutzgesetz
(3) **§ 826 BGB** : Vorsätzliche sittenwidrige Schädigung.

2. Die Verletzung von **Schutzgesetzen** ist in § 823 Abs. 2 BGB geregelt. Schutzgesetz ist **jede Rechtsnorm** (nicht unbedingt ein Gesetz im formellen Sinn, z.B. auch Rechtsverordnungen oder Gemeindesatzungen, vgl. **Art. 2 EGBGB**), die den individuellen Schutz des Geschädigten und **nicht nur den Schutz der Allgemeinheit** bezweckt.

3. Nein, § 824 BGB betrifft **nur Tatsachenbehauptungen**, die einem Wahrheitsbeweis zugänglich sind. Das ist bei einem Werturteil wie hier nicht der Fall. Ein Anspruch könnte sich nur aus § 823 Abs. 1 BGB ergeben. Die erforderliche Interessenabwägung zwischen dem wirtschaftlichen Interesse des Geschädigten (Recht am Gewerbebetrieb) und dem der Testzeitschrift (Pressefreiheit) führt aber zu keinem Anspruch; denn bei Werturteilen hat im Zweifel die Meinungs- und Pressefreiheit Vorrang.

4. Das Vermögen ist kein „sonstiges Recht" im Sinne von § 823 Abs. 1 BGB. Bei vorsätzlicher, sittenwidriger Verletzung wird es in **§ 826 BGB** speziell geschützt. Daneben kommt auch ein Anspruch aus **§ 823 Abs. 2 BGB** in Verbindung mit einem Schutzgesetz in Betracht, z.B. bei Betrug gemäß § 263 StGB.

5. Im Fall a) (Kunstfehler des Chefarztes) haftet der Krankenhausträger (z.B. Stadt oder Landkreis) nach den **§§ 823, 89, 31 BGB** (sogenannte **Organhaftung**): Der Chefarzt ist verfassungsmäßig berufener Vertreter i.S.v. § 31 BGB. Darunter fällt jeder, dem durch Organisationsvorschriften wesentliche Aufgabenbereiche zur eigenverantwortlichen Erledigung übertragen worden sind. Es handelt sich um eine unmittelbare Haftung für den Geschädigten und dessen Verschulden, und zwar ohne Exkulpationsmöglichkeit.
Im Fall b) (Kunstfehler des Assistenzarztes) haftet die Anstellungskörperschaft aus **§ 831 BGB**: Als sogenannter **Verrichtungsgehilfe** ist der Assistenzarzt sozial abhängig und weisungsgebunden.

6. Da bei § 831 BGB der Haftungsgrund in einem vermuteten Verschulden des Geschäftsherrn liegt, kann sich dieser nach § 831 Abs. 1 Satz 2 BGB unter Umständen **exkulpieren**, indem er nachweist, dass er weder bei Auswahl noch bei Überwachung des Gehilfen schuldhaft gehandelt hat. Dies ist bei der Organhaftung nicht möglich.

7. Wenn Kinder den objektiven Tatbestand eines der §§ 823 ff. BGB rechtswidrig erfüllen und einem anderen dadurch Schaden zugefügt haben (Verschulden des Kindes nicht erforderlich), haften die Eltern nach § **832 BGB** nur(!) dann, wenn sie ihre **Aufsichtspflicht verletzt** haben und der Schaden nicht auch bei ordentlicher Aufsichtsführung entstanden wäre. Eltern haften also nicht automatisch *„für"* ihre Kinder, sondern nur für eigenes Aufsichtsverschulden.
§ 832 BGB vermutet zunächst das Verschulden

der Eltern, sie können sich aber bei sorgfältiger Aufsichtsführung nach § 832 Abs. 1 Satz 2 BGB entlasten.

8. Für sogenannte **Nutztiere** bestimmt § 833 Satz 2 BGB eine Haftung für **vermutetes Verschulden** mit der Möglichkeit der Exkulpation, während für reine **Luxustiere** nach § 833 Satz 1 BGB eine verschuldensunabhängige und uneingeschränkte **Gefährdungshaftung** besteht.

9. Nein. Bei § 836 handelt es sich um einen Sonderfall der Verletzung einer **Verkehrssicherungspflicht** mit vermutetem Verschulden. Nach § 836 Abs. 1 Satz 2 BGB ist eine Exkulpation möglich.

10. Wichtige Tatbestände der Gefährdungshaftung sind zum Beispiel:

- **§ 7 Abs. 1 StVG** (Haftung des Kraftfahrzeughalters)
- **§ 1 HaftpflG** (Haftung des Bahnbetriebsunternehmers)
- **§ 25 AtomG** (Haftung des Betreibers einer Atomenergieanlage)
- **§ 1 ProdHaftG** (Haftung des Herstellers eines Produkts)
- **§ 22 WHG** (Haftung für Änderung der Beschaffenheit des Wassers)
- **§ 1 UmweltHG** (Haftung des Betreibers einer Anlage für von dieser ausgehende Umwelteinwirkungen)

11. Nur mittelbar betroffene Dritte haben eigene deliktische Ansprüche im Rahmen der §§ 844, 845 BGB:

- Im Falle der Tötung hat nach **§ 844 Abs. 1 BGB** derjenige, der die Beerdigungskosten zu tragen hat, gegen den Schädiger einen Anspruch auf Ersatz dieser Kosten. War der Getötete unterhaltspflichtig oder konnte er es werden, steht dem Unterhaltsberechtigten nach **§ 844 Abs. 2 BGB** ein Rentenanspruch gegen den Schädiger zu.
- Im Falle von Tötung, Körperverletzung oder Freiheitsberaubung normiert **§ 845 BGB** einen Schadensersatzanspruch des mittelbar Geschädigten gegen den Schädiger wegen entgangener Dienste, zu deren Leistung der durch das Delikt Verletzte gesetzlich verpflichtet war. Unterhaltsverpflichtungen begründen keine „Dienste" i. S. v. § 845 BGB, für sie gilt ausschließlich § 844 Abs. 2 BGB. Die Bedeutung des § 845 BGB ist daher vergleichsweise gering.

Einheit 11 A . FRAGEN

1. Bei § 823 Abs.1 BGB sind folgende Tatbestandsmerkmale zu prüfen:

- (1) **Rechtsgutverletzung**
- (2) **Verletzungshandlung**
- (3) **Kausalität** (zwischen 1 und 2)

[(1) bis (3) bilden den *objektiven Tatbestand]*

- (4) **Rechtswidrigkeit**
- (5) **Vorsatz oder Fahrlässigkeit** (*subjektiver Tatbestand*)
- (6) **Schaden**
- (7) **Kausalität** zwischen Rechtsgutverletzung und (Folge-)Schaden

2. Schadensersatz nach § 823 Abs. 1 BGB wird nur gewährt bei Verletzung der dort genannten **Rechtsgüter** (Leben, Freiheit, Körper, Gesundheit), des **Eigentums** oder eines (= eigentumsähnlichen, also absoluten) **„sonstigen Rechts"**.

3. Ja. Als Mieter ist er zwar nicht Eigentümer, aber Besitzer. Der **berechtigte Besitz** wird als *„sonstiges Recht"* anerkannt, weil er in §§ 861, 862 BGB ähnlich wie das Eigentum geschützt ist. Der Mieter erhält aber als Schadensersatz **nicht den vollen Sachwert**, sondern nur den (wesentlich niedrigeren) **Wert seines Besitzes**.

4. Das Vermögen besteht nicht wie das Eigentum (vgl. § 903 BGB) an einer konkreten Sache und gilt daher nicht als *„sonstiges Recht"* i. S. v. § 823 Abs. 1 BGB. Es wird nur im Rahmen von § 823 Abs. 2 oder § 826 BGB geschützt.

5. Nein. Die Handlung des Hauseigentümers besteht in einem **Unterlassen**. Die hierfür erforderliche **Garantenpflicht** ergibt sich aus einem vorangegangenen Gefahr begründendem Tun: Er hätte die Flasche vorher in Sicherheit bringen oder zumindest den Handwerker warnen müssen. Dieser müsste sich allenfalls im Rahmen von § 254 Abs. 1 BGB ein Mitverschulden anrechnen lassen.

6. Im Gegensatz zur rein naturwissenschaftlichen (äquivalenten) Kausalität, wo jeder auch noch so entfernte Umstand im Sinne einer *„condicio sine qua non"* ursächlich sein kann, sind nach der für §§ 823 ff. BGB maßgeblichen **Adäquanztheorie** nur solche Umstände als ursächlich anzusehen, die nicht außerhalb jeder Wahrscheinlichkeit stehen, d. h. **nach der Lebenserfahrung nicht ausgeschlossen** werden können.

7. Ja. Ein Unterlassen ist dann als ursächlich anzusehen, wenn **bei pflichtgemäßem Handeln** (also bei Beachtung der Garantenpflicht) **die Rechtsgutverletzung nicht eingetreten** wäre.

8. Indizierung bedeutet, dass die **Rechtswidrigkeit** nicht besonders begründet (und im Prozess bewiesen) werden muss: Wenn eine Rechtsgutverletzung vorliegt, wird **vermutet**, dass die Handlung auch rechtswidrig ist. Der Schuldner (der Beklagte) muss nachweisen, dass ein Rechtfertigungsgrund vorliegt. Als Rechtfertigungsgründe kommen vor allem in Betracht:

- **Notwehr** (§ 227 BGB)
- **Notstand** (§ 228, § 904 BGB)
- **Einwilligung** des Verletzten.

9. Vorsatz bedeutet **bewusstes und gewolltes Handeln**. Dabei genügt auch der sogenannte bedingte Vorsatz, d. h. wenn der Täter den Erfolg billigend in Kauf nimmt (Der Täter sagt sich: *"na wenn schon!"*).
Fahrlässigkeit bedeutet nach § 276 Abs. 2 BGB die **Außerachtlassung der im Verkehr erforderlichen Sorgfalt**. Dabei ist ein durchschnittlicher (typisierter) Maßstab zugrunde zu legen. Zur Begründung der Fahrlässigkeit im Einzelfall ist zu fragen, was der Handelnde falsch gemacht, was er richtigerweise hätte tun sollen und ob die Rechtsgutverletzung vorhersehbar war.

10. Haftungsausfüllende Kausalität ist der ursächliche Zusammenhang zwischen der Rechtsgutverletzung (**„Erstschaden"**) und den sich daraus ergebenden **Folgeschäden**, z. B. Arztkosten oder entgangener Gewinn als Folge eines Unfalls (Körperverletzung). Bei den Folgeschäden kann es sich auch um bloße Vermögensschäden handeln.

Einheit 11 B . FRAGEN

1. Die haftungsbegründende Kausalität bezieht sich auf den objektiven Tatbestand, d. h. auf den Ursachenzusammenhang **zwischen Handlung und Rechtsgutverletzung**. Die Handlung muss für die Rechtsgutverletzung kausal sein.

2. Nein. Die **Vorhersehbarkeit** bezieht sich nur auf die **Rechtsgutverletzung**, also den (Erst-) Schaden am verletzten Rechtsgut selbst. Weitergehende Folgeschäden betreffen die Rechtsfolge. Hier genügt die bloße (haftungsausfüllende) Kausalität, die sich auch auf jeden Vermögensschaden als Folge der Rechtsgutverletzung erstreckt.

3. Die **Äquivalenztheorie** definiert Kausalität im Sinne naturwissenschaftlicher Logik. Danach ist Ursache jede Bedingung, die nicht hinweggedacht werden kann, ohne dass der eingetretene Erfolg entfiele (*condicio sine qua non*). Diese Betrachtungsweise kann zu einer endlosen Kausalkette und damit fast uferlosen Haftung des Handelnden führen. Zweck der **Adäquanztheorie** ist es daher, die Haftung des Schädigers einzugrenzen: Es sind ihm nur solche Bedingungen zuzurechnen, die **nach allgemeiner Lebenserfahrung** zur Herbeiführung des eingetretenen Erfolgs **geeignet** waren. In diesem Sinne ist nach heute einhelliger Meinung die Kausalität zu verstehen.

4. Außerhalb der adäquaten Kausalität liegen solche Ursachen, die **unter ganz unwahrscheinlichen Bedingungen** und **bei ganz ungewöhnlichem Verlauf** zum Eintritt des Erfolges geführt haben, die also außerhalb der allgemeinen Lebenserfahrung liegen.

5. Die haftungsausfüllende Kausalität bezeichnet den Kausalzusammenhang **zwischen Rechtsgutverletzung und (Folge-) Schaden**. Sie gehört nicht zum Tatbestand des § 823 Abs. 1 BGB. Auf sie braucht sich also auch das Verschulden nicht zu erstrecken.

6. Nein. Ist ein Schaden an einem Rechtsgut entstanden, müssen alle daraus entstehenden Folgeschäden ersetzt werden, auch wenn diese selbst keine Rechtsgutverletzungen sind (also auch alle Vermögensschäden); denn **Folgeschäden gehören nicht zum Tatbestand, sondern zur Rechtsfolge** des § 823 Abs. 1 BGB.

7. Nein. Es besteht kein Zusammenhang zwischen Höhe des Schadensersatzes und Verschuldensgrad. Geringstes Verschulden kann zur Haftung in Millionenhöhe führen (*"Alles oder nichts"*).
Eine **Minderung des Schadens** kommt nur dann in Betracht, wenn nach § 254 Abs. 1 BGB ein **Mitverschulden des Geschädigten** vorliegt oder nach § 254 Abs. 2 BGB der Geschädigte gegen eine **Schadensminderungspflicht** verstoßen hat.

8. Wenn eine Ersatzleistung nicht unter den **Normzweck** des § 823 Abs. 1 BGB fällt, kann die Zurechenbarkeit weiter eingeschränkt werden. Das ist vor allem dann der Fall, wenn ein **Schaden** als so **weit entfernt** betrachtet werden muss, dass sein Eintritt dem **allgemeinen Lebensrisiko** des Geschädigten zuzuordnen ist und **nicht mehr dem typischen Verletzungsrisiko** entspricht (Beispiel: Zusätzliche Verletzungen durch einen Krankenhausbrand können nicht dem Unfallschuldigen zugerechnet werden).

Einheit 11 C . FRAGEN

1. Beide Rechte wurden als **„sonstige Rechte"**

i.S.v. § 823 Abs. 1 BGB von der Rechtsprechung entwickelt und sind zwischenzeitlich gewohnheitsrechtlich anerkannt.

2. Durch ein Recht auf Schadensersatz soll der Unternehmer in seinem gesamten gewerblichen Tätigkeitskreis, der eine **Funktionseinheit** darstellt, gegen Störungen Dritter geschützt werden. Das Unternehmen ist nicht nur eine besondere, abgegrenzte Vermögensmasse, sondern bildet auch eine **organisatorische Einheit**, die ähnlich wie das Sacheigentum behandelt und daher als „sonstiges Recht" anerkannt wird.

3. Nein. Erforderlich ist ein unmittelbarer „**Eingriff**" in den gewerblichen Tätigkeitskreis, d.h. er muss **betriebsbezogen** sein.

4. Nein. Der Eingriff richtet sich nicht gegen den Betrieb als solchen, er ist nicht betriebsbezogen. Anders etwa bei gezieltem Abschneiden der Stromzufuhr gerade dieses Unternehmens, bei Boykott oder wildem Streik.

5. Das Allgemeine Persönlichkeitsrecht ist Ausfluss von **Art. 1 und 2 GG**, welche die Würde des Menschen und die freie Entfaltung der Persönlichkeit schützen. Verletzung der Ehre und des Rechts am eigenen Bild stellen konkrete und zum Teil speziell geregelte Fallgruppen dar. Das Allgemeine Persönlichkeitsrecht gilt als **„Quellrecht"** und erfasst auch alle sonstigen Aspekte des Persönlichkeitsschutzes.

6. Die Tatbestandsmäßigkeit indiziert hier nicht die Widerrechtlichkeit. Die Feststellung der Widerrechtlichkeit erfordert eine **Abwägung der Interessen** des Verletzten und der Gegeninteressen des Verletzers unter Einbeziehung aller relevanten Umstände wie z.B. Art und Schwere der Beeinträchtigung.

7. Rechtfertigungsgrund ist hier das Recht auf **Meinungs- und Pressefreiheit** nach **Art. 5 GG**. Dieses ist gegenüber dem Persönlichkeitsrecht des Verletzten abzuwägen. Danach besteht ein Schadensersatzanspruch in der Regel nur bei schwerwiegenden persönlichkeitsverletzenden Äußerungen. Im Zweifel haben Meinungs- und Pressefreiheit den Vorrang.

8. Eher schadensersatzpflichtig macht eine **unrichtige Tatsachenbehauptung**. Sie ist **in jedem Fall widerrechtlich**, da es für die Verbreitung unwahrer Tatsachen keine Rechtfertigung gibt. Bei ehrverletzenden Meinungsäußerungen dagegen muss die Widerrechtlichkeit durch eine Güter- und Interessenabwägung ermittelt werden, wofür im Zweifel der verletzte Kläger beweispflichtig ist. Bei Verletzungen des Persönlichkeitsrechts wird die Widerrechtlichkeit nicht indiziert.

9. Die ehrverletzende Äußerung ist keine Tatsachenbehauptung, sondern ein Werturteil. Da eine **gravierende Persönlichkeitsverletzung vorliegt und eine anderweitige** Genugtuung nicht möglich ist, könnte die Fernsehansagerin Entschädigung in **Geld** verlangen. Über den Wortlaut des § 253 Abs. 2 BGB hinaus wird von der Rechtsprechung auch hier ein Anspruch auf Ersatz des immateriellen Schadens zugebilligt.

10. Der Anspruch lässt sich aus **§ 1004 Abs. 1 BGB** ableiten. Diese Vorschrift gilt zwar dem Wortlaut nach für Verletzung des Eigentums, doch wird sie nach einhelliger Meinung bei Verletzung sonstiger Rechte **analog** angewandt. Betroffen ist hier das Allgemeine Persönlichkeitsrecht als ein dem Eigentum gleichgestelltes absolutes Recht.
Für einen **Unterlassungsanspruch** verlangt **§ 1004 Abs. 1 Satz 2 BGB** die Besorgnis, dass weitere Beeinträchtigungen zu besorgen sind (**Wiederholungsgefahr**). Um dies nachzuweisen wird der angegriffene Politiker seinen Gegner **abmahnen** und ihn auffordern, eine **Unterwerfungserklärung** abzugeben. Weigert sich der Gegner, ist von Wiederholungsgefahr auszugehen. Der betroffene Politiker kann dann, am besten im Wege einer **einstweiligen Verfügung** (§§ 935 ff. ZPO), seinen Unterlassungsanspruch aus § 1004 Abs. 1 Satz 2 BGB geltend machen.
Nach **§ 1004 Abs. 2 BGB** wäre der Unterlassungsanspruch ausgeschlossen, wenn der Politiker die Äußerungen **dulden** müsste. Bei persönlichkeitsverletzenden Werturteilen müsste dann auch hier, wie in § 823 Abs. 1 BGB, eine Güter- und Interessenabwägung erfolgen. Da es sich im vorliegenden Fall aber um eine Tatsachenbehauptung handelt, besteht keine Duldungspflicht. Für unwahre rechtsgutverletzende Tatsachenbehauptungen bestehen keine Rechtfertigungsgründe.

Einheit 11 A - C . FÄLLE

Explosionsgefahr

Bei einem Großbrand auf dem Grundstück der Schlosserei Links, verursacht durch unsachgemäße Schweißarbeiten des Meisters an einem Tank, hatte die Polizei wegen Explosionsgefahr auch das benachbarte Betriebsgelände der Firma Rechts GmbH geräumt. Die Produktion musste für vier

Stunden ausgesetzt werden, was einen Verlust von 40.000,- Euro (10.000,- Euro pro Stunde) bedeutet.
Nach Beendigung der Explosionsgefahr und nach Aufhebung der polizeilichen Räumung waren für weitere drei Stunden die Zufahrtswege wegen Brandfolgenbeseitigung blockiert, was erneut Einbußen in Höhe von 10.000,- Euro pro Stunde mit sich brachte. Während der gesamten Zeit (sieben Stunden) konnte bei Firma Rechts die Produktion nicht wieder aufgenommen werden. Ein dringender termingebundener Auftrag konnte nicht fertiggestellt werden. Dies verpflichtete zur Zahlung einer Vertragsstrafe von 50.000,- Euro.
Firma Rechts GmbH verlangt von Firma Links Ersatz ihres Gesamtschadens in Höhe von 120.000 Euro. Mit Recht?

Lösung
Der Anspruch gegen L könnte sich aus **§ 823 Abs. 1 BGB** ergeben. Hierbei ist zu unterscheiden zwischen der polizeilichen Räumung wegen Explosionsgefahr (Schaden: 40.000,- Euro) und der späteren Blockierung der Zufahrtswege im Zuge der Brandfolgenbeseitigung.
1. Durch die Schweißarbeiten und den Großbrand wurde die **Explosionsgefahr** verursacht, was wiederum ad**äquat**-kausal die polizeiliche **Räumung des Grundstücks** der R.-GmbH und den Produktionsausfall zur Folge hatte.
Als verletztes **Rechts**gut käme das **Eigentum** am Grundstück in Frage. Die auf dem Grundstück der Schlosserei L bestehende Explosionsgefahr ist jedoch noch keine substantielle Verletzung des Grundstückseigentums der R.-GmbH. Die Räumung erfolgte hoheitlich als Sicherheitsmaßnahme im öffentlichen Interesse aufgrund polizeirechtlicher Vorschriften.
Es könnte ein **sonstiges** Recht verletzt sein. In Betracht käme das Recht am ein**gerichteten** und aus**geübten** Ge**werbebet**rieb, das von der herrschenden Meinung als „sonstiges Recht" i. S. v. § 823 Abs. 1 BGB anerkannt ist. Ein **Eingriff** in den Gewerbebetrieb muss jedoch un**mittel**bar, d. h. be**triebsbe**zogen sein. Daran fehlt es. Die Räumung des Grundstücks der R.-GmbH ist nur eine mittelbare, durch die Intervention der Polizei entstandene Fernwirkung der unsachgemäßen Schweißarbeiten.
Ein Anspruch aufgrund der hervorgerufenen Explosionsgefahr, d. h. ein Anspruch auf Ersatz der Produktionsverluste während der ersten vier Stunden (40.000,- Euro), besteht daher nicht. Der Schaden wird als reiner Verm**ögenssch**aden nicht von § 823 Abs. 1 BGB erfasst.
2. Anders ist die Situation nach Beendigung der Explosionsgefahr. Die **Blockierung des Zufahrtswegs wegen Brandfolgenbeseitigung** ist eine Verletzung des **Eigentums** (§ 903 BGB) der R.-GmbH an ihrem Grundstück: Der durch die Schweißarbeiten hervorgerufene Großbrand bei Firma Links hätte auch ohne polizeiliche Maßnahmen ad**äquat**-kausal zur Sperrung der Zufahrtsstraße für Räumungsarbeiten geführt. Die dadurch bewirkte Einschränkung der Grundstücksnutzung für die R.-GmbH stellt eine Ver**letzung** ihres **Eigen**tums dar.
Rechtfertigungsgründe liegen nicht vor.
Die Schweißarbeiten wurden unsachgemäß durchgeführt. Dies bedeutet, dass die im **Verkehr** erforderliche **Sorgfalt** außer Acht gelassen wurde, L also fahr**läss**ig handelte (§ **276** Abs. 2 BGB).
Der zu ersetzende Schaden umfasst alle aus der Eigentumsverletzung folgenden Vermögensnachteile, wozu nach § **252** BGB der aufgrund des Produktionsausfalls entgangene Gewinn gehört. Auch die aus der Produktionsunterbrechung und der damit verbundenen Verzögerung resultierende Pflicht zur Zahlung der Vertragsstrafe ist im Rahmen der **Lebens**erfahrung **adäquat**- kausale Folge der Grundstücksblockierung (haft**ungsausfüll**ende Kausalität).
Ergebnis: Firma R.-GmbH hat einen Anspruch gegen Firma L auf Zahlung von insgesamt 80.000,- Euro (30.000,- Euro Produktionsausfall für drei Stunden sowie 50.000,- Euro Vertragsstrafe).

Prinz und Prinzessin
Prinzessin Carla von Manooli, eine Persönlichkeit, über die schon mehrfach in der sog. Yellow-Press berichtet wurde, entdeckte bei Durchsicht der Familienillustrierten „Schwarz & Weiß" plötzlich ein Interview, welches angeblich der Chefredakteur und Verleger Prinz persönlich mit ihr geführt haben soll. In dem Interview werden auch Fragen und Antworten zum Privatleben der Prinzessin dargestellt. Die Prinzessin hatte das Interview jedoch nie gegeben. Der Beitrag war vielmehr der freien Erfindung des Chefredakteurs und Verlegers Prinz entsprungen. Kann die Prinzessin von Prinz als dem Verleger der Illustrierten „Schwarz & Weiß" Widerruf des Interviews sowie eine Geldentschädigung verlangen?

Lösung
1. Widerruf
PvM könnte gegen P ein Anspruch auf Widerruf gem. **§ 823 Abs. 1 BGB** zustehen.
a) Dann müsste eine **Rechts- oder Rechtsgutsverletzung** erfolgt sein. Der Schutzbereich des allgemeinen **Persönlichkeitsrechts** umfasst neben

der Individualsphäre, die **Privatsphäre** sowie die Intimsphäre. Das Interview über das Privatleben stellt einen Eingriff in die Privatsphäre dar. Die Veröffentlichung des frei erfundenen Interviews stellt tatbestandlich eine Verletzung des Persönlichkeitsrechts dar.

b) Dieser Eingriff war auch **rechtswidrig**, denn es ist keinerlei Rechtfertigungsgrund ersichtlich, insbesondere lag kein vorheriges Einverständnis der PvM vor.

c) Die Veröffentlichung des frei erfundenen Interviews über das Privatleben erfolgte auch **schuldhaft**, nämlich vorsätzlich.

d) Daraus folgt, dass P schadensersatzpflichtig ist und gem. §§ 249 ff BGB den aus der Persönlichkeitsrechtsverletzung entstandenen **Schaden ersetzen** muss. Da eine Naturalrestitution nach § 249 Abs. 1 BGB nach Veröffentlichung des Interviews nicht mehr möglich ist, kommt nur ein Widerruf der in der Veröffentlichung des Interviews als solcher liegenden **Tatsachenbehauptung** in Betracht. Dies kann durch eine Veröffentlichung in einer nächsten „S&W" - Ausgabe geschehen, wobei die Tatsache, dass das Interview frei erfunden war den Lesern mitgeteilt wird.

2. Schmerzensgeld

P könnte ferner wegen der immateriellen Nachteile einen Anspruch auf eine **billige Entschädigung** in Geld gem. § 823 Abs. 1 BGB i.V.m. § 253 Abs. 2 BGB haben.

Voraussetzung dafür ist, dass eines der in **§ 253 Abs. 2 BGB** genannten Rechtsgüter im Sinne des § 823 Abs. 1 BGB verletzt wurde. Da das allgemeine Persönlichkeitsrecht jedoch nicht in § 253 Abs. 2 BGB aufgeführt ist, steht P kein Anspruch auf Schmerzensgeld gem. § 823 Abs. 1 i.V.m. § 253 Abs. 2 BGB zu. Nachdem der Gesetzgeber im Zuge der Schadensersatzrechtsreform 2002 das allgemeine Persönlichkeitsrecht nicht mit in den § 253 Abs. 2 BGB aufgenommen hat, kann die zuvor vom BGH vertretene Analogie (zum früheren § 847 BGB, Schmerzensgeld für schwerwiegende Persönlichkeitsrechtsverletzungen) mangels gesetzlicher Regelungslücke nicht aufrecht erhalten werden.

3. Schadensersatz (medienrechtlicher Schmerzensgeldanspruch)

P könnte schließlich wegen der Verletzung des allgemeinen Persönlichkeitsrechts ein Anspruch auf eine Geldentschädigung gem. § 823 Abs. 1 BGB i.V.m. Art. 1 Abs. 1 und Art. 2 Abs. 1 GG zustehen. **Grundrechte als Teil der objektiven Werteordnung** wirken nicht nur als Abwehrrechte gegen staatliche oder sonst hoheitliche Eingriffe, sondern „strahlen" auch in das **Privatrecht** ein. Zu einer solchen **mittelbaren Drittwirkung der Grundrechte** kommt es durch entsprechende Auslegung der zivilrechtlichen Generalklauseln wie z.B. § 823 Abs. 1 BGB „im Lichte der Grundwerteordnung."

Die PvM ist durch das frei erfundene Interview über ihr Privatleben in schwerwiegender Weise in ihrem Persönlichkeitsrecht verletzt worden. Würde und Ehre als elementare Bestandteile des Persönlichkeitsrechts blieben schutzlos preisgegeben, wenn im Falle einer solchen Verletzung durch unwahre Tatsachenbehauptungen der bloße Widerruf nicht ausreichend wäre und kein Anspruch auf Geldentschädigung bestünde. Der Schutz des allgemeinen Persönlichkeitsrechts gebietet daher aus Gründen der Genugtuung sowie der Vermeidung von unzulässigen Eingriffen die Gewährung einer angemessenen Geldentschädigung, wenn mittels eines Widerrufs - so wie hier - sonst keine ausreichende Beseitigung der Beeinträchtigung des allgemeinen Persönlichkeitsrechts erreicht werden kann.

Ergebnis: PvM kann von P eine Geldentschädigung gem. § 823 Abs. 1 i.V.m. Art. 1 Abs. 1 und Art. 2 Abs. 1 GG verlangen. Die Höhe steht in richterlichem Ermessen (§ 287 ZPO).

Einheit 11 D . FRAGEN

1. Bei Angriffen auf das Allgemeine Persönlichkeitsrecht ist zu unterscheiden zwischen **Tatsachenbehauptungen** einerseits und **Werturteilen** andererseits.

2. Eine Tatsachenbehauptung enthält die Beschreibung eines Sachverhalts, der **einem Wahrheitsbeweis zugänglich** ist. Beispiel: Vorwurf gegen einen Politiker, er habe sich bestechen lassen.

3. Nein. Für die Verbreitung unwahrer Tatsachen gibt es keine Rechtfertigung. Ist eine **Tatsachenbehauptung unwahr**, ist sie **immer rechtswidrig**. Art. 5 GG schützt nur die Meinungsfreiheit, d.h. Äußerung von Werturteilen.

4. § 824 BGB stellt eine **Spezialnorm** dar, die **nur Tatsachenbehauptungen**, keine Werturteile erfasst. Bei ehrverletzenden **Werturteilen** kann sich ein Anspruch also nicht aus § 824 BGB, sondern **nur aus § 823 Abs. 1 BGB** unter dem Gesichtspunkt der Verletzung des Allgemeinen Persönlichkeitsrechts ergeben.

5. Werturteile betreffen die rein subjektive Beziehung des Äußernden zum Gegenstand seiner Aussage. Beispiele: Vorwurf des „Abzockens" gegen Manager, der „Faulheit" gegen Beamte.

Werturteile können sich zwar auf Tatsachen beziehen, sind aber als solche Ausdruck einer persönlichen Bewertung, die im Gegensatz zu Tatsachenbehauptungen **einem Wahrheitsbeweis nicht zugänglich** sind. So beispielsweise auch bei vergleichenden **Warentests**. Sie sind im Ergebnis Werturteile, die Tatsachenbehauptungen (Messwerte etc.) mit enthalten. Letztere sind in der Regel nur unselbständige Wertungselemente und können nur dann als unabhängige Tatsachenbehauptungen behandelt werden, wenn ihnen im Rahmen des Tests eine eigenständige Bedeutung zukommt. Beispiel: In einem Testbericht heißt es, der getestete Wagen sei an einem Tag dreimal nicht angesprungen.
Die Problematik in der rechtlichen Beurteilung von **Werturteilen** liegt darin, dass bei ihnen die **Rechtswidrigkeit nicht indiziert** wird, sondern immer durch eine **Güter- und Interessenabwägung** unter Einbeziehung aller relevanten Umstände wie z. B. Art und Schwere der Beeinträchtigung ermittelt werden muss. Dem Allgemeinen Persönlichkeitsrecht des Verletzten (bei Unternehmen dem Recht am eingerichteten und ausgeübten Gewerbebetrieb) steht das Recht auf Meinungs- bzw. Pressefreiheit (Art. 5 GG) gegenüber. Im Zweifel geht die Meinungsfreiheit vor. Nur bei schwerwiegenden ehrverletzenden Werturteilen hat das Persönlichkeitsrecht Vorrang. Da in solchen Fällen eine **anderweitige Genugtuung nicht möglich** ist, kann Entschädigung in **Geld** verlangt werden. Über den Wortlaut des § 253 Abs. 2 BGB hinaus wird von der Rspr. auch hier ein Anspruch auf Ersatz des immateriellen Schadens zugebilligt.

6. Das Ziel des Verletzten ist meist nur, die wahrheitswidrigen Behauptungen aus der Welt zu schaffen, sei es durch Widerruf oder zumindest durch Unterlassen ihrer weiteren Verbreitung. Diese Rechtsfolgen können aber nicht Teil eines Schadensersatzes sein, sondern sind ihrer Art nach Beseitigungs- bzw. Unterlassungsansprüche.

7. Was für Eigentum gilt, soll auch für andere absolute Rechte gelten. Gegenüber einem Schadensersatzanspruch aus §§ 823 ff. BGB ist der Beseitigungs- und Unterlassungsanspruch auf weniger gerichtet. Wenn also Schadensersatz möglich wäre, soll *„erst recht"* auch Beseitigung und Unterlassung verlangt werden können (*argumentum a maiore ad minus*).

8. Ein Anspruch auf **Widerruf** ergibt sich aus **§ 1004 Abs. 1 BGB analog**. Dieser Anspruch kann **nur bei unwahren Tatsachenbehauptungen** bestehen und stellt i. S. v. § 1004 Abs. 1 BGB eine **Beseitigung** der Persönlichkeitsverletzung dar. Voraussetzung ist die widerrechtliche Beeinträchtigung eines sonstigen Rechts (Allg. Persönlichkeitsrecht, Recht am eingerichteten und ausgeübten Gewerbebetrieb) und das Nichtvorliegen einer Duldungspflicht (§ 1004 Abs. 2 BGB).
Ein **Verschulden** ist bei § 1004 BGB im Gegensatz zur Schadensersatzpflicht des § 823 BGB **nicht erforderlich**.

9. Für einen Unterlassungsanspruch verlangt § 1004 Abs. 1 Satz 2 BGB zusätzlich eine konkrete **Wiederholungsgefahr**, d. h. die Besorgnis weiterer Beeinträchtigungen. Für die analoge Anwendung auf persönlichkeitsverletzende Äußerungen kann normalerweise davon ausgegangen werden, dass die betreffenden Äußerungen auch in Zukunft aufrechterhalten und weiter verbreitet werden.

10. Der Betroffene kann seinen Unterlassungsanspruch aus § 1004 Abs. 1 BGB am schnellsten im Wege einer **einstweiligen Verfügung** (§§ 935 ff. ZPO) durchsetzen. Dafür muss er neben der rechtswidrigen Verletzung seines Persönlichkeitsrechts die nach § 1004 Abs. 1 Satz 2 BGB erforderliche **Wiederholungsgefahr glaubhaft machen**. Dazu wird er seinen Gegner **abmahnen** und ihn auffordern, eine sogenannte **Unterwerfungserklärung** abzugeben, d. h. sich zu verpflichten, die betreffende Äußerung nicht mehr weiter zu verbreiten. Unterschreibt der Gegner diese Unterwerfungserklärung nicht, ist von Wiederholungsgefahr auszugehen.

Einheit 11 E . FRAGEN

1. Die Verletzung von Verkehrssicherungspflichten stellt einen Sonderfall des Handelns durch Unterlassen dar. Die Rechtsgutverletzung besteht im **Unterlassen von Schutzmaßnahmen**, zu deren Vornahme eine Verpflichtung bestand. Diese **Garantenpflicht** gründet sich auf vorangegangenes Gefahr begründendes Tun, nämlich **Eröffnen einer Gefahrenquelle**, z. B. Baustellen, Straßen, Plätze, Warenhäuser und andere öffentlich zugänglichen Einrichtungen.

2. Die Gemeinde treffen bei Spielplätzen besonders strenge Verkehrssicherungspflichten, da die Benutzer Kinder sind, deren Fähigkeit, potentielle Gefahren zu erkennen und sich dementsprechend zu verhalten, noch sehr eingeschränkt ist. Die Gemeinde muss daher beispielsweise die einschlägigen DIN-Normen beachten, notwendige Schutzvorrichtungen treffen und die Anlage laufend kontrollieren.

3. Nein. Das Warnschild weist die Benutzer lediglich auf eine erhöhte Aufmerksamkeit hin und kann in diesem Rahmen allenfalls ein Mitverschulden nach § 254 Abs. 1 BGB begründen.
Ein **vertraglicher Ausschluss** der Haftung für Verkehrssicherungspflichten ist nach einhelliger Meinung über § 276 Abs. 3 BGB **generell nicht zulässig**. Da der Grund der Haftung in der Eröffnung einer Gefahrenquelle liegt, muss der Inhaber dieser Gefahrenquelle auch ohne Einschränkungen dafür geradestehen.

4. Beim **objektiven Tatbestand** können nur solche Schäden berücksichtigt werden, deren Eintritt **kausal auf dem Unterlassen beruht**, wenn also bei Einhaltung der erforderlichen Maßnahmen der Schaden mit an Sicherheit grenzender Wahrscheinlichkeit nicht eingetreten wäre.
Eine Rechtspflicht zum Handeln besteht für die nach der allgemeinen Lebenserfahrung **notwendigen (i. d. R. also vorhersehbaren) Schutzmaßnahmen**. Nur in diesem Rahmen kann eine auf einem pflichtwidrigen Unterlassen beruhende Rechtsgutverletzung tatbestandsmäßig vorliegen.
Eine weitere Einschränkung der Haftung ergibt sich im **subjektiven Tatbestand** beim Grad der Sorgfaltspflicht im Rahmen des § 276 BGB. Die Gemeinde muss nur diejenigen Vorkehrungen treffen, die nach den üblichen Sicherheitserwartungen des jeweiligen Bereichs **im Rahmen des wirtschaftlich Zumutbaren geeignet** sind, die bei bestimmungsgemäßem Gebrauch erwartbaren Gefahren abzuwenden. Auch hier kommt es auf die Vorhersehbarkeit eines eventuellen Schadenseintritts an.

5. Die Haftung des Gebäudeeigentümers nach **§ 836 BGB** stellt einen Sonderfall der allgemeinen Verkehrssicherungspflicht dar. Das **Verschulden** wird hier **vermutet**, es besteht aber nach § 836 Abs. 1 Satz 2 BGB die Möglichkeit einer Exkulpation.

6. Auch bei öffentlichen Einrichtungen sind Verkehrssicherungspflichten grundsätzlich zivilrechtlicher Natur. Das gilt vor allem dann, wenn das Benutzungsverhältnis, wie zum Beispiel bei Sporteinrichtungen, privatrechtlich ausgestaltet ist.

7. Die Streupflicht für Straßen und öffentliche Wege ist in den Straßengesetzen der Länder (z. B. § 59 StraßenG/BW; § 4 StraßenreinigungsG Bln.; § 49 a Straßengesetz Brdbg.) ausnahmsweise als eine Pflicht des öffentlichen Rechts im Rahmen **hoheitlicher Tätigkeit** ausgestaltet. Haftungsgrundlage sind daher die Normen der **Staatshaftung**: Art. 34 GG i. V. m. § 839 BGB.

Einheit 11 E . FÄLLE

Eishockey

In der Mehrzweckhalle der Stadt Schlittingen werden auch Eishockeyspiele durchgeführt. Bei einem Lokalderby zwischen den Erzgegnern der Region wurde besonders hart, aber fair gekämpft. Bei einem nur ungenau gezielten Befreiungsschlag des Verteidigers Hiebsch flog der Puck über die 1,25 m hohe Bande der Längswand ins Publikum und traf den Zuschauer Zauner, einen Handelsvertreter, der mit einer Trümmerfraktur des linken Unterkiefers und dreiwöchiger Behandlungszeit noch glimpflich davonkam. Immerhin entstand ihm ein unfallbedingter Schaden in Höhe von 5.000 Euro (2.000,- Euro ärztliche Behandlung sowie 3.000,- Euro Provisionseinbußen), den er zusammen mit einem Schmerzensgeld von 8.000,- Euro bei der Stadt geltend macht.

Lösung

Der Anspruch könnte sich aus § **823** Abs. **1** i. V. m. §§ **89**, **31** BGB ergeben.
Durch den Querschläger erlitt Z eine **Körper**verletzung. Die Verletzungshandlung geht unmittelbar von Hiebsch aus, dieser handelte aber nicht schuldhaft. Für die Stadt, die als **juristische** Person selbst nicht handeln kann, handeln ihre **Organe**, d. h. Bürgermeister und Gemeinderat (vgl. z. B. § 67 GemO-Brdbg; §§ 20-25 AZG-Bln.; § 42 GemO-BW). Diese haben aber - abgesehen von der Überlassung der Halle - überhaupt nicht gehandelt. Es könnte also nur ein tatbestandsmäßiges Verhalten durch **Unterlassen** vorliegen, und zwar unter dem Gesichtspunkt einer Verletzung der **Verkehrssicherungs**pflicht.
Die für ein rechtlich relevantes Unterlassen erforderliche **Garanten**stellung ergibt sich aus der Eröffnung bzw. Unterhaltung einer G**efahrenqu**elle. Dies ist bei der Bereitstellung der Halle für Eishokkeyspiele der Fall. Die Stadt ist daher verpflichtet, Maßnahmen zu treffen, die zur Abwehr möglicher Gefahren ge**eignet** und er**forderlich** sind. Dies wären zusätzliche Absicherungen auch für die Längsseiten des Spielfeldes, z. B. 80 cm hohe Plexiglaswände oberhalb der Bande, wie sie nach internationalen Eishockeyregeln vorgeschrieben sind. Schutzmaßnahmen dieser Art haben die zuständigen Organe unterlassen, für deren Versäumnisse nach §§ **89**, **31** BGB die Stadt einzutreten hat.
Rechtfertigungsgründe liegen nicht vor.
Auch ein Ver**schulden** ist zu bejahen. Angesichts der Schwere der Gefahr sind auch kostspielige Maßnahmen zumutbar, ein Schaden dieser Art

war auch durchaus vor**herseh**bar.
Daher ist der Schadensersatzanspruch des verletzten Zuschauers gegeben. Er umfasst neben den ärztlichen Behandlungskosten nach § **249** Abs. 2 BGB und dem Verdienstausfall (entgangener **Gewinn** gem. § **252** BGB) als im**materiell**en Schaden (§ 253 Abs. 2 BGB) auch die Zahlung eines an**gemessenen** Sch**merzensgeld**es.
Die Haftung ist nicht ausgeschlossen aus dem Rechtsgedanken eines „Handelns auf eigene Gefahr", d.h. einer stillschweigenden Einwilligung bezüglich eventueller Verletzungsfolgen. Ein solcher vertraglicher Haftungsausschluss kann bei Verletzung von **Verkehrssicherungs**pflichten generell nicht angenommen werden, da es sich um eine Haftung aus vorangegangenem gefahrbegründendem Tun handelt. Ebensowenig kommt ein Mit**verschulden** des Z (§ 254 Abs. 1 BGB) in Frage, da man ihm nicht vorwerfen kann, sich auf einen Sitzplatz nahe am Spielfeld gesetzt zu haben. Dem Puck auszuweichen wäre nicht möglich gewesen.
Auch bei einem ausdrücklichen vertraglichen Haf**tungsaus**schluss in Allgemeinen Geschäftsbedingungen würde der Anspruch bestehen; denn abgesehen davon, dass ein Aufdruck auf der Eintrittskarte nicht den Anforderungen des § **305** Abs. 2 BGB an eine wirksame Ein**beziehung** in den Vertrag genügt, verstieße eine solche Freizeichnungsklausel gegen § **307** Abs. **2** Nr. 1 BGB: Die Haftung bei Verletzung von Verkehrssicherungspflichten gehört zu den **Grund**gedanken der **gesetz**lichen Regelung im Rahmen der §§ 823 ff. BGB. Von diesen abzuweichen, ist eine un**angemessene** Be**nachteili**gung i.S.v. § **307** Abs. 1 BGB.
Ergebnis: Der Anspruch des Z besteht daher sowohl dem Grunde als auch der Höhe nach zu Recht.

Betreten der Baustelle verboten
Der selbständige Heizungsbauer Hitzig erhielt den Auftrag, in der Kindertagesstätte Mini eine Heizung einzubauen. Während der Bauarbeiten war der Kita-Betrieb geschlossen. Hitzig beendete seine Arbeiten. Dabei vergaß er ausnahmsweise die Eingangstür zum Gebäude abzuschließen. Eine Stunde später betrat der 11-jährige Robin Meisters das Gebäude durch die unverschlossene Eingangstür, ging zur dortigen Heizungsbaustelle und stürzte dabei vom Erdgeschoss durch den von Hitzig vorgenommenen Deckendurchbruch in das Kellergeschoss, wobei er sich beide Beine brach. Robin verlangt von Hitzig Ersatz der Heilbehandlungskosten sowie Schmerzensgeld in angemessener Höhe. Zu Recht?

Lösung
1. Der Anspruch auf **Schadensersatz** könnte R **gem. § 823 Abs. 1 BGB** zustehen.
Fraglich ist, ob die durch den Beinbruch gegebene Körperverletzung dem Verhalten des H zurechenbar ist.
H hatte es unterlassen, das Kita-Gebäude abzuschließen. Diese **Unterlassung** kann nur dann ein tatbestandsmäßiges Verhalten nach § 823 Abs. 1 BGB darstellen, wenn den H gegenüber dem verletzten R eine **Rechtspflicht zum Handeln** traf. Eine solche Pflicht kann sich aus einer allgemeinen Verkehrssicherungspflicht ergeben. H hat durch die von ihm eingebrachte Heizung während der Dauer der Bauzeit eine mit der betreffenden Baustelle einhergehende **Gefahrenquelle** in dem Kita-Gebäude geschaffen und unterhalten. Dennoch hat er an dem Unglückstag das betreffende Gebäude nicht ordnungsgemäß abgeschlossen und somit die Gefahr geschaffen, dass Unbefugte den Baustellenbereich betreten und an dem Deckendurchbruch zu Schaden kommen konnten. H traf damit eine entsprechende **Verkehrssicherungspflicht**.
H müsste die ihn treffende Verkehrssicherungspflicht verletzt haben. Dies ist dann der Fall, wenn er die ihm **möglichen und zumutbaren Maßnahmen** der Absicherung nicht ergriffen hat. Das Verschließen der Baustelle nach der Arbeit wäre zur Absicherung der Gefahrenquelle erforderlich und dem H auch zumutbar gewesen. Da H dies unterlassen hat, liegt eine Verletzung der Verkehrssicherungspflicht vor. Das pflichtwidrige Unterlassen des Abschließens stellt sich daher als ein Verhalten dar, dass den Tatbestand der unerlaubten Handlung erfüllt haben kann.
Dazu müsste das Verhalten des H kausal für die Rechtsgutverletzung gewesen sein. Ein Unterlassen ist kausal im Sinne der **Äquivalenz**, wenn das gebotene Tun den Verletzungserfolg mit **an Sicherheit grenzender Wahrscheinlichkeit** verhindert hätte. Dies ist zu bejahen, weil R dann nicht durch die unverschlossene Eingangstür zu der Baustelle hätte gelangen und sich in der geschehen Weise verletzen können. Da das Verhalten des H nicht direkt zur Verletzung des R geführt hat, sondern hierfür auch noch das Hinzutreten des eigenen Verhaltens des R nötig war, liegt eine bloß mittelbare Verursachung durch H vor. Daher bedarf es der Feststellung, ob die Verletzung, die auch auf dem eigenen Verhalten des R beruht, dem H als unerlaubte Handlung überhaupt zugerechnet werden kann. Dies ist dann der Fall, wenn die von H verletzte **Norm dem Zweck** diente, den eingetretenen Verletzungserfolg zu verhindern. Die von H verletzte Pflicht zur ausreichenden Baustellenabsicherung

sollte aber gerade vor Verletzungen schützen, die aus der ungesicherten Gefahrenquelle erwachsen konnten. Daher ist der eingetretene Verletzungserfolg dem H zurechenbar. Durch sein Verhalten hat er somit den Tatbestand des § 823 Abs. 1 BGB erfüllt. Da **keine Rechtsfertigungsgründe** ersichtlich sind, ist die Verletzungshandlung auch rechtswidrig. Das Verschulden des H ergibt sich daraus, dass er das Verschließen der Gebäudetür trotz der Voraussehbarkeit von Schadenseintritten und der damit gegebenen Vermeidbarkeit unterlassen hat. Dies begründet den **Vorwurf der Fahrlässigkeit** im Sinne von § 276 Abs. 2 BGB.
H muss daher den durch die Verletzung verursachten Schaden des R ersetzen. Er ist dem R zur Zahlung der **Heilbehandlungskosten** gem. § 249 Abs. 2 BGB verpflichtet. Darüber hinaus ist er verpflichtet, dem R ein **angemessenes Schmerzensgeld** zu zahlen, § 253 Abs. 2 BGB.
2. Darüberhinaus ist H dem R gem. § 823 Abs. 2 BGB i.Vm. § 229 StGB wegen der **Schutzgesetzverletzung** zum Schadensersatz verpflichtet.

Ergebnis: R kann von H unter Berücksichtigung seines Mitverschuldens (§ 254 BGB) Ersatz der Heilbehandlungskosten sowie ein angemessenen Schmerzensgeld verlangen.

Einheit 12 A . FRAGEN

1. Die vier Tatbestandsmerkmale des § 831 BGB sind:
(1) **„zu einer Verrichtung bestellt“**, d.h. weisungsgebunden und sozial abhängig (= sogenannter Verrichtungsgehilfe)
(2) **„widerrechtliche Schadenszufügung“** (= Delikt des Verrichtungsgehilfen; im Fall des § 823 Abs. 1 BGB nur eine tatbestandsmäßige und rechtswidrige Handlung, kein Verschulden erforderlich)
(3) **„in Ausführung“** (= nicht nur *„bei Gelegenheit“*)
(4) **Keine Exkulpation** möglich, vgl. § 831 Abs. 1 Satz 2 BGB

2. Ein Subunternehmer ist selbständiger Unternehmer und **nicht weisungsgebunden** gegenüber dem Bauunternehmer. Dieser kann ihm keine detaillierten Einzelweisungen erteilen. Subunternehmer sind daher – im Gegensatz etwa zu Leiharbeitern - keine Verrichtungsgehilfen.

3. § 831 BGB betrifft nur die **deliktische, § 278 BGB** die **vertragliche** Haftung (genauer: die Haftung im Rahmen eines bereits bestehenden Schuldverhältnisses). Im Einzelnen bedeutet das:

- Der sog. **Verrichtungsgehilfe** des § 831 BGB muss in einem sozialen **Abhängigkeitsverhältnis** zum Geschäftsherrn stehen, da dessen Auswahl- oder Überwachungsverschulden Grundlage der Haftung ist.
- Der sog. **Erfüllungsgehilfe** i.S.v. § 278 BGB muss demgegenüber **nicht weisungsgebunden** sein. Auch ein selbständiger Unternehmer (z.B. ein Subunternehmer) könnte Erfüllungsgehilfe sein. Für dessen Verschulden haftet der Geschäftsherr wie für eigenes Verschulden. Dementsprechend kann sich der Geschäftsherr bei der vertraglichen Haftung auch **nicht exkulpieren**.
- **§ 278 BGB** stellt lediglich eine **Verschuldenszurechnungsnorm** dar, während **§ 831 BGB** eine selbständige **Anspruchsgrundlage** bildet.

4. Ja. Im Rahmen einer vertraglichen Haftung des Bauunternehmers .gegenüber geschädigten Dritten hat der Subunternehmer die Funktion eines Erfüllungsgehilfen i.S.v. **§ 278 BGB**. Der Subunternehmer ist mit Wissen und Wollen des Bauherrn in dessen Pflichtenkreis tätig. Als selbständiger Unternehmer ist er zwar nicht weisungsgebunden (er ist nicht „zu einer Verrichtung *bestellt*“ i.S.v. § 831 BGB), aber im Gegensatz zur Haftung nach § 831 BGB ist bei § 278 BGB im Rahmen der vertraglichen Haftung eine **Weisungsgebundenheit nicht erforderlich**. Auch selbständige Unternehmer können Erfüllungsgehilfen sein.

5. Nein. Der Geschäftsführer ist **Organ** und gesetzlicher Vertreter der GmbH. Sein Handlungs- und Entscheidungsfreiraum ist so groß, dass **keine ausreichende Weisungsgebundenheit** gegenüber der GmbH besteht, selbst dann, wenn dem Geschäftsführer in seinem Vertrag Grenzen und Einschränkungen auferlegt werden. Sie wirken nur im Innenverhältnis und ändern nichts an seinem Status als Organ. Die Haftung der GmbH für den Geschäftsführer gründet sich auf **§ 31 BGB**, der nach allgemeiner Meinung **für alle juristischen Personen** Anwendung findet.

6. Die Haftung des § 831 BGB knüpft ausschließlich an das Auswahl- und Überwachungsverschulden des Geschäftsherrn an. Es handelt sich also nicht um eine Haftung für fremdes Verschulden, sondern um eine **Haftung für vermutetes eigenes Verschulden** des Geschäftsherrn.

7. Der Geschäftsherr (Arbeitgeber) haftet nicht, weil die Eigentumsverletzung durch den Arbeiter nicht *„in Ausführung“* der Verrichtung, sondern **lediglich „bei Gelegenheit“** geschah.

8. Nach § 831 Abs. 1 Satz 2 BGB wird die Haftung des Geschäftsherrn zunächst vermutet (*"Die Ersatzpflicht tritt nicht ein, wenn..."*). Der Geschäftsherr hat aber die Möglichkeit, einen **Entlastungsbeweis** zu führen, das heißt, nachzuweisen, dass ihn kein Verschulden trifft.

9. Er muss darlegen, dass er **bei Auswahl, Ausstattung und Überwachung** des Gehilfen die erforderliche **Sorgfalt beachtet** hat. Eine solche Exkulpation ist möglich, wenn in einem Fall beispielsweise von einem „stets zuverlässigen" Mitarbeiter die Rede ist. Bei Fehlen eines solchen oder ähnlichen Hinweises (z.B. „unser bester Mann") ist von der gesetzlichen Vermutung des § 831 Abs. 1 Satz 2 BGB auszugehen, auch wenn in der Praxis eine Exkulpation in den meisten Fällen gelingen wird.

Einheit 12 A . FALL

Dachschaden

Firma Hausmann ließ im Juni 2005 das Dach ihres Verwaltungsgebäudes neu decken. Mit den Arbeiten wurde die bekannte und bewährte Firma Dagobert Deck beauftragt.

Zum Annageln der Dachlatten wurde der Arbeiter Ferdi Flachmann eingesetzt. Da es August und somit Ferienzeit war, kam es vor, dass F gelegentlich allein auf der Baustelle blieb. So kam es auch, dass er eines heißen Nachmittags nach dem Genuss einiger Flaschen Bier den Hammer etwas zu sorglos schwang und nicht alle Nägel im richtigen Winkel einschlug, so dass einige Dachlatten nur recht lose befestigt waren. Dies konnte indes bei der späteren Bauabnahme nicht festgestellt werden und wurde erst offenkundig, als sich Ende März 2006 bei einem schweren Frühlingssturm einige Dachziegel lösten und auf die Straße fielen. Glücklicherweise wurde kein Passant verletzt, sondern nur der am Straßenrand parkende Pkw der Fahrschule Erwin Eigner.

Die ganze Zeit bemühte sich E, bei F bzw. Firma D zu seinem Recht zu kommen. Der Wohnsitz des F konnte erst im November 2008 ermittelt werden; F war schon lange bei Firma D ausgeschieden und ist seitdem arbeitslos. Firma D hatte, als E im Mai 2006 Schadensersatz verlangte, sich geweigert zu zahlen: Als Facharbeiter habe F eine so leichte Arbeit auch ohne spezielle Kontrolle durchführen können (F war zur damaligen Zeit seit zwei Monaten bei Firma D beschäftigt. Im Zeugnis seines früheren Arbeitgebers hatte es geheißen, er sei ein „heiterer und beliebter Mitarbeiter", der „stets bemüht" gewesen sei, seinen Pflichten nachzukommen). Auch auf eine erneute Geltendmachung von Schadensersatzansprüchen im Februar 2009 reagierte Firma D ablehnend.

Ein juristisch vorgebildeter Freund warnt den E im März 2009, knapp drei Jahre nach dem Schaden, vor einer möglichen Verjährung und empfiehlt, entsprechende rechtliche Maßnahmen zu ergreifen. Was raten Sie E zu tun?

Lösung

1. Ansprüche gegen F

a) Mangels vertraglicher Beziehungen kommen für E als Anspruchsgrundlage nur de**likti**sche Ansprüche in Frage. Ein Schadensersatzanspruch gegen F ergibt sich aus § **823** Abs. 1 BGB. Durch die ungenügende Befestigung der Dachlatten hat F die **adäquat**- kausale Ursache dafür gesetzt, dass sich durch den Sturm die Ziegel lösten und beim Herabfallen das **Eigentum** des E beschädigten.

Rechtfertigungsgründe liegen nicht vor. F handelte also auch rechtswidrig.

F handelte fahrlässig (§ **276** Abs. 2 BGB). Von einem ordentlichen Dachdecker ist korrekte Arbeit zu erwarten. Darüber hinaus ist F vorzuwerfen, bei der Arbeit zuviel Bier getrunken zu haben.

b) Der Anspruch gegen F könnte sich auch aus **§ 823 Abs. 2 BGB i.V.m. § 303 StGB** ergeben. Dieser Anspruch scheidet jedoch aus, weil Sachbeschädigung gem. § **15** StGB nur bei Vorsatz strafbar ist. Mangels Strafbarkeit scheidet eine Anwendung des § **823** Abs. 2 BGB aus.

2. Ansprüche gegen Firma D

Da F arbeitslos ist, wird ein Anspruch gegen ihn kaum durchsetzbar sein. Daher ist E zu raten, sich an Firma D zu halten. Ein Schadensersatzanspruch gegen Firma D könnte sich aus **§ 831 BGB** ergeben.

F war von Firma D zum Anbringen der Dachlatten beordert worden, handelte also als sozial abhängiger und **weisungs**gebundener Ver**richtungsge**hilfe im Sinne dieser Vorschrift. In Aus**führung** seiner Verrichtung -nicht nur bei Ge**legen**heit- beging er tat**bestands**mäßig und **wider**rechtlich ein Delikt i.S.v. § 823 Abs. 1 BGB (siehe oben zu 1). Ein Verschulden des Verrichtungsgehilfen wäre bei § 831 BGB nicht erforderlich. Somit liegen die Grundvoraussetzungen einer Haftung nach § **831** BGB vor. Gemäß § 831 Abs. **1** Satz **2** BGB könnte sich Firma D möglicherweise ex**kulp**ieren. Ihre Haftung wäre also ausgeschlossen, wenn sie bei Aus**wahl** oder bei Über**wachung** des F die im Verkehr erforderliche Sorgfalt beachtet hätte. Ein solcher Ent**lastungs**beweis kann ihr im vorliegenden Fall aber nicht gelingen: Zum einen könnte schon generell ein Überwachungsverschulden darin gesehen werden, einen so neuen Mitarbeiter wie F allein

arbeiten zu lassen; zum anderen zeigen die Formulierungen im Zeugnis, dass F durchaus nicht der zuverlässigste ist. Nach einem üblichen und unter Arbeitgebern durchaus bekannten „Code" bedeutet die Bezeichnung eines Mitarbeiters als „heiter" oder „beliebt", dass seine Arbeitsmoral zu wünschen übrig lässt und er dem Alkohol („heiter") und auch dem Flirten („beliebt") durchaus nicht ablehnend gegenübersteht. Und dass er „bemüht" war, seinen Pflichten nachzukommen, weist darauf hin, dass er den an ihn gestellten Anforderungen eben nicht immer genügte.
Daher haftet Firma D auf Schadensersatz, und zwar gem. § **840** Abs. 1 BGB als **Gesamt**schuldner (§§ **421** ff. BGB) neben F.

3. Ansprüche gegen Firma H
a) Ein Anspruch gegen Firma H könnte sich ebenso wie gegen Firma D aus **§ 831 BGB** ergeben. Dies wäre dann der Fall, wenn Firma D, die ja für ihren **Verrichtungs**gehilfen F haftet, ihrerseits als **Verrichtungs**gehilfe ihrer Auftraggeberin, Firma H, anzusehen wäre. Dies ist jedoch nicht der Fall; denn Firma D ist als selbständiges Unternehmen nicht **sozial** abhängig und **weisungs**gebunden.
b) Ein Anspruch gegen Firma H könnte sich aus der Spezialnorm des **§ 836 Abs. 1 BGB** ergeben. Der Schaden am Eigentum des E entstand durch herabfallende Dachziegel, also durch Ab**lösung** von **Teilen** des Gebäudes. Da dies auch Folge **fehler**hafter Errichtung ist, würde Firma H nach § 836 Abs. 1 Satz 1 BGB für den entstehenden Schaden haften.
Nach § 836 Abs. 1 Satz 2 BGB ist jedoch die Ersatzpflicht ausgeschlossen, wenn der Gebäudebesitzer (Firma H) zum Zwecke der Ab**wend**ung der **Gefahr** die im Verkehr erforderliche Sorgfalt beachtet hat. Dies muss man hier annehmen; denn mehr als ein als zuverlässig bekanntes Unternehmen zu beauftragen, kann man von einem Hauseigentümer nicht verlangen.
Ansprüche gegen Firma H bestehen daher nicht.

4. Verjährung
Die Ansprüche gegen F und Fa. D könnten inzwischen verjährt sein. Beide könnten dann nach § 214 Abs. 1 BGB die Ein**rede** der Verjährung erheben.
Weil die **§§ 823 ff. BGB** keine speziellen Verjährungsfristen vorsehen, verjähren deliktische Ansprüche nach der Regelfrist des § **195** BGB in drei Jahren. Die Frist beginnt nach § **199** Abs. 1 Nr. 1 BGB mit **Entsteh**ung des Anspruchs (bei § 823 BGB also mit der Rechtsgutverletzung, d.h. März 2006) sowie nach § 199 Abs. 1 Nr. 2 BGB mit **Kenntnis** von Schaden und Schädiger.
a) Die Adresse von F wurde E erst im November 2008 bekannt. Da die Anschrift des Schädigers zur „Kenntnis" i.S.v. § 199 Abs. 1 Nr. 2 BGB gehört, begann gegen F die Verjährungsfrist erst mit Jahresende 2008. Die **drei**jährige Verjährung tritt also erst am 31.12.20**11** ein. Zur Zeit sind gegen F keine weiteren Maßnahmen erforderlich.
b) Die Verjährungsfrist der Ansprüche des E gegen Firma D begann schon Ende 20**06** zu laufen, da die Adresse der Firma D dem E spätestens im Mai 2006 bekannt war. Die Verjährung tritt also am 31.12.20**09** ein. Um die Durchsetzbarkeit von Ansprüchen zu sichern, müsste E, da Firma D sich nach wie vor weigert zu zahlen, noch im Jahr 2009 den Ablauf der Verjährungsfrist durch Neu**beginn** oder He**mmu**ng beeinflussen. Hier käme nach § 204 Abs. 1 Nr. 1 BGB die Er**hebung** einer **Klage** (§ 253 ZPO) oder, weil es sich um eine Geldforderung handelt, als billigere Lösung (Gerichtskostenvorschuss nur die halbe Gebühr) die Zustellung eines **Mahn**bescheides (§ **204** Abs. 1 Nr. 3 BGB) in Betracht.

Einheit 12 B . FRAGEN

1. Die Staatshaftung besteht aus einer Verbindung der Elemente von Art. 34 GG und § 839 BGB. Danach setzt die Haftung grundsätzlich fünf Tatbestandsmerkmale voraus:
(1) **Hoheitliches Handeln** (Art. 34 GG: Ausübung eines "öffentlichen" Amtes
(2) Handelnder = **„jemand"** (Beamter im haftungsrechtlichen Sinn = „*Amtswalter*")
(3) **Amtspflichtverletzung**
(4) **Verschulden**
(5) **Schaden**
Zu beachten ist ferner als **Ausnahme** die sogenannte **Subsidiarität**: Der Staat haftet nur, soweit der Geschädigte nicht anderweitig Ersatz verlangen kann, vgl. § 839 Abs. 1 Satz 2 BGB.

2. Bei fiskalischem Handeln haftet der Staat über §§ 31, 89 bzw. nach § 831 BGB. Daneben besteht eine Eigenhaftung der Beamten nach § 839 (mit Subsidiarität: § 839 Abs. 1 Satz 2 BGB) und der Arbeiter/Angestellten nach §§ 823 ff. BGB (ohne Subsidiarität).

3. Maßgeblich ist der sogenannte **haftungsrechtliche Beamtenbegriff**: Auch Angestellte und Arbeiter fallen darunter, ebenso beliehene Unternehmer, sofern sie **hoheitlich tätig** sind (vgl. Art. 34 GG: **„jemand"**).

4. Der Staat haftet nach § 839 Abs. 1 Satz 2 BGB bei fahrlässigem hoheitlichem Handeln nur dann, wenn für den Geschädigten **kein anderweitiger Ersatzanspruch** besteht. Dieser Anspruch muss gleichwertig, durchsetzbar und gegen Außenstehende gerichtet sein.

5. Die Rechtsprechung hat die Berufung auf die Subsidiaritätsklausel mehr und mehr eingeschränkt, so vor allem im Bereich des **Straßenverkehrs**, da der Beamte (außer bei Blaulichtfahrten) den gleichen Rechten und Pflichten wie die anderen Verkehrsteilnehmer ausgesetzt ist. Ein innerer Grund für ein Haftungsprivileg des Staates ist nicht erkennbar.
Generell ausgeschlossen ist nach der Rechtsprechung auch die Berufung auf Leistungen einer **Versicherung**. Zweck der Versicherung ist ja nicht die komplette Übernahme des Haftungsrisikos. Die Bedeutung der Subsidiaritätsklausel des § 839 Abs. 1 Satz 2 BGB ist mittlerweile also sehr gering.

6. Nein. Bei Amtspflichtverletzungen von Richtern haftet der Staat nach § 839 Abs. 2 BGB **nur für Straftaten** der Richter, in der Regel also nur bei einer (vorsätzlichen) Rechtsbeugung.

7. Nach **§ 839 Abs. 3 BGB** haftet der Staat unter anderem dann nicht, wenn -wie hier- der Verletzte es unterlassen hat, den Schaden durch Gebrauch eines Rechtsmittels abzuwenden. Für eine Staatshaftung bei hoheitlicher Tätigkeit müssen also zunächst alle verwaltungsrechtlichen und gerichtlichen Möglichkeiten ausgeschöpft werden.

8. Es haftet die **Anstellungskörperschaft** des handelnden Mitarbeiters (z.B. Gemeinde, Landkreis, Land).

9. Bei hoheitlichem Handeln besteht nach Art. 34 GG **keine persönliche Eigenhaftung** des Beamten. Das ergibt sich aus der Formulierung, dass die Anstellungskörperschaft *"grundsätzlich"* haftet. Für Angestellte gilt Entsprechendes; auch sie fallen ja als *„jemand"* unter Art. 34 GG.

10. Eine Regressmöglichkeit des Staates ist nach Art. 34 Satz 2 GG **nur bei Vorsatz oder grober Fahrlässigkeit** gegeben. Der handelnde Mitarbeiter muss also seine Sorgfaltspflichten in besonders gravierender Weise außer Acht gelassen haben (Faustformel: *„Wie kann man so etwas nur machen!"*).

Einheiten 11 + 12 . FALL

Völkerball

Der 19jährige Pfadfinderführer Friedrich Frischmann (F) war mit seiner Gruppe (sechs Jungen im Alter von 12 bis 14 Jahren) auf Tour. Es war Sonntagnachmittag nach einer angenehmen Wanderstrecke, die Zelte waren aufgeschlagen, und F wollte sich etwas ausruhen. Es kam ihm also durchaus nicht ungelegen, als die Jungen noch für eine Stunde zum Erkunden des neuen Standorts (den F schon kannte) und zum Ballspielen weggehen wollten. F bat sie, aufzupassen, sich nicht zu weit zu entfernen und pünktlich zum Essenmachen wiederzukommen.
An einem nahe gelegenen Platz, an den direkt ein Haus angrenzte, spielten die Jungen Völkerball. Siggi Sturm (S), der größte und älteste der Gruppen, war am Zug: Er trieb den 12jährigen Karli Klein (K) in eine Ecke des Feldes nahe der Hauswand, zielte gut und traf sein Opfer an dessen günstigstem, weil ungefährlichstem, aber edelstem Körperteil. Von dort prallte der Ball ab und setzte seinen Flug fort: Zunächst durchschlug er ein Fenster im Hochparterre des angrenzenden Hauses und warf dann im Inneren ein Glas um. Das Fenster gehörte zur Praxis von Dr. med. Atzmann, die dieser vom Hauseigentümer Eigner gemietet hatte. In dem Glas (Wert 50 Cent) befand sich eine Urinprobe des Patienten Paulsen.
Der Zwischenfall hatte zur Folge, dass eine neue Fensterscheibe (100,- Euro) eingesetzt werden, die Putzfrau des Arztes den Laborraum für 15,- Euro gründlich von Splittern befreien und der Patient Paulsen nochmals mit einer Urinprobe aus der Nachbarstadt herkommen musste, was ihn 20,- Euro kostete.
Wie ist die Rechtslage?

Lösung

I. ANSPRÜCHE DES DR. A

1. Ansprüche gegen S

a) Ein Anspruch könnte sich aus **§ 823 Abs. 1 BGB** ergeben.
(1) S könnte das Eigentum oder ein sonstiges Recht verletzt haben.
Das Rechtsgut **Eigentum** ist nur bezüglich des **Uringlases** verletzt. Das **Fenster** und die gemieteten Räume gehörten als wesentliche Bestandteile des Grundstücks bzw. des Gebäudes (§ 94 BGB) dem Vermieter, bei Dr. A wurde also insoweit kein **Eigentum** (§ 903 BGB) verletzt. Als Mieter hat er lediglich **Besitz** (§ 854 BGB) an den Praxisräumen. Der (berechtigte) Besitz ist - wegen des dinglichen Schutzes aus §§ 861, 862 BGB – aber als **„sonstiges** *Recht"* im Sinne von § 823 Abs. 1 BGB aner-

kannt. Das zerbrochene Fenster mit den Splittern im Raum stellen somit eine Bes**itzverl**etzung an den gemieteten Praxisräumen dar.
(2) Die Verletzungs**handlung** liegt im Ballwerfen des S. Fraglich könnte sein, ob diese auch **kausal** war, da die Wurfbahn so ja nicht geplant war. Kausal im Sinne der sogenannten **Adäquanz** ist eine Handlung dann, wenn sie nach der Lebe**ns**-**erfah**rung geeignet war, die eingetretene Recht**s**-**gutverletz**ung herbeizuführen. Dies kann hier angenommen werden. Völkerballspielen bringt es mit sich, dass gerade die gut gezielten Bälle von den getroffenen Personen abprallen und in anderer Richtung weiterfliegen. Dass ein abprallender Ball außerhalb des Spielfeldes gerät und eine Scheibe durchschlägt, wenn in der Nähe eines Hauses gespielt wird, ist ebenfalls nahe liegend und entspricht der Lebenserfahrung.
(3) Die Tatbestandsmäßigkeit in**dizi**ert die Widerrechtlichkeit. **Rechtfertigungs**gründe liegen nicht vor.
(4) S handelte **fahrlässig** im Sinne von § **276** Abs. **2** BGB. Er hätte wissen müssen, dass das Ballspielen so nahe vor dem Haus riskant war. Da man diese Einsicht von einem 14Jährigen durchaus erwarten kann, ist S für sein Verhalten gemäß § **828** Abs. 3 auch verantwortlich (**Delikts**fähigkeit).
(5) Der zu ersetzende Schaden (§§ **249** ff. BGB) umfasst bei Fenster und Splitter im Labor nicht den Sachwert, sondern lediglich den Wert des daran bestehenden **Besitzes** (§ 854 BGB). Die Kosten für den Einbau einer neuen Scheibe stehen als Sachschaden an der Substanz allein dem Eigentümer E zu (dazu siehe unten II.). Der Schaden des Dr. A wegen des zerbrochenen Fensters besteht nur hinsichtlich des gemieteten Laborraums. Zu ersetzen ist der Wert des Besitzes an diesem Raum, d. h. die Kosten für die Wiederherstellung seiner Nutzbarkeit. Dies sind die Kosten für die Reinigung in Höhe von 15,- Euro. Diesen Betrag kann Dr. A als Besitzer (Mieter) von S verlangen. Sein Schaden als Eigentümer besteht nur an dem zerbrochenen Uringlas. Da **Naturalher**stellung (§ 249 Abs. 1 BGB) nicht möglich ist, muss nach § **251** Abs. 1 BGB der **Wert** des Glases in Höhe von 0,50 Euro ersetzt werden. Insgesamt beziffert sich der Anspruch des Dr. A gegen S aus § **823** Abs. 1 BGB also auf 15,50 Euro.
b) Der Anspruch könnte sich ferner aus § **823** Abs. **2** BGB in Verbindung mit § **303** StGB ergeben.
Bei der „fremden beweglichen Sache" müsste es sich um eine Dr. A gehörende Sache handeln; denn geschütztes Rechtsgut ist bei Sachbeschädigung das **Eigentum**, nicht aber der **Besitz**. Wie oben dargelegt, besteht eine Eigentumsverletzung nur in Bezug auf das Uringlas.
Ein Anspruch nach § 823 Abs. 2 BGB setzt die Ver**letzung** eines dem Schutz eines anderen dienenden Gesetzes voraus. § 303 StGB ist ein solches Schutzgesetz. Wie sich aber aus § **15** StGB ergibt, ist Sachbeschädigung nur bei **Vorsatz** strafbar. S handelte aber nur **fahrlässig**. Abgesehen davon ist er nach § **19** StGB noch nicht **straf**mündig. Daher hat er gegen das Schutzgesetz des § 303 StGB (mangels subjektivem Tatbestand) nicht *„verstoßen"*, so dass ein Anspruch aus § 823 Abs. 2 BGB nicht gegeben ist.

2. Ansprüche gegen F
Ein Anspruch gegen F könnte sich nur aus § **832** Abs. 2 BGB ergeben.
F hat durch **Vertrag** (§§ 145 ff. BGB), nämlich dadurch, dass ihm die Eltern ihre Söhne anvertraut haben, die Führung der Aufsicht über die jungen Pfadfinder übernommen und haftet dann, wenn er seine **Aufsichts**pflicht verletzt. Ob das der Fall ist, kann aufgrund der Gegebenheiten des Sachverhalts zweifelhaft sein. Zwar handelt es sich um eine für die Jungen fremde Ortschaft, dennoch wird man wohl nicht verlangen können, dass F seinen Schutzbefohlenen auf Schritt und Tritt folgt, vor allem nicht bei Jugendlichen in diesem Alter, die obendrein noch Pfadfinder sind. Ihnen muss ein gewisser Freiraum gelassen werden. Es reicht aus, dass F die Umgebung als ungefährlich kennt. Den Umstand, dass er die Jungen ohne Aufsicht Ball spielen lässt, wird man ihm nicht vorwerfen können. Daher scheidet eine Haftung des F aus.
(Wer eine Verletzung der Aufsichtspflicht befürwortet -was durchaus vertretbar wäre-, müsste die Entscheidung treffen, ob die allgemeinen Verhaltensanweisungen des F für eine Exkulpation nach § 832 Abs. **1** Satz **2** BGB ausreichen).

3. Ansprüche gegen K
Gegen K bestehen keine Ansprüche. Es fehlt an einer **Handlung** im Rechtssinne (physisch bewusstes, gesteuertes Verhalten), weil der Ball nur von seinem Körper abgeprallt war.

II. ANSPRÜCHE DES E
1. Ansprüche gegen S
a) Ein Anspruch des E gegen S ergibt sich aus **§ 823 Abs. 1 BGB**. Die Zerstörung der Fensterscheibe war Verletzung seines **Eigentums** (§ 903 BGB), für die S unter denselben Voraussetzungen wie oben zu I.1a haftet.
Der zu ersetzende Schaden besteht nach § **249** Abs. 2 BGB in der Zahlung des zur Herstellung er-

forderlichen Betrages, also 100,-Euro (Es handelt sich hier nicht um einen Fall von § 251 BGB: Zwar ist die Scheibe irreparabel zerstört, aber vom Gebrauchswert her geht es ja um die Wiederherstellung des Fensters und die Beseitigung der Splitter).
b) Für einen Anspruch aus **§ 823 Abs. 2 BGB i.V.m. § 303 StGB** fehlt es wie oben zu I.1b am **subjek**tiven Tatbestand.

2. Ansprüche gegen F und K
Ansprüche des E scheiden aus denselben Gründen wie Ansprüche des Dr. A (siehe oben I.2 und I.3) aus.

III. ANSPRÜCHE DES P
Ebenso wie bei Dr. A und E könnten sich Ansprüche des P nur gegen S aus **§ 823 Abs. 1 BGB** ergeben.
Der Schaden, den S dadurch erleidet, dass er nochmals eine Urinprobe abgeben muss, ist eigentlich nur ein Vermögensschaden, der als Re**chtsgutverletzung** (im Sinne eines „**Erst**schadens") nicht in Betracht käme; denn das Vermögen ist weder **Eigentum** noch ein „**sonstiges** *Recht*". Weil aber der Urin als dem Patienten gehörende **Sache** (§ 90 BGB) anzusehen ist (ebenso wie etwa gespendetes Blut), handelt es sich um eine Eigentumsverletzung (Körperverletzung scheidet aus, weil der Urin „ausgeschieden" und somit nicht mehr Bestandteil des Körpers ist).
Vermögensnachteile, die durch den Verlust der ersten Urinprobe und das dadurch bedingte Beibringen neuen Urins entstehen, sind als F**olgeschä**den einer Rechtsgutverletzung nach § **249** Abs. 2 BGB zu ersetzen. Für den verlorenen Urin selbst kann P keinen Schadensersatz verlangen, weil Urin keinen materiellen Wert hat. Wohl aber steht P ein Anspruch auf Ersatz der 20,- Euro für seine zusätzlichen Aufwendungen als **Folge**schaden der Eigentumsverletzung (am verschütteten Urin) zu. Ein eventueller Verdienstausfall wäre nach § 251 BGB (Arbeitnehmer) bzw. bei Selbständigen nach § 252 BGB zu ersetzen.

Einheit 13 A . FRAGEN

1. Verschuldenshaftung erfordert neben der rechtswidrigen Schadensverursachung ein schuldhaftes Handeln (**Vorsatz oder Fahrlässigkeit**) des Schädigers. Auch bei anderen Schadensersatzansprüchen verlangt das BGB grundsätzlich ein Verschulden (bzw. Vertretenmüssen i.S.v. § 276 BGB), so z.B. in § 280 Abs. 1 Satz 2 BGB bei vertraglicher Haftung (wo das Verschulden allerdings im Gegensatz zu § 823 BGB vermutet wird).
Mit zum Verschulden gehört im Rahmen der §§ 823 ff. BGB die **Deliktsfähigkeit**. Nach § 828 BGB ist zu differenzieren:

- § 828 Abs. 1 BGB: Minderjährige **unter 7 Jahren** sind nicht deliktsfähig und daher für von ihnen verursachte Rechtsgutverletzungen nicht verantwortlich.
- § 828 Abs. 3 BGB: Minderjährige **zwischen 7 und 18 Jahren** sind **bedingt deliktsfähig**. Ihre Verantwortung hängt von ihrer **Einsichtsfähigkeit** in die Rechtswidrigkeit ihres Verhaltens ab.
- § 828 Abs. 2 BGB: Minderjährige **zwischen 7 und 10 Jahren** sind **bei Verkehrsunfällen** nur dann schadensersatzpflichtig, wenn sie **vorsätzlich** gehandelt haben. Ansonsten richtet sich die Verantwortlichkeit nach ihrer Einsichtsfähigkeit gem. § 828 Abs. 3 BGB.

2. Vorsatz bedeutet **bewusstes und gewolltes Handeln** in Bezug auf den Erfolg. In der Regel genügt bedingter Vorsatz. Hierbei wird der Schadenseintritt billigend in Kauf genommen (*„na wenn schon!"*). **Fahrlässig** handelt nach § 276 Abs. 2 BGB, wer **die im Verkehr erforderliche Sorgfalt** außer Acht lässt. Dabei ist ein in der Regel nach Berufsgruppen typisierter Maßstab anzulegen (ordentlicher Kraftfahrer, Handwerker, Arzt etc.).

3. Hintergrund der Gefährdungshaftung ist der Gedanke, dass bei einer **erlaubten nutzbringenden, aber gefahrbegründenden Tätigkeit** derjenige, der den Nutzen hat, bei Eintritt eines Schadens dann auch ohne Verschulden haften soll.

4. § 7 StVG normiert die Haftung des Kraftfahrzeughalters, §§ 1, 2 HaftpflG die des Bahnbetriebsunternehmers und § 22 WHG begründet eine Haftung für die Änderung der Beschaffenheit des Wassers.

5. In den meisten Fällen der Gefährdungshaftung ist die Ersatzpflicht durch **Haftungshöchstbeträge** begrenzt (z.B. § 12 StVG).

6. Die Gefährdungshaftung besteht in der Regel dann nicht, wenn der Schaden durch eine **betriebsfremde Ursache** entstanden ist (*„höhere Gewalt"* oder *„unabwendbares Ereignis"*).

7. Der Schaden muss durch ein betriebsfremdes Ereignis **von außerhalb** eingetreten und auch bei höchstmöglicher Sorgfalt **nicht vermeidbar** gewesen sein. Nach § 17 Abs. 1 StVG gilt dieses Kriterium nur, wenn es sich um eine **Haftung zwischen**

mehreren Haltern handelt, also in der Regel bei Verkehrsunfällen zwischen zwei Kraftfahrzeugen, vgl. § 17 Abs. 2 StVG. In allen übrigen Fällen ist die Haftung dann ausgeschlossen, wenn die Voraussetzungen des wesentlich strengeren Begriffs der „höheren Gewalt" vorliegen. Es wird dann auch bei einem unabwendbaren Ereignis gehaftet, z. B. bei Wildschäden oder wenn Kinder plötzlich in die Fahrbahn laufen.

8. Auch hier muss der Schaden durch ein betriebsfremdes Ereignis von außerhalb verursacht worden sein; zusätzlich muss es sich um ein **ganz außergewöhnliches Ereignis** handeln, wie z. B. einen Terroranschlag oder ein Erdbeben.

9. Haftung selbst im Falle höherer Gewalt gibt es bei § 833 Satz 1 BGB („Luxustiere"), § 33 LuftVG, § 25 AtomG und § 32 GenTG.

Einheit 13 B . FRAGEN

1. Die Risiken des Autoverkehrs (= sog. **Betriebsgefahr**) sind so groß, dass einem schuldlosen Unfallopfer möglichst immer Schadensersatz gewährt werden sollte. Der Halter ist von Gesetzes wegen verpflichtet (PflVG), eine **Kfz-Haftpflichtversicherung** abzuschließen.

2. Die Haftung nach § 7 StVG hat im Einzelnen folgende Voraussetzungen:
(1) Personen- oder Sachschaden
(2) bei Betrieb eines Kfz
(3) Schuldner ist Halter
(4) keine höhere Gewalt i. S. v. § 7 Abs. 2 StVG (bei Schadensersatz zwischen Haltern, z. B. bei einem Kfz-Unfall zwischen zwei Haltern: unabwendbares Ereignis, vgl. § 17 Abs. 3 StVG)

3. Nein. Halter ist derjenige, der die **tatsächliche Verfügungsgewalt** über ein Fahrzeug ausübt und es **auf eigene Rechnung** betreibt. Halter ist daher auch derjenige, der den Wagen unter Eigentumsvorbehalt (§ 449 BGB) gekauft und die Raten noch nicht vollständig bezahlt hat.

4. Unabwendbar ist ein Ereignis nur dann, wenn es von außen kommt und darüber hinaus der Schaden auch bei allergrößter Sorgfalt („*Idealfahrer*") **nicht zu vermeiden** war. Fehler in der Beschaffenheit des Fahrzeugs stellen eine betriebsinterne Unfallursache dar, die nach dem Wortlaut des § 17 Abs. 3 Satz 1 StVG kein unabwendbares Ereignis darstellt, auch wenn der Fahrer den Unfall absolut nicht verhindern konnte. Hier haftet in jedem Fall der Halter (bzw. nach § 115 Abs. 1 VVG seine Haftpflichtversicherung).
Die Haftung nach § 7 Abs. 2 StVG ist grundsätzlich erst bei höherer Gewalt ausgeschlossen. Nur in dem (allerdings sehr häufigen) Fall eines von mehreren Fahrzeugen verursachten Schadens (17 Abs. 1 StVG), also einer **Haftung zwischen mehreren Haltern** (§ 17 Abs. 2 StVG), ist die Haftung nach § 17 Abs. 3 StVG **bereits bei einem unabwendbaren Ereignis ausgeschlossen**. Dieser Maßstab gilt also immer dann, wenn mehrere Kraftfahrzeuge in einen Unfall verwickelt sind. Gleiches gilt nach § 17 Abs. 4 StVG für Unfälle zwischen Kraftfahrzeugen und Tieren (Wildschäden) oder zwischen Kraftfahrzeugen und Eisenbahn.

5. Ja. Ein unabwendbares Ereignis schließt nur dann die Haftung aus, wenn es um die Haftung von Fahrzeughaltern untereinander geht, also bei einem Zusammenstoß zweier Autos, vgl. § 17 Abs. 3 StVG. In Fällen wie hier ist die Haftung nach § 7 Abs. 2 StVG nur bei höherer Gewalt ausgeschlossen.
(Im Übrigen läge kein unabwendbares Ereignis i. S. v. § 17 Abs. 3 StVG vor; denn bei dem geplatzten Reifen handelt es sich nicht um ein von außen kommendes Ereignis. Die Gefährdungshaftung nach § 7 StVG ist dadurch gerechtfertigt, dass sich die typische Betriebsgefahr eines Kraftfahrzeugs manifestiert.)

6. Nach der früheren Rechtslage (bis 2002) umfasste die Gefährdungshaftung des § 7 StVG nur den materiellen Schaden, keinen Schmerzensgeldanspruch. Nunmehr gewährt § 11 Satz 2 StVG ein **Schmerzensgeld auch im Rahmen der Gefährdungshaftung** des § 7 StVG.
Die Besonderheit der StVG-Gefährdungshaftung bezüglich der Schadenshöhe liegt nach § 12 StVG jetzt allein in der Haftungsbegrenzung auf bestimmte Höchstsummen.

7. Ein Anspruch aus **§ 7 StVG** scheidet wegen § 8 Nr. 3 StVG aus. Die Gefährdungshaftung des § 7 StVG **umfasst nicht die Fracht** eines LKW.
Nach § 16 StVG bleibt neben der StVG-Haftung die deliktische Haftung nach §§ 823 ff. BGB bestehen. Diese setzt allerdings den Nachweis von Vorsatz oder Fahrlässigkeit voraus. Nur wenn dem Fahrer des gegnerischen Fahrzeugs ein Verschulden nachgewiesen werden kann, muss die gegnerische Kfz-Haftpflichtversicherung den Schaden an der wertvollen Ferrari-Fracht ersetzen.

8. Eine Gefährdungshaftung des Halters nach § 7 StVG ist gemäß § 8 Nr. 2 StVG **nur gegenüber dem**

Fahrer ausgeschlossen, weil er *„bei dem Betrieb des Kfz tätig"* war. Die übrigen Insassen können sich auf die Gefährdungshaftung des Halters nach § 7 StVG berufen, allerdings mit Einschränkungen bei Sachschäden: Nach § 8 Nr. 3 StVG besteht eine Ersatzpflicht nur dann, wenn der Insasse die beschädigte Sache *"an sich trägt oder mit sich führt"*.

9. Grundsätzlich ist im Rahmen der Vertragsfreiheit (und bei AGB innerhalb der Grenzen des § 309 Nr. 7 BGB) ein Haftungsausschluss zulässig. Nach **§ 8a StVG** ist aber ein vertraglicher Haftungsausschluss für Personenschäden der Halterhaftung bei entgeltlicher geschäftsmäßiger Personenbeförderung unzulässig. Für Körperverletzungen haftet der Halter also den Insassen gegenüber genauso wie gegenüber dem Unfallgegner.
Bei privaten Fahrgemeinschaften kann von einer entgeltlichen, geschäftsmäßigen Beförderung aber nicht die Rede sein, auch dann nicht, wenn jeder der Beteiligten sich an den Kosten beteiligt und alle gemeinsam ins Büro zur Arbeit fahren.

Einheit 13 C . FRAGEN

1. Auch der Fahrer haftet, und zwar nach **§ 18 StVG**. Halter und Fahrer haften gem. § 840 als **Gesamtschuldner**.
§ 18 StVG nimmt Bezug auf § 7 StVG. Dennoch ist die Haftung des Fahrers kein Fall der Gefährdungshaftung. Hier kommt es, wie § 18 Satz 2 StVG zeigt, auf ein Verschulden an. Im Gegensatz zu § 823 BGB wird aber das **Verschulden vermutet**, der Fahrer könnte sich exkulpieren.

2. Nach **§ 9 Satz 1 StVG** ist bei Mitverschulden die allgemeine Vorschrift des § 254 BGB anwendbar. Das führt dazu, dass der Verletzte nur einen Teil seines Schadens ersetzt bekommt.

3. Der Halter muss sich unter Umständen auch ohne Verschulden schon die bloße **Betriebsgefahr** seines Fahrzeugs als Mitverursachung anrechnen lassen.

4. Nein. Da es sich um die Haftung von Haltern untereinander handelt (vgl. § 17 Abs. 2 StVG), kommt es nach **§ 17 Abs. 3 StVG** darauf an, ob der Schaden des A auf einem unabwendbaren Ereignis beruhte. Dies ist nicht der Fall: Zwar war für B die Kollision unvermeidbar, doch liegt ein **unabwendbares Ereignis** im Sinne dieser Norm nur dann, vor, wenn es **von außen** kommt, also nicht auf einem technischen Defekt am Auto beruht.
B haftet daher nach § 7 Abs. 1 StVG auf Schadensersatz.

5. § 115 Abs. 1 VVG begründet neben der Haftung des Halters nach § 7 StVG und der des Fahrers nach § 18 StVG einen **Direktanspruch gegen den Versicherer**.
Bei anderen Versicherungen, die keine Pflichtversicherungen sind, z.B. der privaten Krankenversicherung oder der privaten Haftpflichtversicherung, ist das nicht der Fall. Dort ist die Versicherung nur im Innenverhältnis gegenüber dem Versicherungsnehmer zur Erstattung verpflichtet. Nach außen schuldet oder haftet dieser allein, z.B. der Privatpatient gegenüber dem Arzt.

6. Halter, Fahrer und Versicherung haften nach § 115 Abs. 1 Satz 4 VVG als **Gesamtschuldner** (§§ 421 ff. BGB).

7. Nach **§ 116 Abs. 1 VVG** haftet im Innenverhältnis **allein die Versicherung**. Sie kann also weder den Halter noch den Fahrer in Regress nehmen.

8. Im Rahmen des § 1 PflVG ist auch der **Fahrer mit versichert**. Er wird also genauso behandelt wie der Halter.

Einheit 13 D . FRAGEN

1. Die Haftung ist zwar verschuldensunabhängig wie bei echter Gefährdungshaftung, doch beruht die Verantwortlichkeit hier auf einem rechtswidrigen Verhalten. Auch die Entlastungsmöglichkeit des § 1 Abs. 2 ProdHaftG zeigt, dass es sich nicht um eine reine Gefährdungshaftung handelt.

2. Die prinzipiellen Voraussetzungen einer Produkthaftung sind:
(1) Der Produzent muss ein **Produkt** hergestellt oder in den Verkehr gebracht haben.
(2) Das Produkt muss mit einem **Fehler** behaftet sein.
(3) Der Fehler muss zu einer **Rechtsgutverletzung** führen, es ist also auch **Kausalität** zwischen Fehler und Rechtsgutverletzung erforderlich.
(4) Es darf **kein Haftungsausschluss** bestehen.

3. Nein, das Produkt muss auch **in Verkehr gebracht** worden sein, ansonsten ist die Haftung nach § 1 Abs. 2 ProdHaftG ausgeschlossen.

4. Auch aus dem primären Wirtschaftskreislauf ausgeschiedene Sachen können **Produkte** i.S.v. § 2 ProdHaftG sein. Entscheidend ist, dass die Sachen, hier: Teile des Röntgengeräts, einem **wirtschaftlichen Gebrauchs- oder Verbrauchszweck** dienen, hier: im Rahmen des Recycling.

5. Auch landwirtschaftliche Produkte sind Produkte im Sinne von § 2 ProdHaftG. Dabei kommt es nicht darauf an, ob ein erster Verarbeitungsprozess stattgefunden hat. Auch der Fang im Netz eines Fischers ist daher schon ein Produkt.

6. Ähnlich wie bei § 434 Abs. 1 Satz 2 Nr. 2 BGB kommt es nach § 3 ProdHaftG auf die berechtigten Erwartungen der Allgemeinheit an, wobei auch hier (wie bei § 434 Abs. 1 Satz 3) die Werbung für das Produkt als Kriterium mit herangezogen werden kann.

7. Solange der Hersteller eines Produkts nicht festgestellt werden kann, gilt nach § 4 Abs. 3 ProdHaftG der Lieferant als Hersteller und haftet wie dieser.

8. Nein. Nach § 1 Satz 2 ProdHaftG besteht bei Sachbeschädigungen eine Haftung nur dann, wenn der **Schaden an einer anderen als der fehlerhaften Sache** entstanden ist. Der Schaden an der fehlerhaften Sache kann nur vertraglich im Rahmen der Mängelhaftung (§§ 434 ff. BGB) geltend gemacht werden.

9. Für den ursächlichen Zusammenhang zwischen Fehler und Schaden trägt nach § 1 Abs. 4 Satz 1 ProdHaftG der Geschädigte die Beweislast. Im vorliegenden Fall müsste also nachgewiesen werden, dass der Schaden (z.B. eine Gesundheitsbeeinträchtigung) kausal auf die Giftstoffe im Fisch zurückzuführen ist. Ein solcher Nachweis wird meist nur schwer möglich sein.

10. Hier könnte ein Haftungsausschluss nach § 1 Abs. 2 Nr. 4 ProdHaftG bestehen. Das gilt aber nur hinsichtlich der Konformität zwingender Rechtsvorschriften. Die VDE-Norm als eine nur technische Normierung fällt nicht darunter. Ein Haftungsausschluss liegt daher nicht vor. Es haftet der Hersteller des Geräts.

11. Versandhäuser gelten nach § 4 Abs. 1 Satz 2 ProdHaftG dann als Quasihersteller, wenn sie ein fremd hergestelltes Produkt als eigenes anbieten. Das bloße Anbringen einer Handelsmarke reicht nicht aus, weil sich der Vertreiber damit nicht als Hersteller geriert.

12. Nein. Nach § 11 ProdHaftG besteht bei Sachschäden ein Selbstbehalt in Höhe von 500,- Euro.

Einheit 13 E . FRAGEN

1. Das Umwelthaftungsgesetz (UmweltHG) begründet eine Gefährdungshaftung, die aber nur im Rahmen bestimmter Anlagen besteht (sogenannte **Anlagenhaftung**). Das bisherige (weiter geltende) Recht schützt nur teilweise gegen umweltbedingte Schäden: Die nachbarrechtlichen Vorschriften (§ 906 BGB, § 14 BImSchG) beschränken sich auf den Schutz von Grundstücken, der Schutz nach §§ 823 ff. BGB setzt Verschulden voraus.

2. Nach §§ 1 - 3 UmweltHG müssen folgende Voraussetzungen gegeben sein:
(1) **Rechtsgutverletzung** (Personen- oder Sachschaden: § 1 UmweltHG)
(2) Hervorgerufen durch **Umwelteinwirkung**: § 3 Abs. 1 UmweltHG
(3) Von einer **Anlage** ausgehend: § 2 UmweltHG, § 3 Abs. 2 UmweltHG
(4) **Kein Haftungsausschluss**: § 4 UmweltHG, § 5 UmweltHG

3. Nach § 3 Abs. 1 UmweltHG sind Umwelteinwirkungen verschiedene **„Erscheinungen“** wie Stoffe, Erschütterungen, Geräusche, Druck, Strahlen, Gase, Dämpfe oder Wärme, die sich **in Boden, Luft oder Wasser** ausgebreitet haben.

4. Ja. Nach § 3 Abs. 2 UmweltHG unterliegen der Haftung auch Maschinen und Fahrzeuge, sofern sie im technischen Zusammenhang mit einer der im Gesetz aufgeführten Anlagen stehen.

5. Nein. Die 96 der Haftung unterliegenden Anlagen sind in **Anhang 1 zu § 1 UmweltHG enumerativ** aufgezählt.

6. Nach § 17 UmweltHG sind die für die Verjährung deliktischer Ansprüche geltenden Vorschriften anzuwenden. Da es in den §§ 823 ff. BGB keine besonderen Verjährungsregeln gibt, gilt die Regelverjährung der §§ 195, 199 BGB: drei Jahre ab Kenntnis von Tat und Täter.

7. Ein Haftungsausschluss besteht nach §§ 4, 5 UmweltHG in Fällen höherer Gewalt und bei unwesentlichen Sachbeschädigungen.

8. Bei „Eignung“ einer Anlage zur Herbeiführung des entstandenen Schadens wird nach § 6 UmweltHG die **Schadensverursachung vermutet**. Hier muss also der Betreiber der Anlage nachweisen, dass der Schaden nicht durch seine Anlage verursacht worden ist.

9. Nach § 6 Abs. 2-4 UmweltHG entfällt die Kausalitätsvermutung bei bestimmungsgemäßem Betrieb der Anlage, Einhaltung der Betriebspflichten und Störungsfreiheit des Betriebs. Nach § 7 UmweltHG entfällt die Kausalitätsvermutung ferner, wenn **ein anderer Umstand geeignet** war, den Schaden herbeizuführen. Wenn also möglicherweise mehrere Faktoren den Schaden hervorgerufen haben können, muss der Verletzte nachweisen, dass sein Schaden gerade auf Einwirkungen aus der Anlage des beklagten Unternehmens beruhte. In der Praxis dürfte das meist sehr schwer sein.

10. Die Haftung umfasst nach §§ 12-14 UmweltHG neben Heilungskosten auch eine Geldrente bei Minderung der Erwerbsfähigkeit oder beim Tod einer unterhaltspflichtigen Person. Bei Körperverletzung steht dem Geschädigten nach § 13 Satz 2 UmweltHG auch ein Schmerzensgeld zu.

11. Neu ist bei der **Naturalrestitution** ökologischer Schäden, dass **auch unverhältnismäßig hohe Aufwendungen** zu erbringen sind, also keine Orientierung am materiellen Sachwert erfolgt (so wie allgemein im Rahmen des § 251 Abs. 2 Satz 1 BGB).

12. § 8 UmweltHG gibt dem Geschädigten einen Auskunftsanspruch und ein Einsichtsrecht, allerdings eingeschränkt durch Geheimhaltungs- und andere höhere Interessen.

13. Nach §§ 19-22 UmweltHG sind bestimmte in Anhang 2 des Gesetzes genannte Anlagen bei Strafandrohung **verpflichtet**, für einen Haftungsfall Vorsorge zu treffen (**Haftpflichtversicherung** oder Freistellungsverpflichtung).